# 花溪区政协志

HUA XI QU ZHENG XIE ZHI

2003-2016

中国人民政治协商会议贵阳市花溪区委员会　编

方志出版社
Publishing House of Local Records

**图书在版编目(CIP)数据**

花溪区政协志.2003—2016/政协花溪区委员会编.—北京:方志出版社,2016.12

ISBN 978-7-5144-2258-0

Ⅰ.①花… Ⅱ.①政… Ⅲ.①中国人民政治协商会议—地方委员会—概况—贵阳—2003—2016 Ⅳ.①D628.732

中国版本图书馆CIP数据核字(2016)第290635号

花溪区政协志(2003-2016)

**编　　者:**中国人民政治协商会议贵阳市花溪区委员会
**责任编辑:**黄　彦

**出 版 人:**冀祥德
**出 版 者:**方 志 出 版 社
地址　北京市朝阳区潘家园东里9号(国家方志馆四层)
邮编　100021
网址　http://www.fzph.org
**发　　行:**方志出版社发行中心
(010)67110500
**经　　销:**各地新华书店
**印　　刷:**成都市标点制版印务有限责任公司

**开　　本:**889×1194　1/16
**印　　张:**23
**字　　数:**501千
**版　　次:**2016年12月第1版　2016年12月第1次印刷
**印　　数:**0001~1000册

ISBN 978-7-5144-2258-0　　定价:268.00元

# 《花溪区政协志（2003—2016）》
# 编纂委员会

**顾　问：** 王保健　钟　阳　向子琨　梅　俊　李秀明　蒋志伦
叶华山　刘建才

**主　任：** 谌业华

**副主任：** 孙　剑　张朝洲　李　莎　李　瑾　何　勇　邹吉鸿　吴　硕

**委　员：** 曾少海　郭　霞　田为民　项彦丽　梁国同　欧阳桂枝
车　荣　徐　辉　赵　欣　徐开新

**主　编：** 谌业华

**常务副主编：** 李　瑾

**副主编：** 孙　剑　郭　霞　车　荣

# 《花溪区政协志（2003-2016）》
# 编纂办公室

主　　任：吴　硕

副 主 任：郭　霞　车　荣

成　　员：曾少海　田为民　项彦丽　欧阳桂枝　梁国同　赵　欣
　　　　　徐　辉　赵　洪　陈桂英　吴朝霞

总　　纂：徐开新

编　　辑：张乡里　戴佳村　尹　梅　夏秦豫　王文浩　程　韵　王　茜

图片编辑：郭　霞

书名题字：黄旭忠

封底篆刻：周年辉

编　　务：唐勇勤　程筑平　杨碧君　黄小静

# 序

谌业华

中国人民政治协商会议是中国人民爱国统一战线组织，是中国共产党领导的多党合作和政治协商的重要机构，是我国政治生活中发扬社会主义民主的重要形式。政协花溪区委员会是人民政协的区一级组织，成立于1981年7月，历经九届，走过三十五个春秋。

我到花溪区政协主持工作，一晃八个年头。八年的工作实践，深感人民政协事业在当前我国社会主义政治文明、物质文明、精神文明、生态文明建设中，在协助党委、政府发展社会经济、维护社会稳定、化解矛盾、建设和谐、幸福花溪过程中，具有独特的不可替代的积极作用。2015年，时逢省、市、区贯彻全国地方志工作会议“修志问道，以启未来”“读志、传志、用志”精神，因而区政协主席会议决定：续修《花溪区政协志》（2003–2016），以志书的形式，回顾总结花溪区政协工作基本思路、发展历程、工作特点和宝贵经验。

编纂《花溪区政协志》，也是全体区政协委员和机关工作人员的共同心愿，对于加强改进人民政协工作、推进社会主义民主政治建设，对于提高党的执政能力、实现中国梦构建社会主义和谐社会具有十分重要的意义。

区政协志编委会全体成员及编纂人员经过一年半时间的征集、整理、编撰，五十余万字的志书终于脱稿。本志以马列主义、毛泽东思想、邓小平理论、“三个代表”重要思想、科学发展观、中国共产党第十八次代表大会精神、习近平总书记系列重要讲话为指导，以《中国人民政治协商会议章程》为依据，全面、如实、科学地记载花溪区政协第七至第九届委员会，在中共花溪区委的领导下，高举社会主义、爱国主义两面旗帜，坚持民主、团结两大主题，积极履行政治协商、民主监督、参政议政职能的工作历程和特点。全书分概述、大事记、组织机构、政协会议、政协工作、人物、文献、附录八个篇目。

《花溪区政协志》印刷、出版、发行，是我区政协发展史上具有里程碑意义的一件大事。我殷切希望区政协的新老委员以及关心政协工作的社会各界人士都来阅读和利用好《花溪区政协志》，全面了解区政协的发展历史，从中吸取有益的东西，为今后的政协工作提供借鉴和参考，把花溪区的政协事业和其他各项事业不断推向前进。

存史资政，启迪后人，鉴往知今，继往开来。

是为序。

2016年10月

花溪十里河滩

# 组织机构

2003 年 3 月，区政协七届一次会议委员合影

2006 年 11 月，区政协八届一次会议委员合影

2003 年 3 月，区政协七届一次会议政协常务委员合影

2013年2月，花溪、小河两区撤并后，区政协九届三次会议委员合影

2006年11月15日，区政协八届一次会议政协常务委员合影

2013 年 2 月 25 日，花溪、小河两区撤并后，区政协九届三次会议政协常务委员合影

2003 年 3 月，区政协七届一次会议主席会成员：（从左至右）曾少海、孙剑、李隆辉、韦正芳、李秀明、陈晓林、赵丽萍（因违法被撤职）

2006 年 11 月，区政协八届一次会议主席会成员：（从左至右）曾少海、张彦、孙剑、蒋志伦、王光华、楚湘黔、禄竹

2011 年 12 月，区政协九届一次会议主席会成员：（从左至右）吴硕、秦永康、李莎、田健（因违法被撤职）、谌业华、孙剑、李瑾、何勇、吴同恒（因违法被撤职）

# 政协会议

2016 年 2 月 19 日，区政协九届六次会议主席台。（前排从左至右）区委副书记、区政府代区长梅俊、区人大主任任渝生、区委书记钟阳、贵阳市经开区管委会主任向子琨、区政协主席谌业华

2003 年 3 月 21 日，区领导参加政协七届一次会议

2003 年 3 月 21 日，召开区政协七届一次会议

2006 年 11 月 12 日，召开区政协八届一次会议

2011 年 12 月 18 日，召开区政协九届一次会议

2006 年 2 月 24 日，区政协七届四次会议上，委员审议工作报告

2007 年 1 月 23 日，区政协八届二次会议上委员发言

2007 年 1 月 23 日，区政协八届二次会议上，政协领导聆听委员发言

2015年2月17日，区政协九届五次会议上，主席谌业华作政协常委会工作报告

2014年2月17日，区政协九届四次会议上，委员听取工作报告

2011年12月9日，区政协常委会表决

2012 年 9 月，全国省会部分城区政协工作联席会在花溪召开

2014 年 9 月，花溪区庆祝人民政协成立 65 周年座谈会，区委书记钟汰甬（左四）讲话

2015 年 3 月 24 日，区政协召开提案交办会

2011 年 5 月 11 日，区政协委员培训会

2014 年 9 月 25 日，区政协召开视察依法治区工作座谈会

2015 年 8 月 28 日，区政协召开《花溪区政协志》编纂工作会

# 视察调研

2004 年 1 月，全国政协副主席张思卿 ( 左二 ) 到花溪视察

2006 年 5 月，全国政协原副主席王文元到花溪青岩古镇视察并题字“古镇明天更美好”

2011 年 7 月，全国政协副主席李金华（左五）到花溪视察

2015 年 5 月 30 日，原全国政协副主席陈锦华（右四）到青岩镇考察

2014 年 11 月，省政协副主席孙国强（右三）到黔陶乡骑龙村考察“两周”文化

2005 年 5 月 24 日，省政协副主席李金顺（左三）视察花溪小学

2004 年，市政协主席王选才（右三）视察花溪环保项目

2006年4月1日，市政协主席许朗（左三）视察花溪文化建设

2007年5月，市政协主席陈石（中）视察花溪新区建设

2015年6月，市政协主席王保健（右二）到高坡调研“7+2”扶贫工作

2006年，区政协七届主席会视察振宇金属加工厂，主席李秀明（右一）带队

2007年，区政协八届常委会视察花溪步行街整治情况，主席蒋志伦（前左一）带队

2011年1月11日，区政协主席谌业华（左二）率委员视察金石产业园建设工地

2010 年 11 月 11 日，副主席孙剑（中）率文史委视察文物保护工作

2011 年 8 月 11 日，副主席李莎（左二）率教文卫体委视察贵璜中学建设工作

2012 年 6 月 21 日，副主席秦永康（前右二）率经科委视察石板镇金石产业园

2013 年 5 月 28 日，副主席何勇（右二）率委员视察青岩古镇建设

2013 年 5 月 29 日，区政协主席会视察主席督办提案——溪南高中建设

2013 年 10 月 18 日，区政协教文卫体委视察花溪民办教育

2014 年 4 月 25 日，区政协委员视察青岩建设项目工作进展情况

2014 年 6 月 17 日，区政协委员到贵安新区考察大学城建设情况

2014 年 9 月 2 日，政协委员视察花溪广场建设项目

2015 年 6 月 25 日，副主席张朝洲（右四）率经科委视察孟关传化智能公路港项目

2015 年 6 月 11 日，副主席邹吉鸿（右三）率人资环委视察村庄环境综合整治

2015 年 11 月 12 日 副主席李瑾（右一）率提案委调研花溪十字街农贸市场

# 献策成果选录

“青岩古镇的保护和开发”的提案、建议，自 1984 年政协委员刘开英首次提出提案，至 2015 年政协主席谌业华带队调研“青岩景区文化提升”，并提出 4 条建议，31 年间，政协的提案、调研建议、献计献策已达百余条。青岩现为国家级历史文化古镇和 AAAA 级名胜旅游景区

“花溪河保护”的提案和建议，自 1981 年政协委员伊孟远提出后，至 2016 年，历年都有委员提出与此相关的提案或调研建议。花溪河能保住今天清澈水源，与政协委员数百次提案建议紧紧相关

“建好花溪小学的建议”政协六届委员陈立伟提出。区政协七届主席李秀明、分管提案的副主席韦正芳多次召开协调会议。该提案历经两届，2005 年项目建成，被列为“贵州提案佳话”

2011 年区政协征集花溪百年老照片，发现上世纪 30 年代花溪大桥头的“文笔”，2012 年区政府委托区政协牵头，按原模样设计制作“文笔”立于大桥旁，现成为花溪标志性建筑

2008 年，区政协以青岩古镇军事文化挖掘利用为课题开展调研，提出建立古镇军事文化博物馆等建议。2015 年，由区文广局负责在青岩赵公专祠展陈青岩军事文化及历史变迁，为青岩古镇创 AAAAA 级景区提升文化内涵

2011 年 12 月，委员蒙秉中等提出“解决公园大门前十字路口交通拥堵”提案，政府采纳建议，修建地下通道，2015 年 6 月 15 日，地下通道完工通行

桐埜书屋

展厅

2010年，区政协就花溪文物保护工作进行视察，提出了对文物保护经费加大投入的建议。2014年起，区文广局多方筹集资金，投资近200万，修缮桐埜书屋，制定布展规划。2016年6月，桐埜书屋布展工程全面完成

周钟瑄文化交流中心

2012年，区政协就黔陶骑龙村历史文化资源及开发利用进行视察，提出对历史名人周渔璜、周钟瑄有关文物进行保护、恢复重建等建议。2015年，周氏宗祠修建完成，周钟瑄文化交流中心主体工程完工

2011 年 12 月，委员刘洪军提出“清华路需安装河道护栏”的提案，2012 年 6 月，政府投入 200 万元建成景观工程

2013 年 3 月，委员梁国同提出《增开行政中心到小河的公交车》的建议，被政府采纳，图为政协委员视察公交车运行情况

# 政协活动

2011年6月2日，贵州旅游文史丛书《高原明珠花溪》首发式，省、市、区领导参加，区委书记朱桂云（左一）发表讲话

2003年10月31日，全国政协书画界委员赴贵州考察采风团到花溪镇山村考察采风

2004年5月10日，政协机关组织参加全市政协系统广播体操比赛

2005 年 2 月 25 日，区政协七届三次全会表彰优秀政协委员

2005 年 8 月 2 日，《名人与花溪》首发式在青岩举行，市、区领导杜云锋、陈金萍、李隆辉、孙剑参加

2009 年 1 月 19 日，区政协召开全区各界人士迎春茶话会

2008年5月17日，区政协副主席楚湘黔、禄竹参加区红十字会活动，为汶川地震受难者捐款

2009年5月27日，区政协组织省市著名书画艺术家花溪笔会

2008年1月，区政协机关职工参加“抗凝冻，保民生”活动

2014年5月7日，区政协委员小组活动视察久安茶场

贵州商报　贵州新闻/综合　2011年6月29日 星期三　A3

# 这张老照片号称贵州第一彩

## 展现上世纪四十年代花溪清华中学周边秀美风光，由美国军医拍摄

实习生　何丹　记者　胡锐

展现上个世纪四十年代花溪清华中学周边秀美风光，由美国军医克林顿·米莱特拍摄，昨日，一张被誉为"贵州天字第一号"的彩色老照片，现身贵阳市花溪区举办的"花溪记忆"老照片征集活动新闻发布会现场。

### 美国军医拍下花溪风光

昨日下午，在"花溪记忆"老照片征集活动新闻发布会现场，各界摄影爱好者将136幅老照片移交给花溪区，其中包括一张被誉为"贵州天字第一号"，很可能是我省第一张彩色照片的复制品。该照片为花溪区政协文史委退休老人徐开新提供。

徐开新介绍，他是在2005年收藏到这张照片的。"那年，花溪区政协文史委启动老照片的收集，我负责这项工作，在花溪清华中学查阅资料时，无意中发现了这张老照片。"徐开新告诉记者，1944-1945年期间，美国一支军医院驻扎在云南和贵州两省，而其中一支分队于1945年5月进驻花溪清华中学，这张老照片就是当时一位名为克林顿·米莱特拍摄的军医所拍摄。

"2004年夏天，克林顿·米莱特的儿子与外孙女带着他当年拍摄的144张老照片去到云南，准备进行第二次摄影创作。此事引起了云南省的高度重视，并邀请专家通过认证，确定这些照片为云南省第一准色彩老照片，还举行了专场摄影展。"徐开新说："当时，清华中学的校友吴恒有幸参观，发现其中一张老照片拍摄的不是云南风光，而是花溪，因为照片中拍下了自己的母校——清华中学。于是，通过各种关系，这张照片辗转回到了贵阳，由清华中学负责收藏。目前由徐开新代为保管。

### 估计照片拍摄于1945年5月左右

为什么说这张老照片是"贵州天字第一号"？徐开新讲述了自己的理由：第一，根据相关资料，中国最早的彩色照片是1949年记录开国大典的照片，而这张花溪清华中学的彩照拍摄于1945年，比《开国……证明了这张照片的重要性。此外，这张照片展示了上世纪四十年代花溪秀美风光，对贵州来说具有非常重要的人文地理价值。

"有人说此照片拍摄于1944年，但经过我的调查验证，查阅清华中……

克林顿·米莱特拍摄，徐开新提供

### 花溪有奖征集老照片

为宣传推介花溪，从昨起至9月30日，花溪区将展开"花溪记忆"老照片征集活动，面向省内外公开征集2000年以前的老照片，用于编辑出版《"花溪记忆"老照片集》。

据了解，本次征集的老照片内容包括：反映各个历史时期花溪经济社会发展及重要事件、重要会议、……风情、民家工艺、不同时期旧街貌、城村镇、旧民居、老字号商店、路、桥、车、站等的照片及同一区域前后变化的照片；反映百姓衣着、饮食、居住、出行、文化、教育、劳动、宗教、休闲、等变迁的个人家庭照、生活照、工作照、单位景物照、生产照、活动照、集体照的老照片。

花溪征集老照片活动中，媒体报道发现"贵州第一彩"

2011年，区政协征集的抗战老照片，在中央党校举办的"太平洋战争与中美关系国际研讨会"上引起关注

2011年，区政协面向全省征集花溪百年老照片千余幅，从中精选300余幅制成30块展板，先后在花溪"两会"会场、花溪公园、行政大楼展览

2011年12月4日，政协委员参加法制宣传日活动

2011年6月，区政协开展全省老照片征集活动，省、市著名老摄影家亲自到花溪送照片

2011年5月，区政协老干党支部开展视察活动

# 遍访扶贫帮困

2003 年 11 月，区政协主席李秀明、副主席韦正芳、李隆辉率区农办、区政协支边办负责人到党武乡马路寨村开展帮村扶贫工作

2005 年 4 月 7 日，区政协组织委员企业家为青岩摆早村杨氏小姐妹捐赠钱物修建房屋

2008 年 2 月 1 日，区政协主席蒋志伦到青岩摆早村慰问贫困户

2008年12月24日，区政协副主席王光华、张彦率政协委员到孟关上板村帮助农户发展樱桃种植

2015年8月21日，区政协副主席孙剑组织民建企业家帮扶瑞华社区贫困学生

2015年7月22日，区政协主席谌业华在高坡硐口村访贫问苦

2015年7月16日，区政协副主席张朝洲慰问村民

2012 年春节，区政协副主席李莎慰问离退休老领导

2015 年 8 月 4 日，区政协副主席李瑾到黔陶半坡村帮扶贫困户

2012 年 8 月 1 日，区政协副主席何勇在久安乡协调解决村民土地纠纷

2015 年 9 月，区政协副主席邹吉鸿到高坡乡看望贫困户

2012 年春节，区政协秘书长吴硕慰问谷通村贫困群众

2015 年 5 月 15 日，区政协委员赴马铃乡看望留守儿童

2015 年 5 月 29 日，区政协委员到燕楼镇旧盘小学开展“六一”慰问活动

2012 年 4 月，区政协挂帮工作组与村干部座谈

2011 年 9 月 5 日，区政协主席谌业华率区政协机关干部遍访贫困村

# 委员书画摄影作品选

◀ 杨永军作品

▲ 唐世海作品

◀ 陈华信作品

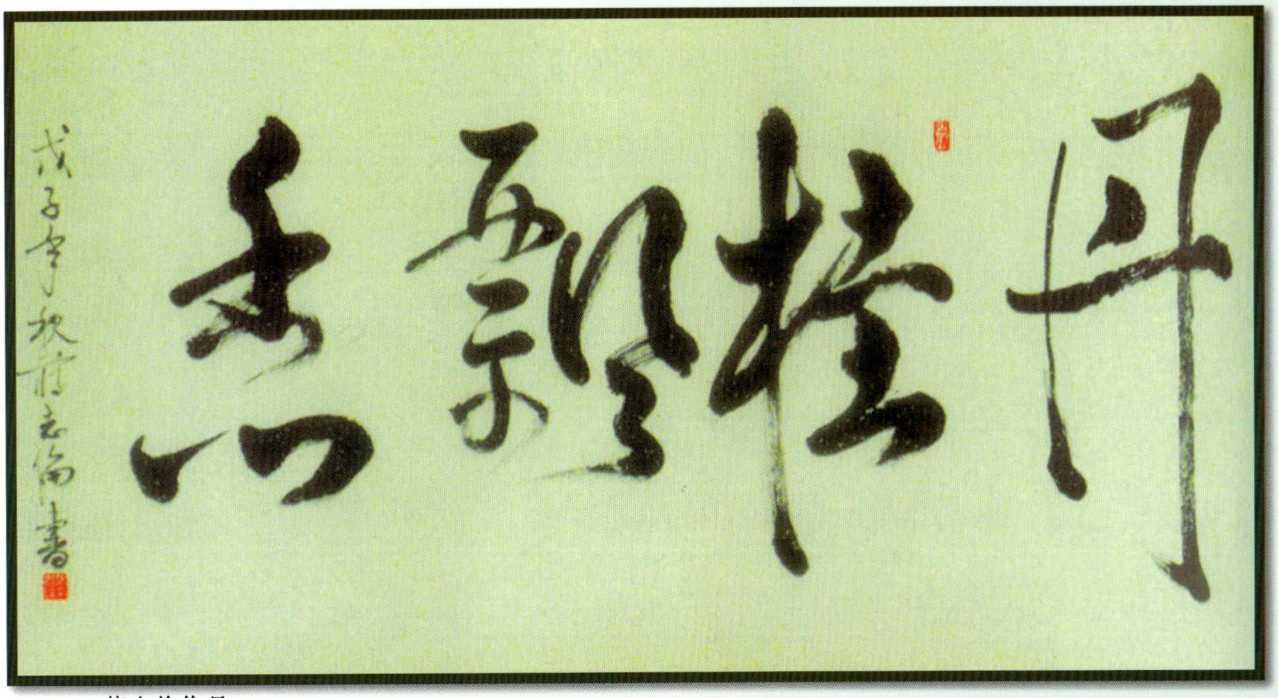
丹桂飘香
戊子年秋蒋志伦书

▲ 蒋志伦作品

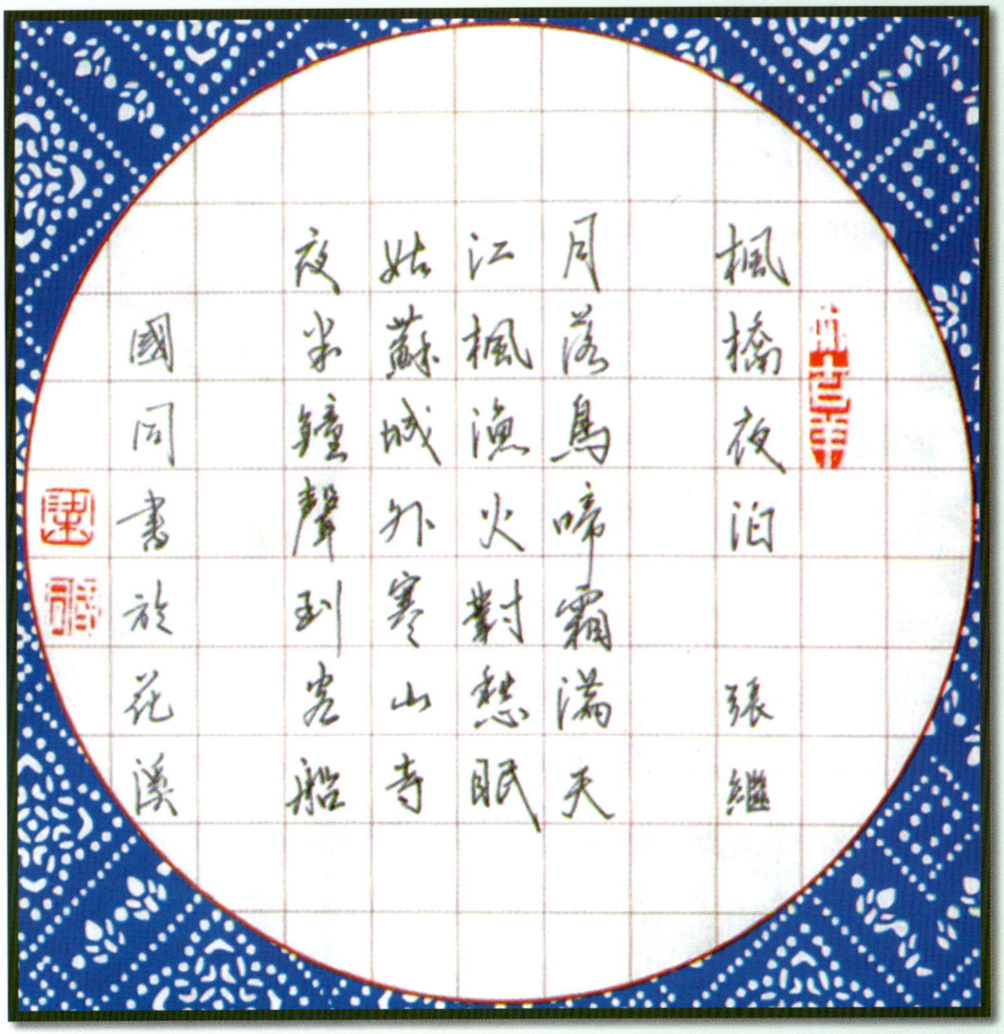
楓橋夜泊
張繼
月落烏啼霜滿天
江楓漁火對愁眠
姑蘇城外寒山寺
夜半鐘聲到客船
國同書於花溪

梁国同作品 ▶

▲ 曾少海作品

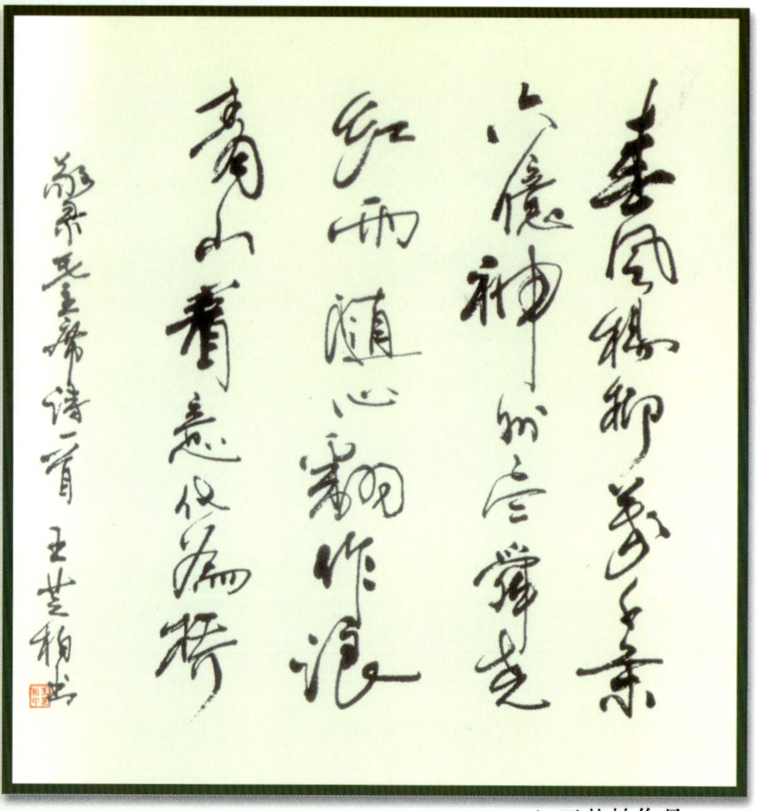

▲ 王芝柏作品

◀ 张葆琛作品

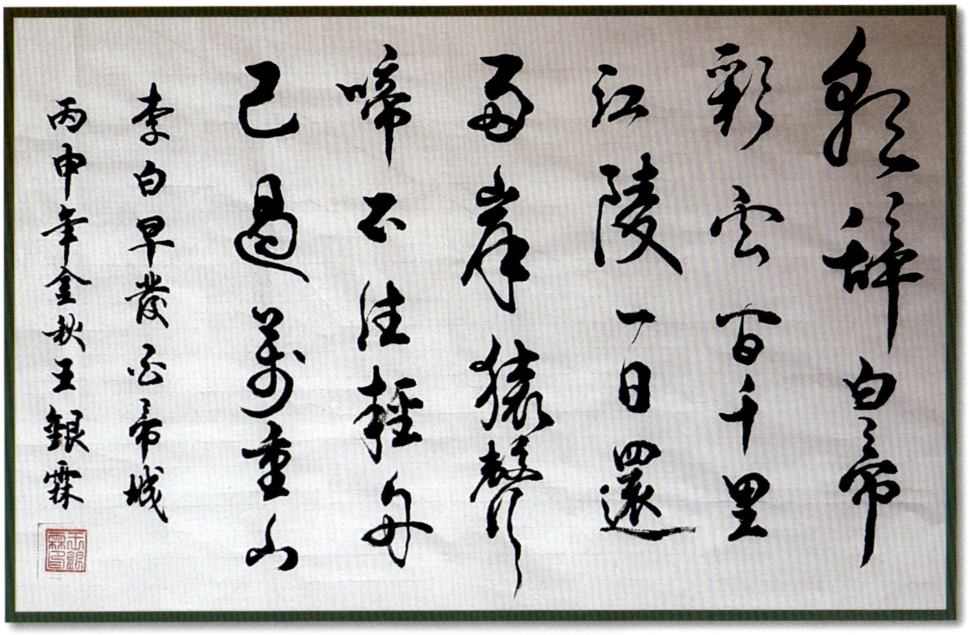

王银霖作品 ▶

◀ 刘修华作品

▲ 谌业华作品

▲ 梁国同作品

▲ 王建平作品

▲ 侯申作品

▲ 苏华作品

# 凡 例

一、本志是《花溪区政协志》（2002年版）的续志。

二、花溪区政协全称是“中国人民政治协商会议贵阳市花溪区委员会”。本志采用简称“政协花溪区委员会”“花溪区政协”和“区政协”。

三、本志以马列主义、毛泽东思想、邓小平理论、“三个代表”重要思想、科学发展观、中国共产党第十八次代表大会精神为指导，以《中国人民政治协商会议章程》为依据，如实记载花溪区政协第七至第九届委员会工作历程和特点。

四、本志上限时间2003年1月，下限截止2016年6月。部分历史资料，时限适当顺延。

五、2012年，贵阳市小河区与花溪区合并，本志收录小河区政协第四届（2012年）政协委员、常委名单。

六、本志对前志重要史料遗漏之处，作适当补遗。

七、本志由述、记、志、图、表、录组成，以篇、章、节、目为层次。目录中只列篇、章、节，目则在记述中体现。图、表不上目录。

八、本志文体为语体文、记叙体。大事记采用编年体。本志以类编目，横向排列，纵向记述。在“志”部分，只记事实，述而不论。

九、人物传略遵循生不立传原则；人物简介只记述简历、任职。

十、本志采用资料由区政协档案室、区档案馆和部分知情人士提供，力求翔实、准确。

# 目 录



## 大事记



## 第一篇 组织机构

# 第二篇　政协会议

# 第三篇 政协工作

# 第四篇 人 物



# 第五篇 文 献

# 附 录

# 花溪简介

花溪区位于黔中腹地，是贵阳市城区之一，东邻黔南州龙里县，西接贵安新区，南连黔南州惠水县、长顺县，北与南明区、观山湖区接壤，距贵阳市中心17公里。全区地貌以山地和丘陵为主，处云贵高原东斜坡和苗岭山脉中段，长江水系和珠江水系的分水岭地带，境内河流17条，水量主要靠自然补给，为喀斯特地质典型地区。全区土地面积964.32平方公里。全年平均气温16.0℃，冬季平均气温7.0℃，夏季平均气温23.7℃。

2012年11月，撤销原小河区、花溪区，两区合并成立新花溪区；2013年12月，党武乡、湖潮布依族苗族乡托管到贵安新区；2014年9月，燕楼、麦坪两乡撤乡建镇；至此，花溪区辖4镇5乡、18个社区，122个村，52个居委会。

全区常住人口66.02万人，流入人口19.55万人，流出人口3.04万人，全区有汉族、苗族、布依族等40个民族。少数民族人口为15.14万人，占全区总人口的31%。

花溪区素有“高原明珠”的美誉，是著名的风景旅游区，以十里河滩国家城市湿地公园、孔学堂、花溪公园、天河潭、青岩古镇、苗乡高坡最为著名，2010年，天河潭风景区、青岩古镇景区已成为国家AAAA级旅游区。花溪拥有丰富的科教文化资源，区内有贵州大学、贵州民族大学、贵州省委党校等高等院校。

新的花溪区成立以来，充分整合原花溪区、小河区的优势，取长补短，初步实现各种资源要素的优化配置，进一步优化产业结构，壮大区域经济，是贵阳目前经济发展速度最快、最具发展潜力的工业经济区域之一。目前，花溪区正抓住2016年2月跻身首批国家全域旅游示范区创建单位行列的机遇，按照省委要求，努力打造全域文化旅游创新区。同时，按照国家、省、市对大数据产业发展的要求，携手贵阳国家经济技术开发区，统筹谋划两区产业布局和产业融合，按照“核心业态＋关联业态＋衍生业态”的大数据产业体系和“一区两中心五园四基地”的空间布局，建设大数据产业发展引领区。

花溪区先后获得“国家级生态示范区”“全国农产品加工业示范基地”“国家军民结合(装备制造)高新技术产业化基地”“国家新型工业化产业示范基地”“全国电子商务示范基地”“国家循环化改造示范试点园区”等国家级称号。

# 概 述

政协花溪区第七届委员会以来，在中共花溪区委的领导下，坚持以马列主义、毛泽东思想、邓小平理论、“三个代表”重要思想、科学发展观、中共中央总书记习近平系列重要讲话精神为指导，发挥政协联系面广、智力密集优势，履行政协职能，通过邀请各民主党派、人民团体、工商联和各族各界人士参加学习、视察、调研、协商座谈等活动，为促进全区经济社会发展，维护社会和谐稳定，发挥积极作用。

中国人民政治协商会议是中国人民爱国统一战线的组织，是中国共产党领导的多党合作和政治协商的重要机构，是我国政治生活中发扬社会主义民主的重要形式。在组织上广泛代表和政治上的巨大包容性，在“大团结，大统一，囊括一切代表人物”的方针下，尽最大可能地把各党派团体，各族各界的代表人物吸收进来，达成团结一切可以团结的力量，调动一切积极因素，努力化消极因素为积极因素的目的，并在共同政治基础上“求同存异”。以党派团体为基础的合作性，各民主党派可以以政党名义在政协发表意见，提出提案，开展参政议政的各种活动。在中国共产党的领导下，根据“长期共存、互相监督、肝胆相照、荣辱与共”的方针，履行各项职能，积极促进中国各党派的团结合作。民主协商是发扬我国社会主义民主的重要形式，组织参加政协的各党派团体和各族各界人士协商共事，对国家机关及其工作人员的工作提出意见和批评，这是中国特色社会主义民主政治的重要组成部分，具有不可替代的作用。坚持团结和民主两大主题，把促进发展作为人民政协履行职能的第一要务，坚持把实现和维护最广大人民的根本利益作为人民政协工作的出发点和落脚点。

“民主、求实、团结、鼓劲”，是人民政协开好会议的重要指导方针。

**全体会议：**

全体会议的主要任务是：听取和审议常委会工作报告和提案工作报告；列席人大会议；审议通过全体会议决议和提案审查情况报告；每届第一次全体会议选举主席、副主席、秘书长和常委会委员，其他各次会议根据《政协章程》规定召开全体会议。会议议程要先经常务委员会会议审议通过后，再提交全体会议通过。

区政协第七届委员会，经主席会议提议，区政协第七届委员会常务委员会会议决定，召开政协全体会议，每年至少1次，2002–2006年召开4次全体会议；区政协第八届委员会，经主席会议提议，区政协第八届委员会常务委员会会议决定，召开政协全体会议，每年至少1次，2007–2011年召开6次全体会议；区政协第九届委员会常务委员会会议决定，召开政协全体会议，每年至少1次，2011–2016年召开6次全体会议。

**常务委员会会议：**

常务委员会会议的主要任务：审议政协花溪区委员会及常务委员会主要工作，研究重大事项；协商讨论中共花溪区委、区人民政府重大决策部署及社会生活中的重大问题；

听取花溪区人民政府及有关部门负责人对有关重要问题的报告及说明，提出建议和意见；审议重要的建议案、提案、视察报告、调研报告和其它报告。

花溪区政协第七届委员会有常务委员会委员26人，召开20次常务委员会会议；花溪区政协第八届委员会有常务委员会委员30人，召开常务委员会会议31次；花溪区政协第九届委员会有常务委员会委员44人，召开常务委员会会议27次。

**主席会议：**

主席会议的主要任务：学习《中华人民共和国宪法》，学习《中国人民政治协商会议章程》和有关规定，学习建设中国特色社会主义的基本理论、基本路线、基本纲领和基本经验，学习统一战线和人民政协的理论和政策，学习经济、科技、组织部法律和现代管理知识，研究部署学习任务和工作计划。协商会同区委统战部审议本届政协花溪区委员会增加或者变更参加单位、委员名额和人选，提请常务委员会协商决定。审议下届政协花溪区委员会的参加单位、委员名额和人选及界别设置，提请常务委员会协商决定。根据《中国人民政治协商会议章程》和有关规定，安排协商民主活动，决定协商民主的形式和内容。对中共花溪区委和花溪区人民政府的重大决策部署以及社会生活中的重大问题进行协商讨论，提出建议、意见或建议案。审查以政协花溪区委员会、常务委员会、主席会议名义向中共花溪区委、花溪区人民政府提出的建议案。召集并主持常务委员会会议，拟定会议的议程草案和日程，审议提交常委会议审议的文件。受常务委员会的委托，主持下一届第一次全体会议预备会议。审议政协花溪区委员会及其常务委员会的工作计划、工作报告和重要活动方案。听取政协花溪区委员会组织委员外出考察的报告、委员视察报告和其他报告。审议专门委员会的年度计划和工作总结。决定专门委员会委员人选。执行常务委员会会议的决议。根据常务委员会的授权，履行常务委员会的部分职权。研究涉及全区政协全局性的工作安排，对政协花溪区委员会及全体会议、常务委员会的制度化、规范化、程序化建设提出建议。协调政协各参加单位之间的关系，广泛交流思想、增进共识，促进团结合作。落实常务委员会的其他日常工作。

区政协第七届委员会有主席、副主席5人，召开主席会议54次；区政协第八届委员会有主席、副主席6人，召开主席会议42次；花溪区政协第九届委员会有主席、副主席8人，召开主席会议79次。

区政协贯彻落实中共中央《关于加强社会主义协商民主建设的意见》精神，不断完善协商民主制度和工作机制，推进协商民主广泛、多层次发展。通过会议协商、书面协商、恳谈协商、提案办理协商、界别协商、常委会专题协商和主席会重点协商等多种协商形式，就我区经济社会发展的重大问题、涉及群众切身利益和花溪区、经开区深度融合、跨越发展中的重大问题确定议题，广泛协商，提出有针对性和操作性的意见和建议。

围绕全区中心工作，科学制定区政协年度协商议题，有效规范协商程序。在协商前深入调查、掌握实情，协商中集思广益、畅所欲言，协商后跟踪反馈、抓好落实。认真学习借鉴各地完善协商民主制度，推进协商民主发展方面的先进经验和成功做法，丰富协商形式和渠道，加大协商成果的转化力度，提升协商质量，营造既畅所欲言、各抒己见，又理性有度、合法依章的良好协商氛围。

充分发挥团结和民主两大优势，坚定不移地贯彻“长期共存、互相监督、肝胆相照、荣辱与共”的方针，为各民主党派、工商联和社会各族各界人士发挥作用创造条件；立足花溪实际，加强与社会各界的联系，多做统一思想、增进了解、凝聚人心的工作，把各方面的智慧和力量凝聚到推动花溪经济社会发展上来，为构建和谐花溪夯实政治基础、社会基础和群众基础，为维护我区改革开放、经济发展的大好形势和社会稳定作出贡献。

充分发挥人民政协作为党和政府联系群众、团结各界的重要桥梁和纽带作用，利用与社会各界群众联系面广、人才荟萃、智力密集的优势，围绕经济建设、文化建设、社会建设和生态文明建设中的重大课题、花溪区建设文化旅游创新区，实施推进区域整治、景观提升、生态环境保护、基础设施建设、立面整治、文化旅游提升、城市管理提升等“七大工程”过程中的重点难点问题以及在新常态、新形势下对我区发展战略规划的思考等开展调研，倾听群众呼声、反映群众愿望，建睿智之言、献务实之策，为纵深打造花溪发展升级版提供智力支持。

加强同各民主党派、区工商联、各人民团体和无党派人士的联系与合作，邀请他们参加政协开展的视察、调研及政情通报会、知情会、座谈会等各类相关会议，倾听他们的意见建议，搭建民主、平等、宽松、活泼的议事平台。

反映社情民意，广泛动员政协委员和政协机关干部深入基层，了解民情，体察民意，集中民智，积极反映社情民意信息，为区委、区政府了解社情民意提供参考。通过社情民意反映的关于民生、社会发展、社会稳定等方面问题，基本得到解决。

花溪区政协历来重视文史宣传学习工作，为每个政协委员订阅《贵州政协报》，编辑下发文史宣传学习资料，《贵州政协报》等媒体报道花溪区政协工作及相关情况的文章达200余篇，自编简报信讯600余期，开展文史资料征集，汇编成册，配合上级政协机关完成相关文史资料的征稿工作。

针对我区经济社会发展实际和群众反映强烈的突出问题，积极引导委员抓重点、选热点，认真撰写出真实客观、分析透彻、切实可行的高质量提案。坚持完善主席会督办提案和主席、副主席领衔督办提案制度。由政协领导班子成员按照分工具体督促落实。坚持完善专委会跟踪督办提案制度。通过组织各专委（办）、政协委员到提案承办单位上门走访、座谈交流等方式，实现提、办双方良性互动。坚持强化对提案承办单位的指导，协调组织提案者、承办单位和相关部门开展联合督办，合力促进提案的办理落实。坚持组织由区政协、提案人、提案承办单位、区政府法制办参加的协商座谈会，对主席会督办提案及部分重点提案办理进行协商座谈，加强提案督办力度，创新提案协商办理模式，提高提案办理的效率和质量。坚持牢固树立为提案者和承办单位服务的理念，探索实践“办前走访，充分了解提案者的要求；办中协调，邀请提案者参加调研视察，倾听群众的愿望和呼声；办后回访，民主测评，全面了解提案者对办理结果的满意程度”的督办方式，密切提、办双方的联系，确保提案办理工作取得实效。2003年以来，提案工作办复率、见面率、把关率、满意率都在98%以上。

发挥政协联系面广的优势，调动政协委员、各民主党派、工商联和社会各族各界人士的积极性，继续参与全区重大项目建设、文化旅游创新指挥部及各个区域指挥部相关工作。积极组织政协委员，加大对全区重大建设项目的视察调研力度，帮助查找重大建设项目实施过程中存在的困难和问题，提出解决问题的办法和措施，为区委、区政府提供决策参考。

以专委会为依托，完善界别活动工作机制，开展丰富多彩的委员小组活动。建立专委会与政协委员协商制度，对全区经济社会发展的重大问题。开展调研视察、创新专委会学习活动安排，着力抓好集体和个人两个层面的学习，不断完善知识结构，提升履职水平。

贯彻落实《中共中央关于加强人民政协工作的意见》《中共贵阳市委关于进一步加强和改进人民政协工作的意见》，建立健全民主监督的长效机制，进一步规范民主监督的程序、丰富民主监督的内容、拓展民主监督的形式、提高民主监督的实效。按照区委要求，组织委员通过调研、视察、提案、反映社情民意等方式，开展对经济和社会发展规划、重大项目建设和民生改善、社会稳定等重大问题的专项民主监督活动。

在历届中共花溪区委的正确领导下，在花溪区人民政府的支持和上级政协的帮助指导下，花溪区政协工作迈上了新台阶，工作成绩明显，为助推全区社会经济发展、社会和谐稳定作出了积极贡献。我们将继续努力，更加坚定信心，在新征程上谱写新篇章。

# 大事记

# 大事记

## 2003年

### 7月

10日，区政协机关干部到政协委员、台商陈桦贵的贵州康宝种猪产业发展有限公司，了解生产经营及带动农户养殖情况，主席李秀明带队。

11日，区政协常委与规划专家对《花溪区国家级生态文化区建设试点总体规划》进行论证，并提出意见和建议。

13日，区智力支边办牵头组织区民革、民建、农工等民主党派支部和区卫生、科技、文化等部门在青岩镇开展“三下乡”活动。

14日，区政协文史社会事业发展委员会召开《名人与花溪》《高原明珠花溪人》编委会，启动两书组稿工作。主席李秀明、副主席陈晓林及市政协文史委主任陈金萍等18人参加。

15日，区智力支边办邀请专家、教师到部分乡镇，对中小学教师进行“课改”培训。受训教师450余人。

22日，区政协文史社会事业发展委员会到乡镇调研“计生优质服务”。

25日，区政协办公室举办“社情与民意”信息员培训班，主席李秀明参加会议，提出要加强社情民意收集和反映工作。

### 8月

8日，区政协经济科技委员会到孟关、高坡、花溪、湖潮等乡开展为期10天的农村劳动力资源调查。

同日，文史社会事业发展委员会政协委员9人到凯里、剑河考察计生工作。副主席陈晓林带队。

14日，区政协党组书记李秀明向区委书记王真霖汇报政协委员名单调整和乡镇联络组恢复等事项。

15日，市政协主席王选才到小碧乡调研神奇物流中心项目。主席李秀明陪同。

21日，区政协提案法制委员会视察区法院执行工作情况。

同日，召开政协委员活动组组长会议，副主席孙剑主持。

27–29日，召开区政协七届二次常委会议，学习中共中央总书记胡锦涛“七一”讲话。审议通过常委开展专题协商调研工作意见、乡镇联络组长名单及5名委员调整名单。视察药业、食品、孟关工业园区。

### 9月

9日，文史社会事业发展委员会召开《花溪青少年生态教育读本》编撰工作启动会。区教育局、环保局、林业局、农业局等部门参加。

10日，区政协召开部分委员、各界人士中秋茶话会。

12日，在区委会场举行政协委员培训会，邀请省委党校教授、原副校长李恒仁作题为《政治文明与政协工作》的专题讲座。

16日，部分区政协常委、专家对花溪城市绿化、金阳新区绿化进行专题调研。主席李秀明带队。

19日，政协委员第五活动组就青岩镇建设规划及青岩中学、小学、幼儿园搬迁问题进行调研。

23日，政协委员第一活动组视察联洪合成材料厂，学习发展民营高科技劳动密集型企业的经验。主席李秀明，副主席韦正芳、孙剑，秘书长曾少海等参加。

26日，政协党组中心学习组学习，围绕“社会主义政治文明与政协工作”专题，8名常委发言，政协常委等40余人参加。主席李秀明主持。

**10月**

9日，区政协机关召开效能建设工作会议，学习效能建设有关文件，成立区政协效能建设工作领导小组。

12-18日，主席李秀明与花溪区智力支边领导小组组长、区委副书记曾德书，智力支边办主任田为民赴成都、西藏等地区考察智力支边工作。

16-17日，区政协参加白云区政协主办的贵阳市区（县、市）政协研讨会第二十二次年会。副主席韦正芳带队。

31日，全国政协书画界委员赴贵州采风团一行18人到花溪石板镇镇山村考察采风。主席李秀明和区委副书记曾德书、张富杰等陪同，书画家刘炳森、陈醉、赵秀云等给花溪留下墨宝。

**11月**

12日，市政协副主席阚建平到区政协调研政协工作，主席李秀明代表区政协作汇报。

18-20日，文史社会事业发展委视察“希望工程”学校。副主席韦正芳带队，11名委员参加。

24日，政协委员第四活动组视察区宗教工作。

**12月**

1日，上海市港澳界政协委员赴高坡捐资助学，捐款27.5万元。省市政协领导和区政协主席李秀明、副主席韦正芳出席捐款仪式。会后考察花溪公园、天河潭景区。

3日，台商王志雄参加“心手相牵”活动，捐资3万元，帮助百余名贫困学生。主席李秀明、副区长刘瑜、支边办主任田为民出席捐资仪式。

5日，区政协文史社会事业发展委员会主持编写的《花溪区青少年生态教育读本》完成。

9日，召开七届区政协第三次常委会，学习讨论中共十六届三中全会精神，通过有关意见和倡议书。

18日，区政协召开委员活动组组长会议，总结、评比全年工作。

19日，召开区政协各专委（办）与部门、乡镇对口联系会议，区政协领导、区属有关部门及乡镇负责人参加，秘书长曾少海主持。

29日，区政协召开各界人士新年茶话会。主席李秀明主持，区长田平讲话。区委副书记曾德书，区委常委、统战部长陈永燃，副主席韦正芳、陈晓林、赵丽萍、李隆辉和80余名民主党派、非公经济、工商联、无党派、宗教界人士出席。

## 2004年

**1月**

11 日，花溪区首届彩绘工艺培训班在区职工成人教育中心举行结业典礼。区领导李秀明、张富杰、孙剑出席。

### 2 月

24-28 日，在区委会场召开区政协七届二次会议（大会期间召开区政协七届五次常委会议）。

### 3 月

5 日，200 余名市政协委员和区政协委员到花溪“三情园”义务植树，打造“政协委员林”。

7 日，区政协主席会成员分头到龙井、摆早、谷蒙、嘎多、槐舟等 10 个边远村寨看望贫困户。区政协委员张兰、张跃业、申群智等捐助慰问金 4000 元。

24 日，政协委员第五活动组到青岩古镇视察文物保护与利用情况，对宫詹桥、天主教堂的维修提出建议。副主席韦正芳、陈晓林、孙剑带队。

### 4 月

1 日，区政协主席会成员，各专委（办）负责人集中学习全国政协十届二次会议政治决议、全国政协常委会工作报告及修改的政协章程。

9 日，政协委员第二活动组（工商、科协、归侨界）10 余名委员到久安乡吴山小学捐资助教。捐助现金 8000 元、水泥 20 吨，用于特困生救助、道路硬化、场地平整。

13 日，区政协离退休老干支部 14 名党员集中学习《中国共产党纪律处分条例》，观看电视教育片《绝路》。

### 10 月

28 日，政协委员第七活动组一行 10 人，到息烽县政协考察“社情民意”“委员活动”等工作开展情况。

### 11 月

16 日，区政协经济科技委员会视察孟关文人食品厂、贵阳联洪合成材料厂。副主席李隆辉带队。

### 12 月

9 日，区政协委员第五活动组 16 人视察花溪老来福药业。

## 2005 年

### 1 月

12 日，中共花溪区委常委会同意区政协党组关于召开区政协七届三次全会有关事项的请示意见。

17 日，区政协党组召开会议，传达贯彻中共花溪区委八届五次扩大会议精神，讨论区政协七届三次全会筹备工作及春节慰问等事项。党组书记李秀明主持会议。

26 日，区政协党组召开会议，研究政协党组、机关党组织开展保持共产党员先进性教育活动事宜，成立教育活动领导小组。

### 2 月

5 日，区政协举办新年联谊会。

### 3 月

11 日，区政协党组中心学习组学习讨论《政协章程》。

23 日，江苏靖江市政协副主席郁灿基等 10 余人到花溪回访考察，主席李秀明、副主席李隆辉等陪同考察旧城改造、行政新区建设、小碧版纳风情园等项目。

### 4 月

1 日，区政协召开党组会，研究“开展保持共产党员先进性教育活动”有关事宜。党组书记李秀明主持。

7 日，区政协机关党员开展“为民办实事”先教活动，区非公经济界政协委员彭文林、付玉林、刘亚将、胡斌等到青岩镇摆早村献爱心，为两位苗族杨氏孤儿小姐妹捐赠钱物修住房。李秀明主席带队。

22 日，省政协提案委到区政协调研指导提案工作，省政协副主席李金顺率队，区政协主席李秀明、副主席韦正芳汇报花溪提案工作情况。

28 日，区政协机关党总支、机关党支部、离退休党支部换届选举。

### 5 月

10 日上午，市政协经科委到花溪谷蒙、磊庄视察生态村建设情况，市政协主席许朗率队，区领导田平、李秀明、曾德书、孙剑陪同。

24-25 日，全省政协提案工作研讨会在花溪召开，省政协副主席李金顺作讲话，区委书记王真霖致开幕词，副主席韦正芳介绍花溪提案工作经验。主席李秀明等陪同与会代表视察花溪区政协主席会督办提案项目——修建花溪小学和戴安澜将军墓。

### 6 月

20-21 日，区政协主席会议视察花溪民办教育情况。

22 日，区政协召开宣传信息工作座谈会，贯彻市政协宣传信息工作会议精神，主席李秀明、副主席陈晓林主持，省政协报社、区新闻信息中心等部门参加。

27 日，区国土、科技、发改、环保等部门到麟山化工有限公司召开现场办公会，区委书记王真霖，区政协主席李秀明，区委常委、常务副区长谌业华，区政协副主席李隆辉参加，就政协主席会关于磷化工专题调研有关建议进行研究。

29 日，区政协召开提案工作座谈会，贯彻省政协在花溪召开的全省提案工作研讨会精神。

### 7 月

13 日，区政协召开民主评议区卫生局动员会，主席李秀明、副主席陈晓林及有关专委负责人出席。

15 日，区政协召开抗日战争胜利 60 周年纪念座谈会。

22 日，区政协七届第十二次常委会召开，学习中发〔2005〕5 号文件，视察花溪镇社区建设情况。

同日，区政协组织委员学习中发〔2005〕5 号文件精神，省社会主义学院院长王守君作专题辅导报告。

28 日，区乡企局召开民主评议效能建设动员会，主席会成员、常务副区长谌业华及经科委负责人出席。

### 8 月

16 日，省政协副主席李金顺调研区政协主席会督办“花小搬迁建设”经典提案的经过、措施、效果和经验。主席李秀明、副主席韦正芳、提案委负责人陪同。

15-18 日，区政协文史社会事业发展委员会赴从江、黎平考察文物保护工作。副主席陈晓林带队。

25-26 日，云岩区主办的贵阳市区（县）第 24 次政协工作研讨会召开，花溪区政协在会上作《为构建和谐花溪建净言献良策》的大会发言。主席李秀明、副主席孙剑出席。

30 日，副主席陈晓林、李隆辉赴桐梓县政协学习考察评议部门工作经验。

### 9月

8日，区政协主席会召开“庆祝2005年教师节暨新花小搬迁落成”座谈会，教育届委员、花小历届老校长应邀出席。

16日，主席李秀明率办公室、支边办和区科技局负责人赴青岩大坝村调研示范村建设情况。

22-26日，主席李秀明、副主席孙剑到区发改局等单位调研“十一五”规划制定情况。

28日，省政协副主席马文骏率省政协科教委视察贵阳市国家农业科技园区（花溪点）建设情况。区领导王真霖、李秀明、王春雷、全晓刚、陈晓林、孙剑陪同。

### 10月

12日，主席李秀明、副主席韦正芳、陈晓林等参加花溪区新区行政办公中心大楼开工典礼。

17日，省政协副主席李金顺考察花溪戴安澜将军墓，主席李秀明、副主席韦正芳及提案法制委员会、办公室负责人陪同。

25日，市政协主席许朗视察桐埜书屋，主席李秀明、副主席孙剑陪同。

29日，省政协副主席李嘉琥视察贵阳民族中学，副主席陈晓林陪同。

### 11月

2-4日，全省县级政协工作经验交流会召开，主席李秀明出席，提交提案工作材料到会交流。

19-26日，副主席韦正芳率政协有关人员到青岛参加全国政协提案工作培训班。

29日，主席李秀明、副主席孙剑视察区科技“三项”经费支持的贵阳汽车饰件厂、贵州中意食品厂等企业自主创新开发新产品情况。

### 12月

1日，区委八届八十九次常委会原则通过《中共花溪区委关于进一步加强政协工作的意见》文件。

14日，省政协原副主席王思明等到青岩参加班麟贵史料征集研讨会，主席李秀明陪同。

23日，主席李秀明到小碧调研企业治安情况。

28日，全区政协工作会暨各界人士新年茶话会召开。市政协副主席徐学仁、区委书记王真霖作重要讲话，主席李秀明汇报三年来七届政协工作，区委副书记曾德书宣读区委关于加强政协工作的意见。区委副书记蒋志伦主持会议，区委常委、政协副主席、政协老同志及部分政协委员等200余人出席。

31日，主席李秀明、副主席孙剑率区非公经济界、宗教界政协委员到青岩迎祥寺参加迎新年撞钟活动。

## 2006年

### 2月

22-27日，区政协七届四次全体会议召开。市政协副主席徐学仁到会指导并讲话；区委书记王真霖作重要讲话。

### 3月

29日，区政协七届十七次常委会议召开，会中视察宏盛、中意、叶大、人文等非公企业。

28日至4月6日，政协提案法制委员会及机关有关人员一行11人赴新疆交流政协提案工作经验。副主席韦正芳带队。

31日，政协机关领导干部赴省政协参加全国政协副秘书长卞晋平作学习《中共中央关于加强人民政协工作的意见》的专题辅导报告会。

## 4月

10日，上海市奉贤区政协12人到花溪区政协考察。

11-14日，主席李秀明参加全省政协系统学习《中共中央关于加强人民政协工作的意见》培训班。

21日，区政协提案法制委员会、区水利局及青岩水利站负责人到高坡与乡领导协商解决谷孟水库提灌站改造完善、启用提水抗旱等问题。主席李秀明、副主席韦正芳带队。

28日，贵阳市政协统战系统第四届全民健身运动会召开。区政协机关全体干部职工到贵阳六广门体育场参加。

## 5月

2日，全国政协原副主席王文元到花溪视察，省、市、区政协领导陪同。

16日，区政协举办学习《中共中央关于加强人民政协工作的意见》专题讲座，贵州省社会主义学院原院长王守君教授作辅导报告。区委副书记张曦主持并讲话，区政协委员120余人参加。

26日，政协提案法制委员会在区民政局召开效能建设评议工作动员大会。主席李秀明、副主席韦正芳等出席。

## 6月

12日，市政协副主席徐学仁带领市委办公厅、市政府办公厅等有关人员，到花溪区调研《中共中央关于加强人民政协工作的意见》的贯彻落实情况。区委副书记张曦汇报贯彻落实情况，区政协主席李秀明、副主席韦正芳、陈晓林、李隆辉、孙剑，政协各专委办的有关同志参加会议。

13日，区政协召开“反映社情民意工作会议”，副主席孙剑主持，各民主党派、工、青、妇负责人，政协委员活动组组长、政协各专委办有关人员参加会议。

19-24日，区政协经济科技委员会及办公室有关人员赴新疆参观学习城市管理工作。副主席李隆辉带队。

27日，区政协召开“统一战线与政协工作——纪念中国共产党成立85周年座谈会”。主席李秀明主持，副主席韦正芳、陈晓林、李隆辉、孙剑及各民主党派负责人、政协离退休老同志、政协机关党员干部参加。

## 7月

4日，政协委员第七活动组到麦坪乡视察社会主义新农村建设工作。副主席李隆辉、孙剑带队。

27-28日，区政协组队参加小河区政协承办的贵阳市区、县（市）政协工作研讨会第二十五次会议。

## 8月

29-30日，区政协提案法制委员会和办公室有关人员11人到六盘水、毕节等地政协学习交流提案工作经验。副主席韦正芳带队。

## 9月

7日，全国政协提案法制委员会副主任伍绍祖视察花溪区新农村建设工作，副主席孙剑陪同。

8-9日，区委书记王真霖、区政协主席李秀明出席省委召开的全省政协工作会议。

14日，区政协召开花溪区2003-2006年度各界人士“三个文明”建设服务经验交流暨表彰会。区委书记王真霖作重要讲话。

同日，区委书记王真霖、区委组织部领导，送新任政协党组书记蒋志伦、副书记王光华、成员禄竹到区政协与机关干部见面。

19日，受区委委托，区政协党组书记蒋志伦主持召开会议，征求对“中共花溪区第九次代表大会工作报告和区纪律检查委员会工作报告”的意见和建议。主席李秀明、副主席韦正芳、陈晓林、李隆辉、党组副书记王光华、区委统战部长禄竹、政协常委、部分委员参加会议。

30日，区智力支边办编辑的《花溪支边》一书出版发行。

### 10月

18日，在贵阳市2000-2006年度智力支边工作表彰会议上,区智力支边办获先进集体称号。

20-22日，区政协编辑《名人与花溪》和《花溪支边》的有关人员13人到平塘、荔波、都匀、贵定等地学习交流政协文史资料收集编纂经验，考察风景旅游区保护开发工作。主席李秀明、副主席陈晓林带队。

### 11月

11-16日，区政协第八届委员会第一次全体会议召开。

30-31日，区政协八届第一次常委会议召开。主席蒋志伦主持会议。

## 2007年

### 1月

21-25日，区政协第八届委员会第二次会议召开。

### 4月

24日，区政协召开作风教育整顿活动动员会。

### 6月

30日，区政协组织相关委员及区建设、旅游、文化等部门的负责人，就青岩古镇保护开发项目开展民主监督视察活动。

### 7月

6日，区政协召开主席会督办提案跟踪督办会议。区政协提案法制委员会、提案人、区政府法制办、区教育、交通、民政、财政局等有关负责人参加会议。

9-13日，区政协人口资源与环境委员会牵头，组织政协机关干部、街道办事处工作人员和20名大学生，对云上村、洛平村、大寨村、吉麟村和花溪村的203户失地农民进行入户调查。

### 8月

12-14日，区政协文史宣传学习委员会到镇山、李村、摆陇、青岩、沙坪等村镇就古民居保护、开发、利用情况进行调查。邀请省民族学院教授、省民族研究会有关专家参加，副主席孙剑带队。

23-27日，区政协提案法制委员会到部分乡镇、办事处，对农村法制宣传教育工作情况进行摸底调查。

28日，区政协主席蒋志伦、副主席楚湘黔、禄竹带领区发改局、水利局、财政局、民宗局、农业局、农办的主要领导及办公室有关同志到马铃乡调研新农村建设情况。

### 9月

19日，徐悲鸿纪念馆馆长、徐悲鸿夫人、全国第九届政协常委廖静文及中国人民大学徐悲鸿艺术学院院长、全国政协委员、徐悲鸿幼子徐庆平，在省市政协领导以及区领导蒋志伦、滕召华、孙剑等陪同下重游花溪。

### 10月

15日，区政协组织干部职工收看中共十七大开幕式。

**11 月**

9 日，区政协召开八届五次常委会，学习中共十七大精神。主席蒋志伦主持会议。

11 日，主席蒋志伦与南昌市西湖区政协主席徐冬莲在西湖区政协签订《关于建立友好政协的协议书》。

13 日，区政协经济科技委员会到区属非公企业调研。主席蒋志伦、副主席楚湘黔带队。

同日，台湾“嘉义市道将圳文化学会”理事长杨清樑一行到花溪。区政协文史宣传学习委员会组织原花溪区周渔璜周钟瑄研究会成员欧阳震、陈刚、王刚、张永吉、周钟瑄第七代族孙周谷伦等参加座谈。杨清樑一行拜谒周钟瑄墓冢，参观青岩古镇。副主席孙剑陪同。

**12 月**

13 日，区政协组织驻区市政协委员到贵州清华紫光科技园视察，主席蒋志伦、副主席楚湘黔、张彦、禄竹参加。

## 2008 年

**1 月**

29 日，区政协八届十次主席会召开。

**2 月**

22 日，区政协八届七次常委会召开。

**3 月**

1-5 日，区政协第八届委员会第三次会议召开。

15 日，区政协八届八次常委会召开。

**4 月**

17 日，主席蒋志伦到青岩镇杨眉村调研。

24 日，区政协八届九次常委会召开。

**5 月**

15 日，政协机关全体干部职工在花溪公园大门处参加“汶川 5.12 大地震·抗震救灾”捐款活动。

**6 月**

26 日，政协机关全体党员参加在区委会场举行的“全区 2008 年度党员、干部理论考试”。

**7 月**

2 日，政协机关党支部组织全体党员开展纪念中国共产党成立 87 周年活动。

18 日，政协机关全体干部职工参加贵阳市政协系统“迎奥运运动会”。

**8 月**

6 日，副主席、区委统战部部长禄竹到企业走访政协委员。

26 日，主席蒋志伦为青岩镇杨眉村协调蔬菜大棚 100 个，国家补助 70%。

**9 月**

10 日，副主席孙剑走访工商企业界政协委员。

13-15 日，副主席禄竹带队对花溪公园黄金大道、青岩古镇的卫生及“脏、乱、差”整治情况进行督查。

**10 月**

7 日，政协机关组织离退休老干部开展庆祝老年节活动。

30 日，副主席禄竹带队到孟关乡开展农村医疗合作工作调研。

**11 月**

4 日，副主席孙剑带队与区妇联到孟关乡沙坡村开展“三百工程生态文明村建设”工作调研。

20-21 日，副主席孙剑带队到平塘县参观学习政协先进工作经验。

**12 月**

17 日，区政协党组 2008 年度领导干部民主生活会召开。

24 日，区政协八届十九次主席会召开。

## 2009 年

### 1 月

7 日，市政协主席陈石带领市相关部门到孟关轻机厂、五星村和清溪街道办事处陈亮村，慰问 5 户低保家庭和优抚对象。主席蒋志伦陪同。

9 日，副主席、区委统战部部长禄竹带领 20 余名区政协委员视察区公安分局开展打击“两抢一盗”专项行动和实施“居有所安”民生计划的执行情况。

14 日，区政协和区委统战部联合举行全区各界人士迎春茶话会。副主席王光华主持，区委书记朱桂云，区委副书记谌业华等出席茶话会。

### 3 月

17 日，区政协召开学习实践科学发展观活动动员大会。

23 日，区政协对八届一次会议以来的优秀提案和提案承办先进单位进行表彰。

23-27 日，区政协第八届委员会第四次会议召开。

同日，区政协组织全体政协委员，到石板镇花街村南环线一号大桥植树点义务植树。

### 4 月

20 日，省政协提案委主任干正书带队对区政协提案工作进行调研。

28 日，省政协副主席吴嘉甫带队调研花溪经济社会发展情况，市、区领导参加。

29 日，区政协主席谌业华率政协经济科技委员会调研区非公企业。

30 日，市政协副主席陈鲁西一行 5 人，到花溪调研政协工作制度化、规范化、程序化建设情况。

### 5 月

6 日，主席谌业华到万达客车股份公司调研。

7 日，区政协举办学习实践科学发展观专题讲座，省委党校哲学部主任、教授周感华作专题讲解。副主席禄竹主持，政协委员 130 余人参加。

同日，省政协文史宣传学习委员会主任姚钟伍一行 8 人，对花溪区非物质文化遗产保护、传承和利用情况进行调研。主席谌业华、副区长程建梅、副主席孙剑及省、市、区文化部门负责人陪同。

8 日，主席谌业华率政协机关人员到湖潮乡、羊艾园区看望区政协委员。

15 日，区政协召开宣传信息工作座谈会。

21 日，区政协邀请市民盟农业专家到高坡乡举办蔬菜种植和沼渣（沼液）使用管理等实用技术培训班。

22 日，区政协邀请省市书画艺术家王振中、刘定一、张润生、王忠才、杨霜、平治、乔任侠、瞿啟钢、蒋明泽、钱文观、杜晓牧、周明鉴、韩亚明、蔡锦伦、陈家林、李维利、杨昌刚等一行 18 人，在区委会场举行笔会，为花溪新行政办公中心献墨宝。主席谌业华、副主席王光华、孙剑、张彦及区文联负责人陪同。

29 日，香港人士、市政协委员魏凤英到其捐资修建的花溪达夯志成希望小学慰问全体学生，市政协领导徐学仁、郭苏庆，区政协领导谌业华、张彦陪同。

### 6 月

16 日，区政协主席会视察区“整脏治乱”工作。

18 日，区政协党组召开学习实践科学发展观专题民主生活会。党组书记谌业华主持会议。

20 日，主席谌业华、副主席禄竹、秘书长曾少海调研马铃乡马铃村和谷增村 2009 年危房改造工作。

### 7 月

23 日，区政协邀请农工党贵阳市委医疗专家、市一医儿科主任董丽到高坡乡举办乡村医生培训，20 余名乡村医生参加。

### 8 月

26 日，区政协文化界委员视察青岩镇文化产业。

### 9 月

12 日，主席谌业华、副主席王光华、禄竹、各专委负责人及部分政协委员视察平桥景区专项整治工作和花溪田园北路建设情况。副区长罗松华陪同。

26 日，市政协主席陈石、市政协专委会负责人与主席谌业华、副主席王光华、孙剑、楚湘黔、禄竹等一行 30 余人，到石板镇镇山村关口村民组参加义务劳动。

### 12 月

9 日，区政协人口资源与环境委员会联合区人口计划生育局举办以“统筹解决人口问题，建设生态文明城市，营造良好人口环境”为主题的知识讲座。

## 2010 年

### 3 月

13 日，区政协委员志愿者及政协委员所在企业员工志愿者 1580 余人分为八个组，由主席谌业华及各位副主席带队，分赴各乡镇、办事处参与森林防火工作。

22-26 日，区政协第八届委员会第五次会议召开。

### 4 月

2 日，主席谌业华参加贵州省第一女子监狱举办的“公正廉洁执法”——纪念《中华人民共和国妇女权益保障法》18 周年座谈会，并在会上发言。

3 日，全区政协委员到各乡镇参与森林防火志愿者行动。

15-16 日，区政协经济科技委员会主持召开“花溪区国税局纳税服务质量测评会”，180 余名涉税人员应邀到会，区政协副主席楚湘黔到会并作讲话。

17-24 日，区政协对国税局纳税服务质量调查进入第二阶段。政协各专委（办）组成 4 个调查小组分赴各企业和商业区沿街店铺，对国税局纳税服务情况“明察暗访”。

### 5 月

5-6 日，贵阳市区、县（市）政协工作经验交流会第三十次会议在花溪栖碧山庄召开。

12 日，贵阳市政协文史工作座谈会在花溪区政协会议室召开。市政协副主席张承新、文史与学习委主任陈金萍、各区县政协分管文史工作的领导和专委会负责人参加会议。

19-22 日，全国省会（首府）部分城区政协工作联席会第二次会议在福州市马尾区召开，副主席王光华带队参加。

20 日，区政协举办委员专题学习讲座，邀请省委党校公共管理学教授邱中慧以《领导沟通的策略与艺术》为题讲解，区政协委员及政协机关干部 80 余人参加。

21日，省政协社法委到石板镇镇山村考察乡村旅游发展情况，省政协副主席武鸿麟、社法委主任张国新、副主任许朗、唐福金、陈克炜及区政协主席谌业华、区委副书记罗德亚、区政协副主席楚湘黔参加考察。

24日，沈阳市和平区政协副主席李先志率该区政协委员到区政协考察学习，交流经验。主席谌业华、副主席孙剑、楚湘黔、田健出席座谈会。

**6月**

2日，主席谌业华到湖潮磊庄、广兴等村实地查看农业生产进度及秧田受灾情况，听取乡领导对全乡农业生产进度及防治“稻水象甲”的工作汇报。

12日，遵义市绥阳县政协副主席张绍春率队，调研花溪“三创一办”工作。主席谌业华、副区长段蓓等参加座谈。

13日，区政协教文卫体委员会组织花溪一中、燕楼中学、高坡中学三校开展同课异构教学活动。副主席李莎指导活动并全程参与听课。

21日，主席谌业华、副主席王光华率区政协各专委会负责人和十余名政协委员视察区检察院反渎职侵权工作。副检察长兼反渎职侵权局局长龙亚海介绍工作情况。政协委员对反渎职侵权工作提出意见和建议。

24日，区政协机关党总支开展中国共产党建党89周年纪念活动，组织党员参观清溪办事处垄头村新农村建设示范点。

**7月**

5日，区政协八届二十六次常委会议召开。会中视察贵州大学花溪校园扩建工程。

8日，区政协经济科技委员会到石板镇贵州黔源矿业开发有限公司调研。主席谌业华带队。

13日，区交通局邀请区政协委员召开提案办理前征求意见座谈会。

15日，区政协常委会与各专委会负责人、部分乡镇政协委员视察区人民法院。

22日，区政协组织驻区市政协委员和部分区经济界政协委员视察区工业经济发展状况。

**8月**

18日，区政协文史宣传学习委员会启动“加强社区生态文明建设”调研工作。

19日，区政协配合区政府邀请省内外著名石材企业负责人在天河潭景区召开“花溪区发展石材产业企业座谈会”，市政协、区政府、区政协有关领导出席，区委常委、副区长曾明强主持会议。

25日，区政协会同区农办、团区委，从区财政和社会赞助中筹集资金16万元，为清华中学考上大学的50名贫困学生提供资助。

**9月**

9日，区政协经济科技委员会组织视察区非公企业的“三创一办”工作。副主席楚湘黔带队，各专委会负责人、区“三创一办”综合协调办公室、区环保局、建设局、卫生局、工商联等部门负责人参加。

16日，区政协人口资源与环境委员会视察区交通运输管理工作，主席谌业华、副主席孙剑、田健参加。

**11月**

11日，区政协文史宣传学习委员会组织委员视察区文物保护工作。

**12月**

28日，区政协机关党支部召开换届选举大会。

## 2011年

### 3月

9-19日，区政协第八届委员会第六次会议召开。

23日，政协委员到湖潮开展“四帮四促”活动。主席谌业华带队。

### 7月

19日，政协委员视察八届六次会议第14号主席督办提案“提高交通管理水平”的办理情况。副主席孙剑、李莎带队。

28日，区政协教文卫体委员会对区创卫长效管理机制的建立进行调研。副主席李莎带队。

28-31日，区政协人口资源与环境委员会就《贵阳市住宅小区计划生育管理服务规定》贯彻落实情况进行调研。

### 8月

10日，区政协提案法制委员会调研区人民法院基层法庭工作。

11日，区政协教文卫体委员会视察区教育系统学前教育工作。

### 10月

10日，区政协人口资源与环境委员会调研区水利工程项目建设情况。副主席田健带队。

11日，区政协提案法制委员会视察区开展垃圾分类试点工作。

### 12月

18-23日，区政协第九届委员会第一次会议召开。

## 2012年

### 1月

19日，市政协主席陈石到燕楼乡挂帮点慰问贫困群众，区政协领导陪同。

### 2月

8日，区政协挂帮工作组到青岩，与镇领导及村干部座谈帮扶工作。

### 3月

6日，区政协九届一次常委会议召开。

7日，区政协组织部分政协委员调研吉林新村、松涛苑等四个小区开展的“平安小区”活动。

14-17日，区政协第九届委员会第二次全体会议召开。

### 5月

3日，全国政协副主席王志珍到青岩镇考察，市政协副主席陈鲁西、区政协主席谌业华等陪同。

8日，区政协召开政协委员专题学习培训会，邀请省政协理论研究会副会长郭福基授课。

9日，区政协举行《花溪记忆》赠书仪式暨老照片征集活动颁奖会，区政协主席谌业华、省摄影家协会副主席彭年等领导出席会议。

10日，省政协副主席刘鸿庥、武鸿麟分别到贵阳金石产业园调研，副市长王玉祥、市政协副主席向阳、区政协主席谌业华等领导陪同。

17日，贵阳市政协第十一届一次秘书长会议在花溪玉龙宾馆召开。市政协专委会主任、各区县政协秘书长60人参加会议。

23日，湖北省潜江市政协考察团12人到贵筑社区考察流动人口服务管理工作。副主席李瑾陪同。

29日，区政协“四帮四促”小组、区水利局、区卫生局、青岩镇政府对青岩镇摆早村的饮水问题进行专题调研。副主席吴同恒带队。

### 6月

5日，区政协教文卫体委员会到石板镇云凹

村、党武乡龙山村、大坝井村卫生室，调研乡村卫生室建设工作。

13日，浙江南浔区政协副主席闵建国一行到花溪金石产业园，就园区发展情况进行调研，副主席秦永康、何勇、吴同恒等陪同。

14日，市政协副主席杜正军一行对区政协文史宣传工作进行调研，副主席孙剑及部分热爱文史工作的老同志陪同。

20日，区政协文史宣传学习委员会组织部分政协委员及老同志到黔陶乡，视察周渔璜、周钟瑄文物保护工作。

22日，区政协委员一行30余人视察贵阳金石产业园园区建设情况，副主席秦永康带队。

## 7月

3日，区政协人口资源与环境委员会组织委员，到高坡乡石门村云盘组，视察地质灾害防治工作。

同日，市政协主席陈石到高坡乡慰问贫困老党员，副主席田健、李瑾、何勇陪同。

5日，区政协组织部分政协委员调研社区治安状况。

## 8月

2日，区政协人口资源与环境委员会组织部分委员，调研区集中式饮用水资源保护工作。主席谌业华带队。

7日，区政协人口资源与环境委员会组织部分委员调研区流动人口管理工作。

10日，区政协邀请贵阳市教科所综合研究室主任、特级教师宇敏，到麦坪乡举办家教讲座，70余名家长参加。

14日，区政协教文卫体委员会到溪南高中、贵璜中学及青岩中心完小视察学校建设工作。

16日，提案法制委员会到区政法委视察平安花溪工作。

21日，受区政协邀请，民建贵阳市委领导、企业家捐资2万元助学金，帮助高坡乡贫困大学生李昌敏、罗琴完成学业。

22日，区政协、区民宗局、企业家代表在清华中学举办帮助贫困学生的捐助活动，区委副书记向阳、区政府副区长陈建梅、区政协副主席李莎、吴同恒出席仪式。

## 9月

10-14日，全国省会（首府）部分城区政协工作联席会第七次会议在花溪区举行。

17-21日，区政协参加在福州市仓山区举行的全国28城区（市）政协工作联席会第二十四次会议。主席谌业华带队。

## 10月

12日，市政协副主席杜正军率市政协委员到花溪，视察抗日战争中国民党防空学校抗战阵亡将士公墓重建工作。

16日，区政协教文卫体委员会组织政协委员调研区文化场馆建设工作。

18日，区政协组织九届一、二次全会以来主席督办提案及委员提案办理视察活动，区政协主席、副主席参加。

## 11月

21日，区政协召开九届一、二次全会提案交办回访督办工作会。副主席李瑾出席会议。

26日，区政协民族宗教界委员视察青岩大兴国寺、观音祈福殿等宗教场所和龙井民族村寨建设。

28日，区政协牵头负责重建的花溪“文笔”工程竣工，主席谌业华及区有关领导在牛角岛举行落成揭幕仪式。“文笔”二字由书法家章维崧题写。

30 日，区政协教文卫体委员会视察区人民医院外科大楼建设工作。副主席李莎带队。

### 12 月

5 日，区政协常务委员到贵州民族大学调研。主席谌业华带队。

6 日，区政协组织验收十里河滩历史文物“文笔”恢复修建工程。

11 日，内蒙古自治区政协主席一行来访，副主席田健接待。

## 2013 年

### 1 月

4 日，区政协机关干部职工参加全区元旦迎新暨全民健身跑活动。

23 日，花溪、小河两区合并，区政协召开新政协常委见面座谈会。

### 2 月

25-27 日，区政协第九届委员会第三次会议召开。

### 3 月

4 日，区政协机关组织学习全国政协十二届一次会议报告精神。

18 日，吉林省通化市二道江区政协到花溪考察旅游产业发展情况，主席谌业华陪同。

26 日，区政协召开九届三次会议委员提案交办会。

### 4 月

24 日，区政协提案法制委员会到区交通局召开提案办理工作座谈会。

25 日，区政协举办“提案与参政议政”学习讲座。

27 日，区政协举行向雅安地震灾区捐款仪式。

### 5 月

13 日，区政协召开“一创四办”工作动员会。

21 日，区政协组织委员视察“阳光就业家园”。

22 日，区政协组织经济界委员视察区非公有制经济发展情况。

24 日，区政协组织委员视察区申报国家级文物工作和贵惠路花溪段建设情况。

29 日，区政协组织九届三次会议 41 号主席会督办提案专项视察活动。

### 6 月

13 日，区政协组织委员走访主席会督办提案办理情况。

14 日，河南省郑州市二七区政协到区考察生态观光农业和交流政协参与中心工作经验。

### 7 月

1 日，区政协教文卫体委员会组织委员视察区中小学校。

3 日，区政协机关党支部与青岩镇摆早村党支部联合举办党课活动。

9 日，区政协组织委员视察社区人口计生工作。

16 日，区政协文史宣传学习委员会组织委员视察政协九届三次全会第 56 号提案办理情况。

29 日，区政协组织委员对交通局承办提案办理情况进行回访督办。

### 8 月

12 日，区政协机关召开“三找”大讨论活动动员会。

27 日，区政协组织委员视察区法院小河巡回法庭。

### 9 月

4 日，区政协组织委员对区公租房（廉租房）建设情况进行调研。

16 日，主席谌业华带队考察孟关乡计生、卫生院整合试点工作进展情况。

18 日，区政协召开《青岩古镇军事文化集萃》编审会议。

24 日，区政协调研工业园区交通情况。

### 10 月

14 日，区政协开展“集思广益，深入挖掘，查找问题，落实整改”大讨论。

15 日，区政协主席会议视察区人民检察院刑事监察工作和“平安花溪”创建工作。

17 日，区政协开展主席会提案督办视察。

18 日，区政协调研民办教育。

23 日，区政协组织政协委员视察“两严一降”工作。

## 2014 年

### 1 月

13 日，区政协传达学习市委九届三次全会精神。

17 日，区政协九届十一次常委会议召开。

27 日，区政协传达学习全市政协工作会议和省、市“两会”精神。

### 2 月

7 日，区政协传达学习“党的群众路线教育实践活动”有关文件精神。

8 日，新任区委书记钟汰甬到区政协机关看望干部职工。

17-20 日，区政协第九届委员会第四次会议召开。

25 日，区政协党组召开党的群众路线教育实践活动动员大会。

### 3 月

3 日，区政协针对昆明暴恐事件召开机关安全工作专题会议。

### 4 月

2 日，区政协召开 2014 年提案交办工作会议。副主席李瑾主持。

22 日，主席谌业华率政协委员视察久安现代高效茶叶示范园建设。

25 日，区政协人口资源与环境委员会组织委员视察第九届省旅发大会花溪区项目筹备情况，主席谌业华带队。

### 5 月

6 日，政协委员视察小孟工业园。副主席李瑾、李莎带队。

7 日，区政协委员第一活动组视察久安现代高效茶叶示范园。

15 日，区政协科技界委员到马铃乡，对该乡经济发展提建议，并给中心完小“留守儿童”送书包和文具等。

20 日，区政协农业医卫界委员视察马铃乡农业产业结构调整和农村合作医疗。

21 日，教育、文艺界委员视察区实验中学、华阳小学和区职业技术学校。副主席李瑾、李莎带队。

22 日，民族宗教界委员视察大兴国寺建设情况。副主席李莎、何勇带队。

### 7 月

2 日，安顺市普定县政协副主席何恒泉一行考察区农业经济发展工作。

16-18日，花溪区出现有气象记录以来的最强降雨。区政协主席、副主席到所联系乡镇、社区抗洪抢险。

23日，区政协文史宣传学习委员会视察青岩镇文物修复情况。

### 8月

6日，区政协组织各专委（办）负责人和工商联界委员视察燕楼产业园建设。

12日，区政协党组召开党的群众路线教育实践活动专题民主生活会。

19日，区政协召开主席会督办提案及部分委员提案办理协商座谈会。

21日，区政协提案法制委员会组织部分政协委员视察上半年“两严一降”工作。

28日，区政协九届十六次常委会议召开。

### 9月

2日，区政协委员视察新修建的花溪广场。

4日，区政协经济界、特邀界委员视察青岩赛车道和碧桂园，副主席李莎、李瑾参加。

17日，区政协组织委员对花溪污水处理厂建设及运行情况进行调研，副主席李瑾、李莎、何勇、吴同恒、邹吉鸿，秘书长吴硕等参加。

25日，区政协部分委员视察依法治区工作。

### 10月

8-10日，区政协组织138名政协委员及政协机关干部在省社会主义学院参加为期3天的政协委员培训。

17日，区政协农业、医卫界委员视察金山农业科技示范园。

同日，区政协组织委员调研“两港一中心”项目建设。

同日，区政协教文卫体委员会视察花溪北京161中学贵阳分校、花溪第二小学保利分校的新增教育教学资源运行情况。副主席吴同恒带队。

27日，区政协党组召开党的群众路线教育实践活动总结大会。

29日，区政协传达学习党的十八届四中全会精神。

### 11月

6日，区政协教文卫体委员会调研区全科医生签约服务情况。

7日，区政协委员中共组一行到高坡乡视察“一事一议”美丽乡村建设工作。

12日，区政协组织委员调研区城市管理和综合执法工作。

13日，区政协组织部分政协委员视察区“创模”工作，副主席孙剑、李莎、何勇参加。

18日，致公党贵阳市委到花溪贵璜中学开展结对帮扶活动，副主席李莎出席。

20日，市政协副主席刘建军率队赴高坡乡五寨村、扰绕村开展“7+2同心扶贫工程”帮扶活动，相关企业捐赠2万元。副主席李莎陪同。

### 12月

22日，区政协组织学习贵州省党员干部“十严禁”“十不准”规定。

## 2015年

### 1月

4日，主席谌业华到高坡乡调研2015年“7+2同心扶贫工程”进展情况。

22日，主席谌业华到马铃乡调研2015年“7+2同心扶贫工程”。

### 2月

10-13 日，区政协第九届委员会第五次会议召开。

26 日，主席谌业华视察黔陶乡周钟瑄文化交流中心。

**3 月**

4 日，主席谌业华到麦坪乡调研经果林开发建设工作。

9 日，区政协召开党风廉政建设工作会议，主席谌业华主持。

18 日，主席谌业华主持召开“两周”文化园指挥长会议，审定文化园总规施工预算、总体设计方案。

24 日，区政协召开九届委员会五次会议委员提案交办会。主席谌业华、副主席李瑾等参加。

30 至 4 月 4 日，区文化界政协委员赴台湾，参加周钟瑄文化交流活动。主席谌业华带队。

**4 月**

7 日，市政协主席王保健率市直有关部门负责人赴高坡乡调研“7+2 同心扶贫工程”进展情况。区委书记钟汰甬、区长向子琨、区政协主席谌业华等陪同。

8 日，主席谌业华到黔陶乡视察“两周”文化园建设情况。

15 日，区政协召开各民主党派民主协商座谈会。

28 日，市政协副主席夏刚调研区农业农村工作，主席谌业华陪同。

29 日，省政协主席王富玉视察石板镇地利物流园，主席谌业华陪同。

29 日，区政协农业、医疗卫生界委员视察高坡乡“7+2 同心扶贫工程”项目工作。

**5 月**

15 日，新任区委书记康克岩来到区政协看望政协领导班子和机关干部职工。

19 日，区政协文史宣传学习委员会到黔陶乡开展“周钟瑄文化交流中心”及“周氏宗祠”项目建设工作视察活动，邀请区文广局、区档案局、区党史办参加。主席谌业华带队。

21 日，区政协提案法制委员会到清浦社区、明珠社区等地开展禁毒工作视察活动。主席谌业华带队。

22 日，工商联界委员视察甲秀南路区域整治项目进展情况。副主席李莎、李瑾带队。

26 日，区政协农业、医卫界委员到高坡乡视察“7+2”同心扶贫工程实施情况。主席谌业华带队。

27 日，区政协中共、总工会、共青团（青联）、妇联界别小组委员到燕楼工业园区视察。主席谌业华带队。

**6 月**

8 日，政协机关全体干部职工集中学习“三严三实”相关文件。

10 日，区政协提案法制委员会视察区法院作为全省司法体制改革试点单位的效果和存在问题。

11 日，主席谌业华给政协机关全体干部职工上“三严三实”专题党课。

23 日，杭州市余杭县政协考察团到高坡乡考察“7+2 同心扶贫”工作。

24 日，副主席李瑾率队到黔陶乡半坡村开展遍访帮扶活动。

25 日，主席谌业华、副主席张朝洲率经济科技委员会成员、经济组委员到小孟工业园区对“贵阳传化智能公路港”项目建设情况进行视察。

26 日，山东省莱芜市钢城县政协考察团到花溪区考察。

30 日，副主席邹吉鸿邀请贵阳同济堂种植部经理、中药材种植专家及区政协人口资源环境委员会、区农业局扶贫办相关人员，到高坡乡大洪村落实遍访帮扶措施。

**7 月**

2 日，主席谌业华到白云区参加委员进社区座谈会。

15 日，主席谌业华到联系点石板镇排查不稳定因素，开展“一号工程”工作。

28 日，提案法制委员会到桐木岭村沿线、田园南路沿线、云上村周边现场等废品回收站点，对再生资源行业管理开展调研。副主席李瑾带队。

29 日，副主席孙剑带领文史宣传学习委员会对高坡乡红色文化资源保护情况开展实地调研。

**8 月**

6 日，副主席张朝洲、李莎带领经济科技委员会及区农业局、区供销联社对青岩镇、马铃乡等两处蔬菜生产基地开展实地调研。

10 日，区政协召开机关干部职工会议，传达学习市委书记陈刚视察花溪讲话精神。

13 日，区政协召开部门民主党派负责人会议，学习全国政协协商民主文件精神。

27 日，区政协召开社区（乡镇）政协委员联络组协商专题会。

28 日，《花溪区政协志》编纂工作启动会召开。

**9 月**

11 日，主席谌业华主持召开工作会议，专题研究“三严三实”第二阶段工作。

15 日，区政协组织主席提案督办件“黄河大道整理”视察，主席谌业华参加。

24 日，区政协党组召开“三严三实”中心学习组会议。

**10 月**

9 日，政协机关全体党员学习“三严三实”第二专题。

12 日，主席谌业华到石板镇参加研究社会治安综治工作事宜。

13 日，主席谌业华主持召开石板区域建设指挥部工作会议；下午到黔陶乡调研“两周”文化园工作。

21 日，主席谌业华到高坡乡硐口村调研帮村扶贫工作。

22 日，主席谌业华到黔陶乡处理维稳工作。

23 日，区政协文史宣传学习委员会召开会议，专题研究周钟瑄文史资料收集整理出书工作。主席谌业华主持。

29 日，主席谌业华到黔陶乡处理维稳工作。

30 日，区政协组织提案人及提案承办单位开展对第 13 号等四件主席会提案督办件和第 27 号专委会提案督办件的视察活动。

31 日，区政协委员及机关干部 40 人到全国政协委员培训中心黄岛培训基地参加培训。主席孙剑、何勇带队。

**11 月**

9 日，政协机关干部职工学习党的十八届五中全会报告。主席谌业华主持。

10 日，区政协召开周钟瑄文史工作小组会议。主席谌业华主持。

25 日，区政协召开周钟瑄文史资料研讨会。主席谌业华主持。

## 12 月

2 日，主席谌业华到分管工作点检查全国创模复查迎检准备工作。

3 日，区政协经济界、特邀界政协委员 20 余人到黄河社区、经开区公安分局指挥中心监控大厅情报分析室，视察社会治安立体化防控建设工作。副主席李瑾带队。

7 日，区政协召开《花溪区政协志》编纂工作会议。主席谌业华主持。

8 日，全国政协副秘书长到花溪考察，主席谌业华等政协领导陪同。

同日，区政协工商联界委员视察久安乡经济社会发展情况。

10 日，主席谌业华到高坡乡硐口村开展精准扶贫工作

15-16 日，省、市政协工作经验交流会召开。主席谌业华参加。

17 日，区政协开展“三严三实”活动，召开学习党的十八届五中全会专题研讨会。主席谌业华主持。

23 日，主席谌业华到黔陶乡检查周钟瑄文化交流中心建设进展情况。

28 日，召开政协党组会议，安排“三严三实”专题民主生活会相关事宜。主席谌业华主持。

# 2016 年

## 1 月

4 日，召开主席办公会议，安排全年目标考核工作。主席谌业华主持。

7 日，区政协办公室收集整理部分政协委员、机关干部对政协领导班子关于“四风”问题的意见。

17 日，区政协党组召开“三严三实”2015 年度党组专题民主生活会。

## 2 月

1 日，市政协主席王保健到高坡乡慰问贫困户，主席谌业华陪同。

3 日，主席谌业华到高坡乡硐口村走访慰问贫困户。

4 日，主席谌业华带队慰问驻军部队。

19-22 日，区政协第九届委员会第六次会议召开。

26 日，主席谌业华到黔陶乡检查“两周”文化园工作。

29 日，主席谌业华在区群工中心接待来信来访群众。

## 3 月

3 日，召开委员联络组会议和《花溪区政协志》编纂会议。主席谌业华主持。

4 日，主席谌业华到石板、阳光社区视察委员联络组工作开展情况。

8 日，市政府副市长徐昊到黔陶视察“两周”文化园工作，主席谌业华陪同。

15 日，贵州省政协到花溪调研司法体制改革，主席谌业华参加。

18 日，主席谌业华为《花溪区政协志》写序。

24 日，主席谌业华到青岩镇视察全域旅游建设情况。

25 日，主席谌业华到石板镇调研天河潭全域旅游工作。

29 日，召开区政协 2016 年度提案交办会，主席谌业华、副主席李瑾等参加。

30 日，区政协教文卫体委员会视察并校撤点工作，主席谌业华参加。

## 4 月

1日，云南省石林县政协考察团到花溪。

7日，市政协文史委到花溪考察，主席谌业华、副主席孙剑等陪同。

13日，区政协机关党员干部学习总书记习近平讲话和《党章》，主席谌业华主持。

18日，召开区政协“两学一做”专题会议，主席谌业华主持。

20日，召开《花溪区政协志》编委会议，明确截稿时间。主席谌业华主持。

22日，主席谌业华到黔陶乡调研“两周”文化园建设进展情况。

25日，主席谌业华到石板镇调研指导村级组织换届工作。

26日，区政协组织“书香花溪”提案调研，主席谌业华参加。

27日，区政协经济科技委员会视察孟关乡农村电子商务，主席谌业华参加。

**5月**

5日，主席谌业华到黔陶乡调研“两周”文化园建设进展情况。

6日，区政协党组书记、主席谌业华与政协领导干部签订党风廉政建设主体责任书。

9日，政协机关党支部举行换届选举大会，主席谌业华主持。会上选举赵洪为党支部书记，车荣、吴朝霞为党支部委员。

同日，政协机关召开工会成立大会。

16日，党组副书记李瑾主持召开政协机关“两学一做”专题会议，传达学习区委《“两学一做”学习教育实施方案》。

# 第一篇
# 组织机构

# 第一章　政协花溪区第七届委员会

## 第一节　政协委员产生及构成

区政协委员由花溪区各民主党派、工商联以及各界别协商产生。中共委员推荐由区委组织部提名产生，非中共委员推荐由区委统战部提名产生。第七届委员会由 17 个界别、151 名委员组成。17 个界别是：中国共产党花溪区委员会、无党派人士、中国共产主义青年团花溪区委员会（青年联合会）、花溪区总工会、花溪区妇女联合会、花溪区工商业联合会、花溪区科学技术协会界、花溪区归国华侨联合会、文学艺术界、科学技术界、经济界、农业界、教育界、医药卫生界、少数民族界、宗教界、特邀界。第七届委员会委员 151 名，列席 41 名。在 151 名委员中，中共党员 63 名，占 37.72%；民主党派成员 22 名，占 13.17%；非党人士 65 名，占 38.92%；其他 1 名，占 0.6%；少数民族 27 名，占 17.88%；妇女 39 名，占 25.83%；非公经济人士 22 名，占 14.57%；科技经济界 35 名，占 23.18%。委员文化程度：研究生 5 名，占 3.31%；大学 68 名，占 45.03%；大专 44 名，占 29.14%；中专、高中 21 名，占 13.91%；初中以下 12 名，占 7.95%。委员平均年龄 43.37 岁，比上届下降 1.18 岁。

## 第二节　第七届政协委员名单

（共 151 名）

一、中国共产党花溪区委员会（11 名）

韦正芳（女，布依族）　王　萍（女）　王海燕（女）　田晓筑　李秀明　陈晓林　郭　涯　黄廷芳（女）　禄　竹（女，彝族）　曾少海　黎毓安（布依族）

二、无党派人士（2 名）

赵丽萍（女）　张葆琛

三、中国共产主义青年团花溪区委员会（青年联合会）（1 名）

何培勇

四、花溪区总工会（2 名）

韦光庆（布依族）　晏渝忠

五、花溪区妇女联合会（4 名）

甘利华（女）　张琼利（女）　贺智（女）　唐文丽（女）

六、花溪区工商业联合会（14 名）

文　军　王科友　王友琦　申群智　宋成瑞　陈建新（布依族）　陈成庆　张文光　张明建　钟京平　钟远翔　郭祥贵　倪建元　魏和平（女）

七、花溪区科学技术协会界（2 名）

梁玉忠　盛亚平

八、花溪区归国华侨联合会（3 名）

叶菊娇（女） 唐家瑜（女） 曹元龙

九、文化艺术界（4名）

邹米拉（女） 徐 爽（女） 章维崧（满族） 程 韵（彝族）

十、科学技术界（16名）

卞文才 王 敏（女） 王春风（女） 王朝科 王劲松 卢云辉 田晓琴（女，苗族） 李家林 牟 兰（女） 张跃业 张廷芳 杨正德 彭文林 程 成 谢大庆 谭德兴（苗族）

十一、经济界（25名）

丁开斐 王 兵 王大清（布依族） 王银霖（苗族） 左光杰（穿青族） 李全武 李建平 刘亚将 刘筑安 何中东 陈桦贵 林 杰 张 兰（女） 张 捷 张向红（女） 张建军 周 群 周植林 周来水 赵 峰 杨华全 胡 军（女） 胡 斌 顾 庆 曾兴宽

十二、农业界（6名）

李云峰 朱炳兰（女） 何 勇 杨朝兴 赵黔铭 雷 泉

十三、教育界（9名）

方学先 王 珺（女） 王克俊 车 荣 许玉宁（女） 白尔楠 刘莉（女） 陈向阳（女） 郭雪莲（女）

十四、医药卫生界（9名）

马光玉（女） 干亚萍（女） 朱召留 朱俊昌 师红毅 张 炜 胡云志 常筑平（女） 颜 敏（女）

十五、少数民族界（13名）

王永龙（布依族） 王茂奎（苗族） 龙华（布依族） 龙炳珍（女，布依族） 佘云云（女，苗族） 陈玉和（苗族） 陈世友（仡佬族） 罗明才（苗族） 罗继权（布依族） 罗慧勇（布依族） 班士平（布依族） 高 霖（彝族） 唐世海（苗族）

十六、宗教界（4名）

刘维英（女） 刘德华（苗族） 张新忠 阮必正

十七、特邀界（26名）

王家峰 安金明 孙剑 李志坚 李祖运 李隆亚 李隆辉（穿青族） 刘红云 刘光强 阮启彬 汤 娜（女） 赵兴贵 孟令宏 郑拓夫 罗嘉顺 张碧秋（女） 段国敏 贺承铁 徐秀兰（女） 徐莉（女） 徐开新 唐勇勤（女） 梁成林 谢成伦 曾文革 漆 勇

## 第三节 委员变动

2003年8月29日第七届二次常委会增补委员：杨通强、吴治岑（女）、龙聚盛、杨泽珍（女）、魏惠强等5人；免除委员：班士平、王茂奎、刘光强、梁成林、徐莉（女）5人。

2004年2月12日第七届四次常委会增补委员：王林、王飞跃、王文敬、王成忠、安洪强、苏华、张以仁、张仕永、张正相、宋云仙（女）、李洪林、戚曼天、夏涤斌、贾朝辉、龚瑞云、傅玉林、漆云庆、廖兴科等18名为七届政协委员；免除委员：林杰、张碧秋（女）、梁玉忠、周群、张琼利（女）、陈世友、高霖、张文光（病故）等8人。

2005年2月4日第七届九次常委会增补委员：宋宏伟、石松杰、赵福兰（女）、李德琼（女）、李祖辉、黄泽森、吴波、罗忠能、胡生贵、梁国威、梁本贵、文中等12人。免除委员：安洪强、王海燕（女）、吴治岑（女）、漆勇、胡云志、雷泉等6人。另：2005年2月3日第七届九次常委会审议通过停止赵丽萍委员资格的决定。赵丽萍、杨朝兴2人因受贿被处分未参加会议。

至此，实有委员165人，其中女委员37人。

## 第四节　第七届政协常务委员会

花溪区政协七届一次会议选举产生第七届委员会常务委员会：

主　席：李秀明

副主席：韦正芳（女）　陈晓林　赵丽萍（女）　李隆辉　孙　剑

秘书长：曾少海

常务委员：干亚萍　王　兵　王春凤　王劲松　方学先　卢云辉　田晓琴　牟　兰　刘亚蒋　刘德华　朱俊昌　张　兰　张　炜　张跃业　杨正德　钟京平　黄廷芳　程　成　黎毓安

## 第五节　第七届政协工作机构

一、办公室

秘书长：

曾少海（2003年3月—2006年11月）

副秘书长：

郭　霞（2003年5月—2006年11月）

项彦丽（2004年11月—2006年11月）

主　任：

曾少海（2003年3月—2006年11月）

副主任：

郭　霞（女，2003年3月—2006年11月）

二、专门委员会

1. 文史社会事业发展委员会

主　任：

徐开新（2003年3月—2006年11月）

副主任：胡云志（兼）　车　荣（兼）

委　员：李祖运　程　韵　方学先　白尔楠　许玉宁　陈向阳　郭雪莲　刘　莉　贺　智　干亚萍　颜　敏　方玉萍　徐　爽　邹米拉　章维崧　漆　勇

特　邀：曹如人　张永吉　张　敏　戴壮强

2. 经济科技委员会

主　任：

张以仁（2003年4月—2006年11月）

副主任：甘利华（兼）　陈建新（兼）　曾兴宽（兼）

委　员：丁开斐　张建军　周植林　王银霖　倪建元　刘亚将　钟京平　张　兰　何中东　胡　斌　文　军　宋成瑞　郭祥贵　钟远祥　杨正德　谢大庆　何　勇　王劲松　卢云辉　田晓琴　牟　兰　赵黔铭　雷　泉

特　邀：吴克文

3. 提案法制社会联谊委员会

主　任：

唐勇勤（女，2006年3月—2006年11月）

副主任：

唐勇勤（女，2003年3月—2006年3月）

陈玉和（兼）　盛亚平（兼）

委　员：干亚平　唐世海　黎毓安　段国敏　田晓筑　安金明　李志坚　赵兴贵　徐秀兰　孟令宏　王永龙　谢成伦　贺承铁　汤　娜　罗慧勇　佘云云　龙炳珍　阮必正　释通修

特　邀：廖兴科　李庆英　杨通强

三、智力支边办

主 任:

田为民（2003 年 3 月—2006 年 11 月）

## 第六节 第七届中共花溪区政协党组织

一、政协花溪区第七届委员会政协党组（2003 年 3 月 31 日成立）

书 记:

李秀明（2003 年 3 月—2006 年 9 月）

副书记:

韦正芳（2003 年 3 月—2006 年 12 月）

成 员:

陈晓林（2003 年 3 月—2006 年 12 月）

曾少海（2003 年 3 月—2006 年 12 月）

二、政协花溪区第七届委员会党总支（1998 年 6 月 4 日成立）

书 记:

李秀明（1998 年 6 月—2005 年 5 月）

委 员:

李树芳（1998 年 6 月—2005 年 5 月）

曾少海（2003 年 4 月—2005 年 5 月）

三、政协花溪区第七届委员会机关党支部（2003 年 4 月 9 日成立 2005 年 5 月改选）

1. 机关在职党支部

书 记:

曾少海（2003 年 4 月—2005 年 5 月）

赵 洪（2005 年 5 月—2010 年 12 月）

委 员:

徐开新（2003 年 4 月—2005 年 5 月）

郭 霞（2003 年 4 月—2005 年 5 月）

田为民（2005 年 5 月—2010 年 12 月）

陈龙飞（2005 年 5 月—2010 年 12 月）

2. 机关离退休党支部

书 记:

李树芳（2003 年 4 月—2005 年 5 月）

杨定乾（2005 年 5 月— ）

委 员:

周树琪（2003 年 4 月—2005 年 5 月）

李桂林（2003 年 4 月—2005 年 5 月）

吴克文（2005 年 5 月—2015 年 7 月）

余国祥（2005 年 5 月— ）

# 第二章 政协花溪区第八届委员会

## 第一节 政协委员的产生及构成

区政协委员由花溪区各民主党派、工商联以及各界别协商产生。中共委员推荐由区委组织部提名产生，非中共委员推荐由区委统战部提名产生。第八届委员会由16个界别、172名委员组成。16个界别是：中国共产党花溪区委员会、无党派人士、中国共产主义青年团花溪区委员会（青年联合会）、花溪区总工会、花溪区妇女联合会、花溪区工商业联合会、花溪区科学技术协会界、花溪区归国华侨联合会、文学艺术界、科学技术界、经济界、农业界、教育界、医药卫生界、民族宗教界、特邀界。出席委员172名，列席41名。在172名委员中，中共党员68名，占39.5%；非中共104名，60.5%；妇女委员57名，占33.1%；少数民族37名，占21.5%；工商联非公经济代表人士17名，占9.9%。委员文化程度：大专以上文化程度141人占81.98%，研究生11名，占6.4%；博士1名。委员平均年龄42岁，比上届下降1.37岁。

## 第二节 第八届政协委员名单

（共172名）

一、中国共产党花溪区委员会（11名）

李秀明　蒋志伦　陈金国（布依族）
陈永燃（布依族）　卢云华（穿青族）
杨晓阳（女）　王光华　禄竹（女，彝族）
曾少海　石松杰（水族）　黄亚军

二、无党派人士（3名）

楚湘黔　张欣然　张成基

三、中国共产主义青年团花溪区委员会（青年联合会）（2名）

王心俊（布依族）　王贵花（女，苗族）

四、花溪区总工会（2名）

唐华富（苗族）　邱菊（女）

五、花溪区妇女联合会（3名）

龙海环（女，布依族）　喻钟秀（女）
黄兴翠（女）

六、花溪区工商业联合会（17名）

苏　华　黄生珍（女）　胡　斌　文　军
钟京平　郭祥贵　赵以龙　傅玉林　李洪林
周来水　李祖辉　宋宏伟　邱　林
王贵萍（女）　万虹（女）叶成利（水族）
陈学承

七、花溪区科学技术协会界（4名）

王芝柏　孙　云　陈显荣（女）
陈顺友（布依族）

八、花溪区归国华侨联合会（5名）

唐家瑜（女）　佘云云（女，苗族）

王良毓　贺莉（女）　陈玉和（苗族）

九、文化艺术界（5名）

周家凤（女）　唐世海（苗族）　洪兴旺　邹米拉（女）　程　韵（彝族）

十、科学技术界（19名）

杨正德　王朝科　薛行锦　徐俐（女）　刘东升　姚凯学　张崇玉　吝军强　陶宇航（侗族）　王玉兰（女）　卢云辉　孟令宏　李家林　樊绍文　汪文学（苗族）　罗洪斌　祖文建　秦学（女）　聂祥进（彝族）

十一、经济界（29名）

徐秀兰（女）　刘红云　曾兴宽　陈惠装　刘忠诚　蒋　静（女）　高晓飞　毕　蓉（女）　王　兵　王银霖（苗族）　宋成瑞　丁开斐　左光杰（穿青族）　顾　庆　胡　军（女）　邹雪松　周会智（侗族）　文　卫（土家族）　赵福兰（女）　詹文捷　何光培　胡志刚　张先弟　兰　原　陈辉娅（女）　申桂元（女）　王真省　罗晓碧（女）　段友菊（女）

十二、农业界（11名）

赵黔铭　熊　伟　张君发　周　飞（女）　王中容（女）　陈桦贵　王晓多（女）　蒲廷英（女）　李柱军　罗忠能　陈学会（女）

十三、教育界（13名）

张　彦　欧阳旭焱　方学先　向泓（女）　蹇人信　谌洪英（女）　田庆美（女，苗族）　王展义（女）　杨　斌（土家族）　李　莎（女）　田　毅　周鸿静（侗族）　谢菊蓉（女）

十四、医药卫生界（10名）

周雾飞（女）　干亚萍（女）　陆书琼（女）　王林跃（女）　王永丰（女）　刘　诚　代千里　杨　红（女）　朱召留　袁洪昌

十五、民族宗教界（15名）

龙玉昆（布依族）　陈建新（布依族）　释通修（苗族）　吴洪萍（女，布依族）　龙建新（苗族）　张　梅（女，苗族）　梁厚宽（布依族）　罗忠元（布依族）　彭大经　刘维英（女）　罗章国（布依族）　欧阳桂枝（女，侗族）　赵树龙（白族）　李　琛（布依族）　田应富（土家族）

十六、特邀界（23名）

孙　剑　唐勇勤（女）　杨泽珍（女）　龙聚盛　李德琼（女）　阮启彬　黎昌华　杨　旭　张　俊　雷　英（女）　周森林　王　冰　吴利霞（女）　田晓筑　梁国威　李文和　陈晓进　安金明　李志坚　李新华　郭　霞（女）　田为民（苗族）　项彦丽（女）

## 第三节　委员变动

2008年2月22日第八届七次常委会增补委员：彭湖（女）、邹霞（女）、罗锦国、余重敏、张黔、刘明福、王毅、陈华信、梁国同、胡茂国、赵平（女）、艾凌云、曾涛峰、王敏（女）、杨佐荣、潭永龙、周琴云（女）、孔贵平、徐永科、代军等20人；免除委员：黄兴翠（女）、黄生珍（女）、欧阳桂枝（女）、雷英（女）、蹇人信、高晓飞、唐华富、曾兴宽、周家凤（女）、李秀明、孟令宏等11人。

2009年3月第八届十四次常委会增补委员：谌业华1人；免除委员：蒋志伦、卢云华、胡军（女）、蒋静（女）、张君发、陶宇航（常委）、周来水、王贵萍（女）、宋宏伟、陈学承、胡志刚11人，张欣然因处分撤销政协委员资格。

2010年3月10日第八届二十次常委会增补委员：田健、代正远、李先华、李定国、李贵友、陈天耀、陈桂英（女）、林敏智、杨启华、郑宏亮等10人。免除委员禄竹（女）、张彦、杨晓阳（女）、陈金国、刘明福、王兵等6人，撤销文卫政协委员资格。

2010年7月5日第八届二十六次常委会撤销梁国威委员及常委资格。

2010年12月20日增补委员：程建梅、吴硕、陈云华等3人，免除委员：陈永燃、代军、孔贵平、樊绍文、邹米拉、安金明、李志坚等7人。

## 第四节　第八届政协常务委员会

花溪区政协八届一次会议选举产生第八届委员会常务委员会：

主　席：蒋志伦

副主席：王光华　孙　剑　楚湘黔　张　彦　禄　竹

秘书长：曾少海

常务委员：干亚萍　王玉兰　王芝柏　卢云辉　田晓筑　向　泓　苏　华　李　莎　李洪林　李新华　杨正德　张崇玉　陈玉和　陈学会　胡　军　钟京平　祖文建　聂祥进　郭祥贵　陶宇航　梁国威　傅玉林　释通修

2009年3月第八届十四次常委会免除委员：蒋志伦、胡军、陶宇航3人。

2009年3月27日第八届四次全会选举谌业华为政协主席。

2010年3月26日第八届五次全会选举田健、李莎为政协副主席。

## 第五节　第八届政协工作机构

一、办公室

秘书长：

曾少海（2006年11月—2011年12月）

副秘书长：

梁国同（2007年3月—2011年12月）

龙聚盛（2007年3月—2011年11月）

徐　辉（2011年11月—2011年12月）

主　任：

曾少海（2006年11月—2011年10月）

吴　硕（2011年10月—2011年12月）

副主任：（缺）

二、专门委员会

根据区机构编制委员会花机编〔2006〕48号和中共花溪区委常委会议纪要〔2006〕第80号，对区政协专门委员会及其组成人员进行调整。除区政协办公室和花溪区智力支边领导协调小组办公室外，设置提案法制、经济科技、文史宣传学习、教文卫体、人口资源与环境五个专委会。

1. 提案法制委员会

主　任：

唐勇勤（女，2006年11月—2010年11月）

吴　硕（2010年11月—2011年10月）

曾少海（2011年10月—2011年12月）

副主任：陈玉和（兼）

王　冰（兼）

2. 经济科技委员会

主　任：

田为民（2006年12月—2011年12月）

副主任：王芝柏（兼）　苏　华（兼）

3. 文史宣传学习委员会

主　任：

郭　霞（女，2006年12月—2011年12月）

副主任：石松杰（兼）　程　韵（兼）

4. 教文卫体委员会

主　任：

项彦丽（女，2010 年 4 月—2011 年 12 月）

副主任：

项彦丽（女，2006 年 12 月—2010 年 4 月）

欧阳旭燚（兼）　黄生珍（兼）

5. 人口资源与环境委员会

主　任：

陈华信（2006 年 11 月—2009 年 3 月）

陈桂英（女，2009 年 3 月—2011 年 12 月）

副主任：佘云云（兼）　熊伟（兼）

三、智力支边办

主　任：

田为民（2006 年 11 月—2006 年 12 月）

龙聚盛（2007 年 3 月—2010 年 12 月）

吴朝霞（2010 年 12 月—2011 年 12 月）

## 第六节　第八届中共花溪区政协党组织

一、政协花溪区第八届委员会政协党组（2006 年 12 月 13 日成立）

书　记：

蒋志伦（2006 年 9 月—2009 年 3 月）

谌业华（2009 年 3 月—2011 年 12 月）

副书记：

王光华（2006 年 12 月—2011 年 10 月）

田　健（2011 年 10 月—2011 年 12 月）

成　员：

禄　竹（2006 年 12 月—2010 年 3 月）

曾少海（2006 年 12 月—2011 年 10 月）

李　瑾（2011 年 10 月—2011 年 12 月）

秦永康（2011 年 10 月—2011 年 12 月）

吴同恒（2011 年 10 月—2011 年 12 月）

吴　硕（2011 年 10 月—2011 年 12 月）

二、政协花溪区第八届委员会党总支成员（2005 年 5 月换届）

书　记：

曾少海（2005 年 5 月—2012 年 5 月）

委　员：

杨定乾（2005 年 5 月—2012 年 5 月）

赵　洪（2005 年 5 月—2012 年 5 月）

三、政协花溪区第八届委员会机关党支部

1. 机关在职党支部（2005 年 5 月改选）

书　记：

赵　洪（2005 年 05 月—2010 年 12 月）

唐勇勤（2010 年 12 月—2013 年 3 月）

委　员：

田为民（2005 年 05 月—2010 年 12 月）

陈龙飞（2005 年 05 月—2010 年 12 月）

陈桂英（2010 年 12 月—2013 年 3 月）

尹　梅（2010 年 12 月—2013 年 3 月）

2. 机关离退休党支部（2005 年 5 月改选）

书　记：

杨定乾（2005 年 05 月—2015 年 7 月）

委　员：

吴克文（2005 年 05 月—2015 年 7 月）

余国祥（2005 年 05 月—2015 年 7 月）

# 第三章 政协花溪区第九届委员会

## 第一节 政协委员的产生及构成

区政协委员由花溪区各民主党派、工商联以及各界别协商产生。中共委员推荐由区委组织部提名产生，非中共委员推荐由区委统战部提名产生。委员会由15个界别、181名委员组成。15个界别是：中国共产党花溪区委员会、无党派民主人士、花溪区总工会、中国共产主义青年团花溪区委员会（花溪区青年联合会）、花溪区妇女联合会、花溪区工商业联合会、花溪区科学技术（花溪区科学技术协会）、花溪区归国华侨联合会、文体艺术界、经济界、农业界、教育界、医药卫生界、少数民族和宗教界、特邀界。出席委员181名，列席34名。181名委员中，中共党员71名，占39.2%；非中共110名，占60.8%；妇女63名，占34.8%；少数民族45名，占24.9%；非公经济代表人士18名，占9.9%。委员文化结构：大专以上文化程度164人，占90.6%，其中研究生14名，博士3名。委员平均年龄43岁。

## 第二节 第九届政协委员名单

（共181人）

一、中国共产党花溪区委员会（14名）

谌业华　田　健（土家族）　吴同恒

李　瑾（女）　秦永康（侗族）　李先华

吴　硕　马　蓉（女）　王培华

池晓静（女，土家族）　赵福兰（女）

王家才（布依族）　李文和　金帮灿（布依族）

二、无党派民主人士（3名）

何　勇　何玉萍（女，苗族）　危大勇

三、花溪区总工会（3名）

廖俊文　王家烈（布依族）　王珂（女）

四、中国共产主义青年团花溪区委员会（花溪区青年联合会）（3名）

刘家庆（女）　徐　鸣（女）　李　念

五、花溪区妇女联合会（3名）

刘正琴（女）　曹　俊（女）　刘明英（女）

六、花溪区工商业联合会（18名）

蒙秉中　黄祥贵　郑宏亮　苏华　郭祥贵

陈天耀　林敏智　李洪林　朱恒锋　陈云华

黄泽森　师予华　李尚绩　杨斌（苗）

庞建平　周东方（布依族）　陈顺刚

田应富（土家族）

七、花溪区科学技术（花溪区科学技术协会）界（20名）

盛亚平　李琛（女，布依族）　熊万平

曾志云　熊宇　秦雏　唐永洁（女）

李培贵（苗族）　谯高阳　刘燕飞　周贵平

李建东　陈天喜　冉茂志（土家族）　刘有康

杨　建　聂祥进（彝族）　卢云辉　杨正德

车晓珍（女）

八、花溪区归国华侨联合会（4名）

唐家瑜（女） 佘云云（女，苗族） 陈小进 龙建新（苗族）

九、文体艺术界（6名）

刘修华 孙定学 刘继鑫 宋荣琼（女） 程 韵（彝族） 洪兴旺

十、经济界（31名）

安中发（土家族） 殷丽霞（女） 周会智（侗族） 李发文 徐永科（蒙古族） 高 霖（彝族） 刘洪军 高 航 夏松亭 汤 森（女） 朱 琼（女） 胡乃飞（女） 王文翠（女） 黄德华 颜毅贞（女） 代立华（女） 李洁（女，布依族） 陈华伟（布依族） 徐国霞（女，布依族） 周德华（女） 潘春琪 张 清（女） 李祖辉 李定国 何文先 母静敏（女） 荆秀峰（女） 陶风南 向 松 陆家秀（女） 王银霖（苗族）

十一、农业界（11名）

孙剑 杨万军 杨滨 练余天（土家族） 胡万福 贾惠琚（女，土家族） 赵玉菊（女） 王 惠（女，侗族） 舒 云（女） 罗忠能 唐庆祝（女）

十二、教育界（18名）

曹阳林 张金柱 陶健（女） 刘志杰 黄东兵 刘 双（女） 张丽君（女，壮族） 王华南（女） 周乐凯（侗族） 谢菊蓉（女） 欧阳旭燚 李 莎（女） 田 毅 李林燕（女，苗族） 谢 婧（女） 杨 斌（土家族） 谌洪英（女） 罗锦国（苗族）

十三、医药卫生界（10名）

熊伟 张应碧（女） 徐洋（女） 邓彩菊（女） 张其英（女） 邹 霞（女，仡老族） 束嘉英（女） 彭爱萍（女） 王永丰（女） 张文闻（女）

十四、少数民族和宗教界（8名）

吴治岑（女，苗族） 李秀全（苗族） 王兴珍（女，布依族） 张崇新 释祖传 王 健 周维国 彭大经

十五、特邀界（29名）

梁国同 吴朝霞（女） 曾少海 陈桂英（女） 郭霞（女） 田为民（苗族） 范湘丽（女） 李勇胜 方兴林 刘 辉 黄亚军 齐 松 程建梅（女，苗族） 项彦丽（女） 徐 辉（女，苗族） 罗 宇（布依族） 冉茂山（土家族） 黎世林（布依族） 熊 鹏 龙聚盛 朱鸿峡 谢 冬 吴洪刚 曾涛峰 张顺忠 周春成 陈 勇（苗族） 成 璟 安雄鹰（土家族）

## 第三节 委员变动

2013年2月4日九届六次常委会决定，因原花溪区和原小河区合并，增加委员：邹方伦、周红静（女）、邹静（女）、朱启军、周朝军、周海、郑云霞（女）、张鹰、张艳（女）、张敦云、张恩、杨露（女，彝族）、曾佑华、曾宪渝、易龙、叶国强、袁瑾（女）、袁洁（女）、许毅、徐铭、徐建良、杨远君、杨永军、杨兴贵、熊敏（女，侗族）、谢湛馨、伍文英（女，布依族）、谢嘉宁、谢远、王治前、王尤平、吴海冬、吴春贤、王轶楠、吴虹（女，土家族）、王兴松（布依族）、王晓宇、王明、王思舟、王世元（布依族）、王庆华、王军、王克勇（苗族）、王建平、王华、汪建伟（女）、万华（苗族）、屠志薇（女）、童燕（女）、潘军、宋鑫、欧阳薇（女）、闰晋洁（女，布依族）、阮文兵、孟军、彭立阳、满开旭、马晓笛（女，回族）、马俊良、马根明、屈俊锋（女）、罗瑞、罗艳军、刘其斌（侗族）、龙跃山（侗族）、龙秀强（苗族）、刘涛、林珏涛（女）、廖兴国、

梁正高（壮族）、梁洪峰、蒋钟祥、江飞龙、黄元鸿、吉晓梅（女）、黄筑东、李晓波、李塑培（回族）、李梅（女）、李丽（女）、孔恩兴、李婕（女）、李进华（女）、李勇（布依族）、李家芳（女，布依族）、李惠芳（女）、黄卫（土家族）、黄伟、黄娟（女）、黄川、胡涛、胡鹏、何忠胤、何伟、何禯（女）、何江、郝慧（女）、葛德龙（布依族）、高丽娜（女）、丁霞（女）、邓怀中、郭明永、戴吉洪、陈兴兵、陈强、陈海涛、陈桂兰（女）、崔进平、崔长胜（满族）、崔瑛、高伐（回族）、付殿君（女）、付珩（女）等113人。

撤销刘明英委员资格。

实有委员293名，其中女性委员96名。

2014年1月17日九届十一次常委会增补委员：丁辉、马剑、王洪斌、车荣、孔剑、甘健、龙礼云（穿青族）、冯霞（女）、刘伟（女）、肖航涛（女）、邹吉鸿、张伟、张莉（女，回族）、欧阳桂枝（女，侗族）、罗光润、罗维佳（女，苗族）、周勇、周森林、封志伟、钟浩（土家族）、宫连虎、徐群红（仡佬族）、黄丰（土家族）、喻明（常委）、蔡强等25人。

免除委员：李先华、马蓉、梁正高、郑宏亮、陈桂英、秦雏、谯高阳、吴朝霞、唐家瑜、马根明、吴治岑、杨斌、欧阳旭燚、程建梅、向松、高丽娜、李勇胜、刘辉、罗宇、黄川、朱鸿峡等21人。

实有委员297人，其中女委员95人。

2015年1月16日九届十八次常委会增补委员：张朝洲、赵欣（女）、侯申、杨通强（苗族）、胡文院、欧阳宇航、尹磊、肖明珠（女）、蒋顺强、黄红（女）、释心照、谯晓南、龙怀安（侗族）、韦光兰（女，布依族）、谢守锋、黄艳（女）等16名委员。

免除委员：崔长胜、罗光润、徐永科、王健、高霖、黄卫、龙跃山、张鹰、颜毅贞、李家芳、成璟、程韵、王永丰、刘修华等14人。撤销田健、王治前、周德华3名政协委员资格。

2015年8月18日，九届二十四次常委会撤销吴同恒政协委员资格。

实有委员295名，其中女委员96名。

## 第四节　第九届政协常务委员会

花溪区政协九届一次全会选举产生第九届委员会常务委员会：

主　席：谌业华

副主席：孙　剑　田　健　李　莎　李　瑾　秦永康　何　勇　吴同恒

秘书长：吴　硕

常务委员：王家才　卢云辉　师予华　朱恒锋　池晓静　李　琛　李先华　杨　斌　杨正德　邹　霞　陈天耀　练余天　项彦丽　徐　辉　徐国霞　盛亚平　程建梅　释传祖　曾少海　曾志云　蒙秉中　廖俊文

2013年2月4日，因小河与花溪合并，九届六次常委会增补常委：崔进平、曾佑华、谢远、谢湛馨、潘军、戴吉洪、黄伟、袁洁、孔恩兴、何禯、周海、周红静、王晓宇、何江、邓怀中、喻明等16名。

2014年1月17日九届十一次常委会免除常委李先华、杨斌、程建梅3名。

2014年2月九届四次全会选举邹吉鸿为副主席。

2015年2月九届五次全会选举张朝洲为副主席。免除秦永康副主席。

2015年8月18日九届二十四次常委会免去吴同恒政协副主席职务。

## 第五节　第九届政协工作机构

一、办公室

秘书长：

吴　硕（2011 年 12 月 – ）

副秘书长：

梁国同（2011 年 12 月 – ）

徐　辉（2011 年 12 月 – ）

车　荣（2012 年 7 月 – ）

主　任：

吴　硕（2011 年 10 月 – ）

二、专门委员会

1. 提案法制委员会

主　任：

曾少海（2011 年 10 月 – ）

副主任：方兴林（兼）　范湘丽（兼）

成　员：王家才　盛亚平　李文和

龙聚盛　黎世林　汤　森

罗锦国　王文翠

特约委员：唐勇勤　罗　康

2. 经济科技委员会

主　任：

田为民（2006 年 12 月 – ）

副主任：安中发（兼）　冉茂志（兼）

成　员：杨正德　曾志云　徐国霞

周会智　李　琛　李发文

陈华伟　李　洁　代立华

3. 文史宣传学习委员会

主　任：

郭　霞（女，2006 年 12 月 – ）

副主任：赵福兰（兼）　程　韵（兼）

成　员：刘家庆　卢云辉　刘修华　孙定学

练余天　谢　冬　安雄鹰　李祖辉

唐家瑜

4. 教文卫体委员会

主　任：

项彦丽（女，2010 年 4 月 – ）

副主任：张应碧（兼）　谢菊蓉（兼）

成　员：欧阳旭燚　徐　洋　孙定学　谌洪英

杨　斌　宋荣琼　田　毅　罗锦国

邹　霞

5. 人口资源与环境委员会

主　任：

陈桂英（女，2009 年 3 月 –2013 年 9 月）

副主任：

欧阳桂枝（女，2013 年 9 月 – ）

副主任：刘洪军（兼）　熊　伟（兼）

成　员：高　霖　徐永科　陈小进

殷丽霞　佘云云　罗忠能

赵玉菊　唐永洁

三、委员联络办公室

根据《中共贵州省委组织部、中共贵州省委统战部关于转发 < 中央组织部、中央统战部关于市、县政协换届有关问题的意见 > 的通知》（黔统发（2011）8 号）文件精神、区机构编制委员会花机编（2011）31 号和中共花溪区委常委会议 2011 年 10 月 17 日会议审议，经区编委会议研究，对专门委员会及其组成人员进行调整。除区政协办公室、五个专委会和花溪区智力支边联系领导小组办公室外，增设委员联络办公室。

主　任：

梁国同（2012 年 7 月 – ）

四、智力支边办

主　任：

吴朝霞（女，2011 年 12 月 –2012 年 08 月）

蔡　强（2012 年 08 月 –2014 年 09 月）

赵　欣（女，2014 年 09 月 – ）

按照市委《关于转发 < 市政协党组关于开展政协委员进社区（乡镇）活动的意见 > 的通知》（筑委〔2015〕35 号）要求，经 2015 年 7 月 24 日区委十届第 140 次常委会（区委常委会议纪要十届第183号）通过，并在7月29日转发《关于开展政协委员进社区（乡、镇）活动的实施方案》（花委〔2015〕32号）在全区开展政协委员进社区（乡镇）活动，设社区（乡镇）委员联络组。

五、社区（乡镇）联络组（2015年8月－）

1. 明珠社区：

组　长：杜凤琴

副组长：钟　浩　卢云辉

2. 阳光社区：

组　长：朱洪峡

副组长：刘家庆　杨正德

3. 贵筑社区：

组　长：沈　鹏

副组长：周春成　池晓静

4. 清溪社区：

组　长：刘宝菊

副组长：周森林　徐　辉

5. 溪北社区：

组　长：李　智

副组长：孙定学　廖俊文

6. 黔江社区：

组　长：曾　军

副组长：肖明珠　何　江

7. 清浦社区：

组　长：彭　薏

副组长：梁洪峰　崔进平

8. 瑞华社区：

组　长：王轶楠

副组长：孔恩兴　童　燕

9. 兴隆社区：

组　长：倪笑波

副组长：张　伟　谢　远

10. 平桥社区：

组　长：万红梅

副组长：蔡　强　周红静

11. 航天社区：

组　长：王尤平

副组长：喻　明　陈　强

12. 航空社区：

组　长：王　军

副组长：刘　涛　王晓宇

13. 金欣社区：

组　长：李承龙

副组长：马　剑　戴吉洪

14. 黄河社区：

组　长：黄筑东

副组长：高　伐　何　禯

15. 三江社区：

组　长：田　野

副组长：蒋顺强　黄　伟

16. 小孟社区：

组　长：徐书培

副组长：刘　伟　曾佑华

17. 金竹社区：

组　长：梅　丽

副组长：黄元鸿　邓怀中

18. 花孟社区：

组　长：张　恩

副组长：徐国霞　苏　华

19. 孟关乡：

组　长：吴小强

副组长：宫连虎　朱恒锋

20. 青岩镇：

组　长：蔡　舟

副组长：欧阳宇航　项彦丽

21. 高坡乡：

组　长：赵福兰

副组长：盛亚平　曾涛峰

22. 黔陶乡：

组　长：张　波

副组长：龙礼云　师予华

23. 燕楼镇：

组　长：王效宇

副组长：尹　磊　曾少海

24. 马铃乡：

组　长：刘明福

副组长：张顺忠　练余天

25. 麦坪镇：

组　长：王明放

副组长：陈　勇　李　琛

26. 久安乡：

组　长：赵　蓉

副组长：王洪斌　蒙秉中

27. 石板镇：

组　长：欧阳旭燚

副组长：黎世林　曾志云

## 第六节　第九届中共花溪区政协党组织

一、花溪区政协第九届委员会政协党组（2011 年 12 月 16 日成立）

书　记：

谌业华（2011 年 12 月— ）

副书记：

田　健（2011 年 12 月—2013 年 07 月）

李　瑾（2013 年 10 月— ）

成　员：

李　瑾（2011 年 12 月—2013 年 10 月）

秦永康（2011 年 12 月—2014 年 12 月）

吴同恒（2011 年 12 月—2015 年 4 月）

邹吉鸿（2014 年 04 月— ）

吴　硕（2011 年 12 月— ）

张朝洲（2014 年 12 月— ）

二、花溪区政协第九届委员会机关党总支（2012 年 5 月换届）

书　记：

吴　硕（2012 年 5 月— ）

委　员：

杨定乾（2012 年 5 月— ）

唐勇勤（2012 年 5 月—2013 年 3 月）

陈桂英（2013 年 3 月— ）

三、花溪区政协第九届委员会机关党支部

1. 机关在职党支部（2013 年 03 月改选）

书　记：

陈桂英（2013 年 03 月— ）

委　员：

车　荣（2013 年 03 月— ）

吴朝霞（2013 年 03 月— ）

2. 机关离退休党支部（2015 年 7 月改选）

书　记：

杨定乾（2015 年 7 月— ）

委　员：

余国祥（2015 年 7 月— ）

唐勇勤（2015 年 7 月— ）

## 第七节　区政协机关工会

2016 年 5 月 9 日经政协机关全体职工民主选举，产生区政协机关第一届工会委员会。

主　席：徐　辉

委　员：田为民　赵　洪　欧阳桂枝
　　　　赵　欣

工会经费审查委员会主任：赵　洪

工会经费审查委员会委员：田为民　赵　欣

女职工委员会主任：欧阳桂枝

# 第二篇 政协会议

# 第一章　政协花溪区委员会全体会议

## 第一节　第七届委员会全体会议

### 第一次全体会议

花溪区政协第七届委员会第一次会议于2003年3月20日至26日在区委会场召开，出席会议的政协委员151人，列席41人。3月20日全体与会人员参加预备会议，通过大会主席团和秘书长名单，通过区政协七届一次会议议程和提案审查委员会名单、决议起草委员会名单，宣读致离任的六届区政协领导及委员的致敬信。大会听取会议秘书长吴克文作的关于区政协七届一次会议筹备工作报告，听取和审议六届副主席韦正芳作的花溪区政协第六届常务委员会工作报告，听取和审议六届提案工作情况报告。列席区十四届人大一次会议，听取并讨论代区长田平作的政府工作报告及会议的其他工作报告。会议选举产生区政协第七届委员会常务委员会领导班子。会议收到委员提案106件。通过七届一次会议决议：对田平代区长作的政府工作报告及其他报告表示一致赞同。强调，2003年是全面建设小康社会的起步年，要贯彻党的十六大精神，围绕生态立区、旅游兴区、工业强区战略和建设生态区、文化区、旅游区的发展定位，切实履行政协职能，参大政、议大事、抓重点、办实事，以新的姿态、新的风貌做好政协的各项工作。会议期间组织政协委员参加“再造秀美山河，共建生态大区”政协委员纪念林植树活动。

### 第二次全体会议

2004年2月23日至28日在区委会场召开，出席会议的政协委员161人，列席17人。2月23日，全体与会人员参加预备会议，通过会议议程、会议日程，宣布新增补委员名单、提案审查委员会名单、决议起草委员会名单。主席李秀明致开幕词。听取和审议副主席陈晓林作的政协花溪区第七届常务委员会工作报告；听取和审议副主席韦正芳作的提案工作情况报告。列席区十四届人大二次会议，听取并讨论区长田平所作的政府工作报告及会议的其他工作报告。16位委员作大会发言，内容涉及卫生、教育、生态旅游、非公经济发展、人才队伍建设、食品安全等领域。会议表彰3个先进委员活动组、2个优秀调研（视察）报告、3个优秀提案以及4个优秀提案承办单位、18名优秀政协委员。会议收到委员提案156件，通过七届二次会议决议：会议对区政府工作报告及其他报告表示一致赞同。会议要求全区政协委员要以邓小平理论和“三个代表”重要思想为指导，坚持中国共产党领导的多党合作和政治协商制度，高举爱国主义、社会主义旗帜，牢牢把握团结和民主两大主题，紧紧围绕实现全省第二轮建强综合县排位前移，建设生态、文化、旅游大区的目标，大力弘扬求真务实精神，大兴调查之风，扎实有效地履行政治协商、民主监督、参政议政职能，努力做好各项工作，不断开创政协工作新局面。会议期间组织委员观看《献给“两会”的歌》歌舞晚会。

### 第三次全体会议

2005年2月24日至28日在区委会场召开，出席会议的政协委员165人，列席26人。2月24日，全体与会人员参加预备会议，通过会议议程，宣读提案审查委员会名单、决议起草委员会名单。听取和审议主席李秀明作的政协花溪区第七届常务委员会工作报告；听取和审议副主席韦正芳作的提案工作情况报告。列席区十四届人大三次会议，听取并讨论区长田平所作的政府工作报告及会议的其他工作报告。委员们围绕这些报告建言献策，提出《关于加快实施城市建设“交相辉映”计划的建议案》。会议收到委员提案160件，立案156件。委员们认为，区政府2004年的工作报告实事求事，2005年的工作思路清晰、目标明确、措施有力、切实可行。对创新优势、实现跨越、建设新花溪，“树立贵州窗口形象，体现贵阳林城特色”，建设第二产业经济主体的新花溪的战略目标，委员们表示赞同。15位委员作大会发言。会议表彰先进委员活动组、优秀调研（视察）报告、优秀提案及优秀提案承办单位、优秀政协委员、宣传人民政协好新闻等。市政协主席许朗出席会议并讲话。会议期间组织委员参加义务植树活动。

### 第四次全体会议

2006年2月23日至27日在区委会场召开，出席会议的政协委员165人，列席26人。2月23日，全体与会人员参加预备会议，通过会议议程、执行主席名单、决议起草委员会名单等。听取和审议主席李秀明作的花溪区政协第七届委员会常务委员会工作；听取和审议副主席韦正芳作的提案工作情况报告。列席区人大十四届四次会议，听取并讨论区长田平作的政府工作报告及会议的其他工作报告。提出通过《关于加快新型工业原始资本积累的建议案（草案）》。会议收到委员提案158件，涉及经济建设、城市建设、城市管理、民族宗教、政法、社会治安等多个领域。孙剑、朱召留、苏华、何勇、李德琼等13位委员就发展绿色健康产业、打造花溪药业品牌、开发新资源大力开发新产品和推进技术进步、公职人员严格依法行使权力等多方面问题作大会发言。会议强调，2006年是花溪区实施“十一五”规划的开局之年，全区政协委员要坚持以毛泽东思想、邓小平理论和“三个代表”重要思想为指导，坚持科学发展观，把促进发展作为人民政协履行职能的第一要务，坚持把实现和维护最广大人民的根本利益作为人民政协工作的出发点和落脚点。市政协副主席徐学仁出席会议并讲话。

## 第二节　第八届委员会全体会议

### 第一次全体会议

2006年11月11日至15日在区委会场召开，出席会议的政协委员164人，列席41人。11月11日全体与会人员参加预备会议，听取副主席禄竹作协商委员的说明，通过会议日程、议程，主席团和秘书长名单，决议起草委员会和提案审查委员会名单，宣读致离任的第七届政协领导及委员的致敬信。预备会后，组织委员培训。11月12日，上午大会正式开幕，由大会常务主席蒋志伦主持并致开幕词，市政协主席许朗、区委书记王真霖到会指导并讲话，市政协秘书长沈昭碧、市委统战部副部长李秀英、区委、区人大、区政府及历届区政协领导到会指导。上届主席李秀明作七届常务委员会工作报告，副主席孙剑作七届常务委员会提案工作情况报告，大会完成选举任务。会议期间，与会人员列席区十五届人大第一次会议，听取并讨论区长田平作的区人民政府工作报告及其他报告。会议收到提案125件。通过会议决议：对区政府工作报告及其他报告表示一致赞同，对实现第二产业占经济主体新跨越的战略目标充满信心，会议要求，八届政协常委会要认真贯彻落实《中共中央关于加强人民政协工作的意见》，积极参政议政、建言献策，加强对全区重点基础设施项目、重点招商引资项目、重点工作事项的民主监督。11名委员就实施工业强区战略、建设社会主义新农村、发展旅游业等作大会发言。

## 第二次全体会议

2007年1月21日至25日在区委会场召开，八届政协委员172人出席，列席29人。1月21日下午召开预备会，全体委员参会，会上审议通过八届二次全会日程、议程，通过大会执行主席、秘书长名单，提案审查委员会和决议起草委员会名单。1月22日上午大会开幕，副主席王光华主持，市政协副主席徐学仁到会指导并讲话，区委书记王真霖讲话，市委统战部领导及区委、区人大、区政府领导参加开幕式。会上审议并同意主席蒋志伦作的政协常务委员会工作报告和副主席禄竹作的提案工作情况报告。会议期间，全体委员列席区人大十五届二次会议，听取并讨论区长田平作的政府工作报告及其他工作报告，听取并讨论副区长谌业华作的《关于花溪区落实重点基础设施项目和落实重点招商引资项目的报告》。会上，五名委员发言。会议收到提案44件，通过会议决议：对区政府工作报告及其他报告表示一致赞同，会议要求，面对新形势，区政协要认真落实《中共中央关于加强人民政协工作的意见》和省委、市委的《实施意见》，按照区委关于政协工作的“三个开拓前进”的要求和九届四次全会的部署，更好地发挥政协的职能作用，全面履行政治协商、民主监督、参政议政三大职能。副主席王光华致闭幕词。

## 第三次全体会议

2008年3月1日至5日在区委会场召开，八届政协委员178人出席，列席22人。3月1日召开预备会议，全体委员参加，会议听取区政协副主席、区委统战部部长禄竹作委员变动情况说明，审议通过八届三次会议议程、日程，通过执行主席、秘书长、提案审查委员会和决议起草委员会名单。大会于3月2日开幕，副主席王光华主持，市政协副主席杨永楦到会祝贺并讲话，区委书记王真霖到会指导并讲话，市委统战部领导、区委、区人大、区政府领导及历届政协领导到会指导。会议审议并同意蒋志伦作的政协八届常委会工作报告和禄竹作的提案工作情况报告。会议期间，委员们列席区人大十五届三次会议，听取并讨论区长田平作的政府工作报告和其他工作报告，对加强农村中小学校长管理、养牛村至石板井一带工业发展、花溪河的保护、牛角岛亮丽工程等提出意见建议。卢云辉、杨斌、陈小进、谌洪英、周雾飞、刘诚、项彦丽等7名委员发言。会议收到提案125件并通过审查立案，通过会议决议：与会委员一致同意区政府工作报告及其他报告。

会议强调，区政协要认真履行职能，围绕区委提出的2008年具体任务以及关于建设生态文明示范区、打造世界旅游目的地的总目标，为花溪区的物质文明、政治文明、精神文明和生态文明建设作出新的贡献。全会期间，经济组委员视察清华紫光科技园。

### 第四次全体会议

2009年3月23日至27日在区委会场召开，八届政协委员168人出席，列席23人。全体委员参加预备会，会上听取区政协副主席、区委统战部部长禄竹作委员变动情况说明，审议通过八届四次会议议程、日程，执行主席、秘书长、决议起草委员会、提案审查委员会名单。开幕式由大会执行主席谌业华主持，市政协副主席杨永楦和区委书记朱桂云到会指导并讲话，副主席王光华作常委会工作报告，禄竹作八届三次会议以来提案工作情况报告，对2006-2008年度优秀提案、提案承办先进单位、优秀政协委员、优秀调研报告、优秀“社情民意”进行表彰。会议期间，委员们列席区人大十五届四次会议，听取并讨论田平区长所作的政府工作报告及其他报告，对政府如何抢抓机遇、创新各项工作，星期天马路市场、“两抢一盗”、改善农村医疗服务等提出意见建议。会上，15名委员作大会发言。大会审议通过蒋志伦辞去政协委员、主席的报告，选举谌业华为区政协主席。会议收到提案128件并通过审查立案，通过会议决议：与会委员一致同意区政府工作报告和其他报告。会议要求，2009年是政协成立60周年，区政协要以中共十七届三中全会精神统揽全局，紧紧围绕中共花溪区委九届六次全会提出的“坚持环境立区、以旅游为龙头、科教文化为支撑、凝聚力量、振奋精神、抓机遇、创品牌、保稳定、促发展，全面推进建设环境良好、社会和谐、产业发达、特色鲜明的生态文明示范区”为履职主线，切实履行三大职能，为促进花溪区经济社会发展作出贡献。主席谌业华在闭幕式上讲话。会议期间，组织委员参加植树活动。

### 第五次全体会议

2010年3月22日至26日在行政新区二楼礼堂召开，政协委员154人出席，列席19人。3月22日，全体委员参加预备会，会上听取政协副主席、区委统战部部长禄竹作委员变动情况说明，审议通过八届四次会议议程、日程，执行主席、秘书长、决议起草委员会、提案审查委员会名单。开幕式由副主席王光华主持，市政协副主席陈鲁西和区委书记朱桂云到会指导并讲话，市政协、市委统战部、区委、区人大、区政府有关领导及区政协历届老领导、老同志参加，谌业华作常委会工作报告，禄竹作八届四次会议以来提案工作情况报告。会议期间，与会委员列席区人大十五届五次会议，听取并讨论代理区长向虹翔作的政府工作报告和其他工作报告，围绕花溪区如何深入贯彻落实科学发展观、建设生态文明示范区提出意见和建议。会上，7名委员就生态环境保护、生态旅游产业发展、会展经济开拓、农村医疗服务、调整产业布局、危房改造工作等作了发言。会议收到委员提案95件并通过审查立案，通过全会决议：与会委员一致同意区政府工作报告及其他报告，会议要求，区政协要创新培训方式、创新工作方法、创新参与形式、创新宣传途径、创新体制机制，切实履行政协职能。会议补选田健、李莎为区政协副主席。谌业华在闭幕式上讲话。会议期间组织委员参加植树活动。

### 第六次全体会议

2011年3月9日至12日在行政新区二楼礼堂召开，政协委员168人出席，55人列席。3月9日，全体委员参加预备会议，会上，副主席、区委统战部部长王光华对委员变动情况进行说明，通过八届六次会议议程、日程，执行主席、提案审查委员会、决议起草委员会名单。开幕式由田健主持，市政协副主席陈鲁西、区委书记朱桂云到会指导并讲话，市政协副秘书长孙利康、市委统战部常务副部长王汪到会祝贺，谌业华作政协常委会工作报告，王光华作八届五次会议以来提案工作情况报告，对2009-2010年度优秀提案、优秀提案承办单位、优秀社情民意、优秀政协委员进行表彰。会议期间，委员们列席区人大十五届六次会议，听取并讨论区长向虹翔作的政府工作报告、“花溪区国民经济和社会发展第十二个五年规划纲要（草案）”和其他工作报告，委员在赞同《纲要》的同时，就如何加大对社会服务业的扶持力度、区内交通、企业帮扶、解决幼儿入园难、工业强区等提出意见和建议。7名委员作大会发言。会议收到委员提案50件。通过会议决议，会议认为，“十二五”纲要（草案）和区政府工作报告符合花溪区实际，表示一致赞同。会议强调，区政协要进一步加强自身建设，突出团结和民主两大主题，牢固树立政治意识、大局意识、群众意识、履职意识、委员意识，切实履行政治协商、民主监督、参政议政职能，为推动花溪区经济社会更好更快发展作出新贡献。谌业华致闭幕词。

## 第三节 第九届委员会全体会议

### 第一次全体会议

2011年12月18日至23日召开，出席会议的九届政协委员181人、列席34人。开幕式上，市政协副主席陈鲁西、市委统战部副部长、市工商联党组书记罗怀军、市政协副秘书长孙利康到会指导并讲话，中共花溪区委书记向虹翔讲话。区委、区人大、区政府领导，历届区政协领导到会指导。大会主席团常务主席谌业华代表第八届委员会作常务委员会工作报告，副主席田健代表第八届委员会作提案工作情况报告，完成选举任务。会议期间，与会人员列席区十六届人大一次会议，认真听取并讨论代理区长向子琨所作的政府工作报告和其他工作报告。会议收到委员提案83件，通过会议决议。会议认为，区政府认真履行政府职责，团结带领全区各族人民，圆满完成各项目标任务，开创花溪区经济社会蓬勃发展的新局面。会议号召，全体政协委员要紧紧围绕花溪的发展定位，积极推动“五大战略”实施，按照区委提出的“十八字”方针，为把花溪建设成为经济实力更强、品牌形象更突出、城乡发展更协调、民生更幸福、社会更和谐的“生态之城、旅游之城、知识之城、宜居之城”作出新的更大的贡献。区政协主席谌业华致闭幕词。会议期间，全体与会人员合影留念。

### 第二次全体会议

2012年3月14日至17日召开，出席会议的政协委员181人、列席34人。区委书记向虹翔，区人大主任任渝生，区委副书记、区长向子琨，区委副书记向洋以及区委常委、区人武部主官和区人民法院、区人民检察院、区公安分局的领导出席开幕式。区政协副主席吴同恒致开幕词，区政协主席谌业华作常委会工作报告，副主席李瑾作2011年提案工作情况报告。会议期间，与会人员列席区十六届人大二次会议，听取并讨论区长向子琨作的《政府工作报告》和其他工作报告。会议收到委员提案34件，通过全会决议。会议强调，区政协要在中共花溪区委的领导下，高举“发展、团结、奋斗”的旗帜，高扬“加速发展、加快转型、推动跨越”的主基调，紧紧围绕花溪区发展定位，实施“五大战略”，按照“十八字方针”，广泛团结社会各界人士，认真履行职能，为花溪区实现“一率先、二提升、三力争”和全面建设小康社会的目标贡献力量。副主席秦永康致闭幕词。

### 第三次全体会议

2013年2月25日至27日召开，出席会议的政协委员292人、列席75人。市政协副主席陈鲁西、经开区党工委书记、区委书记李泽，区人大主任任渝生，经开区管委会副主任、区委副书记、区长向子琨，区委副书记、区委群工委书记向洋以及区委常委、区人大副主任、区政府副区长、区人武部主官和区人民法院、区人民检察院领导出席大会开幕式和闭幕式。区政协副主席田健致开幕词，区政协主席谌业华作常委会工作报告，副主席李瑾作九届三次会议以来提案工作情况报告，区委书记李泽讲话。

会议期间，与会人员列席区十六届人大三次会议，听取并讨论区长向子琨所作的政府工作报告和其他工作报告。会议收到委员提案61件，通过会议决议。会议强调，区政协要全面学习贯彻党的十八大精神，落实国发2号文件精神，在中共花溪区委的领导下，紧紧围绕花溪区的发展定位，广泛团结社会各界人士，认真履行职能，为花溪区建设生态文明示范区作出更大贡献。会议期间，与会人员合影留念。谌业华致闭幕词。

### 第四次全体会议

2014年2月17日至20日召开，出席会议的政协委员293人、列席58人。经开区、花溪区领导钟汰甬、向子琨等出席开幕式，副主席何勇致开幕词，主席谌业华作常委会工作报告，副主席李瑾作九届四次会议以来提案工作情况报告，区委书记钟汰甬讲话。全会选举产生副主席1名，政协常委3名，增补委员25名。

会议期间，与会人员列席区人大十六届四次会议，听取并讨论向子琨作的政府工作报告和其他工作报告。15名委员就环境保护、文化遗产保护与发展、农产品加工企业转型升级等方面进行大会发言。会议收到委员提案51件。会议审议通过政协花溪区第九届常务委员会工作报告和提案工作情况报告，通过九届四次会议决议，会议认为，区人民政府紧紧围绕建设生态文明示范区的总目标，按照处理好“三大关系”、实现“四大突破”的总要求，在规划布局、产业转型、宜居城镇、生态建设、社会民生五个方面取得新的突破，开创经济社会发展新局面。会议指出，2014年是全面深化改革的开局之年，政协委员要按照区委明确的“深化改革、扩大开放、创新驱动，打造花溪发展升级版”和“建设全国生态文明示范区，打造全省旅游业领跑者”的奋斗目标，在更大程度和更广范围内关注民生、凝聚民心、广集民智，汇聚起推动花溪区与经开区深度融合、同步发展的强大正能量。谌业华致闭幕词。

### 第五次全体会议

2015年2月10日至13日召开，出席会议的政协委员296人、列席68人。经开区、花溪区领导钟汰甬、向子琨、任渝生、张江华、汤慧勇、洪兵、黄筱龙及区政协历届老领导出席开幕式，驻区省、市政协委员、民主党派、区直部门和各乡镇、社区有关人员列席会议。副主席邹吉鸿致开幕词，主席谌业华作常委会工作报告，副主席李瑾作九届四次会议以来提案工作情况报告，区委书记钟汰甬讲话。会议选举产生副主席1名，增补委员16名。

会议期间，与会人员列席区人大十六届五次会议，听取并讨论区长向子琨作的政府工作报告和其他工作报告。委员们从文化旅游创新区建设、民生发展、基础设施建设、反腐倡廉等提出意见和建议，围绕打造花溪发展升级版这个主题，议政建言，共商发展大计。23名委员就文化旅游、教育、生态环境和失地农民就业等方面进行大会发言。会议收到委员提案68件。会议审议通过第九届常务委员会工作报告和提案工作情况报告，通过会议决议：会议认为，区政府工作报告总结成绩实事求是、全面客观，对2015年工作的部署思路清晰、目标明确、措施有力，是一个求真务实、锐意进取、鼓舞人心、催人奋进的报告。会议号召，全体政协委员和各族各界人士，要在中共花溪区委的坚强领导下，继承和发扬人民政协的优良传统，团结一心，攻坚克难，扎实工作，为建设文化旅游创新区而努力奋斗。李瑾致闭幕词。

### 第六次全体会议

2016年2月19日至22日在行政新区二楼礼堂召开，政协委员295人参加，67人列席。预备会议于2016年2月19日上午召开，全体委员参加，会议听取区委统战部领导作委员变动情况说明，审议通过八届三次会议议程、日程，通过执行主席、秘书长、提案审查委员会和决议起草委员会名单。大会于2月19日下午开幕，副主席张朝洲主持，区委书记钟阳到会指导并讲话，经开区领导，花溪区委、区人大、区政府领导及历届政协领导到会指导，会上对2011–2015年度优秀提案、优秀提案承办单位、优秀社情民意、优秀政协委员进行表彰。会议审议并同意主席谌业华所作的九届常委会工作报告和李瑾副主席所作的提案工作情况报告。会议期间，委员们列席了区人大十六届六次会议，听取并认真讨论了梅俊区长所作的政府工作报告、“花溪区国民经济和社会发展第十三个五年规划纲要（草案）”及其他报告，大家对《纲要》一致表示赞同，对《政府工作报告》中城市管理及花溪形象、文化旅游创新区、教育、医疗卫生、旅游文化服务管理、道路交通建设管理、政府工作报告行文内容等提出意见建议。项彦丽、冉茂志、朱恒峰、曾佑华、龙聚盛等28名委员作发言。大会收到提案57件，审查立案55件。通过九届六次会议决议：会议一致同意梅俊区长所作的政府工作报告、“十三五纲要”及其他报告，认为《报告》和《纲要》实事求是，符合花溪实际，工作部署思路清晰、目标明确、措施有力，求真务实，催人奋进。会议强调，区政协要认真履行职能，团结一心，扎实工作，为厚植创新发展城市基因、打造国家级文化旅游创新区和千亿级开放创新平台而努力奋斗。

# 第二章　政协花溪区委员会常务委员会会议

## 第一节　第七届常务委员会会议

### 七届一次常委会议

2003年5月20-22日召开，出席会议的七届政协常委26人，列席会议的区委区政府有关部门领导8人，主席李秀明主持会议。会议通报“花溪区预防传染性非典型肺炎工作情况”、“关于花溪小学搬迁建设工程进展”、“花溪区创建国家级生态示范区、创建全国环境优美乡镇工作2002年执行情况及2003年工作安排”。审议通过七届政协常务委员会工作规则、专门委员会组织通则等有关工作制度及2003年政协工作要点。会议一致审议通过张以仁同志任经济科技委员会主任，甘利华、陈建新、曾兴宽同志兼任经济科技委员会副主任；徐开新同志任文史社会事业发展委员会主任，胡云志、车荣同志兼任文史社会事业发展委员会副主任；唐勇勤同志任提案法制委员会主任，陈玉和、盛亚平同志兼任提案法制委员会副主任；郭霞任区政协第七届委员会副秘书长。

### 七届二次常委会议

2003年8月27-29日召开，出席会议的政协常委24人，列席会议的区党政部门负责人20人，主席李秀明、副主席韦正芳、陈晓林、赵丽萍、李隆辉、孙剑分别主持会议。会议学习中共中央总书记胡锦涛“七一”重要讲话及《人民日报》社论：“‘三个代表’重要思想指引我们前进”。视察食品医药工业区、城市新区、孟关工业园区及贵大高新技术产业示范基地项目建设情况；听取区政府通报2003年上半年经济社会发展和十件实事办理情况；审议通过区政协关于进一步加强政协常委专题协商和调研工作的意见、委员调整名单等有关事宜。

### 七届三次常委会议

2003年12月9-10日召开，出席会议的政协常委21人，列席14人，李秀明、韦正芳、赵丽萍、李隆辉、孙剑分别主持会议。会议学习十六届三中全会《关于完善社会主义市场经济体系若干问题的决定》；听取区政府关于花溪区2003年元月至十月综合财政预算执行情况、综合财政预算调整情况，食品医药加工基地建设情况和政协委员提案办理情况的通报。李秀明报告2003年政协工作情况及2004年工作打算，区政协各专委（办）报告全年工作情况。通过花溪区政协办公室、提案委关于办理政协提案的意见以及“献爱心”捐助倡仪书。

### 七届四次常委会议

2004年2月12-13日召开，出席会议的政协常委21人，区人大负责人、原区政协老领导李树芳、区政协三委两办负责人列席会议，主席李秀明主持会议。会议审议通过政协第七届常务委员会工作报告（草案）、提案工作情况报告（草案），审议通过大会秘书处工作职责、调整委员名单、表彰2003年先进政协委员等有关事宜。协商讨论《区政府工作报告（征求意见稿）》。

### 七届五次常委会议

2004年2月27日上午召开，会议审议通过七届二次全会决议（草案）、提案工作情况报告（草案）。

### 七届六次常委会议

2004年5月26-28日召开，出席会议的政协常委21人，列席12人。主席李秀明、副主席韦正芳、陈晓林、孙剑分别主持会议。会议组织学习《中国人民政治协商会议章程》。听取副区长班德勋通报“三农”工作，会议围绕“三农”问题进行讨论，并结合花溪实际提出意见和建议。区委副书记曾德书到会指导并讲话。

### 七届七次常委会议

2004年11月3-4日召开，出席会议的政协常委21人，列席14人。李秀明、韦正芳、陈晓林、李隆辉、孙剑分别主持会议。会议学习中共十六届四中全会精神和胡锦涛在庆祝人民政协成立55周年大会上的讲话。听取区政府有关部门通报花溪区2004年1-9月财税预算完成及财政支出情况、2004年花溪区十件实事完成情况、花溪区土地市场治理整顿工作情况和花溪区2004年国投公司国资项目实施完成情况。专题视察老三届集团贵州制药厂建成投产情况、花溪小学搬迁工程完成情况和清华中学申办省级示范高中在建工程完成情况。会议审议有关人事事项。

### 七届八次常委会议

2004年12月30-31日召开，出席会议的政协常委24人，列席9人。李秀明、韦正芳、陈晓林、李隆辉、孙剑分别主持会议。会议听取区委副书记、区纪委书记蒋志伦就花溪区2004年贯彻落实党的廉政建设和反腐败工作情况通报。听取区政府法制办关于提案办理情况的报告。会议审议政协第七届委员会2004年工作总结和2005年工作要点。会议期间与会常委参加花溪区各界人士新年茶话会。

### 七届九次常委会议

2005年2月3日召开，出席会议的政协常委24人，列席10人。李秀明、韦正芳主持会议。会议审议通过七届委员会常务委员会工作报告（草案）、提案工作情况报告（草案）、七届第三次会议方案（草案）等。审议通过停止赵丽萍委员资格的决定。会议听取区政府关于《花溪区政府工作报告》和区财政局关于《花溪区2005年综合财政预算草案的报告》情况通报。

### 七届十次常委会议

2005年2月28日召开，出席会议的政协常委19人，列席7人。李秀明主持会议。会议审议通过七届委员会第三次会议决议（草案）和关于加快实施城市建设“交相辉映”计划的建议案（讨论稿）。听取七届委员会第三次会议提案情况报告（草案）。

### 七届十一次常委会议

2005年4月8日召开，出席会议的政协常委18人，列席8人。李秀明、李隆辉主持会议。会议按照区委关于保持共产党员先进性工作安排，征求常委对政协党组、党组成员、机关党员干部的意见。审议《花溪区政协关于对乡镇企业局、卫生局进行效能评议的实施意见》。会议视察七届三次会议建议案“交相辉映”计划落实情况。

## 七届十二次常委会议

2005年7月22日召开，出席会议的政协常委19人，列席7人。李秀明、韦正芳、陈晓林分别主持会议。会议听取省社会主义学院王守君副院长作《中共中央关于进一步加强中国共产党领导的多党合作和政治协商制度建设的意见》的专题讲座。审议通过政协花溪区委员会《全体会议规则》《常务委员会工作规则》《提案工作条例》《专门委员会通则》。会议视察花溪镇徐家冲、溪北社区建设情况。

## 七届十三次常委会议

2005年11月9-10日召开，出席会议的政协常委19人，列席18人。李秀明、韦正芳、陈晓林、李隆辉、孙剑分别主持会议。会议传达学习中共中央十六届五中全会精神及《中共中央制定国民经济和社会发展第十一个五年规划的建议》，协商讨论《花溪区控制性详细规划（调整）》、《花溪区国民经济和社会发展第十一个五年规划纲要（草案）》，传达贯彻全省县级政协工作经济交流会议精神，协商推荐区委、区政府2006年拟办实事。

## 七届十四次常委会议

2005年12月16日召开，出席会议的政协常委21人，列席16人。李秀明，陈晓林、李隆辉分别主持会议。会议按照花委（2005）31号通知精神，对区卫生局、区乡企局进行效能评议。通过《发展绿色健康产业，扶持壮大特色经济——关于花溪区绿色健康产业发展现状的调研报告》。

## 七届十五次常委会议

2006年1月23日召开，出席会议的政协常委19人，列席6人。李秀明、韦正芳、陈晓林分别主持会议。李秀明传达省政协九届四次全会和区委八届六次全会精神。会议审议通过召开七届四次全会时间、议程（草案）、政协常委会工作报告、提案工作报告等会议文件。审议通过七届四次全会《关于加快发展绿色健康产业计划》的建议案（草案）、《政协花溪区委员会反映社情民意信息工作条例》，以及在七届四次全会上对区政协各类先进进行表彰的项目。

## 七届十六次常委会议

2006年2月27日召开，出席会议的政协常委18人，列席4人。李秀明主持会议。会议审议通过七届委员会第四次会议决议(草案)和关于加快新型工业原始资本积累的建议案（讨论稿）。听取七届委员会第四次会议关于提案情况的报告（草案）。

## 七届十七次常委会议

2006年3月29日召开，出席会议的政协常委17人，列席13人。李秀明主持会议。会议传达学习《中共中央关于加强人民政协工作的意见》和全国政协十届四次会议主要精神，审议并原则通过区政协委员关于深入学习贯彻《中共中央关于加强人民政协工作的意见》的工作方案。审议确定主席会、专委会重点督办的15件提案。区政府副区长全晓刚通报花溪区绿色健康产业发展思路及办理有关工作事项。审议区政协常务委员会督办落实七届四次全会《关于加快绿色健康产业发展，增强工业积累建议案》的决议。会议视察宏盛超市及中意、叶大、文人三家绿色食品加工企业。会议审议有关人事事项。

### 七届十八次常委会议

2006年8月17日、23日、25日召开，出席会议的政协常委20人，列席16人。李秀明、韦正芳、陈晓林、李隆辉、孙剑分别主持会议。会议听取副区长谌业华通报全区上半年经济社会发展情况、《关于加快绿色健康产业发展，增强工业积累的建议案》落实情况和关于香港利嘉、清华科技花溪项目的通报。听取区长助理夏明枢通报新区建设情况。审议2003-2006年度花溪区各界人士为“三个文明”建设服务经验交流暨表彰会拟表彰的先进集体、先进个人名单，通报七届委员会常委会履职情况。

### 七届十九次常委会议

2006年8月14日召开，出席会议的政协常委16人，列席7人。李秀明主持会议。会议对区民政局效能工作进行评议。李秀明通报全省政协工作会议有关情况，学习省委书记石宗源《在全省政协工作会上的讲话》。

### 七届二十次常委会议

2006年11月3日召开，出席会议的政协常委19人，列席5人。李秀明主持会议。会议审议通过花溪区政协第七届常务委员会工作报告（草案）、提案工作情况报告（草案）和八届一次全会议会议日程、议程、主席团建议名单等会议文件资料。

## 第二节　第八届常务委员会会议

### 八届一次常委会议

花溪区政协第八届常委会第一次会议于2006年12月30-31日召开，出席会议的政协常委27人，列席会议8人，主席蒋志伦主持会议，区人大副主任李隆辉应邀出席。区委书记王真霖到会并通报2006年全区经济、社会发展情况。会议传达学习《中共中央关于进一步加强人民政协工作的意见》《中共贵州省委关于加强人民政协工作的实施意见》和《中国人民政治协商会议章程》，传达学习中共十六届六中全会和中共贵阳市第八次党代会精神，表决通过八届区政协4个专门委员会主任、副主任的任免事项，宣读区政协八届委员会主席、副主席、秘书长工作分工的通知，审议通过《政协花溪区委员会关于强化政协委员履行职能的意见》《政协花溪区委员会常务委员工作规则》和《政协花溪区委员会关于进一步强化政协职能，加强政治协商、民主监督、参政议政的具体措施》，审议通过八届二次会议召开时间及相关事宜，听取《花溪区政协关于2007年工作重点专题报告》。

### 八届二次常委会议

2007年1月25日召开，出席会议的政协常委28人，列席2人，蒋志伦主席主持会议。会议审议通过八届二次会议决议和提案情况报告。

### 八届三次常委会议

2007年4月26-27日召开，出席会议的政协常委25人，列席10人，蒋志伦主持会议，区人大副主任李隆辉应邀列席会议。区政府副调研员陈晓林到会通报《花溪区志》的编纂情况。会议传达学习《人民日报》社论《建真言、献良策、谱新篇》，传达省政协主席黄瑶在省政协九届二十四次常委会上的讲话，通报《政协花溪区委员会2007年工作要点》及各专委（办）2007年工作要点，审议同意区政协《关于对2007年区重点基础设施项目重点招商引资项目落实开展民主监督的方案》和《关于对区发改局、区农业局进行效能评议的意见》，表决通过梁国同、龙聚盛任花溪区政协副秘书长和各专门委员会兼职副主任名单，审议同意区政协2007年拟调研的课题。会议期间，全体常委视察清华西路整治情况，到高坡乡开展扶贫济困活动。

### 八届四次常委会议

2007年7月25日召开，出席会议的政协常委25人，列席10人，蒋志伦主持会议。区委常委、区政府常务副区长谌业华到会通报2007年上半年国民经济和社会发展完成情况（含八件实事），副区长罗松华到会通报贵阳龙洞堡国际航空城建设项目情况，区政法委副书记、综治办主任田景文到会通报2007年上半年社会治安综合治理及“平安工程”工作的有关情况，会议传达学习胡锦涛在中央党校省部级干部进修班上的重要讲话，审议通过政协花溪区委员会《关于对高坡乡进行帮扶的实施方案》，对区发改局、区农业局的效能建设进行评议，表决通过区政协《关于加强与政协委员和委员单位联系的暂行办法》和《了解和反映社情民意工作实施细则》，蒋志伦传达7月23日区委常委会议关于小碧乡行政区划调整的意见。

### 八届五次常委会议

2007年11月9日召开，出席会议的政协常委25人，列席8人，蒋志伦主持会议，区人大副主任李隆辉、区政府法制办主任罗康、区建设局局长陈家平、区民宗局局长吴治岑、区卫生局副局长周雾飞等应邀列席会议。会议传达学习党的十七大精神，听取区委常委、区纪委书记杨晓阳通报花溪区2007年党风廉政建设和反腐败工作情况，区政府办公室主任李谦通报区政协八届一次、二次会议委员提案办理情况，审议同意区政协文史宣传学习委员会关于花溪区古民居保护、开发、利用情况的调研报告、教文卫体委员会关于花溪区新型农村合作医疗现状的调研报告和人口资源环境委员会关于花溪区失地农民问题的调研报告。

### 八届七次常委会议

2008年2月22日召开，出席会议的政协常委27人，区人大副主任李隆辉、区政府办公室主任李谦等8人应邀列席会议。蒋志伦主持会议，会议协商肯定花溪区人民政府工作报告，表决通过届中增补八届政协委员建议名单，审议通过八届三次会议召开时间及相关事宜，安排区“两会”期间举办书画展的有关事宜，通报小碧乡行政区划调整问题的有关情况，通报暂停一名委员资格的有关情况。

### 八届八次常委会议

2008年3月5日召开，出席会议的政协常委30人，列席3人，蒋志伦主持。审议通过八届二次会议召开时间及相关事宜，会议审议通过政协八届三次会议决议，审议通过八届三次会议收到提案的情况报告。

## 八届九次常委会议

2008年4月24日召开，出席会议的政协常委27人，区人大副主任李隆辉、区政府副区长杨炜锋等8人应邀列席。蒋志伦主持会议，会议传达学习中纪委第十七届二次全会、省纪委第十届二次全会、市纪委第八届三次全会、区纪委第九届三次全会精神以及总书记胡锦涛、省委书记石宗源、市委书记李军和区委书记王真霖的讲话，传达学习石宗源在省委中心组集中学习时的讲话及李军在贵阳建设生态文明城市领导干部专题研讨班上的讲话，审议通过2008年对部门进行效能评议的实施方案，审议通过2008年对重点项目开展民主监督的方案，审议同意各专委会2008年调研课题，书面通报区政协委员会和各专委（办）工作要点及委员小组活动方案，听取南环线建设情况通报。会议期间，到南环线项目第五标段建设工地实地视察。

## 八届十次常委会议

2008年7月30日召开，出席会议的政协常委24人，区人大副主任李隆挥、区政府副区长付野秋等10人应邀列席会议。蒋志伦主持会议，会议传达学习胡锦涛总书记在抗震救灾先进基层党组织和优秀共产党员代表座谈会上的讲话，听取区发改局副局长安中发通报2008年上半年国民经济和社会发展完成情况、下半年工作安排及八件实事，协商讨论《区人民政府关于协商解决南环线建设项目资本金8.5亿元的报告》，对区城管局、区水利局进行效能评议，审议同意《政协花溪区委员会关于发挥委员主体作用，切实做好联系委员工作的意见》，通报《花溪区政协主席重点督办事项跟踪落实反馈制度》，通报2008年主席会督办提案的落实情况。

## 八届十一次常委会议

2008年10月29日召开，出席会议的政协常委26人，李隆辉等党政领导10人列席。蒋志伦主持会议，区委副书记谌业华、区长助理龙兴灿到会通报区重点项目的建设情况。会议传达党的十七届三中全会作出的《中共中央关于推进农村改革发展若干重大问题的决定》及省委书记石宗源在贵州省学习实践科学发展观活动学习报告会上的讲话。区政府办主任李谦、区法制办主任罗康通报2008年区政协委员提案办理情况，区委常委、区纪委书记杨晓阳通报《花溪区2008年党风廉政建设和反腐败工作情况》。会议还通报《2008年区政协帮扶高坡乡实施方案落实情况》，审议讨论2008年区政协各专委会调研报告。

## 八届十二次常委会议

2009年3月18日召开，会议协商任免人资环委主任的有关事宜，决定撤消张欣然政协委员资格，区委统战部对八届委员会委员届中变动和增加委员的情况进行说明，审议通过召开政协花溪区委员会第八届四次会议时间和地点、会议议程（草案）、日程（草案）、执行主席名单（草案）、执行主席分工名单（草案）、会议秘书长名单（草案）、副秘书长名单（草案）；讨论八届四次会议常委会工作报告、提案工作报告及报告人名单（草案）、小组召集人名单（草案）、分组名单（草案）、列席人员名单（草案）、特邀人员名单（草案）、提案审查委员会名单（草案）、决议起草委员会名单（草案）、执行主席名单（草案）、执行主席分组名单（草案）。会议讨论表彰先进的有关事宜；讨论八届四次会议秘书处机构设置及工作职责；协商花溪区人民政府工作报告、检察院工作报告、法院工作报告。

## 八届十三次常委会议

2009年3月24日召开，副主席王光华主持会议，会议审议补选政协花溪区第八届委员会主席选举办法（草案），审议总监票人、总计票人、监票人建议名单（草案）。

## 八届十四次常委会议

2009年3月26日召开，出席会议的政协常委23人，列席5人，王光华主持会议。会议审议同意蒋志伦辞去政协花溪区第八届委员会委员、主席职务的报告，听取中共花溪区委组织部常务副部长黄廷芳对补选政协花溪区第八届委员会主席候选人建议名单的说明，审议通过政协花溪区第八届委员会主席候选人建议名单。

## 八届十五次常委会议

2009年3月27日召开，听取政协各组委员对政协主席候选人讨论情况。

## 八届十六次常委会议

2009年3月27日召开，出席会议的政协常委24人，列席14人，区政协副主席、党组副书记王光华主持会议。会议听取谌业华同志当选为政协花溪区第八届委员会主席的选举结果报告。

## 八届十七次常委会议

2009年5月12日召开，出席会议的政协常委26人，区委常委、区政府副区长班德勋，区长助理夏明枢等14人列席会议。王光华主持会议，会议审议通过花溪区政协2009年工作要点，审议通过2009年主席会重点督办提案，审议通过2009年委员活动的实施意见，听取区政府通报新区“两楼”建设情况和迎宾大道建设情况报告，听取区农办、区建设局通报区村寨整治试点和农村危房改造工作情况汇报，听取主席会通报区政协近期工作情况。到党武乡党武村摆贡村民组视察村寨整治试点农村危房改造情况。

## 八届十八次常委会议

2009年8月11日召开，出席会议的政协常委23人，区委常委、区政府常务副区长曾明强，区政府副区长程建梅等12人列席。主席谌业华主持会议，会议听取区发改局局长曾兴宽通报花溪区2009年上半年社会经济运行情况，听取区教育局副局长欧阳旭燚通报“两基”和迎“国检”的情况；王光华通报区政协党组贯彻落实科学发展观分析检查报告及整改落实方案，区政协各专委（办）书面通报上半年工作情况和下半年工作打算。

## 八届十九次常委会议

2009年12月10日召开，出席会议的政协常委24人，李隆辉等10人应邀列席。副主席王光华、楚湘黔分别主持会议，会议传达学习党的十七届四中全会公报和胡锦涛在庆祝人民政协成立60周年大会上的讲话，听取区政府办理区政协八届四次会议提案情况报告，对区旅游局进行效能评议，通报拟召开区政协八届五次全会的筹备方案，审议同意2009年提案工作情况报告，审议同意2009年各专委会专题调研报告，区政协各专委（办）书面通报2009年度工作总结及2010年度工作打算。

## 八届二十次常委会议

2010年3月10日召开，出席会议的政协常委24人，区政协委员龙海环、胡茂国等11人列席会议。主席谌业华主持会议，会议通报张彦不再担任副主席职务。审议通过八届四次常务委员会工作报告和八届四次提案工作情况报告，审议通过召开政协花溪区第八届委员会第五次会议的时间和地点及相关事宜，表决通过撤销文卫政协委员资格。协商同意《政协花溪区第八届委员会第五次会议委员届中增补调整的建议意见》。审议同意大会发言的有关材料，协商肯定花溪区人民政府工作报告、协商同意区人民法院工作报告和区人民检察院工作报告。

## 八届二十一次常委会

2010年3月23日召开，出席会议的政协常委24人，有关人员13人列席会议。主席谌业华主持会议，会议审议政协花溪区第八届委员会第五次会议选举办法（草案），协商提名总监票人、总计票人、监票人建议名单（草案）。

## 八届二十二次常委会议

2010年3月25日召开，出席会议的政协常委24人，区委组织部常务副部长黄廷芳等5人应邀列席会议。谌业华主持会议，会议听取中共花溪区委对补选政协花溪区第八届委员会副主席候选人建议名单的说明，审议同意政协花溪区第八届委员会副主席候选人建议名单。

## 八届二十三次常委会

2010年3月26日召开，出席会议的政协常委24人，各组召集人13人列席会议。谌业华主持会议，会议听取区政协八届五次会议提案收到情况报告，审议区政协八届五次会议决议（草案），听取各小组对副主席候选人及区人民法院工作报告和检察院工作报告的讨论情况。

## 八届二十四次常委会议

2010年3月26日召开，出席会议的政协常委23人，列席6人，主席谌业华主持会议。会议听取关于田健、李莎当选为政协花溪区第八届委员会副主席的选举结果报告，并审议同意该报告。

## 八届二十五次常委会议

2010年4月21日召开，出席会议的政协常委21人，列席12人，旁听6人，谌业华主持会议。会议通报调整后的区政协八届委员会主席、副主席、秘书长分工，审议同意区政协八届委员会2010年工作要点，审议同意区政协各专委（办）2010年工作计划，审议同意2010年主席会领衔督办提案，通报区政协八届五次全会委员参会情况，通报贵阳市十万名森林保护志愿者在行动——花溪区活动总结，表决同意禄竹辞去政协委员、常委、副主席职务，表决通过项彦丽任区政协教文卫体委主任。

## 八届二十六次常委会议

2010年7月5日召开，出席会议的政协常委20人，列席9人，谌业华主持会议。会议传达学习《党政领导干部选拔任用工作责任追究办法（试行）》《党政领导干部选拔任用工作有关事项报告办法（试行）》《地方党委常委会向全委会报告干部选拔任用工作并接受民主评议办法（试行）》《市县党委书记履行干部选拔任用工作职责离任检查办法（试行）》，审议通过关于撤销梁国威区政协常委职务和委员资格的有关事宜。会议期间，对贵州大学花溪校园扩建一期工程建设进行视察，并听取贵州大学培训中心主任、指挥部副指挥长任康民关于贵州大学花溪校园扩建一期工程征地拆迁安置工作情况的汇报。

### 八届二十七次常委会议

2010 年 11 月 24 日召开，出席会议的政协常委 23 人，区政府副区长程建梅等 13 人列席会议，旁听 7 人。谌业华主持会议，会议听取区政府《关于花溪区 2010 年 1–10 月经济社会发展情况的报告》《关于花溪区创建国家环保模范城市工作进展情况的报告》《关于花溪区创建国家卫生城市工作进展情况的报告》，听取花溪区“创文”指挥部《关于创建全国文明城市工作开展情况的报告》，表决同意免去唐勇勤区政协提案法制委员会主任职务，表决同意吴硕任区政协提案法制委员会主任。传达学习省委书记栗战书，省长赵克志，省委常委、省政府常务副省长王晓东及省委常委、市委书记李军在省委、省政府召开支持贵阳市加快发展动员大会上的讲话。

### 八届二十八次常委会议

2011 年 3 月 3 日召开，出席会议的政协常委 24 人，列席 13 人，谌业华主持会议。会议审议确定召开政协花溪区第八届委员会第六次会议的时间、地点及相关事宜，表决同意陈永燃等 7 人辞去政协委员职务，通报区政协八届五次会议以来委员的变动情况，协商花溪区人民政府工作报告，协商同意区人民法院工作报告和区人民检察院工作报告，审议同意大会对优秀政协委员、优秀提案、提案承办先进单位、优秀社情民意进行表彰，审议同意区政协八届常务委员会工作报告和提案工作情况报告。

### 八届二十九次常委会议

2011 年 3 月 12 日召开，出席会议的政协常委 25 人，列席 16 人，谌业华主持会议。会议审议同意区政协八届六次会议提案审查情况报告，审议同意区政协八届六次会议决议，听取讨论区人民法院工作报告的情况汇报，听取讨论区人民检察院工作报告情况汇报，协商同意花溪区与小河区合并的有关事宜

### 八届三十次常委会议

2011 年 4 月 12 日召开，出席会议的政协常委 22 人，列席 13 人，谌业华主持会议。会议审议同意区政协八届委员会 2011 年工作要点，通报 2011 年主席会督办提案，审议同意各专委（办）2011 年工作计划，表决同意暂停张成基政协委员资格。

### 八届三十一次常委会议

2011 年 10 月 20 日召开，出席会议的政协常委 22 人，列席 7 人，谌业华主持会议。会议审议一致同意龙聚盛辞去区政协副秘书长职务，徐辉任区政协副秘书长职务；听取政协花溪区九届委员会换届有关工作实施方案的说明，同意实施方案，并对委员、常委组成人员的协商范围、界别组成和素质要求提出建议。

## 第三节　第九届常务委员会会议

### 九届一次常委会议

2012 年 3 月 6 日召开，出席会议的政协常委 29 人，列席 6 人，副主席田健主持，会议传达学习省政协十届五次会议、市政协十一届一次会议精神和国发 2 号文件精神。协商讨论区政府工作报告（征求意见稿）、区法院工作报

告（征求意见稿）和区检察院工作报告（征求意见稿）；确定区政协九届二次会议召开的时间，讨论通过政协九届二次会议议程、日程、执行主席名单、执行主席分工名单、秘书长名单、副秘书长名单、提案审查委员会名单、决议起草委员会名单、召集人名单、分组名单、列席人员名单、特邀人员名单和各专委会兼职副主任和组成人员名单等其他会议文件；审议通过常委会工作报告（草案）、提案情况报告（草案）和 2012 年工作要点。

## 九届二次常委会议

2012 年 3 月 16 日召开，出席会议的政协常委 29 人，列席 7 人，主席谌业华主持会议。会议讨论区政府工作报告、2011 年国民经济和社会发展计划执行情况及 2012 年计划草案报告、2011 年综合财政预算执行情况及 2012 年本级综合财政预算草案报告的情况汇报；听取讨论常委会工作报告和 2011 年提案工作情况报告的汇报；原则通过九届二次会议提案审查情况报告（草案）和九届二次会议决议（草案）。

## 九届三次常委会议

2012 年 3 月 17 日召开，出席会议的政协常委 27 人，列席 4 人，谌业华主持会议。会议讨论区人民法院工作报告和区人民检察院工作报告，通过九届二次会议提案审查情况报告（草案）和九届二次会议决议（草案），同意提交大会审议。

## 九届四次常委会议

2012 年 7 月 17 日召开，出席会议的政协常委 25 人，区政府党组成员、区政府办公室主任黄亚军，区委政法委副书记、区综治办主任曾臣繁、区政府办公室副主任李斌等 20 人应邀列席会议。谌业华主持会议，会议听取讨论区政府《关于花溪区 2012 年 1–6 月经济社会发展情况报告》和区综治办《关于花溪区 2012 年上半年社会治安综合治理工作情况报告》，审议通过关于暂停刘明英第九届委员会委员资格的有关事宜，传达中共花溪区委《关于梁国同同志任免职的通知》，会议一致通过梁国同任政协花溪区委员会联络办室主任，免去梁国同同志政协花溪区委员会副秘书长职务。会后，与会政协常委视察花溪大学城项目建设情况。

## 九届五次常委会议

2012 年 10 月 30 日召开，出席会议的政协常委 27 人，区政府副区长陈勇、区政府法制办主任赵萍萍、各乡镇党委副书记（政协委员）等 17 人应邀列席会议。谌业华主持会议，会议传达中共花溪区委《关于车荣同志任职的通知》（花委干字〔2012〕106 号），一致通过车荣同志任政协花溪区委员会副秘书长，听取区政府关于对区政协九届一次、二次会议委员提案办理情况的通报，听取政协委员联络办和智力支边办工作开展情况汇报。审议通过区政协各专委会 2012 年专题调研报告：（1）《关于黔陶骑龙村历史文化资源保护及开发利用情况的调研报告》（文史委）；（2）《关于对花溪区社会治安防控体系的调研报告》（提案委）；（3）《关于对花溪区乡镇公路建设及管理的调研报告》（经科委）；（4）《花溪区集中式饮用水源保护调研报告》（人资环委）；（5）《关于花溪文化场馆建设的调研报告》（教文卫体委）。

## 九届六次常委会议

2013 年 2 月 4 日召开，出席会议的政协常委 32 人，列席 9 人，副主席何勇主持会议。会议协商讨论区政府工作报告（征求意见稿）、区法院工作报告（征求意见稿）和区检察院工作报告（征求意见稿）；表决通过撤销刘明英委员资格；区委统战部作委员变动情况说明；会议确定九届三次会议召开时间，审议通过会议议程、日程、执行主席名单、执行主席分工名单、秘书长名单、副秘书长名单、提案审查委员会名单、决议起草委员会名单、小组讨论召集人名单、分组名单、列席人员名单、特邀人员名单、常委会工作报告和提案工作情况报告报告人名单；审议通过常委会工作报告（草案）和九届一次会议以来提案工作情况的报告（草案）。

## 九届七次常委会议

2013 年 2 月 26 日召开，出席会议的政协常委 32 人，列席 9 人，副主席秦永康主持会议。会议听取讨论常委会工作报告和九届一次会议以来提案工作情况报告，审议通过九届三次会议提案审查情况报告（草案）和九届三次会议决议（草案）。

## 九届八次常委会议

2013 年 2 月 27 日召开，出席会议的政协常委 32 人，列席 9 人，副主席孙剑主持会议。会议听取讨论政府工作报告的情况汇报、2012 年国民经济和社会发展计划执行情况及 2013 年计划草案报告的情况汇报、2012 年综合财政预算执行情况及 2013 年本级综合财政预算草案报告的情况汇报；审议通过九届三次会议提案审查情况报告（草案）和九届三次会议决议（草案）。

## 九届九次常委会议

2013 年 7 月 2 日召开，出席会议的政协常委 33 人，列席 9 人，副主席李瑾主持会议，会议宣读区委组织部《关于徐辉同志任职的通知》；审议通过关于暂停田健、周德华区政协第九届委员会委员资格的有关事宜；听取讨论区政协上半年工作情况汇报和各专委会上半年调研视察工作情况汇报，并对下半年工作重点进行安排。

## 九届第十次常委会议

2013 年 7 月 30 日召开，出席会议的政协常委 22 人，列席 8 人，谌业华主持会议，区政府副区长梅林应邀出席会议。会议审议通过关于免去田健区政协第九届委员会副主席职务的有关事宜，听取讨论区政府关于 2013 年上半年经济运行情况分析报告。

## 九届十一次常委会议

2014 年 1 月 17 日召开，出席会议的政协常委 25 人，列席 11 人，谌业华主持会议，会议协商讨论区政府工作报告（征求意见稿）、2013 年区人民法院工作报告（征求意见稿）和区人民检察院工作报告（征求意见稿）；听取区政府通报区政协九届三次会议以来提案办理情况和区委统战部关于区政协第九届委员会委员调整情况的说明；区委组织部传达中共花溪区委《关于欧阳桂枝同志任职的通知》，会议一致通过欧阳桂枝同志任区政协人口资源与环境委员会副主任；表决通过关于暂停王治前政协委员资格的有关事宜；确定九届四次会议召开时间，审议通过会议议程、日程、执行主席名单、执行主席分工名单、秘书长名单、副秘书长名单、提案审查委员会名单、决议起草委员会名单、召集人名单、分组名单、列席人员名单、特邀人员名单及九届常委会工作报告和提案工作情况报告报告人名单等会议文件；审议通过常委会工作报告（草案）和提案工作情况报告（草案）。

### 九届十二次常委会

2014 年 2 月 18 日召开，出席会议的政协常委 22 人，列席 13 人。副主席李瑾主持会议，会议审议通过政协花溪区第九届委员会第四次会议选举办法（草案），议定总监票人 1 名，监票人 8 名。

### 九届十三次常委会议

2014 年 2 月 18 日召开，出席会议的政协常委23 人，列席13 人，李瑾主持会议，区委组织部、区委统战部有关领导出席。会议听取讨论九届四次会议选举办法（草案）、常委会工作报告和提案工作情况报告、区政府工作报告、2013 年国民经济和社会发展计划执行情况及 2014 年计划草案报告、2013 年综合财政预算执行情况及 2014 年本级综合财政预算草案的报告；听取区委组织部关于增补副主席、常务委员候选人建议人选的说明，审议通过增补副主席、常务委员候选人建议人选名单；讨论通过九届四次会议总监票人、监票人建议名单（草案）；审议通过九届四次会议提案审查情况报告（草案）和九届四次会议决议（草案）。

### 九届十四次常委会议

2014 年 2 月 19 日召开，出席会议的政协常委 28 人，列席 13 人，副主席李莎主持会议。会议听取讨论九届四次会议提案审查情况报告（草案）和九届四次会议决议（草案），同意提交大会通过。听取各组召集人对有关选举工作的情况汇报；审议通过增补副主席、常务委员正式候选人名单；审议通过九届四次会议总监票人、监票人建议名单（草案）。

### 九届十五次常委会议

2014 年 2 月 20 日召开，出席会议的政协常委 27 人，列席 4 人，副主席吴同恒主持会议。会议听取总监票人对选举情况的汇报，并审议通过选举结果，邹吉鸿当选副主席，邓怀中、喻明、何江当选政协常委。

### 九届十六次常委会议

2014 年 8 月 28 日召开，出席会议的政协常委 27 人，谌业华主持会议，区委常委、区政府常务副区长杨炜锋，区委政法委副书记、区综治办主任游廷志、区政协副秘书长、各专委（办）负责人等 10 人列席会议。会议通报区政协党组班子专题民主生活会情况；听取和讨论区政府 2014 年上半年经济运行情况报告、区综治办关于 2014 年上半年开展“两严一降”工作情况汇报和区政协上半年工作情况汇报。与会人员视察青岩古镇项目建设情况。

### 九届十七次常委会议

2014 年 10 月 21 日召开，出席会议的政协常委 28 人，列席 7 人，谌业华主持会议。会议传达学习中共中央总书记习近平在庆祝中国人民政治协商会议成立 65 周年大会上的讲话、省委书记赵克志在贵州省庆祝中国人民政治协商会议成立 65 周年大会上的讲话和区委书记钟汰甬在花溪区庆祝中国人民政治协商会议成立 65 周年座谈会上的讲话；通报中共贵阳市纪委《关于给予田健党纪政纪处分的决定》（筑纪〔2014〕32 号）；传达中共花溪区委《关于赵欣同志任免职的通知》（花委干字〔2014〕95 号），会议一致同意赵欣同志任区智力支边联系领导小组办公室主任；听取讨论区政协 1-10 月份工作情况通报，通报区政协党组开展党的群众路线教育实践活动工作情况；审议通过区政协开展党的群众路线教育实践活动“整改落实、建章立制”阶段制定的《政协花溪区委员会全体会议工作规则》（讨论稿）《政协花溪区委员会常务委员会工作规则》（讨论稿）《政协花溪区委员会关于常委会组成人员出席常务委员会会议的规定》（讨论稿）《政协花溪区委员会专门委员会工作通则》（讨论稿）《政协花溪区委员会全体会议请假规定》(试行)(讨论稿)《政协花溪区委员会常务委员会会议请假规定》（试行）（讨论稿）《花溪区政协委员履职管理暂行办法》（讨论稿）。

## 九届十八次常委会议

2015 年 1 月 16 日召开，出席会议的政协常委 34 人，区委组织部、区委统战部领导及区政协副秘书长、各专委(办)负责人等 9 人列席会议。谌业华主持会议，会议听取政协党组党的群众路线教育实践活动整改落实情况“回头看”自查报告、区人民政府关于区政协九届四次会议以来提案办理情况；听取区委组织部关于区政协副主席秦永康工作变动及张朝洲作为政协副主席候选人的情况说明；审议通过秦永康关于请求辞去区政协副主席职务的报告和关于撤销田健、王治前、周德华花溪区政协第九届委员会委员资格的有关事宜；审议通过九届五次会议日期的决定（草案）、九届五次会议议程（草案）、日程（草案）、常委会工作报告（草案）、九届四次会议以来提案工作情况的报告(草案)；审议通过区委统战部关于委员调整情况的说明，政协花溪区第九届委员会委员规模为 324 名，实际安排委员 296 名，缺额 28 名；常委会组成人员为 56 名，实际安排 44 名，缺额 12 名；审议通过不再担任委员的名单和增补委员名单，增补政协花溪区第九届委员会委员 16 名。

## 九届十九次常委会

2015 年 2 月 11 日召开，出席会议的政协常委 32 人，列席 10 人。副主席孙剑主持会议，会议审议政协花溪区第九届委员会第五次会议选举办法（草案）。议定大会选举设总监票人 1 名，监票人 6 名。

## 九届二十次常委会议

2015 年 2 月 11 日召开，出席会议的政协常委 34 人，列席 10 人，李瑾主持会议，区委组织部、区委统战部有关领导出席会议。会议听取讨论九届五次会议选举办法（草案）、常委会工作报告和提案工作情况报告、区政府工作报告、2014 年国民经济和社会发展计划执行情况及 2015 年计划报告（草案）、2014 年综合财政预算执行情况及 2015 年本级综合财政预算报告（草案）；听取区委组织部关于增补副主席候选人建议人选的说明；协商通过增补副主席候选人建议人选名单、九届五次会议总监票人、监票人建议名单（草案），提交全体委员讨论。

## 九届二十一次常委会议

2015 年 2 月 12 日召开，出席会议的政协常委 35 人，列席 10 人，孙剑主持会议。会议听取各组召集人对有关选举工作的情况汇报；审议通过增补副主席正式候选人名单，一致确定张朝洲列为区政协第九届委员会增补副主席正式候选人；审议通过九届五次会议选举的总监票人、监票人建议名单（草案）、九届五次会议决议（草案）和九届五次会议提案审查情况报告（草案）。

## 九届二十二次常委会议

2015 年 2 月 13 日召开，出席会议的政协常委 38 人，列席 10 人，副主席吴同恒主持会议。会议听取总监票人对选举情况的汇报，审议通过选举结果，张朝洲同志当选为政协花溪区第九届委员会副主席；听取讨论九届五次会议提案审查情况报告(草案)和九届五次会议决议(草案)，同意提交大会通过。

## 九届二十三次常委会议

2015 年 4 月 21 日召开，出席会议的政协常委 29 人，列席 6 人，谌业华同志主持会议。会议传达学习全国两会精神；通报市纪委关于对吴同恒实施“两规”的决定；审议通过关于暂停吴同恒政协委员资格的报告；讨论并同意政协花溪区委员会 2015 年工作要点（草案）以及 2015 年度调研、视察协商计划、会议计划；通报区政协主席、副主席督办重点提案和各专委会（办）2015 年工作计划。

## 九届二十四次常委会议

2015 年 8 月 18 日召开，出席会议的政协常委 29 人，区委常委、区政府常务副区长洪兵，区发改局局长安中发等 7 人应邀列席会议。李瑾主持会议，会议传达学习习近平视察贵州重要讲话、全国政协十二届常委会第十一次会议精神和中共中央办公厅《关于加强人民政协协商民主建设的实施意见》文件；听取《花溪区人民政府 2015 年上半年经济运行情况》通报和区政协 2015 年上半年工作完成情况；审议通过关于免去吴同恒花溪区政协第九届委员会副主席职务、撤销其政协委员资格的报告；审议通过关于花溪区社区(乡镇)政协委员联络组组长、副组长人选建议名单（草案）；听取九届五次全会《大会发言》区委书记批示件办理落实情况及各专委会(办)2015 年上半年工作完成情况。

## 九届二十五次常委会议

2016 年 1 月 22 日召开，出席会议的政协常委 32 人，列席 6 人，谌业华主持。会议审议通过《政协花溪区第九届委员会常务委员会工作报告（草案）》《政协花溪区第九届委员会关于九届五次会议以来提案工作情况的报告（草案）》；表决通过《关于召开政协花溪区第九届委员会第六次会议日期的决定（草案）》《政协花溪区第九届委员会第六次会议议程(草案)》《日程（草案）》等相关事宜；表决通过 2011-2015 年度优秀提案、提案承办先进单位和优秀政协委员推荐名单；书面听取区人民政府关于区政协九届五次会议以来提案办理情况。

## 九届二十六次常委会议

2016 年 2 月 21 日召开，出席会议的政协常委 30 人，列席 7 人，谌业华主持。会议听取讨论中共花溪区委书记钟阳讲话精神情况汇报并提出建议；听取讨论政协花溪区第九届委员会常务委员会工作报告和提案工作情况报告的情况汇报并提出建议；审议通过《政协花溪区第九届委员会第六次会议提案审查情况报告（草案）》《政协花溪区第九届委员会第六次会议决议（草案）》。

## 九届二十七次常委会议

2016 年 2 月 22 日召开，出席会议的政协常委 33 人，列席 7 人，谌业华主持。会议听取讨论政协花溪区第九届委员会第六次会议提案审查情况报告（草案）的情况汇报，并一致同意提交大会通过；听取讨论政协花溪区第九届委员会第六次会议决议（草案）的情况汇报，并一致同意提交大会通过；听取讨论花溪区人民政府工作报告、花溪区2015年国民经济和社会发展计划执行情况及2016年计划草案报告、花溪区2015年综合财政预算执行情况及2016年本级综合财政预算草案的报告、花溪区“十三五”规划纲要（草案）、区人民法院工作情况报告和区人民检察院工作报告的情况汇报，并对以上报告提出建议。

# 第三章　政协花溪区委员会主席会议

## 第一节　第七届委员会主席会议

### 七届一次主席会议

2003年3月28日召开，主席李秀明主持，副主席韦正芳、陈晓林、赵丽萍、李隆辉、孙剑，秘书长曾少海出席。会议传达区委常委会关于新一届区委常委和区政府领导分工意见，研究区政协第七届委员会主席、副主席、秘书长分工意见。研究政协机关组织、制度建设等。安排政协工作。

### 七届二次主席会议

2003年4月18至21日召开，李秀明主持。会议讨论并同意政协主席会议规则、常务委员会工作规则、专门委员会组织通则、政协常务委员参加会议和活动的有关规定；办公室公文处理办法、委员联系办法、视察调研及“五个一活动”等有关制度。确定区政协七届一次常委会召开的时间、议题。讨论七届区政协内部机构设置和人员安排问题。

### 七届三次主席会议

2003年4月30日召开，李秀明主持。会议学习总书记胡锦涛“关于做好防治非典预防工作”的指示，协商讨论七届一次会议提案委提请主席会议督办的委员提案。

### 七届四次主席会议

2003年6月5日召开，李秀明主持。会议研究区政协主席、副主席、各专委、办公室人员职位说明书的有关事宜；讨论落实区政协第一次常委会上区委书记王真霖要求区政协编写生态教材的有关事宜；听取各专委组织委员赴区外学习考察的安排意见。

### 七届五次主席会议

2003年7月1日召开，李秀明主持，副主席韦正芳、陈晓林、赵丽萍、李隆辉、孙剑，秘书长曾少海出席，郭霞列席。会议审议并原则同意区政协2003年上半年工作总结；会议审议并原则同意办公室人员分工；会议安排区政协有关人员参加区委中心学习组扩大会议的有关事项。

### 七届六次主席会议

2003年8月7日召开，李秀明主持。会议学习胡锦涛“七一”重要讲话；审议七届二次常委会议召开的时间、议题；审议并原则通过“关于区政协办公室、专门委员会与区直部门对口联系协商试行办法”；听取市政协召开的各区（市、县）秘书长联谊会有关事项的汇报；听取主席会督办重要提案“关于疾控中心建设”进展情况的汇报；会议通报主席、副主席“双带”工作有关情况；研究调整部分政协委员和恢复政协乡（镇）联络组有关事宜。

### 七届七次主席会议

2003年10月23日召开，李秀明主持。会议传达学习党的十六届三中全会精神；审议区政协经济科技委员会“关于花溪区农村劳动力资源及就业情况的调研报告”；研究2004年各界人士元旦茶话会有关事宜；研究2003年区政协工作总结有关事宜；研究区政协帮村、“双带”工作；听取文史委、支边办外出考察情况汇报；听取区政协参加贵阳市区（市）、县政协工作研讨会情况汇报。

### 七届八次主席会议

2003年11月6日召开，李秀明主持。会议学习党的十六届三中全会精神；讨论七届三次常委会召开的时间、内容；听取办公室关于2004年报刊征订工作的情况汇报；听取办公室通报接待“全国书画界委员”赴镇山采风及武汉市政协有关领导赴花溪考察的有关情况。

### 七届九次主席会议

2003年12月23日召开，李秀明主持。会议听取新年茶话会筹备工作情况汇报；听取办公室关于政协各活动小组推荐先进活动小组、先进政协委员、优秀提案及提案承办先进单位有关情况汇报；听取关于区委助残活动有关情况通报；听取副主席陈晓林通报随区政府赴牡丹江市考察情况。

### 七届十次主席会议

2004年1月5日召开，李秀明主持。会议研究政协七届二次全会筹备工作；研究召开机关干部及离退休老同志春节座谈会有关事宜；研究2003年年度干部考核工作。

### 七届十一次主席会议

2004年1月29日召开，李秀明主持，会议审议区政协第七届委员会常务委员会工作报告、区政协七届一次会议以来提案办理情况报告；研究决定区政协第七届委员会第二次全体会议召开的时间、议程、日程；会议原则通过区政协第七届委员会第二次会议执行主席、秘书长、副秘书长名单；会议协商决定受表彰的先进委员活动组、优秀提案、提案办理先进单位、宣传人民政协好新闻、优秀社情民意、优秀政协委员、政协工作先进集体、先进个人名单及有关事项；确定第四次区政协常委会议召开的时间。

### 七届十二次主席会议

2004年3月25日召开，李秀明主持，会议研究主席、副主席分工；审议并原则通过区政协2004年主要工作计划安排表；研究决定参加贵阳市政协统战系统全民健身运动会有关事宜；决定政协委员王飞跃作出的“关于提请政府抓紧完善羊艾药食工业基地基础设施建设”提案作为主席会议督办提案；会议研究参加政协例会人员及待遇的规定和政协各专委、办异地考察学习有关事宜。

### 七届十三次主席会议

2004年4月8日召开，李秀明主持，会议听取各专委、办外出学习考察情况汇报；听取各专委调研提纲的汇报；听取文史委关于《花溪区青少年生态教育读本》《高原明珠——花溪人》两书有关情况汇报。

### 七届十四次主席会议

2004年5月20日召开，李秀明主持。研究区政协七届第六次常委会议召开的时间和议题；研究调研提纲的有关事宜；研究办公室人员工作调整问题；研究赵洪申报副主任科员的问题。

## 七届十五次主席会议

2004年6月7日召开，李秀明主持。会议学习政协章程；研究六月份重要工作及活动安排；会议听取政协有关人员赴香港、凯里考察情况通报。

## 七届十六次主席会议

2004年6月28日召开，李秀明主持。会议研究关于纪念全国政协成立55周年和邓小平诞辰100周年纪念活动有关事宜；研究推荐文章入选市政协调研文集和组稿参加省政协“走进民营企业”大型报道专栏有关事宜。

## 七届十七次主席会议（缺资料）

## 七届十八次主席会议

2004年8月6日召开，李秀明主持。会议研究参加十区县市政协工作研讨会有关事宜；研究召开区政协机关2004年党员领导干部民主生活会事宜；研究编辑出版《建言·立论·发展》一书；决定撤销王朝兴委员资格。

## 七届十九次主席会议

2004年9月22日召开，李秀明主持，邀请有关政协委员18人列席。会议对《撤销花溪镇和花溪布依族苗族乡设置办事处的实施方案》进行专题协商讨论，形成意见和建议报区政府。

## 七届二十次主席会议

2004年11月15日召开，李秀明主持，副主席韦正芳、陈晓林、李隆辉、孙剑，秘书长曾少海出席，郭霞、项彦丽列席。会议协商召开政协工作会议的有关事宜；会议研究主席会议调研的课题；通报捐赠有关工作情况。

## 七届二十一次主席会议（缺资料）

## 七届二十二次主席会议

2004年12月1日召开，李秀明主持。会议研究纪念戴安澜将军诞辰100周年座谈会有关事宜；研究提案办理情况汇报及各专委工作情况汇报；协商常委会召开的时间、议题；传达市政协秘书长会议精神。

## 七届二十三次主席会议

2004年12月9日召开，李秀明主持。会议讨论主席会视察化工产业调研报告（第二稿）；学习中央经济工作会议精神；会议协商并原则通过区政府《花溪区在经济建设和社会事业发展方面需要通过市政协反映的有关问题的函》；会议议定12月14日政协组织召开纪念戴安澜将军诞辰100周年座谈会；研究决定赴江浙考察招商引资。

## 七届二十四次主席会议

2005年1月6日召开，李秀明主持。会议通过办公室代区委草拟的《中共花溪区委关于进一步加强人民政协工作的意见》初稿；会议通过主席会关于磷化工产业调研报告《优化提升化工产业，发展壮大工业经济》；商议召开政协工作会议有关事项及受表彰的单位；协商增补委员及委员变动说明；研究决定2004年机关年终考核领导成员；协商2005年委员活动工作；研究2005年主席会专题视察计划；协商召开政协七届三次全会的有关事宜。

### 七届二十五次主席会议

2005年1月21日召开，李秀明主持。会议审议七届三次会议常委会工作报告、提案工作报告、会议建议议题、日程安排；审议：区政协在七届三次会议表彰的2004年度各类先进推荐名单，七届三次会议大会秘书长、副秘书长、列席人员名单。议定与区委、区政府签订的2005年工作目标责任书；安排布置春节对政协离退休老同志及农村贫困户慰问。

### 七届二十六次主席会议

2005年3月21日召开，李秀明主持。会议讨论2005年区政协主要工作计划(征求意见稿)；研究江苏靖江市政协领导来花溪考察的接待；确定参加区政府组织赴海南等地考察调研绿色健康食品产业发展的人员名单。

### 七届二十七次主席会议

2005年3月24日召开，李秀明主持。会议研究《协调规划实施小碧乡排污管网建设的建议》等9件提案为主席督办提案。

### 七届二十八次主席会议

2005年4月11日召开，李秀明主持。会议讨论区委《关于花溪区乡（镇）机构改革的实施方案》。

### 七届二十九次主席会议

2005年4月30日召开，李秀明主持。会议研究省政协全省提案工作研讨会在花溪召开的准备工作。

### 七届三十次主席会议（缺资料）

### 七届三十一次主席会议

2005年5月30日召开，李秀明主持。会议听取提案委关于全省提案工作研讨会的有关情况汇报；听取“三委”、“两办”对2005年1-5月工作完成情况的汇报；会议研究组织赴外地考察有关事宜；传达学习贵阳市委组织部、市人事局下发的《贵阳市国家公务员平时考核暂行办法》。

### 七届三十二次主席会议

2005年7月28日召开，李秀明主持。会议研究确定贵阳市第二十四次政协工作研讨会交流发言材料内容和参会人员。

### 七届三十三次主席会议

2005年8月22日召开，李秀明主持。会议研究政协主席、副主席及各专委办公务用车的调配方案；研究聘用驾驶员、车辆维修有关事宜；协商办公室人员联系各专委办的事宜；秘书长曾少海通报改革公务员工资制度和规范公务员工资收入分配秩序工作会议精神，及组织开展市政协委员活动日暨联谊活动的有关事项。

### 七届三十四次主席会议

2005年10月31日召开，李秀明主持。会议研究确定第十三次常委会召开的时间、议题；通报李秀明随市政协主席许郎考察情况。协商讨论代替区委起草《关于进一步加强人民政协工作的意见（请示稿）》。

### 七届三十五次主席会议

2005年11月18日召开，李秀明主持。会议讨论关于部门效能建设民主评议的评估报告；会议原则通过提案委、文史委调研报告；会议通过参加青岛提案工作研讨会人员名单。

## 七届三十六次主席会议

2005年12月4日召开，李秀明主持。会议研究区政协2006年度专项资金预算；确定第十四次常委会召开的时间、议题和召开各界人士新年茶话会时间。

## 七届三十七次主席会议

2005年12月26日召开，李秀明主持。会议通报《中共花溪区委关于进一步加强人民政协工作的意见》；讨论区政协工作暨各界人士迎新年茶会上李秀明发言稿和确定参会人员等事宜。

## 七届三十八次主席会议

2006年1月11日召开，李秀明主持。会议研究七届四次全体会议召开的时间；讨论通过七届四次全体会议会务筹备工作协调领导小组和筹备工作方案；会议通过四次全会各类先进表彰的奖项及奖项名额、评选条件。

## 七届三十九次主席会议

2006年1月15日召开，李秀明主持。会议确定七届十五次常委会召开的时间及议题；协商讨论七届四次全会常委会工作报告（草案）、提案工作报告（草案）和建议召开四次全会的时间；会议协商安排2006年《政协委员学习手册》的主要内容。

## 七届四十次主席会议

2006年2月12日召开，李秀明主持。会议审议通过七届委员会第四次全会议程（草案）、执行主席名单（草案）、委员分组名单（草案）、会议报告人名单（草案）、秘书长名单（草案）、副秘书长名单（草案）、决议起草委员会名单（草案）等。

## 七届四十一次主席会议

2006年2月27日召开，李秀明主持。会议审议七届委员会第四次会议决议（草案）、《关于加快新型工业原始积累的建议案（讨论稿）》和提案情况的报告（草案）。

## 七届四十二次主席会议

2006年3月1日召开，李秀明主持。会议研究确定主席、副主席工作预安排；决定2005年度招商引资抵押金的交纳范围、交纳办法和具体数额；会议对七届四次全会后期工作进行安排落实。

## 七届四十三次主席会议

2006年3月3日召开，李秀明主持。会议学习讨论《中共中央关于加强人民政协工作的意见》、政协十届全国委员会常委会《关于学习贯彻<中共中央关于加强人民政协工作的意见>的决定》、人民日报评论员文章《努力创造重视和支持人民政协工作新局面》。

## 七届四十四次主席会议

2006年3月23日召开，李秀明主持。会议讨论区政协关于深入学习贯彻《中共中央加强人民政协工作的意见》的工作方案（讨论稿）；讨论关于督办落实区政协七届四次会议《关于加快绿色健康产业发展、增强工业积累的建议案》；审议委员提案的立案情况及重点督办提案；听取“三委两办”汇报2006年度工作要点和唐勇勤拟任专委会主任的事宜。

## 七届四十五次主席会议

2006年4月18日、19日、26日召开，李秀明主持。会议传达学习中央政治局常委、中纪委书记吴官正在吉林考察时的讲话及省市区委有关会议精神；视察社会福利企业，形成《关于花溪区社会福利企业优惠政策落实情况的调研报告》；会议研究决定编辑印制纪念区政协成立二十五周年画册。

## 七届四十六次主席会议

2006年5月10日召开，李秀明主持。会议决定召开《中共中央关于加强人民政协工作的意见》专题报告会及研究有关会务工作；决定召开花溪区2003–2006年各界人士为"三个文明"建设服务经验交流暨表彰会。

## 七届四十七次主席会议

2006年5月24日、31日召开，李秀明主持。会议结合花溪实际就如何贯彻落实《中共中央关于加强人民政协工作的意见》进行讨论，提出意见和建议。

## 七届四十八次主席会议

2006年6月23日召开，李秀明主持。会议研究召开《统一战线与政协工作——纪念中国共产党建党85周年座谈会》有关事宜；确定七届政协纪念画册的编辑印制等事宜；讨论"三个文明"表彰会拟表彰人选的推举办法及名额分配。

## 七届四十九次主席会议

2006年7月13日召开，李秀明主持。会议研究确定"三个文明"表彰会拟表彰的政协机关先进集体，同意机关民主推荐结果，区政协办公室和提案委为"三个文明"先进集体。

## 七届五十次主席会议

2006年7月21日、8月4日召开，李秀明主持。会议协商文史委对民族教育工作的视察安排；讨论"三个文明"表彰会有关事宜；审议"三个文明"表彰会先进集体和先进个人的事迹材料；议定十九次常委会召开的时间及议题。

## 七届五十一次主席会议

2006年8月25日召开，李秀明主持。会议传达黔党发〔2006〕14号《关于搞好政协换届工作的意见》文件精神；审议代常委会审议的《香港利嘉花溪项目、清华科技花溪项目主要情况》专题协商意见建议的决议；审议召开"三个文明"表彰会的有关材料及内容。

## 七届五十二次主席会议

2006年9月12日召开，李秀明主持。会议讨论关于对区民政局进行效能建设民主评议的评议报告；确定《花溪智力支边》一书编委会组成人员和相关工作；协商确定《政协纪念画册》编委会的组成人员和出版等事宜。

## 七届五十三次主席会议

2006年9月20日召开，李秀明主持。副主席韦正芳、陈晓林、李隆辉、孙剑，秘书长曾少海出席，区政协党组书记蒋志伦列席。会议讨论《关于政协花溪区第八届委员会换届选举工作方案的建议》；讨论政协画册及《花溪智力支边》一书的有关事宜。

## 七届五十四次主席会议

2006年10月8日召开，李秀明主持。蒋志伦列席。会议讨论七届委员会常委会工作报告（草案）、提案工作情况报告和代替区委书记草拟的在政协八届一次全会上的讲话稿，初审八届一次会议的日程建议方案，讨论保留七届政协委员应把握的原则，初步议定保留委员参照的六项条件。

## 第二节　第八届委员会主席会议

### 八届一次主席会议

2006年11月23日召开，主席蒋志伦主持，副主席王光华、孙剑、楚湘黔、张彦、禄竹，秘书长曾少海出席。会议研究确定主席、副主席及秘书长分工；确定主席、副主席及各专委（办）使用的办公室和办公设备用品的购置；研究决定八届二次主席会议拟进行的有关学习内容及工作安排；议定由禄竹带队代表政协参加惠水好花红金桔节；确定机关车辆的使用调配办法。

### 八届二次主席会议

2006年12月7日召开，蒋志伦主持，会议研究区政协八届提案法制委员会组成人员建议名单；审定政协财务管理制度试行办法；研究政协2007年度党报、党刊征订情况；研究区政协画册印制、出版等事宜；讨论关于委员活动的问题。

### 八届三次主席会议

2006年12月26日召开，蒋志伦主持。会议传达学习贵阳市第八次党代会精神、《关于印发林树森代省长在省长与部分省政协委员座谈会上讲话的通知》；听取关于政协委员对区委、区政府2007年工作的意见、建议情况报告；审议通过《关于进一步强化政协职能，加强政治协商、民主监督、参政议政的具体措施》《关于加强委员管理考核，进一步调动委员履行职能的积极性的意见》《政协花溪区委员会常务委员会工作规则》《政协机关管理规章制度汇编材料目录》；审议通过政协2007年重点工作专题报告；研究确定主席会督办重点提案、八届二次全会召开时间及相关事宜；研究讨论八届常务委员会工作报告和提案工作情况报告；研究确定八届第一次常委会召开时间及有关议题；研究提高政协机关临聘人员工资待遇等有关事宜。

### 八届四次主席会议

2006年12月29日召开，蒋志伦主持。会议审议确定八届二次会议相关事宜；研究讨论区政协对区委、区政府2007年工作意见和建议的报告；研究讨论关于强化政协委员履行职能的意见。

### 八届五次主席会议

2007年1月25日召开，蒋志伦主持。会议审议同意《政协花溪区第八届委员会第二次会议决议》，审议同意《政协花溪区委第八届委员会第二次会议提案情况报告》。

### 八届六次主席会议

2007年3月22日召开，蒋志伦主持。会议研究政协花溪区委员会2007年工作要点和各专委（办）2007年工作要点；审议决定各分管主席及专委会拟定的2007年视察调研课题；研究区政协对2007年区重点基础设施项目、重点招商引资项目开展民主监督的方案；审议通过人口资源与环境委、经济科技委、教文卫体委、文史宣传学习委员会组成人员建议名单；秘书长、副秘书长职责分工；研究决定召开区政协八届三次常委会的时间及建议议题；研究徐开新、张以仁两人离岗休养的申请；协商出版政协画册的有关事宜；讨论区政协对区重点部门进行效能评议的意见；通报区政府申请向市农发行南明支行贷款融资的有关情况。

## 八届七次主席会议

2007年7月18日召开，蒋志伦主持。会议传达学习胡锦涛总书记6月25日在中央党校省部级领导干部进修班上的重要讲话；讨论通过《对高坡乡进行帮扶的实施方案》；审议同意对区发改局、区农业局效能建设的《评议报告》；审议通过《关于加强与委员和委员单位联系的暂行办法》和《政协花溪区委员会反映社情民意工作实施细则》；协商确定召开2007年政协宣传信息工作会议的相关事宜；确定召开区政协八届四次常委会的时间及议题；研究调整副主席分工；确定参加贵阳市区、县（市）政协第二十六次研讨会的有关事宜。

## 八届八次主席会议

2007年11月2日召开，蒋志伦主持。会议传达学习党的十七大精神；传达学习省委石宗源书记在省委常委会听取省政协党组关于贯彻落实《中共中央关于加强人民政协工作的意见》和省委《实施意见》情况汇报时的讲话；听取并审议人资环委、提案法制委、教文卫体委、文史宣传委的调研报告；审议通过《花溪区关于加强和改进提案工作的意见》；听取提案法制委关于2007年提案办理情况的汇报；研究决定召开区政协八届五次常委会的时间及议题。

## 八届九次主席会议

2007年12月20日召开，蒋志伦主持。会议研究决定政协八届三次全会召开时间及相关事宜；审议通过区政协2008年工作要点；听取并审议经科委和提案法制委调研报告；讨论区政协在“两节”期间的慰问活动事宜；研究通过政协2007年职级岗位目标考核办法。

## 八届十次主席会议

2008年1月29日召开，蒋志伦主持。会议传达1月27日市委常委扩大会议、区党政联席会、区委常委扩大会议以及1月28日市政协常委会议关于抗凝冻工作的紧急部署精神；安排政协八届三次全会工作；研究春节前的慰问、领导用车调整问题等相关工作；研究出版《政协文史资料》第十三辑(《清华中学七十年专辑》)的经费问题。

## 八届十一次主席会议

2008年2月14日召开，蒋志伦主持，会议协商召开政协八届三次全会的相关事宜；协商政协八届委员会委员增补调整的有关事宜；研究暂停张欣然政协委员活动资格的相关事宜；协商八届三次全会日程、议程；研究常委会工作报告（草案）和提案工作报告（草案）；研究临聘人员的有关事宜。

## 八届十二次主席会议

2008年2月19日召开，蒋志伦主持。会议讨论调整区政协委员的建议名单；审议区政协八届三次会议日程（草案）；审议常委会工作报告（草案）并推选报告人；审议提案工作报告（草案）并推选报告人；审议八届委员会第三次会议执行主席名单(草案)、执行主席分工名单(草案)、秘书长名单（草案）、副秘书长名单（草案）、列席人员名单（草案）、特邀人员名单（草案）、提案审查委员会名单（草案）、决议起草委员会名单（草案）、小组召集人名单（草案）、小组分组名单（草案）、会议秘书处机构设置及工作职责；确定召开区政协八届七次常委会议时间、议程。

### 八届十三次主席会议

2008 年 2 月 26 日召开，蒋志伦主持。会议研究各专委（办）2008 年工作要点。

### 八届十四次主席会议

2008 年 3 月 5 日召开，蒋志伦主持。会议审议通过区政协八届三次会议决议（草案）；审议通过政协八届三次会议提案收到的情况报告。

### 八届十五次主席会议

2008 年 3 月 26 日召开，蒋志伦主持。会议传达学习中纪委第十七届二次全会、省纪委第十届二次全会、市纪委第八届三次全会精神；审议 2008 年区政协委员会工作要点；审议区政协代替区委起草《中共花溪区委关于加强人民政协工作的实施意见》；审议确定各专委会 2008 年调研课题；确定 2008 年效能评议部门；研究提案交办的有关工作。

### 八届十六次主席会议

2008 年 4 月 10 日召开，蒋志伦主持。会议审议《2008 年委员小组活动方案》（讨论稿）；审议《对区城管局区水利局进行效能评议的实施方案》（讨论稿）；审议 2008 年各专委（办）目标责任书内容；审议《2008 年对重点项目开展民主监督的方案》（讨论稿）；研究政协第九次常委会召开的时间和议题。

### 八届十七次主席会议

2008 年 7 月 22 日召开，蒋志伦主持。会议传达学习胡锦涛在抗震救灾先进基层党组织和优秀共产党员代表座谈会上的讲话；审议《政协花溪区委员会关于充分发挥委员主体作用，切实做好联系委员工作的意见》（讨论稿）；审议《花溪区政协主席重点督办事项跟踪落实反馈制度》（讨论稿）；审议区政协效能评议小组对区城管局、区水利局的《效能评议报告》（讨论稿）；听取提案委对主席督办案办理情况的报告；审议人资环委增补专委会组成人员的建议名单；审议文史委关于《青岩古镇》文史资料专辑的出版方案；研究增加联系区档案局工作的一名副主席；研究抽调人员参加奥运会期间区驻京工作组的相关事宜；确定八届十次常委会的召开时间及议题。

### 八届十八次主席会议

2008 年 10 月 24 日召开，蒋志伦主持。会议听取区规划局《关于贵阳市花溪区溪山酒店规划审批的情况汇报》；传达学习市政协信息网站工作座谈会精神；听取区政府法制办《关于对区政协八届三次会议委员提案办理情况》的通报；审议人资环委关于《花溪区森林管护问题》的调研报告；审议教文卫体委关于《花溪区民族歌舞亟待传承发展》的调研报告；审议经科委关于《花溪区农业结构调整中示范户的作用》的调研报告；听取支边办关于《2008 年区政协帮扶高坡实施方案落实情况》的汇报；协商召开政协八届第十一次常委会的时间及议题。

### 八届十九次主席会议

2008 年 12 月 24 日召开，蒋志伦主持。会议审议提案法制委《关于提高提案办理落实满意率的调研报告》；安排八届四次会议的筹备工作；同意撤销张欣然区政协八届委员会委员资格；研究表彰2006-2008年度优秀政协委员、优秀提案、提案承办先进单位、优秀调研报告等相关工作；审议区政协办公室关于2008年度各专委（办）工作目标完成情况的考核结果；协商中共花溪区委、花溪区人民政府《关于加快推进文化旅游产业发展的实施意见》（征求意见稿）和《关于促进花溪区服务业加快发展的若干政策措施》（征求意见稿）。

### 八届二十次主席会议（缺资料）

### 八届二十一次主席会议

2009年3月13日召开，副主席王光华主持。会议传达“花溪区深入学习践行科学发展观活动动员大会”精神，审议《花溪区政协机关开展深入学习实践科学发展观实施方案》；讨论区政协八届四次会议召开的时间、地点、议程（草案）、日程（草案）、执行主席名单（草案）、执行主席分工名单（草案）、会议秘书长名单（草案）、副秘书长名单（草案）；研究会议期间成立临时党委及临时党支部的有关事宜；讨论八届四次会议常委会工作报告、提案工作报告及报告人名单（草案）、小组召集人名单（草案）、分组名单（草案）、列席人员名单（草案）、特邀人员名单（草案）、提案审查委员会名单（草案）、决议起草委员会名单（草案）、执行主席名单（草案）、执行主席分组名单（草案）、增补委员名单。会议讨论表彰先进的有关事宜，原则同意10个优秀提案推荐名单、5家提案承办先进单位推荐名单、20名优秀委员推荐名单、3个优秀“社情民意”推荐名单，提请区政协八届十二次常委会议讨论通过。会议建议优秀调研报告待下次主席会审议；研究在八届四次全会上表彰2006-2008年度各类先进奖励经费的建议方案；讨论大会发言的有关事宜；讨论八届四次会议秘书处工作人员名单、机构设置及工作职责；决定政协八届十二次常委会召开的时间及议题。

### 八届二十二次主席会议

2009年3月16日召开，王光华主持。会议协商讨论召开区政协第八届四次会议的时间；研究八届四次会议执行主席名单（草案）；会议具体工作安排；协商讨论有关人事问题；讨论表彰各类先进的有关事宜。

### 八届二十三次主席会议

2009年3月24日召开，王光华主持。会议审议补选区政协第八届委员会主席选举办法（草案）；审议总监票人、总计票人、监票人建议名单（草案）。

### 八届二十四次主席会议

2009年3月26日召开，王光华主持。会议审议蒋志伦辞去区政协第八届委员会委员、主席职务的报告；听取区委组织部常务副部长黄廷芳对中共花溪区委补选花溪区政协第八届委员会主席候选人建议名单的说明；审议第八届委员会主席候选人建议名单（草案）。

### 八届二十五次主席会议

2009年3月27日召开，王光华主持。会议审议区政协八届四次会议大会选举总监票人、监票人和总计票人建议名单（草案）；审议区政协八届四次会议提案审查情况的报告（草案）；审议区政协八届四次会议决议（草案）；听取各组召集人汇报讨论主席候选人的情况。

### 八届二十六次主席会议

2009年4月7日召开，主席谌业华主持。会议审议各专委（办）2009年工作要点；审议确定2009年各专委会调研课题、2009年效能评议部门、2009年委员小组活动计划；传达《花溪区村寨整治试点工作实施方案》；讨论区政协机关体制机制创新工作计划、区政协机关领导干部问责制、区政协机关干部责任追究制、区政协机关限时办结制。

### 八届二十七次主席会议

2009年4月22日召开，谌业华主持。审议确定区政协2009年工作要点、2009年主席会重点督办提案；通报区政协开展学习实践科学发展观活动阶段性工作情况；确定举办区政协委员科学发展观专题讲座的时间；确定召开区政协宣传信息工作会的方案；通报省政协中共界别提案委委员调研活动接待方案；研究关于协助贵阳市政协调研工作的有关事宜；讨论《花溪区人民政府关于实施撤乡建镇和撤乡（镇）设立街道办事处的征求意见函》；通报2009年区财政对部门经费预算情况。

### 八届二十八次主席会议

2009年5月4日召开，谌业华主持。会议协商确定区政协八届第十七次常委会议的议题和召开时间；讨论2009年政协委员活动方案；提案委通报区政府提案交办会精神；与会成员通报近期分管工作情况。

### 八届二十九次主席会议

2009年5月19日召开，谌业华主持。会议审议人资环委关于花溪区乡村旅游发展的调研工作方案；审议区政协2009年主席会视察“整脏治乱”整治情况活动方案；审议重新编印区政协八届委员会委员通讯录方案；协商欧阳震关于编印出版《青岩古镇民族民间文化》一书的有关事宜；审议推荐参加贵阳市“宣传人民政协好新闻”评选活动作品；通报区政协关于组织省市著名书画家举行笔会活动的方案；审议《花溪青岩》（暂定名）征编工作方案；通报区政协在全国政协提案委到贵州调研提案工作座谈会上的汇报发言材料；审议区政协参加深入学习实践科学发展观“三保”、“三实”工作队员名单；主席会成员通报近期分管工作情况。

### 八届三十次主席会议

2009年7月27日召开，谌业华主持。会议通报区政协党组深入学习实践科学发展观活动整改落实阶段工作安排意见和整改落实方案；研究确定召开区政协八届十八次常委会的时间及议题；研究政协机关搬迁行政新区办公楼前期工作准备情况，协商旧办公家具调配方案；研究参加市政协庆祝建国六十周年合唱比赛的有关事宜；与会成员通报分管工作情况。

### 八届三十一次主席会议

2009年11月17日召开，谌业华主持。会议传达学习党的十七届四中全会精神及《中共中央关于加强和改进新形势下党的建设若干重大问题的决定》；传达学习胡锦涛在庆祝人民政协成立60周年大会上的讲话精神；确定召开政协八届十九次常委会的时间及议题；研究召开区政协八届五次全会的筹备方案；审议各专委会2009年专题调研报告。

## 八届三十二次主席会议

2010 年 3 月 2 日召开，谌业华主持。会议讨论区政协第八届五次会议召开时间、地点、议程（草案）、日程（草案）、第八届委员会常务委员会工作报告（草案）和常务委员会关于八届四次会议以来提案工作情况的报告（草案）；讨论八届五次会议执行主席名单（草案）、执行主席分工名单、秘书长名单（草案）、副秘书长名单（草案）、召集人名单（草案）、分组名单（草案）、报告人名单（草案）、提案审查委员会名单（草案）、决议起草委员会名单（草案）、列席人员名单（草案）、特邀人员名单（草案）；秘书处工作人员名单（草案）、秘书处机构设置及工作职责（草案）；通报张彦不再担任副主席职务；讨论《政协花溪区第八届委员会第五次会议委员届中增补调整的建议意见》；研究撤销文卫区政协委员资格的有关事宜；协商决定区政协八届二十次常委会召开的时间及议题。

## 八届三十三次主席会议

2010 年 3 月 23 日召开，谌业华主持。会议审议政协花溪区第八届委员会第五次会议选举办法（草案）。

## 八届三十四次主席会议

2010 年 3 月 24 日召开，谌业华主持。会议听取中共花溪区委对补选区政协第八届委员会副主席候选人建议名单的说明；审议区政协第八届委员会副主席候选人建议名单（草案）。

## 八届三十五次主席会议

2010 年 3 月 26 日召开，谌业华主持。会议听取区政协八届五次会议提案收到情况的报告；审议区政协八届五次会议决议（草案）；听取各组召集人汇报讨论副主席候选人情况。

## 八届三十六次主席会议

2010 年 4 月 9 日召开，谌业华主持。会议研究主席、副主席、秘书长工作分工调整的方案；审议区政协 2010 年工作要点（讨论稿）、各专委（办）2010 年工作计划、区政协机关“三创一办”工作教育管理问责规定、2010 年主席会领衔督办提案；研究承办贵阳市区（县、市）政协工作会的筹备方案；研究区政协赴福州市马尾区参加全国省会（首府）部分城区政协工作联席会第二次会议的参会人员及参加市政协赴安徽省、长春市等地考察“三创一办”、村寨建设、整脏治乱、党建工作的人员；通报区政协八届五次会议委员参会情况；研究确定区政协八届第二十五次常委会议的召开时间及议题；审议禄竹辞去政协副主席职务的报告。

6 月 28 日续 4 月 9 日会议，研究撤销梁国威区政协第八届委员会委员资格和常务委员职务；确定召开区政协八届二十六次常委会的时间及议题。

## 八届三十七次主席会议

2010 年 11 月 8 日召开，谌业华主持。会议传达学习全省工业发展大会和省委、省政府召开的支持贵阳市加快发展动员大会及省委书记栗战书、省长赵克志的重要讲话精神；传达学习市委常委（扩大）会议及省委常委、市委书记李军的重要讲话精神；通报全省提案工作座谈会精神；听取区政协 2010 年目标责任书完成情况汇报；审议调整乡镇、办事处政协委员联络组的意见（送审搞）；讨论区政协第八届委员会第二十七次常委会议召开时间和议题。

### 八届三十八次主席会议

2010年11月29日召开，谌业华主持。会议审议文史委《关于社区生态文明建设工作的调研报告》、提案法制委《关于对花溪区监所管理工作的调研报告》、经科委《关于花溪区旅游产业税收的调研报告》、人资环委《关于加强花溪区城市管理工作的调研报告》、教文卫体委《关于花溪区教师队伍建设的调研报告》。

### 八届三十九次主席会议

2010年12月22日召开，谌业华主持。会议听取区委统战部通报区政协八届委员会五次会议以来委员变动情况及八届六次会议委员届中调整的建议意见；听取八届六次会议筹备工作情况汇报；研究贵州旅游文史丛书花溪卷《明珠花溪》编辑委员会建议名单。

### 八届四十次主席会议

2011年1月6日召开，谌业华主持。会议传达学习区作风办关于转发中共贵阳市委作风建设年活动领导小组《关于在元旦春节期间扎实开展领导干部大帮促的通知》和《关于认真贯彻落实李源潮重要批示精神，扎实推进“四帮四促”活动的通知》；听取区政协各组组长汇报有关工作准备情况；听取《提案工作情况汇报》；审议优秀提案、提案承办先进单位、优秀社情民意、优秀政协委员的建议名单草案；议定2011年区政协在元旦、春节期间慰问贫困群众方案。

### 八届四十一次主席会议

2011年3月1日召开，谌业华主持。会议讨论区政协第八届六次会议召开时间、地点、会议议程（草案）、日程（草案）、执行主席名单（草案）、执行主席分工名单、秘书长名单（草案）、副秘书长名单（草案）、召集人名单（草案）、分组名单（草案）、常委会工作报告和提案工作报告报告人名单（草案）、提案审查委员会名单（草案）、决议起草委员会名单（草案）、新增委员名单（草案）、列席人员名单（草案）、秘书处工作人员名单（草案）、特邀人员名单（草案）；审议大会表彰决定及表彰项目和人员建议名单（草案）；审议八届常务委员会工作报告（草案）和常务委员会关于八届五次会议以来提案工作情况报告（草案）；审议大会发言材料；听取后勤保障组准备工作情况汇报；决定区政协八届二十八次常委会召开的时间及议题。

### 八届四十二次主席会议

2011年3月12日召开，谌业华主持。会议审议区政协八届六次会议提案审查情况的报告（草案）、区政协八届六次会议决议（草案）；听取讨论区人民法院工作报告和区人民检察院工作报告的情况汇报；协商花溪区与小河区合并的有关事宜。

### 八届四十三次主席会议

2011年4月8日召开，谌业华主持，会议审议区政协八届委员会2011年工作要点（送审稿）；协商2011年主席会督办提案；审议各专委（办）2011年工作计划；同意暂停张成基政协委员资格；协商召开区政协八届三十次常委会的时间及议题。

## 第三节　第九届委员会主席会议

### 九届第一次主席会议

2011年12月28日召开，主席谌业华主持，副主席孙剑、田健、李莎、李瑾、秦永康、何勇，秘书长吴硕出席。会议研究讨论区政协第九届委员会主席、副主席、秘书长工作分工的建议方案；总结召开区政协九届一次全会的工作情况；研究参加花溪区元旦迎春健身跑的有关事宜和确定春节慰问机关离退休老同志及干部家属的有关事宜。

### 九届第二次主席会议

2012年1月16日召开，谌业华主持。会议研究审议区政协关于承办全国二十八城区（市）政协工作联系会第23次常务理事会筹备方案；研究确定区政协九届一次全会主席督办提案、讨论区政协九届二次全会筹备方案和确定各专委会组成人员名单；听取春节期间值班及相关工作的安排情况汇报。

### 九届第三次主席会议

2012年2月15日召开，谌业华主持。会议传达市政协十一届一次会议精神；议定召开区政协九届一次全会提案交办会相关事宜；研究讨论区政协九届二次全会相关事宜和创办《花溪政协》季刊建议方案的报告；确定区政协九届一次常委会议召开时间；听取区政协承办全国二十八城区（市）政协工作联席会第23次常务理事会筹备情况汇报；审议《政协花溪区委员会2012年工作要点》；通报各专委（办）2011年调研报告和2012年工作计划。

### 九届第四次主席会议

2012年3月27日召开，谌业华主持。会议听取承办全国二十八城区（市）政协工作联席会第23次常务理事会筹备工作情况汇报；研究参加全国省会（首府）部份城区6次会议人员名单；审议《花溪记忆》奖金发放情况；听取政协九届二次全会经费开支情况报告；安排政协机关领导干部谈心活动的有关事宜；安排清明节放假期间有关事宜。

### 九届第五次主席会议

2012年5月29日召开，谌业华主持。会议听取赴西安市长安区参加全国省会（首府）政协工作联席会第六次会议情况汇报；传达区委关于进一步提高落实区委、区政府决策部署执行力责任追究办法和区委关于进一步加强和规范紧急信息报送工作的通知；通报元月至5月份政协机关工作情况及下一步工作打算。

### 九届第六次主席会议

2012年6月19日召开，谌业华主持。会议传达学习《中共中央办公厅、国务院办公厅关于进一步加强人民政协提案办理工作的意见》《中国共产党巡视工作条例》以及《贵州省实施中国共产党巡视工作条例（附件）办法》；听取承办全国省会（首府）部分城区政协工作联席会第七次会议筹备工作情况汇报；研究确定全国省会（首府）部分城区政协工作联席会第七次会议召开时间、会议交流材料和区政协九届第4次常委会议召开的时间和议题。

### 九届第七次主席会议

2012年7月31日召开，谌业华主持。会议听取承办全国省会（首府）部分城区政协工作联席会第七次会议筹备工作情况汇报；协商调整区政协九届委员会主席、副主席、秘书长工作分工的有关事宜。

### 九届第八次主席会议

2012年10月10日召开，谌业华主持。会议听取各专委（办）2012年度调研、视察报告情况汇报；协商确定召开九届第5次常委会议时间和九届一次、二次全会主席会督办提案及委员提案办理视察时间；听取政协机关1至10月份财务经费开支情况报告；并安排第四季度工作。

## 九届第九次主席会议

2012年10月17日召开，谌业华主持。会议听取教文卫体委2012年度调研工作情况汇报及经科委、人资环委、文史委2012年度调研报告修改情况汇报；听取委员联络办、智力支边办工作情况汇报。

## 九届第十次主席会议

2013年1月11日召开，谌业华主持。会议听取区政协九届三次全会筹备工作情况汇报；审议提案工作报告（草）案；商议走访原小河区政协常委方案；安排春节期间慰问活动及相关工作。

## 九届第十一次主席会议

2013年3月12日召开，谌业华主持。会议研究2013年主席会督办重点提案；讨论2013年花溪区政协工作要点、各专委（办）调研、视察工作计划和2013年社情民意；听取2013年政协经费预算报告。

## 九届第十二次主席会议

2013年5月13日召开，谌业华主持。会议传达学习区委《关于在"一创四办"工作中充分发挥各级党组织，领导干部和共产党员积极作用的通知》和全区政法工作会议精神；听取各专委（办）4月份工作情况汇报并安排下一阶段工作。

## 九届第十三次主席会议

2013年6月28日召开，谌业华主持。会议传达学习贵阳市领导干部大会精神；宣读区组织部关于徐辉任职的通知；审议通过暂停田健、周德华区政协九届委员会委员资格；听取区政协2013年上半年工作情况汇报、听取各专委（办）视察调研情况汇报和参加全国28城区政协工作联席会第24次常务理事会情况汇报。

## 九届第十四次主席会议

2013年7月18日召开，谌业华主持。会议传达区委关于田健免职的通知和区纪委关于党风廉政建设社会民意满意度抽样调查工作相关文件精神；研究确定区政协九届10次常委会议时间和内容。

## 九届第十五次主席会议

2013年8月28日召开，谌业华主持。会议根据政协"三找"活动方案，安排布置政协"三找"大讨论活动第三阶段即改进落实阶段工作。

## 九届第十六次主席会议

2013年10月21日召开，谌业华主持。会议传达区委关于欧阳桂枝任人资环委副主任，陈桂英免去人资环委主任、任主任科员的通知；传达学习《中共贵州省委办公厅、贵州省人民政府办公厅关于印发〈禁止公车私用规定〉的通知〉的通知》《中共贵州省委办公厅、贵州省人民政府办公厅关于印发〈贵州省党员干部政治纪律"十严禁"〉和〈贵州省党员干部作风"十不准"〉的通知》及《区人民政府办公室关于做好花溪区2013年第二批公民无偿献血任务的通知》等文件精神；对政协机关“三找”大讨论活动第四阶段（总结检查阶段）工作情况进行通报。

### 九届第十七次主席会议

2013年10月30日召开，谌业华主持。会议审议提案委关于花溪区开展“两严一降”工作、创建“平安花溪”情况的调研报告、人资环委关于2013年花溪区公租房（廉租房）建设工作的调研报告、文史委关于花溪古营盘遗址遗产文化的调研报告、经科委关于花溪产业园区的调研报告和教文卫体委关于花溪民办教育现状的调研报告。

### 九届第十八次主席会议（缺资料）

### 九届第十九次主席会议

2013年11月18日召开，谌业华主持。会议传达学习中共十八届三中全会精神；研究政协九届四次全会筹备工作方案。

### 九届第二十次主席会议

2013年12月6日召开，谌业华主持。会议讨论常委会工作报告和大会发言材料。

### 九届第二十一次主席会议

2013年12月16日召开，谌业华主持。会议传达学习省委十一届四次全会精神、中共中央办公厅、国务院办公厅关于《党政机关国内公务接待管理规定》；审议《提案工作报告》（讨论稿）、区政协九届四次全会大会秘书处机构设置及工作职责。

### 九届第二十二次主席会议

2013年12月24日召开，谌业华主持。会议讨论区政协九届四次全会日程；确定九届第十一次常委会召开时间；听取九届四次全会各筹备小组工作情况汇报；研究《区政协元旦春节走访慰问离退休老干部、老同志工作方案》。

### 九届第二十三次主席会议（缺资料）

### 九届第二十四次主席会议

2014年3月4日召开，谌业华主持。会议传达学习党的群众路线教育实践活动有关文件；听取讨论区政协2014年工作计划和各专委（办）2014年工作计划；通报2014年区政协资金预算情况；审议收到的社情民意；研究确定2014年主席会督办提案。

### 九届第二十五次至二十八次主席会议（缺资料）

### 九届第二十九次主席会议

2014年9月19日召开，谌业华主持。会议研究修改《区政协“整改落实、建章立制”十六项管理制度》。

### 九届第三十次主席会议（缺资料）

### 九届第三十一次主席会议

2014年10月14日召开，谌业华主持。会议传达习近平总书记在党的群众路线教育实践活动总结会上的讲话和省委书记赵克志在全省党的群众路线教育实践活动总结会上的讲话；听取2014年政协委员培训工作情况报告；研究确定区政协九届第17次常委会召开时间及内容。

### 九届第三十二次主席会议

2014年11月4日召开，谌业华主持。会议通报政协机关1至10月份财务经费开支情况；研究议定关于花溪文化旅游创新区项目建设领导小组所涉及各副主席指挥部办公经费事宜、“7+2”同心扶贫工程重点帮扶乡镇拨付工作经费事宜；研究议定《花溪记忆》《青岩古镇军事文化集萃》花溪文史资料第十四辑增印及《花溪工业商业交通见闻》花溪文史资料第十五集编辑印刷相关事宜和办公用房取暖设施相关事宜。

## 九届第三十三次主席会议

2014年11月18日召开，谌业华主持。会议学习全国政协主席俞正声在全国政协十二届第八次常委会闭幕会上的讲话；听取各专委会（办）汇报2014年工作完成情况和2015年工作计划；通报政协办2014年工作目标完成情况。

## 九届第三十四次主席会议

2014年11月28日召开，谌业华主持。会议听取政协机关2015年党报党刊订阅费用开支情况汇报；传达区政府《关于湿地公园三期项目建设目标责任考核相关事宜专题会议纪要》精神及年终奖分配方案。

## 九届第三十五次主席会议（缺资料）

## 九届第三十六次主席会议

2014年12月8日召开，谌业华主持。会议讨论区政协九届五次全会方案和区政协2014年工作总结；听取办公室2014年目标责任书自查情况汇报；研究确定区政协九届第18次常委会议召开时间。

## 九届第三十七次主席会议

2014年12月15日召开，谌业华主持。会议研究区政协九届五次全会日程、议程、常务委员会工作报告和提案工作情况报告；审议通过九届五次全会联组发言方案。

## 九届第三十八次主席会议

2014年12月22日召开，谌业华主持。会议研究区政协九届五次全会日程、议程；听取九届五次全会7个工作小组方案汇报；宣读区委关于张朝洲任区政协副主席候选人的文件。

## 九届第三十九次主席会议

2015年1月5日召开，谌业华主持。会议传达2014年12月30日区委常委会议精神；讨论区政协党组党的群众路线教育实践活动整改落实情况“回头看”自查报告；审议九届五次全会会议文件及日程、议程、小组召集人名单、分组名单；确定九届五次全会会议经费预算和区政协九届第18次常委会召开时间。

## 九届第四十次主席会议

2015年3月2日召开，谌业华主持。会议讨论区政协2015年工作要点及调研、视察工作安排；讨论关于调整区政协九届委员会主席、副主席、秘书长工作分工方案。

## 九届第四十一次主席会议

2015年4月13日召开，谌业华主持。会议传达学习全国两会精神；讨论区政协2015年工作要点以及调研、视察工作计划、会议计划；通报区政协主席、副主席督办的重点提案、各专委会（办）2015年的工作计划；通报市纪委关于对吴同恒实施“两规”的决定；审议暂停吴同恒政协花溪区第九届委员会委员资格；协商确定召开区政协九届第23次常委会会议时间、议程；研究关于办公用房改造、装修经费相关事宜。

## 九届第四十二次主席会议

2015 年 4 月 20 日召开，谌业华主持。会议传达区纪委关于对投资促进局违反中央八项规定精神，进行党风廉政建设责任追究的通报；听取人资环委、经科委调研、视察课题的情况汇报。

## 九届第四十三次主席会议

2015 年 4 月 30 日召开，谌业华主持。会议传达学习中共中央办公厅《关于在县处级以上领导干部中开展“三严三实”专题教育》精神、省长陈敏尔在全省县以上党政主要领导干部专题研讨班上的讲话《廉政勤政依法行政》；听取 4 月 15 日各民主党派协商专题座谈会意见和 4 月 21 日区政协九届第 23 次常委会意见；讨论参加全国政协培训中心举办第 75 期地方政协培训班培训方案；审议“周钟瑄文化交流中心”资料组经费预算。

## 九届第四十四次主席会议

2015 年 5 月 15 日召开，谌业华主持。会议传达学习《习近平谈治国理政》文章和 5 月 6 日贵州日报评论员文章《找准“严”和“实”的着力点》；通报区委《关于调整区委常委会分工的通知》和 4 月份全区信访工作情况；听取各专委办汇报工作情况和工作安排；讨论研究委员联络办提出关于在社区设置政协委员小组和在乡镇设片区政协委员联络组初步方案和关于政府采购办公用品相关事宜；通报恢复政协机关干部职工中餐补贴请示。

## 九届第四十五次主席会议

2015 年 5 月 22 日召开，谌业华主持。会议传达学习《习近平谈治国理政》和贵州日报关于“三严三实”的相关文章；听取各专委（办）汇报工作情况。

## 九届第四十六次主席会议

2015 年 6 月 1 日召开，谌业华主持。会议学习《习近平谈治国理政》及有关文章，传达区纪委、区监察局《关于转发 < 中共贵阳市纪委贵阳市监察局关于严禁收取企业、事业单位以工作奖励、工作补助等各种名义的返还款以及巧立名目滥发加班费、评审费、会议签到费等的通知 > 的通知》、市委办公厅关于《关于在县处级以上领导干部中开展“三严三实”专题教育的实施方案的通知》和区纪委《关于践行“三严三实”廉洁勤俭过端午的通知》；听取各专委（办）汇报工作情况。

## 九届第四十七次主席会议

2015 年 6 月 5 日召开，谌业华主持。会议学习《习近平谈治国理政》及有关文章，传达区委关于在县级以上领导干部中开展“三严三实”专题教育的实施方案和省政协办公厅《政协工作通报》第 5 期《关于我省乡镇（街道、社区、居委会）政协委员联络机构设立情况报告》；讨论研究区政协党组开展“三严三实”专题教育实施方案和关于推进政协委员进社区（乡、镇）活动的实施方案；听取各专委（办）汇报工作情况；

## 九届第四十八次主席会议

2015 年 6 月 12 日召开，谌业华主持。会议学习《习近平谈治国理政》及有关文章、传达区委组织部梳理归纳花溪区领导干部“不严不实”的具体表现和全省6月11日电视电话会议精神；听取办公室汇报协助市政协领导遍访帮扶工作情况和各专委（办）汇报工作情况。

## 九届第四十九次主席会议

2015年6月19日召开，谌业华主持。会议学习《论习近平总书记关于“四个全面”的战略布局：“全面依法治国是国家治理领域一场广泛而深刻的革命”》；传达区委关于调整乡（镇）社区县级领导联系点的通知；审议通过关于成立区政协协商民主专题组请示；听取委员联络办汇报各委员小组推荐参培人员建议名单和各专委（办）汇报工作情况及工作安排。

## 九届第五十次主席会议

2015年6月29日召开，谌业华主持。会议学习《求是》杂志罗保铭文章《身体力行“三严三实”》；传达学习区委关于深入推进党要管党、从严治党的实施意见；传达《花溪区、经开区2015年精准扶贫工作实施方案》；传达《花溪区、经开区领导干部遍访帮扶贫困村贫困户实施方案》；听取各专委（办）汇报工作情况及工作安排。

## 九届第五十一次主席会议

2015年7月10日召开，谌业华主持。会议学习《习近平谈治国理政》文章、省委办公厅关于《贵州省严格党员领导干部纪律约束十条规定》和市委办公厅关于《贵阳市党风廉政建设主体责任和监督责任追究暂行办法》；听取各专委（办）汇报工作情况及工作安排；研究关于领导干部遍访帮扶贫困户帮扶资金相关事宜。

## 九届第五十二次主席会议

2015年7月17日召开，谌业华主持。区政协党组“三严三实”中心学习组集中学习研讨，李瑾作《严以修身是领导干部的立身之本》的发言；听取办公室汇报关于区委书记钟汰甬批示九届五次全会《发言材料》的梳理落实情况，听取委员联络办汇报“政协委员进社区”委员联络组工作进展情况。

## 九届第五十三次主席会议

2015年7月24日召开，谌业华主持。会议研究审议委员联络办关于政协委员进社区工作方案；听取各专委（办）汇报工作情况及工作安排；通报上半年完成调研视察工作情况，安排下半年调研视察工作。

## 九届第五十四次主席会议

2015年8月3日召开，谌业华主持。会议传达学习习近平在贵州考察时的重要讲话精神和市委《关于认真学习贯彻习近平总书记在贵州贵阳考察时的重要讲话精神的通知》。

## 九届第五十五次主席会议

2015年8月7日召开，谌业华主持。会议研究区政协九届第二十四次常委会召开时间及相关事宜；听取委员联络办关于各乡镇（社区）委员联络组组长、副组长建议名单。

## 九届第五十六次主席会议

2015年8月17日召开，谌业华主持。会议传达学习区委关于调整区委常委分工的通知；通报政协机关2014年区管干部年度考核情况；听取办公室8月18日常委会准备情况、委员联络办参加全国政协第75期培训名单。

## 九届第五十七次主席会议

2015 年 8 月 21 日召开，谌业华主持。会议审议通过《区政协主席、副主席包片联系乡（镇）、社区相关工作的通知》（草案）；研究《花溪区政协志》编辑工作方案；听取环城高速南环线拆除收费站的视察情况汇报。

### 九届第五十八次主席会议

2015 年 8 月 31 日召开，谌业华主持。会议研究确定开展区政协党风廉政建设突出问题集中专项整治约谈；听取各专委（办）汇报工作情况及工作安排。

### 九届第五十九次主席会议

2015 年 9 月 7 日召开，谌业华主持。会议传达学习区委转发中共贵阳市委《关于进一步深化落实中央八项规定、省委十项规定精神的意见》的通知、区委办《关于进一步精简会议文件改进文风会风的通知》；安排部署《花溪区政协志》编纂工作。

### 九届第六十次主席会议

2015 年 9 月 14 日召开，谌业华主持。会议传达学习省委办公厅《关于进一步严肃会风会纪的通知》、区委办关于《花溪区 2015 年党风廉政建设主体责任考核评分办法的通知》和《关于进一步推动落实社区工作“十条意见”的实施方案》；对《花溪区政协志》编纂工作作安排；听取各专委（办）汇报工作情况及工作安排。

### 九届第六十一次主席会议

2015 年 9 月 21 日召开，谌业华主持。会议传达学习区纪委关于转发《中共贵州省纪委关于严禁中秋国庆期间违规公款购买赠送月饼等节礼的通知》的通知、区委开展党风廉政建设突出问题集中专项整治工作精神；谌业华就政协机关如何确保党风廉政建设突出问题集中专项整治工作落到实处提出要求。

### 九届第六十二次主席会议

2015 年 10 月 19 日召开，谌业华主持。会议传达花组通〔2015〕19 号文件和《花溪区关于开展建立公务员职务与职级并行制度工作的通知》；通报市纪委《关于给予吴同恒开除党籍、开除公职处分的决定》；听取委员联络办汇报关于外出培训准备情况和大会发言材料准备情况。

### 九届第六十三次主席会议

2015 年 11 月 16 日召开，谌业华主持。会议传达学习党的十八届五中全会精神、《关于转发 < 关于深化县级“三严三实”专题教育着力解决基层干部不作为乱作为等损害群众利益问题的实施方案 > 的通知》《关于深入开展学习宣传贯彻 < 中国共产党廉洁自律准则 > 和 < 中国共产党纪律处分条例 > 的通知》；听取《政协志》编辑工作进展情况汇报和各专委办近期工作情况汇报。

### 九届第六十四次主席会议

2015 年 11 月 17 日召开，谌业华主持。会议研究议定《周钟瑄文化研究资料专辑》和《花溪区政协志》编辑印刷经费、帮村扶贫工作经费、“7+2 同心扶贫工程”重点帮扶乡镇拨付工作经费、社区（乡镇）政协委员联络组办公经费、订阅 2016 年度政协委员报刊杂志及 2015 年第四季度支付车辆修理费、油费等事宜。

### 九届六十五次主席会

2015 年 12 月 4 日召开，谌业华主持。会议听取和讨论政协 2015 年工作总结情况；讨论九届六次全会的筹备工作方案；讨论《周钟瑄文化研究资料专辑》出书有关事宜。同时传达区车改精神。各专委办汇报近期工作。

## 九届六十六次主席会议

2015 年 12 月 14 日召开，谌业华主持。讨论九届六次全会日程（草案）。

## 九届六十七次主席会议

2015 年 12 月 21 日召开，谌业华主持。会议讨论九届六次全会日程（草案）；各工作小组汇报筹备工作方案；讨论九届六次全会常委会工作报告（送审稿）；讨论九届六次全会提案工作报告（送审稿）；讨论 2016 年工作要点（送审稿）；讨论政协优秀委员等的表彰方案；谌主席传达全省政协工作交流会精神。

## 九届六十八次主席会议

2015 年 12 月 28 日召开，谌业华主持。会议传达全市车改动员大会精神；传达学习干部教育培训工作条例；讨论九届六次全会提案工作报告；讨论区政协 2016 年工作要点。

## 九届六十九次主席会议

2016 年 1 月 4 日召开，谌业华主持。会议研究议定“三严三实”专题民主生活会议工作安排；传达有关目标责任检查工作的文件。

## 九届七十次主席会议

2016 年 1 月 13 日召开，谌业华主持。会议审议在九届六次全会上的《常委会工作报告》《提案工作报告》及报告人名单；审议执行主席分工、秘书长、副秘书长、小组召集人、列席人员、特邀人员建议名单（草案）；九届六次全会日程、九届 25 次常务委员会议程；讨论确定九届 25 次会议召开时间；讨论关于 2011-2015 年度优秀政协委员、优秀提案和提案承办先进单位建议名单；传达学习花组通〔2016〕3 号文件《关于做好 2016 年领导干部报告个人有关事项工作的通知》。

## 九届七十一次主席会议

2016 年 3 月 1 日召开，谌业华主持。会议讨论 2016 年工作要点；讨论主席会督办提案、各专委会跟踪督办提案；听取政协志工作进展情况汇报。

## 九届七十二次主席会议

2016 年 3 月 17 日召开，谌业华主持。会议听取各专委办汇报 3 月份工作安排；安排委员联络组工作；通报 3 月 16 日旅发大会精神；秘书长吴硕强调政协机关公车使用规定。

## 九届七十三次主席会议

2016 年 3 月 28 日召开，谌业华主持。会议听取各专委会汇报工作情况，安排下一步工作。

## 九届七十四次主席会议

2016 年 5 月 9 日召开，谌业华主持。会议传达 5 月 8 日花溪区、经开区“喜迎数博会、展示新形象”环境整治工作推进会精神；传达区委组织部、宣传部《关于在“两学一做”学习教育中开展“讲党课、评党课”的通知》；传达市委办公厅筑委厅字〔2016〕21 号文件精神，《两个主体责任任务清单》；传达花溪区、经开区《关于成立落实党风廉政建设主体责任办公室的通知》精神；主席、副主席、各专委（办）

主任签订党风廉政建设责任书、主体责任集体约谈；举行区政协工会组织换届选举和区政协机关党支部换届选举。

### 九届七十五次主席会议

2016年5月16日召开，谌业华主持。会议传达区委“两学一做”方案；传达区纪委通报；传达区委办、区政府办关于车改暂行办法。

### 九届七十六次主席会议

2016年5月23日召开，副主席李瑾主持。会议研究安排遍访帮扶工作经费等相关事宜。研究议定关于九届六次全会会刊印刷经费。

### 九届七十七次主席会议

2016年6月6日召开，谌业华主持。会议传达区委“全面从严治党主体责任办公室”文件精神；传达《关于加强人民政协协商民主建设的实施意见》筑党办发〔2016〕9号文件；讨论研究《花溪区政协志》相关工作事宜；补选区政协工会委员4名。

### 九届七十八次主席会议

2016年7月4日召开，谌业华主持。会议审议暂停刘涛、徐洋（女）花溪区政协委员资格；传达经开区党政办区委办区政府办《贵阳国家经济技术开发区党政办公室中共贵阳市花溪区委办公室贵阳市花溪区人民政府办公室关于印发<花溪区、经开区从严管理干部双向能动办法（试行）>的通知》；传达区纪委《中共贵阳市花溪区纪委关于对航空社区党委委员、党委副书记、纪委书记、政法委书记、组织委员，武装部部长刘涛违反中央八项规定精神问题典型案件的通报》（花纪通〔2016〕31号）；传达区政府办《区人民政府办公室关于下达花溪区2016年公民无偿献血任务及时间安排的通知》（花府办函〔2016〕41号）；传达花溪区委全面从严治党主体责任办公室《中共贵阳市花溪区委全面从严治党主体责任办公室关于印发<花溪区全面从严治党宣传教育制度>等7个文件的通知》（花主体责任办〔2016〕4号）；听取各专委办上半年工作情况汇报；审议区政协上半年工作总结（送审稿）；审议召开区政协第28次常委会时间、议题；听取《花溪政协志》审稿工作进展情况。

### 九届七十九次主席会议

2016年7月18日召开，谌业华主持。会议传达市委书记陈刚在市委九届六次全体会议讲话精神；传达市委副书记、市长刘文新在市委九届六次全体会议讲话精神；传达生态文明贵阳国际论坛2016年年会精神；传达区委组织部《关于在“两学一做”学习教育中认真学习贯彻总书记习近平在庆祝建党95周年大会上重要讲话精神的通知》（花组通字〔2016〕32号）；研究讨论召开政协委员进社区经验交流现场会相关事宜。

# 第四章　政协其他会议

## 第一节　提案交办会

区政协在每次全体委员会期间，将收到的委员提案先进行整理、审查、立案，再召开提案交办会，交与区政府办理。为此，每年都要召开一次提案交办会。2015 年 3 月 24 日，在区政协常委会议室召开提案交办会。会议由区政协副主席李瑾主持，区政协主席谌业华、区政府副区长田社鸿等出席会议。

会议按议程首先听取提案法制委主任曾少海通报区政协九届五次会议提案收集审查情况，区政协副主席李瑾与副区长田社鸿就九届五次会议立案的 68 件提案签订委员提案交办书及主席会督办提案交办书。

出席会议的还有区政协副主席孙剑、张朝洲、李莎、邹吉鸿，秘书长吴硕，区政府法制办、区政协各专委（办）负责人，经开区、区政府等相关提案承办单位负责人。

## 第二节　民主党派专题协商会

2015 年 4 月 15 日，召开区民主党派专题协商座谈会。区政协主席谌业华主持，区政协副主席及区委统战部、区工商联、区政协各专委（办）负责人，民革、民盟、民建、民进、农工党、致公党和九三学社 7 个民主党派负责人参加。会议传达学习中共中央《关于加强社会主义协商民主建设的意见》，就进一步发挥好民主党派在政协工作中的作用，进行沟通交流；并围绕花溪区政协 2015 年工作要点及调研、视察工作计划、会议计划等，进行协商沟通。

## 第三节　社区（乡镇）政协委员联络组专题协商会

2015 年 8 月 28 日，召开社区（乡镇）政协委员联络组专题协商会。区政协秘书长吴硕主持，区政协主席、党组书记谌业华出席并讲话，区政协副主席孙剑、李莎、李瑾、邹吉鸿，区政协各专委（办）负责人、社区（乡镇）政协委员联络组组长、副组长参加会议。会议传达学习中共花溪区委《关于开展政协委员进社区（乡镇）活动的实施方案》（花委〔2015〕32 号）文件精神。区政协副主席、党组副书记李瑾宣读区政协《关于任命花溪区社区（乡镇）政协委员联络组组长、副组长的决定》（花协字〔2015〕6 号）。会议传达《区政协主席、副主席包片联系指导社区（乡镇）委员联络组组建工作及委员进社区（乡镇）活动的通知》。会上，谌业华为 18 个社区、9 个乡（镇）政协委员联络组负责人授牌。

## 第四节　专门委员会会议

区政协各专门委员会根据《政协章程》有关要求和政协全体会员、常委会议和主席会议提出的各项任务，开展各项工作。各专委会根据工作需要和结合自身特点，每年召开2-4次主任会议、专委会全体成员会议等。学习中央和国家的方针政策，学习统战理论和政协知识，传达上级政协和省市区有关会议精神，或讨论工作计划，研究视察调研报告，区政协文史宣传学习委参加省市文史工作会议后，都要召开专委会议传达，省市文史工作会议精神。各专委在每年年初召开的会议上，对调研视察工作进行分析，形成调研视察报告后，通过会议讨论修改。年末召开专委会议，对一年工作进行总结并商议下年度的有关工作。

## 第五节　茶话座谈会

区政协每逢国家重大节日、名人纪念日，或针对涉及全区经济社会发展的重要问题，邀请全区各民主党派、各界人士代表，与区领导、政协委员召开茶话座谈会。2003–2015年，举办茶话座谈会主要有：纪念毛泽东同志诞辰100周年暨新年茶话会、中国人民政治协商会议成立55周年暨邓小平同志诞辰100周年座谈会、纪念戴安澜将军诞辰100周年座谈会、非公经济发展座谈会、各界人士迎新茶话会、区政协开展科学发展观活动征求各民主党派代表意见座谈会、庆祝中国人民政治协商会议成立65周年座谈会等。

# 第三篇 政协工作

# 第一章 提案工作

## 第一节 概 况

提案是政协委员、参加政协的党派、各人民团体和政协专委会向政协全体会议或常务委员会提出的、经提案审查委员会或提案委员会审查立案后，交承办单位办理的书面意见和建议。提案是履行人民政协职能的重要方式，是坚持和完善中国共产党领导的多党合作制和政治协商制度的重要载体，是发扬中国特色社会主义民主的重要形式，是协助中国共产党和国家机关实现决策科学化、民主化的重要渠道。

政协花溪区第七届委员会到第九届委员会第六次会议（2003-2016 年），收到委员提案 1522 件，提出提案的委员达 2000 多人（次）。其中第七届委员会期间委员提案 572 件（一次会议 97 件，二次会议 151 件，三次会议 156 件，四次会议 168 件），占提案总数的 37.58%，提案中经济建设方面的 58 件，交通方面的 41 件，城市建设与管理方面的 103 件，文教卫生及精神文明建设方面的 153 件，民族、统战、劳动人事方面的 37 件，政法、社会治安方面的 34 件，农林水及生态环保方面的 99 件，其他方面的 47 件。第八届委员会期间委员提案 595 件（一次会议 141 件，二次会议 43 件，三次会议 127 件，四次会议 128 件，五次会议 95 件，六次会议 61 件），占提案总数的 39.09%。提案中经济建设方面的 83 件，交通方面的 78 件，教科文卫体及科技、三农、精神文明建设方面的 149 件，民族、统战、民政、劳动人事方面的 37 件，政法、社会治安方面的 37 件，城市建设管理方面的 128 件，林业、土地、生态环保、旅游等方面的 30 件。机关建设及其他方面的 53 件。第九届委员会期间

副主席李瑾（右）与常务副区长杨炜锋签订政协委员提案交办书

委员提案355件(一次会议83件,二次会议34件,三次会议62件,四次会议50件,五次会议68件,六次会议58件),占提案总数的23.33%。提案中经济建设方面的21件,交通方面的100件,城市建设方面的98件,教文卫体旅游方面的61件,社会治安方面的10件,农林水卫生及生态环保方面的22件,其他方面的34件。

全会期间,政协对提案进行整理审查、分类立案后,再交与区政府办理。每年都要召开提案交办会。2003年到2016年,召开提案交办会14次。在区政府或区政协会议室召开。区政协主席、副主席,区政府分管副区长,区政府法制办、提案办理单位,政协各专委(办)负责人参加会议。会上,政协分管提案的副主席与政府分管提案办理的副区长签订委员提案交办书及主席会督办提案交办书。

按照《政协章程》和《提案工作委员会工作条例》的要求,政协提案委员会是对提案收集、整理、审查、立案、交办的机构。提案委员会通过协办、督办、追踪办理、现场办案、视察等多种形式,配合区政府及其职能部门共同办案,做到事事有交待,件件有答复。

## 区政协七届1-4次全体会议委员提案一览表

| 类别　届次 | 七届 | | | | 小计 |
|---|---|---|---|---|---|
| | 一次会议 | 二次会议 | 三次会议 | 四次会议 | |
| 城市建设及管理 | 14 | 31 | 35 | 23 | 103 |
| 经济建设 | 10 | 14 | 12 | 22 | 58 |
| 教、文、卫、体、科技、精神文明建设 | 29 | 46 | 43 | 35 | 153 |
| 劳动人事、民族宗教、统战 | 3 | 10 | 9 | 15 | 37 |
| 政法、社会治安 | 8 | 8 | 8 | 10 | 34 |
| 公路建设、交通管理 | 11 | 16 | 7 | 7 | 41 |
| 水利、人畜饮水 | 3 | 9 | | 5 | 17 |
| 土地、林业 | 6 | | | 3 | 9 |
| 生态、环保、旅游发展 | 5 | | 15 | 15 | 35 |
| 三农 | 5 | | 18 | 15 | 38 |
| 其他 | 3 | 17 | 9 | 18 | 62 |
| 小计 | 97 | 151 | 156 | 168 | 572 |

## 区政协八届 1-6 次全体会议委员提案一览表

| 类别 届次 | 八届 | | | | | | 小计 |
|---|---|---|---|---|---|---|---|
| | 一次会议 | 二次会议 | 三次会议 | 四次会议 | 五次会议 | 六次会议 | |
| 城市建设及管理 | 35 | 10 | 28 | 32 | 16 | 7 | 128 |
| 经济建设 | 25 | 10 | 17 | 14 | 9 | 8 | 83 |
| 教、文、卫、体、科技、三农、精神文明建设 | 44 | 8 | 31 | 37 | 15 | 14 | 149 |
| 劳动人事、民族宗教、统战、民政 | 4 | 4 | 10 | 4 | 7 | | 29 |
| 政法、社会治安 | 7 | 3 | 11 | 6 | 10 | | 37 |
| 机关建设 | | | | | 3 | | 3 |
| 生态、环保、旅游 | 2 | 2 | 4 | | 8 | | 16 |
| 交通 | 12 | 2 | 9 | 23 | 17 | 15 | 78 |
| 土地、林业 | | | 8 | | | 6 | 14 |
| 社会保障 | | | | 8 | | | 8 |
| 其他 | 12 | 4 | 9 | 4 | 10 | 11 | 50 |
| 小计 | 141 | 43 | 127 | 128 | 95 | 61 | 595 |

## 区政协九届 1-6 次全体会议委员提案一览表

| 类别 届次 | 九届 | | | | | | 小计 |
|---|---|---|---|---|---|---|---|
| | 一次会议 | 二次会议 | 三次会议 | 四次会议 | 五次会议 | 六次会议 | |
| 交通建设、安全、管理 | 22 | 4 | 22 | 14 | 20 | 18 | 100 |
| 教育、文化、旅游、体育 | 10 | 8 | 7 | 10 | 13 | 13 | 61 |
| 经济建设管理 | 8 | 3 | 3 | 2 | 3 | 2 | 21 |
| 城市建设管理 | 21 | 3 | 18 | 14 | 22 | 20 | 98 |
| 社会治安 | 6 | 4 | | | | | 10 |
| 农、林、水、卫生 | 11 | 6 | 2 | | 3 | | 22 |
| 生态文明建设 | | | 3 | 1 | 4 | 1 | 9 |
| 其 他 | 5 | 6 | 7 | 9 | 3 | 4 | 34 |
| 小 计 | 83 | 34 | 62 | 50 | 68 | 58 | 355 |

## 第二节　提案办理办法

一、设立提案委员会负责提案工作。

二、提案委员会在政协全体会议期间及会后收集委员提案，由提案委员会审查立案，并向全会做出报告。

三、由提案委员会将提案整理、分类、汇总、打印，送交区政府法制办公室，再由区政府法制办、政协办召开有关单位负责人的交办会议，分管提案的领导提出要求，将提案逐件交付有关职能部门办理。

四、提案委员会汇同区政府法制办把办理完毕的提案及时函复提案人，同时收集委员的反馈意见。

五、分管提案工作的副主席定期主持召开会议，研究提案工作，对重大提案组织现场督办或督查。

六、提案委员会每年组织1–2次提案视察活动，并协助区政府法制办开展追踪、督查、现场办案等工作。

七、建立主席会议督办重要提案制度，加大办理力度。

八、提案办理情况由提案法制委员会向主席会议、常务委员会议、全委会议报告。

九、建立优秀提案和提案办理表彰制度，对委员提出的优秀提案和提案办理先进单位进行表彰。

## 第三节　主席会议督办重要提案

主席会议督办提案，是政协履行职能，调动政协委员认真调研，写好提案，支持政府及其有关部门落实具有代表性重要提案办理的形式之一。

一、立案原则

1. 从政协委员每年的提案中，认真筛选符合实际、关系地方可持续发展和人民群众利益、政府及其有关部门经过努力能办到的重要提案1至3件。

2. 一事一案，主题明确，案由充分，针对性强，解决办法具体。

二、办理程序

1. 提案委员会每年从征集到的委员提案中精心筛选，经过会议研究确定后，报分管主席初审。

2015年7月28日，提案委视察花溪区再生资源行业管理情况

2. 提案委员会根据初审意见拟出“主席会议督办提案的报告”交政协办公室，提请主席会议审议确定。

3. 主席会议审议确定的“主席会议督办提案”，由区政协行文函告区政府。

4. 适时召开主席会议督办提案交办会，由区政协分管提案工作的副主席与区政府分管领导签订提案办理交办书。

三、督办措施

1. 由分管副主席、提案委负责人与区政府法制办取得联系，加大对提案的办理力度。

2. 政协主要领导、分管领导及有关同志要亲自参加重要提案的调研、视察、跟踪，不定期召开有领导、提案人、办理提案单位参加的会议，协调关系，支持政府及其有关部门抓好提案的办理落实。

3. 提案委员会要加大对主席会议督办提案的督办力度，有效促进整体提案办理工作的落实。

4. 组织提案人、承办单位召开提案办理约谈会，重要提案重点办理。

5. 加大对办理效果好的提案的宣传力度。

## 第四节　重要提案办理情况（选录）

政协第七届委员会至第九届委员会期间，主席会议共督办重要提案60件，其中，七届15件，八届28件，九届17件。在重要提案督办过程中，主席会议多次组织视察，召开座谈会，促进政府职能部门注重提案办理的落实。

**选录如下：**

一、“关于建好花溪小学的建议”。政协六届四次会议上陈立伟委员提出，列为2001年主席会议督办件。2003年3月政协换届后，七届主席会议继续将该提案作为重要提案督办，多次召开委员约谈会，提出意见建议，形成《关于花溪小学搬迁改造建设问题》的建议案报区委、区政府。2003年区政府将其列为十件实事之一，责成教育、土地、建设等有关部门选址。根据花溪用地规划，并广泛征求意见，选址在麟山西侧修建新的花溪小学。2005年4月该项目建成。总投资2500多万元，建筑面积近10000平方米，教室32个，辅助教室按标准化设置，是一所标准的花园式现代化学校。

二、“关于建设花溪区疾病预防控制中心业务楼的建议”。2003年政协七届一次会议上甘亚萍委员提出。该提案得到省、市、区各级政府及有关部门的支持，获得国债西部项目投资125.36万元，其中，市拨款60万元，区匹配65.36万元，建筑面积1632.18平方米，建筑用地由政府无偿划拨2.19亩。2005年10月该项目建成完工并投入使用。

三、“抓紧完善羊艾食药园基地的基础设施”。2004年政协七届二次会议上王飞跃委员提出。区政府分管副区长陈云贵针对提案所提问题，多次召集有关职能部门进行调研。2004年10月，区政协会同区政府法制办等部门，到食品药园基地就该提案办理落实情况跟踪检查，召开座谈会，听取有关情况汇报，实地察看基础设施建设情况，使该提案办理进一步推进，委员对提案办理表示满意。

四、“确保清华中学申办成省级示范高中”。2005年政协七届三次会议上方学先委员提出。区政协主席、副主席多次带队督办，专约清华中学负责人协商。2005年清华中学“申示”工作列为全区重点工作，先后贷款2380万元，重点解决清华中学运动场、大门、信息化等软硬件设施建设问题，增加教师储备，面向全省招聘教师5名。2006年6月，清华中学获批成为省级示范性高中（二类）。

五、“关于建设花溪小吃城，取缔占道经

营夜市饮食摊点的建议”。2006年政协七届四次会议上赵兴贵委员提出。区委、区政府将该提案作为2006年办理实事之一，由区城管局具体办理。在小吃城选址上，城管局多次协调，最后利用好乐多休闲场地建花溪小吃城。开工建设后项目进展顺利，2006年12月十字街夜市摊进入小吃城。

六、“关于提高我区城镇化水平，推进市场化管理，逐步取缔星期天‘赶场天’的建议”。2007年政协八届一次会议上田晓筑委员提出。区政府对该提案的落实召开专题会进行研究，确定在花溪羊昌坝修建大型农贸市场及各类专业市场，作为新的赶场地点，待市场建好后进行迁移，逐步取缔花溪星期天的“赶场天”。

七、“提升城市品位，高原明珠花溪应有出租车”。2008年八届二次会议上郭祥贵、唐勇勤委员提出。责任单位区城管局委托贵阳市城市规划设计院编制《花溪区城市公共交通专项规划》，当年该规划已编制完成并通过省建设厅专家评审组评审。根据相关工作程序，区政府将出租轿车营运方案报呈市政府批准和省建设厅审定同意后方可实施。

八、“关于整治螃蟹井旅游环境、杜绝火灾隐患”、“关于对螃蟹井烧烤区进行规范管理建议”。2009年八届三次全会上刘东升委员和邱菊委员分别提出。为全面加强景区景点的保护和管理，合理有序开发和利用好旅游资源，切实保护饮用水源不受污染，区委、区政府要求区城管部门2009年11月开展依法整治“螃蟹井、平桥景区”专项行动，对螃蟹井、平桥景区违章建筑予以拆除，对烧烤区进行规范管理。区政协主席、副主席专门组织视察，肯定螃蟹井、平桥景区整治工作取得的成果。

九、“尽快解决落实花溪区出租车问题建议”。2010年八届四次全会上罗晓碧等委员提出。该提案引起区委、区政府领导高度重视，区委九届第158次常委会和区人民政府第100次区长办公会认真研究，同意由区交通局与万达客车有限公司合作解决和落实花溪出租车的问题。区政协主席会多次听取办理情况报告，区交通局等相关部门对办理实施方案进行细化和落实。2011年4月28日，花溪出租车120台正式营运，2015年又增加120台。

十、“尽快实施花溪河河道治理项目，恢复花溪河秀美原貌”。2010年八届五次全会上罗忠能委员提出。该提案得到市、区政府和区属部门高度重视，争取项目资金2300万元，对花溪河水库大坝至中曹水厂8.68公里河段进行河道综合治理，工程于2011年上半年结束。

十一、“关于整治花溪公园路口拥堵的建议”。2011年九届一次全会上李莎委员提出。区委、区政府高度重视，规划协调，2013年11月，公园路口环形互通地下人行通道开始动工，总投资1.4亿元，建筑面积9300平方米，2014年4月完工投入使用。同时，在2012年3月，区交通局将公园门口的区内大巴车站向原检察院方向后移，严格整治停车拉客的“黑面的”，保证道路畅通。重新修缮人行道边和车行道中间护栏，减少安全隐患。

十二、“便民利民解决交通困难”。2012年九届三次全会上王治前委员提出。区交通局认真计划部署，多方协调，于2012年7月，开设花溪洛平枢纽－小河万科的7路公交车路线，投入10辆天然气公交车，路线全长约20公里，设站台23个，给群众出行带来便利。解决了因花溪区小河区合并后，新花溪区两地群众交通不便的难题。

十三、“尽快启动‘书香花溪’建设的建议”。2014年九届四次全会上卢云辉委员提出。2014年，区委、区政府紧紧抓住“贵阳市创建国家级文明城市”复检和“贵阳市创建国家公共文化服务体系示范区”两大机遇，以建设“书香花溪”突破口，形成以区委宣传部牵头，区文广局负责，乡（镇）、社区、行政村参与的三级协调运转机制。公共文化设施服务方面，区各级图书室每周免费开放时间达56个小时，每年区级投入图书更新经费15万元，乡（镇）3万元，村级0.2万元。建设流动服务方面，区图书馆在城区中心建设9个“流动书屋”，类型有社区、咖啡屋、部队、企业、居民小区、休闲吧、宾馆等。现代手段提高兴趣方面，整合全区范围内电子阅览室、文化信息资源共享室、数字农家书屋等资源。引导社会力量提供免费阅读服务方面，与西西弗书店、华文图书城等实体书店合作，引领精品阅读，同时扶持个人或协会建设各类书屋，如孟关乡的“思民书屋”、青岩镇的“菊林书院”、阳关社区“淘淘少儿动漫屋”等。2015年底，区“两馆一院一中心”已定址，并完成前期的审批手续。2015年开展并完成了《书香·花溪——全民阅读中长期规划》的编制。

十四、“关于发挥名人文化效应助力文化创新建设的建议”。2015年九届五次全会上曾志云委员提出。2013年以来，区有关部门积极争取国家、省、市各级资金，完成赵以炯、桐埜书屋、周恩来父亲曾居地等文物的保护性修缮和陈列布展；重建或修缮青岩赵彩章百岁坊、周王氏媳刘氏节孝坊、赵理伦百岁坊、吴张氏贞寿坊、王张氏节孝坊、赵车氏节孝坊等牌坊。2014年底，开始修建“周钟瑄文化交流中心”和“周氏宗祠”，项目周边的沿街立面整治、河道治理和道路建设工作均已完成。2015年，结合承办“2015年贵阳国际马拉松赛事”的优势，将湿地公园、孔学堂、青岩堡、大兴国寺等新老景点贯穿赛事赛程路线，借此有效对外进行宣传。

2014年8月19日，区政协召开提案办理协商座谈会

# 第二章　视察与调研

## 第一节　概　述

委员视察调研作为人民政协的一项基础性工作，是委员了解情况、研究问题，学习提高的重要方式，是履行政协政治协商、民主监督、参政议政的重要渠道；是密切同社会各界联系，加强党派、界别之间合作共事的重要途径；是人民政协围绕团结和民主两大主体，发扬社会主义民主的重要形式。花溪区政协全面贯彻落实《全国政协关于加强和改进委员视察工作的意见》，组织委员深入实际，深入基层，深入现场，对花溪区经济社会发展中重大问题，重大项目建设，对人民群众普遍关心的重点难点问题进行视察调研，积极开展民主监督。对经济、科技、教育、文化、住建、医疗卫生、计生，维稳、政法、民族、宗教等方面工作，通过实地察看、听取介绍、调查走访、查阅资料、座谈讨论，向政府有关部门提出意见和建议。

结合全区工作总体部署，由政协常委会和主席会牵头，各专委选题每年至少开展1次调研活动，1–2次视察活动。

第七届委员会开展9次视察调研活动；提出工作建议80余条。

第八届委员会开展38次视察调研活动；提出工作建议意见310余条。

第九届委员会开展64次视察调研活动；提出工作建议意见680余条。

2005年对青岩镇的保护与开发的调研。为贯彻落实总书记胡锦涛在春节期间视察青岩镇时的重要讲话精神，推进青岩镇的保护、开发、利用工作和发挥政协委员参政议政的作用，区政协文史社会发展委员会组织文史、文化、旅游界委员、有关部门负责人、文物保护工作者和青岩镇老年居民计15人，在副主席陈晓林带领下，对青岩古镇的保护、建设、管理等情况进行调研。历时一个多月，调研组听取青岩镇党委、政府负责人的汇报，到主要街道、文物景点实地考察，走访古镇居民，就有关问题进行座谈，对

2015年5月21日，政协委员视察清浦社区禁毒工作

存在问题提出对策建议12条：一是尽早出台规划，特别是控制性详规。在制定规划中，不可忽视基层干部、文物主管部门和当地群众的作用和意见。二是尽快落实停车场的选址，让旅游车辆进入规范管理范畴，解决目前停车无序，造成严重堵塞交通的混乱现象。三是尽快落实旅游公厕的布点。旅游公厕应是水冲式，专人管理清洁卫生。四是尽快落实新农贸市场选址。应下决心选地建设新农贸市场，使之与旅游景点分开，既不影响游人游览，又有利于农民正常赶集。应合理选址，认真规划设计，尽早落成，改变现在的脏乱差面貌。要下决心取消马路市场。五是整顿小商品市场。在南街等几条主要景观道路上，对乱摆摊，占道经营，乱搭建白篷布、遮阳伞等现象要进行整顿和管制，所有摊位必须退回屋内，亮出街道，由专人执法维护。对没有临街铺面和摊位的住户，可划定区域建小商品零售市场，集中摆放和管理，不允许以此为由占道经营。六是尽快选定新居民点。老城内必须严格保护，要建新房的住户、必须由政府安排到新居民点，不允许就地拆迁改建破坏古民居旧貌。一定要下大力保持旧居特色，它的历史价值不亚于大型古建筑。由于古民居涉及千家万户，很多人又不了解它的历史价值和旅游观赏价值，因此必须在居民中广为宣传，以取得居民住户的自觉支持。七是理顺管理体制，成立青岩古镇旅游管理委员会。由区政府一位领导担任管委会主任，由镇一位主要负责同志任常务副主任，区属旅游、城建、文化、民族宗教、土地、财政、农业、乡企、卫生、教育等有关部门负责相关的工作。八是大力弘扬民间文化。青岩古镇的民间文化内涵十分丰富，应大力弘扬，世代传承。大力支持青岩民间文化研讨会积极开展工作。九是加强宣传工作。编写乡土教材，介绍古镇情况，宣传文物保护法，并将乡土教材纳入学校。选学课程，让古镇文化教育从青少年开始。广泛提高市民素质。加强导游培训，提高导游水平。编写对外宣传材料，扩大知名度，为游人提供资料。十是扩大旅游商品生产。加大玫瑰糖、泡豆腐、双花醋、旅游纪念品等的生产，土特产品要改善包装，增加品种，形成较大的生产规模，以满足游人需求。十一是加强执法管理。制定相应法规，依法行政。建立执法队伍，专人负责，用制度和专人确保有效执法和管理。十二是加大投入。不断吁请省市区对古镇保护建设，加大资金投入，确保保护和建设工作的顺利开展。

2008年，对花溪区失地农民问题开展调研，作出《关于花溪区失地农民问题的调研报告》，报告交区委、政府后，所提出的意见和建议，得到区委、区政府的采纳。时任区委领导批示："业华、松华同志：这个问题非常重要，非常关键，非常紧迫，关系到重点项目实施的成败。请你们认真研究政协这个调研报告，细致地提出花溪区解决失地农民问题的具体措施，起码在重点项目区，甚至在南环线范围内，有条件、有必要把这个问题有规划、有计划地付诸行动，把这些地方建设成为新农村的示范区，成为推进城镇化的主战场，要敢于破题。这样，才能长治久安，人民群众才会热爱我们的城市，城市才会成为城乡居民共同的幸福家园，否则农民就是流民，甚至就会成为对抗政府的力量。"

2010年对花溪社区生态文明建设工作调研。党的十七大提出生态文明建设发展的新要求，强调在全社会牢固树立生态文明观念，努力提高全社会生态文明程度。按照中共贵阳市委八届八次全会提出的要建设和完善“以环境优良、邻里互助、家庭和谐为主要内容”的生态文明社区目标和区委九届七次全会提出的纵深推进花溪区生态文明示范区建设的目标任务，为深入了解花溪区社区生态文明建设情况，积极探讨加强社区生态文明建设的目标任务，探讨加强社区生态文明建设的新路子、新办法，区政协文史宣传学习委员会组织委员及相关单位，先后到石板，青岩、贵筑、清溪、溪北等乡镇、街道办事处及相关社区实地走访、调查了解、座谈讨论，听取有关工作情况汇报，对社区生态文明建设工作进行专题调研。调研组针对存在的问题提出建议：1. 多形式加大宣传力度，进一步强化居民生态文明意识。要以“三创一办”作为加强社区生态文明建设的支点，积极营造长期、持续的宣传舆论氛围，创新方式提高群众参加生态文明建设的自觉性和积极性。2. 按照《贵阳市创建生态文明社区测评指标》，要进一步加大基础设施建设，大力搞好环境整治。在加强中心社区区域基础设施建设的同时，应逐步解决乡镇社区基础设施薄弱的问题。3. 进一步理顺工作关系，形成科学的社区管理运作机制，一是规划要到位。二是理顺管理体制。三是要强化共建意识。4. 切实改善社区办公服务用房条件。5. 解决好社区办公经费和社区工作人员工资报酬。6. 逐步提高社区干部的待遇。

2014 年，区政协围绕“两区深度融合”开展专题调研，分别组成由政协副主席为组长的两个调研小组，到经开片区花溪片区各部门、乡（镇）、社区、村居，召开花溪区、经开区深度融合、服务民生专题调研部门负责人座谈会，通过四次协商座谈会，全面了解两区深度融合，群众在民生方面的急、难问题和群众反映强烈的热点问题，经过专题协商，形成《花溪区经开区深度融合，服务民生专题调研工作报告》，得到区委高度肯定。区委书记钟汰甬批示：“这个报告很好，请两区领导阅。并请区委办、经开区党政办就存在问题一一梳理，专题研究解决办法和程序。结果报我，本月内完成。”

2015 年对高坡红色文化资源保护和利用情况开展调研，并提出工作建议：

1. 加大对高坡红色文化的宣传。红色文化是中国共产党人继承民族优秀传统文化和汲取人类先进文化的文明成果，花溪高坡红色文化资源，不仅有革命遗迹、遗址等历史遗存，而且还留有许多感人故事，这些对传承革命精神，发挥其在社会主义核心价值观教育和文化旅游创新建设中都有较大作用。因此，要通过建设文化旅游创新区的优势，重视和加强对高坡红色文化的研究和宣传，提升高坡红色文化的知名度和影响力。

2. 重视对高坡红色文物的保护。高坡红军标语和壁画文物，所处房屋属百年老木瓦房，屋面容易漏雨，墙体容易潮湿，局部木板容易腐烂，建议文管部门要给予立项保护。此外，所在房屋产权属私人所有，不利于保护和开放。为加强文物的保护和开放，确保文物的安全，使文物为高坡乡红色革命教育和红色旅游充分发挥作用，建议由区级拨付专项经费将书写红军标语的民房收购，将房屋修整后作为高坡红色文化展厅，通过陈设展示再现当年红军过高坡的情景。红军居住地遗址中遗存的红军标语及漫画要采取措施加以保护。

3. 对高坡红色文化积极开发利用。有效开发旅游线路，有效开发旅游路线，可开发黔陶——

高坡“重走红军路”的教育活动，形成内容丰富的旅游线路，组织机关党员干部去现场学习观摩，接受革命的传统教育。建议由区级拨付专项经费将红军墓从集镇中心派出所后院迁回原址王坡或另选址迁移，建成高坡爱国主义教育基地，便于宣传，使其发挥更大的教育作用。

## 第二节　视察调研一览表

### 2003年至2016年区政协视察调研一览表

| 时间 | 地点 | 视察调研课题 | 牵头部门 | 领队 | 主要建议 |
|---|---|---|---|---|---|
| 2003 | 花溪看守所 | 花溪区监所管理工作的视察 | 提案法制委 | 韦正芳 | 1. 继续加大对监所、驻检室管理工作的领导，切实解决问题，强化管理。<br>2. 进一步完善各项内部管理规章制度，加强对干警的业务学习和培训。<br>3. 坚持对民警开展法治教育、警示教育，预防职务犯罪，从严治警、从优待警。<br>4. 协调区财政按规定标准按时足额拨付看守所工作经费和在押人员的生活费，对看守所维修建设资金应逐年增加。<br>5. 配齐配强民警，进行工作岗位交流，缓解看守所警力不足、年龄偏大、任务重、压力大的问题。<br>6. 区发改、土地、建设、规划等部门做出详细规划，将花溪看守所异地搬迁。 |
| 2003 | 花溪区 | 花溪区司法所建设的视察 | 提案法制委 | 韦正芳 | 1. 把司法所规范化建设摆上重要议事日程。<br>2. 落实司法所经费保障，逐步改善司法所的工作条件。<br>3. 确保编办下达的司法助理人员编制落实到所，解决司法行政编制不足的问题。<br>4. 为乡镇政府和村委会当好法律参谋，提供法律保障。<br>5. 每年对乡镇司法人员进行集中培训，定期培训。 |
| 2003 | 花溪区 | 花溪区农村劳动力资源及就业情况调研 | 经科委 | 李隆辉 | 1. 组织乡、村富余劳动力参加劳动技能和法律法规知识培训。<br>2. 就地消化农村剩余劳动力，降低隐性失业率。<br>3. 鼓励富余劳动力外出务工。<br>4. 建立完善区、乡、村三级外出务工服务网络。<br>5. 在需要劳力资源的省区设立劳务输出办事处。<br>6. 加大扫除农村文盲、半文盲的力度，杜绝文盲和半文盲的增加。 |

续 表

| 时间 | 地点 | 视察调研课题 | 牵头部门 | 领队 | 主要建议 |
|---|---|---|---|---|---|
| 2004 | 小碧是春谷摩崖、镇山村博物馆、青岩镇、燕楼营盘 | 花溪区各级文物保护单位管理的视察 | 文史委 | 陈晓林 | 1. 由区司法局和文广局联合，在全区开展一次保护文物的宣传教育活动。<br>2. 将区文物事业经费纳入财政预算。<br>3. 将文物保护管理所的编制在原 10 名的基础上增加至 17 人。<br>4. 协调解决青岩和镇山两处工程经费，并责成贵州省文物交流协调中心按规定将文物点交给花溪区。<br>5. 按《文物保护法》规定，青岩镇将文物保护单位管理权尽快移交给花溪区文体广播电视局。<br>6. 调整区文物管理委员会委员，使文管会真正起到协调作用。 |
| 2005 | 花溪区 | 花溪区旅游产业对经济发展作用的视察 | 经科委 | 李隆辉 | 1. 加大对旅游的规划。<br>2. 加大对花溪旅游的宣传。<br>3. 加强对旅游行业的管理。<br>4. 加大对旅游从业者的培训力度。 |
| 2005 | 青岩镇 | 青岩古镇保护开发建设项目的视察 | 文史委 | 陈晓林 | 青岩古镇建设工作，要严格按照规划进行，对有关项目，要多征求意见，尽量避免项目建设失误，让古镇开发更加符合古镇特色。 |
| 2006 | 花溪中意、文人、叶大食品厂 | 关于加快新型工业原始资本积累的调研 | 经科委 | 李隆辉 | 1. 发展绿色食品产业，加强产业基地的基础设施建设，加快产业人才培养。<br>2. 加快编制实施绿色产业计划和发展高新技术产业的专项规划。<br>3. 改善发展新型工业的投资环境，制定发展绿色产业和高新技术产业的投资政策和优惠措施。<br>4. 落实实现新型工业原始资本积累的三条战略原则。<br>5. 继续做好引进名企业、大企业、强企业的工作，做好发展新兴工业的科技服务、金融服务工作。 |
| 2007 | 花溪河边路(清溪路花蓓山庄段) | 八届一次会议主席会议督办提案视察 | 提案法制委 | 蒋志伦 | 各相关部门要提高认识，加大力度，集中整治，还市民一条整洁、安全、通畅的步行街，树立文明花溪、平安花溪亮丽的窗口形象。 |

续 表

| 时间 | 地点 | 视察调研课题 | 牵头部门 | 领队 | 主要建议 |
|---|---|---|---|---|---|
| 2007 | 花溪区 | 花溪区非公经济调研 | 经科委 | 楚湘黔 | 1、建设工业小区作为发展民营加工企业的载体。<br>2、完善非公经济发展的软环境建设。<br>3、加快基础设施硬环境建设。<br>4、坚持发展非公经济与资源开发利用相结合；坚持发展非公经济与城市、集镇建设相结合；坚持发展非公经济与产业结构调整相结合；坚持发展非公经济与做强做大旅游产业相结合。<br>5、推动高校有偿服务企业。 |
| 2007 | 花溪区 | 贵州清华紫光科技园和全国农产品加工业花溪基地项目的视察 | 经科委 | 楚湘黔 | 1. 加快园区建设步伐。<br>2. 考虑失地农民的利益。<br>3. 防止个别人刁难阻碍园区建设。<br>4. 建设一流的配套设施。 |
| 2007 | 花溪区 | 打造休闲避暑胜地助推运动旅游发展的视察 | 经科委 | 楚湘黔 | 1. 规划旅游要素的布局，把避暑休闲和运动旅游作为我们旅游业发展的定位和方向。<br>2. 丰富各种文化、体育、娱乐活动，大力推动各种以特色农产品为主线的农家乐。<br>3. 打造贵阳市最好的天然游泳胜地。<br>4. 进一步完善基础设施建设，大力发展公寓酒店。<br>5. 转变政府职能，由管理型政府向服务型政府转变。<br>6. 建立行之有效的投诉机制。 |
| 2007 | 花溪区 | 花溪区有线电视村村通工程的视察 | 教文卫体委 | 张彦 | 行业主管部门要做好此项工作，建好文化阵地。 |
| 2007 | 花溪区 | 农村义务教育中儿童辍学情况视察 | 教文卫体委 | 张彦 | 1. 加大对少年儿童健康成长的有关法律法规的宣传力度和执法力度。<br>2. 更新教育观念，推进素质教育。<br>3. 加强农村的科技意识，促进农村经济发展。<br>4. 做好后进生转化，使思想不求进步。学习不求上进的后进生提高学习兴趣。<br>5. 动员社会力量扶贫助学、捐资助学，实施教育扶贫工程。 |

续 表

| 时间 | 地点 | 视察调研课题 | 牵头部门 | 领队 | 主要建议 |
|---|---|---|---|---|---|
| 2007 | 花溪、赤水、福泉、雷山 | 花溪区新型农村合作医疗现状调研 | 教文卫体委 | 张彦 | 1. 加强对新农合工作的宣传力度，确保实际参合率达 90% 以上。<br>2. 实施便民、利民工程。<br>3. 加大监督力度，建立稳定、科学、长效管理机制。<br>4. 改进筹资方式，从源头解决上清、下不清问题，多头并进加快提高资金使用率。<br>5. 加强乡村医疗机构的建设投入，强化合医工作体系。<br>6. 创建灵活多样的救济方式，关注边缘群体。 |
| 2007 | 花溪城区 5 个村，及省外成都、厦门 | 花溪区失地农民问题调研 | 人资环委 | 王光华 | 1. 出台和制定一系列配套法规和政策措施，切实解决好失地农民的出路问题。<br>2. 制定城市发展规划时，划定较好地段优先安置村民，吸纳村民的资金投入。<br>3. 建立农民最低生活保障线制度，完善农村合作医疗制度。<br>4. 多渠道、多形式地解决失地农民的就业问题。<br>5. 加强基层组织建设，不断发展壮大村级集体经济。 |
| 2007 | 花溪镇山、李村、摆陇、青岩、沙坪等村镇。 | 花溪区古民居保护、开发和利用情况调研 | 文史委 | 孙剑 | 1. 增强古民居保护意识，特别在镇山和青岩，加强对古文化保护的教育，增强村（居）民的保护意识。<br>2. 重视对镇山民族生态博物馆的保护，按照规划加强整治，保护和利用并重，确保遗产保护区的自然和谐。<br>3. 把握好保护与开发的关系，通过政府扶持和引导，帮助村（居）民成为古民居文化传承户，让不可再生的文化资源在保护的基础上带动经济的发展。<br>4. 对高坡等乡镇一些有价值的古民居，文管部门要尽快摸清底细，甄别后公布挂牌并开展保护工作。<br>5. 打造新型的民族村寨，集民族资源为民族村经济社会发展所用。 |
| 2008 | 花溪区 | 花溪区农业结构调整中示范户作用存在问题调研 | 经科委 | 楚湘黔 | 1、逐步建立示范工作长效机制，完善示范工作目标责任制。<br>2、加强农技队伍建设，提高农技人员素质。<br>3、建立信息服务体系和定期发布相关信息制度。<br>4、加大对涉农企业的扶持力度，推动政府 + 龙头企业（涉农）+ 农户 + 基地的发展模式。<br>5、设立农产品生产调节基金和“农业示范”风险基金。 |

续 表

| 时间 | 地点 | 视察调研课题 | 牵头部门 | 领队 | 主要建议 |
|---|---|---|---|---|---|
| 2008 | 花溪、白云、乌当区，吉林延吉 | 花溪民族歌舞传承发展情况调研 | 教文卫体委 | 张彦 | 1. 把文化遗产纳入教育机制，让民族歌舞走进课堂。<br>2. 建立少年文化宫，成立民间歌舞收集整理领导小组。<br>3. 聘请专家打造民族歌舞精品名牌。<br>4. 以具有特色的民族歌舞推动旅游业发展。<br>5. 采取有效措施扶植区文工队这支民间文艺队伍。<br>6. 将花溪民族歌舞的保护与开发立项，争取专项资金。 |
| 2008 | 花溪区 | 花溪区两基迎国检工作视察 | 教文卫体委 | 张彦 | 搞好我区‘两基’迎‘国检’工作，做实农村基础教育。 |
| 2008 | 花溪区 | 花溪区农村学校校舍安全状况视察 | 教文卫体委 | 张彦 | 新建项目要严把质量关，防止豆腐渣工程。 |
| 2008 | 孟关、青岩国有林场 | 花溪区森林资源管护调研 | 人资环委 | 王光华 | 1. 落实管护责任制，确保盗砍滥伐、森林火灾得到有效遏制。<br>2. 加强森林资源管护宣传，提高全民护林意识，开创森林资源管护新格局。<br>3. 科学制定林地保护利用规划，强力推进规划实施。<br>4. 深入推进集体林权制度改革，力求在放活经营、规范流转上有新突破。<br>5. 多渠道筹集森林资源管护资金，多元化发展花溪林业产业，构筑森林资源管护新防线。<br>6. 依法依规正确处理遗留问题，实施科学管护，积极探索林业发展新途径。<br>7. 加快实施生态补偿机制，进一步稳定森林资源管护队伍。 |
| 2008 | 久安乡雪厂村、湖潮乡元方村、燕楼乡思惹村、黔陶乡老榜河组 | 花溪区水利设施恢复重建情况视察 | 人资环委 | 王光华 | 1. 进一步完善水利设施,最大限度把村民的困难和民生问题解决好。<br>2. 水利部门与环保、卫生部门加强协作，对产煤乡镇的人饮问题和煤水污染问题进行统一规划综合治理。<br>3. 水利工程要统一安排，先从民生最大的问题做起，做到水利设施和人饮安全有专业人员管护，有经费维护，长期稳定运行。<br>4. 区水利部门根据全区水利设施和各型水库情况，编制人饮、农灌水网规划，实现各片区水资源的合理调配，充分利用。<br>5. 水利设施建设与生态文明示范区相对应，在下拨水利设施建设资金方面，根据工程进度情况有计划及时下拨经费推进各项建设。 |

续 表

| 时间 | 地点 | 视察调研课题 | 牵头部门 | 领队 | 主要建议 |
| --- | --- | --- | --- | --- | --- |
| 2008 | 青岩镇 | 青岩古镇军事文化挖掘利用情况调研 | 文史委 | 孙剑 | 1、依托青岩古镇“军事要塞”的文化背景，创军事文化旅游精品。<br>2、策划军事文化探秘游。组织人员写出可读性强的故事，培训导游带动周边的旅游经济发展。<br>3. 策划青岩四门城楼展示。在东、南、西、北四门城墙上恢复垛口、炮台等设施并进行实地演练。<br>4. 策划个人主题展示。青岩历史人物班麟贵父子、袁大鹏、赵国澍等。<br>5、策划班士土司衙门（文昌阁）展示。<br>6、策划建立古镇军事博物馆。" |
| 2008 | 孟关乡 | 花溪区第三次文物普查试点工作视察 | 文史委 | 谌业华<br>孙剑 | 对有价值的文物加大保护力度，充分合理利用。制定区文化遗产保护规划，实现文物保护为主，抢救第一，合理利用，加强管理的文物保护方针。 |
| 2009 | 花溪区 | 花溪区乡镇中学建设视察 | 教文卫体委 | 张彦 | 抓住乡镇寄宿制学校改造机遇，做好教育教学设施提升。 |
| 2009 | 花溪区 | 花溪职业教育建设发展视察 | 教文卫体委 | 张彦 | 专业设置结合花溪区经济发展及社会生产的需要，配备教师要根据学校的具体情况。各方要支持花溪职业技术学校的发展，力促早日建成示范性中等职业学校。 |
| 2009 | 花溪区 | 知溟书屋的建设与使用视察 | 教文卫体委 | 张彦 | 青岩相关部门要搞好开放阅读工作。 |
| 2009 | 花溪、白云区 | 关注民生，深入开展全民健身运动的调研 | 教文卫体委 | 张彦 | 1. 提高认识，加强投入。尽快落实花溪体育中心的选址建设。<br>2. 区编办明确对中小学学校体育教师的编制，增加区老体协办公室工作人员编制。<br>3、对乡镇中小学校划拨运动场地。<br>4、区财政应逐步增加体育事业经费的投入。<br>5、建立健全农村基层体育组织。 |
| 2009 | 花溪区 | 重点工程项目建设中矛盾纠纷化解与防控的调研 | 经科委 | 楚湘黔 | 1、要加强法制宣传教育和新闻舆论的宣传，牢牢把握舆论导向。<br>2、建立专项调处机制和领导责任考核机制。<br>3、按照属地管理的原则，把各乡（镇）、办事处列为辖区内违法建筑综合防控工作的第一主体。<br>4、强力推进对工程施工单位实行保证金制度。<br>5、要加大执法力度，坚决打击暴力抗法。 |

续　表

| 时间 | 地点 | 视察调研课题 | 牵头部门 | 领队 | 主要建议 |
| --- | --- | --- | --- | --- | --- |
| 2009 | 花溪区 | 花溪区药业企业发展的视察 | 经科委 | 楚湘黔 | 1、强化服务意识。<br>2、建立激励处罚机制，追究不作为、乱作为。<br>3、转变工作作风，用制度管理人<br>4、为纳税人开辟绿色通道。 |
| 2009 | 花溪区 | 花溪区螃蟹井、平桥景区拆违及田园北路建设情况的视察 | 经科委 | 楚湘黔 | 1、加大法律法规的宣传，防止违章建筑的蔓延。<br>2、要建立行之有效的管理机制，落实到人，实行长效管理。<br>3、建议拆违后的土地或流转或复耕或修建旅游步道，拓宽花溪公园的景区范围。<br>4、要在保护水源环境的前提下增加农民的收入。<br>5、在城市化和工业化的过程中，要做研究规划。 |
| 2009 | 花溪农家乐、农家山庄 | 花溪区乡村旅游发展调研 | 人资环委 | 王光华 | 1. 树立大旅游观念，深挖文化内涵，打造花溪乡村旅游特色品牌。<br>2. 扭住规划龙头，使花溪乡村旅游开发工作纳入科学发展轨道。<br>3. 树立品牌意识，强化宣传促销，不断扩大花溪乡村旅游的知名度和影响力。<br>4. 大力发展体验型乡村旅游。<br>5. 加大招商引资力度，促进乡村旅游的发展。<br>6. 注重人才培养，为乡村旅游产业跨越发展提供有力支撑。 |
| 2009 | 贵州大学、贵州民族学院 | 发挥高校优势促进地方经济社会发展调研 | 文史委 | 孙剑 | 1、建立长效工作合作机制。以“和谐、共赢、发展”为目标，共同研究、制定相关政策和措施。<br>2、坚持以项目为依托，形式上多元化进行。<br>3、加快花溪民族民间文化的研究和开发，促进民族民间文化的传承和保护。<br>4、创新校地合作机制，打造科研项目及文化产业孵化平台。<br>5、高校校园规划建设特别是大学城的规划建设要纳入花溪旅游发展的整体规划。<br>6、整合高校资源，将相互合作与支持列入发展和规划战略。" |

续 表

| 时间 | 地点 | 视察调研课题 | 牵头部门 | 领队 | 主要建议 |
|---|---|---|---|---|---|
| 2009 | 青岩镇 | 青岩文化产业发展情况视察 | 文史委 | 谌业华<br>孙剑 | 1. 出台有利于文化产业发展的政策和措施，加大优化文化产业结构的力度。<br>2. 对青岩闲置的国有资产特别是古寺庙，要加以整合，加快开发建设进度。<br>3. 打造集文物展示、文化交流、养生论道、艺术表演为一体的文化项目，形成以活动探索历史、以历史演绎古镇的文化产业。<br>4. 培养精品旅游饭店、特色餐饮和休闲娱乐等品牌，提升文化旅游产业的档次和规模。<br>5. 加大青岩旅游产品的开发力度，鼓励发展多种所有制的艺术品加工企业，大力发展民族文化商品。<br>6. 组建文化产业集团，整合文化产业资源，拓宽融资渠道，建立多元化的资金投入机制。 |
| 2010 | 花溪区检察院 | 花溪区检察院反读职侵权工作视察 | 提案法制委 | 谌业华 | 1. 反读职侵权工作要预防在先，让国家公职人员在正确的轨道上为社会和经济发展做贡献。<br>2. 进一步做好全面宣传和舆论引导工作，形成好的反读职侵权氛围。扩大反读职工作的社会认知度，影响力和公信力。 |
| 2010 | 花溪区法院 | 花溪区法院工作视察 | 提案法制委 | 谌业华 | 做好宣传和普法教育工作，加强与驻区高校和中、小学的联动，采取模拟法庭、每月一庭等方式，抓好法官队伍专业化建设。 |
| 2010 | 花溪区 | 花溪区旅游产业税收调研 | 经科委 | 楚湘黔 | 1、按照自身优势，把握市场需求，找准发展定位<br>2、建设核心产品，打造旅游休闲避暑胜地<br>3、整合壮大本地特色餐饮，形成具有层次分明、各具特色、品质上乘、服务优良的餐饮都市。<br>4、全面规范税收征管，增大旅游税收贡献。<br>5、充分利用价格杠杆调整旅游产品，营造旅游氛围。 |
| 2010 | 花溪区 | 花溪区国税局纳税服务质量开展第三方监督工作视察 | 经科委 | 楚湘黔 | 1、提高税务人员的素质。<br>2、强化业务培训，提高税务人员的服务水平。<br>3、窗口单位一定要用“心”服务，笑口常开，营造“快乐学习、快乐工作、快乐生活”的氛围。<br>4、结合“三创一办”要求，加大对办税厅周边环境的整治工作。<br>5、要进一步做好对外来户的服务工作，制定并落实好安商的各项政策和措施，使他们在花溪安下心来发展。 |

续 表

| 时间 | 地点 | 视察调研课题 | 牵头部门 | 领队 | 主要建议 |
|---|---|---|---|---|---|
| 2010 | 花溪区 | 花溪区部分非公企业“三创一办”工作视察 | 经科委 | 楚湘黔 | 1、建议将企业升级换代纳入“十二五”规划重要内容。<br>2、建议加大环境保护标准化建设力度，严格执行国家环境保护法律、法规是创建环保模范城市的基本条件。<br>3、建议在财税、环保政策方面制定鼓励企业开展清洁生产的各项优惠政策。<br>4、在全区企业中倡导以整理（Seiri）、整顿（Seiton）、清扫（Seiso）、清洁（Seiketsu）和素养（Shitsuke）为主要内容的“5S”活动。<br>5、相关部门要加大督促检查和曝光力度。 |
| 2010 | 花溪区 | 加强师资队伍建设，促进教育教学质量提高调研 | 教文卫体委 | 李莎 | 1. 合理核定学校教职工编制。优化招聘方式。<br>2. 建立花溪区教师储备制度，制定《花溪区中小学（幼儿园）教师队伍建设规划》。<br>3. 培养良好师德师风，提高教师综合素质。<br>4. 加大教育经费投入，积极改善学校办学条件。 |
| 2010 | 花溪区 | 花溪区文广局农家书屋建设工作视察 | 教文卫体委 | 李莎 | 农家书屋建设宜采用一室多用：校寨联办的形式。应充分利用各种渠道加强宣传，提高对农村文化事业建设的重视。 |
| 2010 | 花溪区 | 乡镇医疗管理五统一工作视察 | 教文卫体委 | 李莎 | 建立健全基层医疗卫生服务体系，优化管理程序，方便基层合作医疗工作。 |
| 2010 | 清溪、溪北、贵筑社区 | 花溪城市管理长效机制 | 人资环委 | 田健 | 1. 深入市场调研，加强与经营户的互动沟通。<br>2. 改革创新城市管理运行机制，优化运行质态。建立以职能相对集中为基础的综合执法机制，深化以管理重心下移为特征的属地管理机制。<br>3. 加强城市基础设施建设，完善城市功能。提高市容环卫管理标准。<br>4. 建立健全城市管理规范制度，促进长效管理。<br>5. 强化绩效考核，建立健全城市管理目标责任制，实施城市管理效能监察。<br>6. 实施城管与媒体互动宣传，创新宣传方式，活化宣传效果。<br>7. 加强执法队伍培训，做到文明执法、艺术执法、和谐执法。 |

续 表

| 时间 | 地点 | 视察调研课题 | 牵头部门 | 领队 | 主要建议 |
| --- | --- | --- | --- | --- | --- |
| 2010 | 石板镇、青岩镇、贵筑、清溪、溪北街道办事处 | 花溪社区生态文明建设工作调研 | 文史委 | 孙剑 | 1、强化居民生态文明意识。创新方式提高群众参加生态文明建设的自觉性和积极性。<br>2、加大基础设施建设，搞好环境整治。逐步解决乡镇社区基础设施薄弱的问题。<br>3、理顺工作关系，形成科学的社区管理运作机制。做的规划到位、二管理体制到位、共建意识到位。<br>4、切实改善社区办公服务用房条件。落实好市、区关于社区办公服务用房建设和管理暂行办法等规定。<br>5、解决好社区办公经费和社区工作人员工资报酬。按照出台的《花溪区城市社区工作者管理实施细则》加以落实。 |
| 2010 | 黔陶乡 | 花溪区文物保护工作视察 | 文史委 | 谌业华<br>孙剑 | 加大文物保护经费的投入。建立村级义务文物保护员激励机制。 |
| 2010 | 党武乡 | 贵州大学花溪校园扩建工程征地拆迁安置工作视察 | 文史委 | 谌业华<br>孙剑 | 指挥部将征地拆迁安置工作中好的做法和经验进行认真总结，加以推广，为花溪其他重点工程的拆迁征地工作提供借鉴。 |
| 2011 | 花溪区交通局 | 八届六次第14号主席督办提案办理情况视察 | 提案法制委 | 孙剑<br>李莎 | 1. 进一步规范书面汇报材料。主要表现为：标题错误，汇报材料主体应为交通局，不应为车站，汇报材料简单，无承办提案组织机构。<br>2. 花溪区交通局要积极配合文明办、城管局开展综合执法，建立健全长效管理机制。<br>3. 要进一步加大对乘客安全文明乘车宣传教育力度，不断提高广大人民群众的交通安全意识。<br>4. 花溪区交通客运管理所要进一步加大对新增设运营出租车监督力度，对新增区内1号和2号公交车要科学合理增加班次，缩减乘客等车时间。 |

续 表

| 时间 | 地点 | 视察调研课题 | 牵头部门 | 领队 | 主要建议 |
|---|---|---|---|---|---|
| 2011 | 松涛苑小区、博士花园小区、麒龙溪园小区 | 花溪区开展垃圾分类小区试点工作视察 | 提案法制委 | 王光华 | 1. 区政府尽快出台《花溪区开展垃圾分类小区试点工作实施方案》在组织保障方面给予大力支持。<br>2. 围绕已推广的三个小区试点工作，三个办事处和区属相关部门加大工作力度积极探索垃圾分类管理工作经验。区委宣传部门应加大宣传报道力度，让试点工作能顺利展开。<br>3. 三个办事处和区财政部门应将试点工作所需经费列入预算，给予经费保障。 |
| 2011 | 石板镇 | 贵阳金石产业园土地流转调研 | 经科委 | 秦永康 | 1、加大土地流转的宣传力度，制定促进土地流转优惠政策。<br>2、建立农村土地流转社会保障制度。<br>3、尝试借鉴外地经验，建立土地流转服务体系，组织、培育、壮大流转服务组织。<br>4、强化土地流转的规范化管理，加强土地流转监管。<br>5、制订单位土地容纳资金标准，节约使用土地资源。探索成立农村土地银行的可行性 . |
| 2011 | 石板镇孟关乡 | 贵阳金石产业园及改毛铁路货运场建设情况视察 | 经科委 | 楚湘黔 | 1、拓宽改造老中广线，加快对新中广线建设步伐，尽快开通为园区服务的南环线新的匝道。<br>2、尽快完成各条道路修建改造工作,同时完善水、气、通讯等配套设施。<br>3、加快甲秀南路金戈立交至鑫中路段的道路建设步伐。<br>4、各职能部门要深入园区做好相关服务工作。 |
| 2011 | 花溪区 | 花溪高校聚集区建设情况视察 | 教文卫体委 | 李莎 | 1. 在开发建设中要注意环境保护。<br>2. 高校聚集区在建设中和建好后要优先使用当地农村富余劳动力，解决好失地农民的就业问题。<br>3. 在高校聚集区建设工作中涉及到的部门、乡镇要积极作为，搞好服务。 |

续 表

| 时间 | 地点 | 视察调研课题 | 牵头部门 | 领队 | 主要建议 |
| --- | --- | --- | --- | --- | --- |
| 2011 | 花溪区 | 加强网吧管理的视察 | 教文卫体委 | 李莎 | 1. 各相关部门及各社区人员之间要团结协作,形成网吧管理长效机制。<br>3. 主管部门应建立覆盖全区网吧的网络监控平台。丰富监管和处罚手段，建立巡查制度，防止受罚后又照常经营。<br>4. 加强对网吧业主及从业人员的培训工作，引导他们守法经营，持证上岗。<br>5. 科学、合理地编制全区网吧发展规划，引导网吧业良性发展。<br>6. 动员社会力量参与对网吧的监督和引导。成立网吧协会，通过行业自律，营造良好的经营氛围，防止未成年人进入网吧。 |
| 2011 | 花溪区 | 巩固创卫成果，建立创卫管理长效机制调研 | 教文卫体委 | 李莎 | 1. 制定并落实社区环境卫生管理公约，规范卫生管理秩序。<br>2. 严格落实部门分工负责制，将巩固和提升创卫成果纳入环卫常规性工作。<br>3. 树立长期作战的思想,持之以恒把城市管理各项工作推向新高度。<br>4. 继续创新工作方法，推进创卫的常态化、科学化、规范化。<br>5. 坚持先服务，后执法，以强化督查促进提高执行力。 |
| 2011 | 清溪社区、九龙花园小区、麒龙溪园小区、松涛苑小区 | 提高住宅小区计生管理服务水平构建花溪和谐人文环境调研 | 人资环委 | 田健 | 1. 通过电视、报纸、广播、网络等媒体，加大对《规定》的宣传力度，提高群众对《规定》的知晓率。<br>2. 保障人口计生工作人员到位，建立健全人口计生主管部门—办事处—社区—物业小区—育龄妇女小组长（楼长）五级人口计生管理服务网络。<br>3. 创新特殊人群的服务管理体系。制定措施，加强住宅小区流动人口的服务管理。<br>4. 强化人口计生、住房和城乡建设,公安、物业公司等部门的职责任务,定期召开协调会，理顺人口计生服务管理工作。 |
| 2011 | 花溪公园、青岩镇 | 关于历史文化在花溪区景区景点中利用情况的调研 | 文史委 | 孙剑 | 1、充分利用好花溪公园这张著名的风景历史名片。将公园公安门至老花小的围墙打造成花溪公园的历史文化长廊。<br>2、充分利用戴安澜将军墓、抗战亭、“生聚教训”摩崖等具有抗战历史文化的资源，系统打造花溪公园抗战文化精品旅游线。<br>3、收录在公园留下历史文化印记的伟人名士字画、诗作、珍贵图片，建一个高品位的“名人与花溪”展馆。<br>4、提升青岩古镇品味和文化内涵，塑造古镇文化与民族风情交融共生的青岩文化。<br>5、高度重视对骑龙寨包括桐埜书屋、相邻的寺庙、周氏宗祠、周渔璜和周锺瑄的坟墓等要进行文化空间的整体保护和修葺。 |

续 表

| 时间 | 地点 | 视察调研课题 | 牵头部门 | 领队 | 主要建议 |
| --- | --- | --- | --- | --- | --- |
| 2011 | 社区、乡镇 | 花溪文化馆、文工团及乡镇文化中心建设工作视察 | 文史委 | 谌业华<br>孙剑 | 文化馆建设要纳入重要议事日程，文工团人员老化及相关问题要研究具体措施和办法，乡镇文化中心建设要更好地为群众服务。 |
| 2012 | 区政法委 | 花溪区刑侦审判大楼（政法委）纵向网络建设情况视察 | 提案法制委 | 李瑾 | 1. 统筹考虑刑侦审判大楼、法院、检察院以及在建档案馆四家单位，统一联合铺设地下光缆与政府大楼相连接，构建花溪行政中心整体信息化网络建设，提高办公效率，减少行政耗能。<br>2. 采用人劳局、财政局与政府服务中心连接的网络管道，减少铺设距离，与政府大楼网络相连接。 |
| 2012 | 区公安分局、吉林新村、花石路治安岗亭、清华中学、花溪公园、湿地公园 | 九届一次、二次主席会督办提案及委员提案办理情况视察 | 提案法制委 | 李瑾 | 1. 区公安监控系统技防层次较低。区公安局要进一步提高技术防范手段，整合资源，联合数字城管、计生网络、住宅小区网络等资源，做好治安防控工作。<br>2. 充分发挥居委会等基层群众自治性组织的作用，发动群众自发参与到治安防控中。提高街道、院落见警率，提升居民安全感。<br>3. 将大巴车站迁至溪北小区处，减少大巴车在公园门口的停放时间，缓解路口交通压力。<br>4. 加大对残专车、黑的士的教育、管理力度，减少违章占道行驶现象。<br>5. 花溪公园路口处修建地下通道，实行人车分流，各行其道，彻底解决公园路口交通拥堵问题。 |
| 2012 | 花溪区 | 花溪区乡镇公路建设及管理工作调研 | 经科委 | 秦永康 | 1、构建结构合理、系统功能完善的道路交通网络，实现全区半小时经济圈。<br>2、针对我区休闲旅游客人较多的主要景区（如：青岩古镇、天河潭等）交通拥堵、停车难、人车抢道严重等现象，应从“全域旅游”的角度合理规划布局旅游区的路网和停车场。<br>3、建立切实可行的管养激励机制。<br>4、争取上级乡、村道路资金建设项目，多方谋划解决养护资金严重不足的问题。<br>5、建议在全区各乡镇，建立道路交通安全管理站。 |

续 表

| 时间 | 地点 | 视察调研课题 | 牵头部门 | 领队 | 主要建议 |
|---|---|---|---|---|---|
| 2012 | 花溪区 | 关于对贵阳金石产业园建设情况的视察 | 经科委 | 秦永康 | 1、尽快完成园区规划，规划发展中要考虑文化建设。加快投资建设园区内的配套设施。<br>2、要尽快启动“中广线”小河段部分工程，以免造成石板镇和金竹镇交界处因排水管网缺失引发水患。<br>3、将工业化与城镇化统筹起来考虑，实现联动发展．园区要争取向省政府申请，争取“三化同步”先行先试。<br>4、金石产业园要加速城镇化的步伐。<br>5、要大力发展农村非农产业。加强农村劳动力从事非农产业的技能培训，把农民工逐步纳入城镇社会保障体系。 |
| 2012 | 花溪区 | 花溪文化场馆的建设调研 | 教文卫体委 | 吴同恒 | 1. 花溪两馆建设以及体育中心建设项目采取与我区重大招商引资项目捆绑的形式解决。<br>2. 以招商引资形式、建设花溪文化遗产传承基地。<br>3. 加强公共文化事业的公益性建设。<br>4. 加大政府投入,解决村级农家书屋管理经费、文化活动经费、乡镇(社区)文化服务中心改扩建经费。 |
| 2012 | 花溪区 | 花溪区农村卫生室建设视察 | 教文卫体委 | 李莎 | 1. 卫生室选址要合理，要有安全保障。<br>2. 村医要签订合同，积极争取提高村医待遇。<br>3. 应结合花溪实际有效提高农村医疗设施水平,保障农民就医方便。 |
| 2012 | 花溪区 | 溪南高中、贵璜中学建设情况视察 | 教文卫体委 | 李莎 | 新校舍要适应素质教育的需求，具有地域特色和文化气息。要充分宣传发动各方力量，建成建好几所学校。 |
| 2012 | 花溪 | 花溪区人民医院外科大楼建设现状视察 | 教文卫体委 | 李莎 | 基础设施建设要达到省内同级医院先进水平，着力培养或引进技术能力更强的专业人才。走出去与发达地区医院结对合作，打造专科特色。 |

续 表

| 时间 | 地点 | 视察调研课题 | 牵头部门 | 领队 | 主要建议 |
|---|---|---|---|---|---|
| 2012 | 花溪水库、阿哈水库 | 花溪区集中式饮用水源保护调研 | 人资环委 | 田健 | 1. 加大资金投入，安排专项资金保护水源。争取国家、省、市对口部门资金支持。<br>2. 区住建局要立即实施花溪城区管网改造项目。天河潭新城指挥部、区园区办、石板镇政府要尽快完成金石产业园区规划环评，启动污水收集管网和污水处理厂等基础设施建设。区城管局要完成花溪水库、松柏山水库一二级保护区垃圾收集处理设施建设，尽快启动花溪南部垃圾焚烧发电项目。<br>3. 花溪区住建局、城管局、久安乡、石板镇、贵筑社区、溪北社区要加大对水源一级保护区内拆违控违工作的监管力度。<br>4. 尽快完成一级饮用水水源保护区农户、农田、农作物和道路规划的编制。<br>5. 区督查督办局要加大水源保护督查力度，督促各责任单位认真开展整治，确保完成各项工作任务。<br>6. 进一步加大宣传力度，提高群众保护饮用水源的意识。 |
| 2012 | 花溪高坡石门 | 花溪区地质灾害防治情况视察 | 人资环委 | 田健 | 提出建立警示标识、扩充专业人员队伍、完善防灾预案、加大监管力度、加大资金投入的建议。 |
| 2012 | 贵筑社区服务中心 | 花溪区流动人口管理和计生工作视察 | 人资环委 | 田健 | 提出要加大宣传、加强整合力度、强化流动党员管理和服务、主动将流管工作与重要场合相结合的建议。 |
| 2012 | 黔陶乡 | 黔陶骑龙村历史文化资源保护及开发利用调研 | 文史委 | 孙剑 | 1、逐步修复包括桐埜书屋、石普寺、周渔璜故居、周渔璜墓、周钟瑄墓等历史遗迹。<br>2、桐埜书屋的修缮要规划建设，重点建立以介绍周渔潢、周钟瑄等周氏历史名人及有关历史文化为主的“桐埜书屋陈列馆”。<br>3、编制桐埜书屋原址复建方案。<br>4、重视周渔璜故居、周钟瑄墓、周氏宗祠的抢救性保护。利用周锺瑄在台湾嘉义市（原台湾诸罗县）的影响，建立两地文化、经济发展交流。 |
| 2012 | 贵州花溪大学城 | 贵州花溪大学城视察 | 文史委 | 孙剑 | 建议在劳动力就业、农资供应等方面优先考虑花溪本地人员，帮助拉动周边经济和对花溪本地考生在招生时给予一定的政策优惠，让花溪的子弟能就近入学。 |

续 表

| 时间 | 地点 | 视察调研课题 | 牵头部门 | 领队 | 主要建议 |
| --- | --- | --- | --- | --- | --- |
| 2012 | 黔陶乡 | 周渔璜、周钟瑄文物保护工作视察 | 文史委 | 谌业华<br>孙剑 | 1. 加强宣传引导，着力解决开发建设中遇到的实际困难和问题。<br>2. 立足桐埜书屋周边环境，做好周边环境综合治理，在文物区域内严禁乱砍滥伐、开荒种地。<br>3. 挖掘文化内涵，加快以石普寺、周仲瑄纪念馆、周渔璜墓为主的景区基础设施、配套设施建设。将人文景观的开发与农业观光相结合，向生态文化旅游发展。 |
| 2013 | 阳光就业家园 | 花溪区阳光就业家园建设管理情况视察 | 提案法制委 | 李瑾 | 1. 企业作为阳光家园的参与者，相关职能部门应帮扶爱心企业做大、做强，使企业在参与建设中发挥更大力量。<br>2. 对家园内戒毒康复人员管理要灵活、创新，提高康复人员自信。<br>3. 家园建设工作应加强统筹协调，考虑让青岩镇政府、所在地村委会参与到管理中来。<br>4. 不断总结阳光就业家园工作经验，形成科研成果，更大范围地指导禁毒工作。 |
| 2013 | 区法院 | 花溪区法院（小河巡回法庭）工作开展情况视察 | 提案法制委 | 李瑾 | 1. 增加管理原小河地区的法庭机构数量和人员编制，解决办公场所拥挤的实际困难，方便当事人诉讼。建议在原小河地区分片区新设立清浦法庭、三江法庭、金竹法庭并尽快落实法庭的选址和规划工作，加快建设速度，使三个法庭早日投入运转。<br>2. 多渠道解决工作经费。<br>3. 进一步做好司法前移工作，提前介入区域经济发展，为花溪区经济社会发展保驾护航。<br>4. 要加强对法官生活、家庭和思想方面的关心，解决好法官后顾之忧。 |
| 2013 | 区公安分局。明珠、三江等社区 | 花溪区“两严一降”工作情况视察 | 提案法制委 | 李瑾 | 1. 增加人员编制，提高工作经费，从而减轻工作压力，提高办案质量。<br>2. 公检法机关优先办理两严一降案件，针对刑事案件快捕快诉快判。加大两严一降工作力度，威慑罪犯。<br>3. 社区与派出所加强联系，在信息资源上达到共享，加大对犯罪的监控和打击力度。 |

续　表

| 时间 | 地点 | 视察调研课题 | 牵头部门 | 领队 | 主要建议 |
|---|---|---|---|---|---|
| 2013 | 花溪区公安分局、综治办 | 花溪区社会治安综合治理工作调研 | 提案法制委 | 李瑾 | 1. 坚持打防结合，遏制刑事案件高发势头。区政法部门在开展两严一降专项行动严厉打击违法犯罪活动的同时，必须强化治安防范工作，有效地减少犯罪的机会和条件。<br>2. 坚持内外结合，压缩城乡结合部犯罪空间。区政法部门要连同辖区各行政企事业单位、乡（镇、社区）、村（居）等，内部通过服务管理，外部通过打击震慑，营造严打高压态势。<br>3. 坚持专群结合，打造群防群治网络体系。坚持点线面相结合的宣传策略，提升群众治安防范意识。 |
| 2013 | 孟关乡 | 贵阳国际汽贸城基础设施建设调研 | 经科委 | 秦永康 | 1、建议加大协调相关业主单位调拨资金投入使用；积极探索各种融资方式。<br>2、加快花溪水厂、中曹水厂及孟关水厂建设，加快建设城市供水系统。<br>3、完善污水处理工程配套设施并启动运行。<br>4、加快完善汽贸城规划沿富源路、陈孟路等片区主干道的 10KV 中压配电线路建设。<br>5、园区建设中要加强园区开发建设与城镇化建设统筹，理顺管理体制，增加园区发展活力。做好老百姓的安置工作。 |
| 2013 | 花溪区 | 花溪区部分“非公有制”企业情况视察 | 经科委 | 秦永康 | 1、结合《关于加快非公经济发展意见》的贯彻落实，制定适合本区实际的具体措施，切实实施政策扶持。<br>2、公路等基础设施方面和产业布局方面都应该超前规划。<br>3、制订单位土地容纳资金标准，着力提高土地容资强度，节约使用土地资源。<br>4、帮助企业提升竞争力、做大做强企业，重视企业人才的引进与培养。<br>5、拓宽融资渠道。 |
| 2013 | 花溪区 | 乡镇卫生院、计生服务站整合和改扩建工作视察 | 教文卫体委 | 吴同恒 | 在整合中发挥各自的优势资源，方便患者就医用药，使他们享受到更好地医疗服务水平。 |
| 2013 | 花溪区 | 优质教育资源的整合使用视察 | 教文卫体委 | 吴同恒 | 加强义务阶段初级中学的建设，实现初级中学花溪中心区的全覆盖，强化同级学校教育教学水平的互动提高。利用新建楼盘的校舍资源，合理配置义务教育阶段的教育资源，发展均衡教育。 |

续 表

| 时间 | 地点 | 视察调研课题 | 牵头部门 | 领队 | 主要建议 |
| --- | --- | --- | --- | --- | --- |
| 2013 | 花溪区 | 花溪区乡镇综合文化楼建设视察 | 教文卫体委 | 吴同恒 | 根据文化大区的城市定位，加快我区文化事业的全面发展。 |
| 2013 | 花溪区 | 花溪区民办教育现状与发展调研 | 教文卫体委 | 吴同恒 | 1. 统一思想，提高认识。<br>2. 重视人才，建好队伍。<br>3. 强强联手，扩大办学。<br>4. 注重安全，防范风险。<br>5. 搞好储备，建设在先。<br>6. 行业引导，全面扶持。 |
| 2013 | 黔江社区 | 社区基层体制改革后人口计生工作现状视察 | 人资环委 | 何勇 | 加大宣传力度，充实加强计生队伍；落实计生工作经费；协调相关职能部门，搭建人口数据共享平台；开展多部门联动执法的建议。 |
| 2013 | 青岩小学、青岩农贸市场 | 花溪区小城镇建设情况视察 | 人资环委 | 何勇 | 挖掘青岩特色文化；完善基础设施建设；在完成评价指标的基础上，着力保护古镇特色和历史文化。 |
| 2013 | 桐木岭、久安乡、羊昌坝 | 花溪区公租房建设及管理工作调研 | 人资环委 | 何勇 | 1. 加大宣传力度，提高群众知晓率。<br>2. 强化部门联动，搭建信息平台。<br>3. 完善管理机制，充实管理力量。进一步完善公租房的申请、审核、公示、轮候、复核制度，建立区、乡（镇、社区）、居委会三级管理网络。<br>4. 规范物业管理，强化维修维护<br>5. 加强租赁管理，强化租金收缴。 |
| 2013 | 黔陶乡、高坡乡 | 花溪区古营盘遗址遗产文化调研 | 文史委 | 孙剑 | 1、加强对古营盘遗址遗产文化的广泛宣传和研究，充分挖掘其潜在的历史文化价值。<br>2、做好古营盘文化遗产的保护和规划，确保古营盘遗址的完整性和真实性。<br>3、根据需求积极引进考古、建筑、规划、文物、地质及相关学科人才。<br>4、对极有价值和可开发利用的古营盘遗址，要投入经费加以保护。 |

续 表

| 时间 | 地点 | 视察调研课题 | 牵头部门 | 领队 | 主要建议 |
|---|---|---|---|---|---|
| 2013 | 青岩镇 | 花溪区申报国家级文物和贵惠路花溪段建设情况视察 | 文史委 | 谌业华<br>孙剑 | 青岩古道作为国家级文物，应该加强重视，继续挖掘和拓宽思路，将古驿道加以延伸，在保护中加以开发，使之能为古镇旅游增添风采。要加大文物保护工作和相关知识的宣传，宽拓思路挖掘文物的价值，让更多花溪人、贵阳人了解花溪。 |
| 2013 | 花溪区 | 尽快落实原国民党防空学校抗战阵亡将士公墓重建工作视察 | 文史委 | 孙剑<br>李瑾 | 将现址进行保护修缮。在规划、设计、资金到位后再进行重建。 |
| 2014 | 久安乡现代高效茶叶示范园 | 久安现代高效茶叶示范园建设工作视察 | 提案法制委 | 李瑾 | 1. 吸取经验教训，以发展的眼光进行规划和施工，对工程质量和农户种植要制定制度和标准，按制度管人，按标准管事。<br>2. 通过提高技术含量，减低污染排放，解决水源保护区的建设用地及基础设施建设手续合法化问题。<br>3. 利用贵阳大数据产业的优势，积极与相关部门对接，寻找与其他科技产业的结合点，分产业技术和人才技术两方面加强技术投入。<br>4. 采取走出去的办法，与区外企业合作，进行茶叶加工，加强自身生产设备升级改造，区相关部门要扶持区内加工企业，帮助其提升加工技术和生产工艺。<br>5. 结合古茶树园的特点，进行包装和宣传工作。 |
| 2014 | 孟关乡司法所、贵筑片区司法所 | 花溪区依法治区和六五普法工作视察 | 提案法制委 | 李瑾 | 1. 加强对依法治理工作的认识，周密部署，精心组织，务求取得实效。<br>2. 切实加强对普法依法治理工作的组织领导，在人、财、物等方面落实到位，形成层层抓落实的工作格局。<br>3. 建立长效的协调联动机制。<br>4. 创新举措，抓重点，克服按部就班的方法，整合资源，形成全社会参与的格局。<br>5. 为基层司法所增加人员编制和工作经费。加强对基层司法工作人员的管理和培训。加大宣传，争取离退休干部、教师加入到社区矫正志愿者队伍中来。 |

续 表

| 时间 | 地点 | 视察调研课题 | 牵头部门 | 领队 | 主要建议 |
| --- | --- | --- | --- | --- | --- |
| 2014 | 经开区拆违现场、花溪区拆违现场、花溪区农贸市场、垃圾中转站 | 花溪区城市管理及综合执法工作情况调研 | 提案法制委 | 李瑾 | 1. 成立花溪区城市管理委员会，整合执法资源。<br>2. 多部门联合执法，形成城市管理合力。<br>3. 加大城市管理经费的投入。区城管局积极申报项目，争取各级资金投入，用于环卫、市政设施设备的修复和提升。<br>4. 做好城管队伍人员编制参照公安人员比例配备，进行适当提高。<br>5. 建立诚信记录管理工作机制。将诚信记录机制引入我区的城市管理工作中。<br>6. 实施城市管理与司法、宣传、媒体互动宣传。 |
| 2014 | 孟关乡 | 花溪区“两港一中心”项目建设调研 | 经科委 | 秦永康 | 1、要尽快抢占先机，使项目尽快运行。<br>2、加快推动投资方主要负责人与我区项目负责人进行坦诚交流，争取早日签订《合作协议》和《补充协议》。<br>3、把该项目列入区旅游文化创新行动计划中，以产业类项目进行土地一级开发。<br>4、“两港一中心”要以完善城市物流服务功能为核心，拓展内陆物流的枢纽功能。<br>5、要提高防范因土地引发的不稳定因素。进一步加大基础设施投入，尤其是要尽快建设花溪区东西向主干道。尽快编制我区物流业产业发展规划；构建有利于物流业发展的环境。 |
| 2014 | 孟关乡 | 对经开区奇瑞万达贵州客车股份有限公司、装备工具行业协会部分企业的视察 | 经科委 | 秦永康 | 1、建议对招商引资项目的用地需求，结合两区土地资源，进行统筹安排、合理布局。<br>2、关于员工居住区的问题：建议一：通过公开招投标方式选聘物业服务企业，实行市场化的物业管理，建议二：尽快进行该片区的棚户区改造，从根本上解决该片区的管理问题。<br>3、对于园区企业引入的高端人才的子女读书问题，建议由园区办统一负责审核，就近安排到漓江小学和三十四中等优质中小学入学。<br>4、建议经开区进一步加大对标准厂房的建设力度，尽可能满足中小企业生产厂房的需求。<br>5、建议经开区进一步协调有关部门加大投入，满足园区企业的生产用水需求。 |

续 表

| 时间 | 地点 | 视察调研课题 | 牵头部门 | 领队 | 主要建议 |
| --- | --- | --- | --- | --- | --- |
| 2014 | 花溪 | 花溪区新增教学资源整合运用情况视察 | 教文卫体委 | 吴同恒 | 1. 加强超大班额学校改进，实现高级中学花溪中心区的覆盖。<br>2. 根据我区实际及花溪周边区（市）教师收入待遇、绩效管理办法，提升教师待遇，强化教师激励机制。<br>3. 对缺编教职工特事特办，从绿色通道到师范院校招聘，应面向社会公开招聘选拔。<br>4. 学校对各类隐形风险作出评估，做好预案。将安全管理措施制度上墙，责任到人。 |
| 2014 | 花溪 | 推进花溪区“两馆一中”心建设工作视察 | 教文卫体委 | 吴同恒 | 1. 完善基础设施，尽快启动两馆一中心项目建设。<br>2. 落实政策，加大财政投入，建全建好公共文化阵地。 |
| 2014 | 花溪 | 花溪区电影院线建设工作视察 | 教文卫体委 | 吴同恒 | 1. 行业主管对招商项目强化跟踪指导，搞好协调服务。<br>2. 对全区院线建设进行科学规划，培育合理有序的影院市场。<br>3. 加大日常监管巡查，治安防范。<br>4. 借助溪城时代国际影城团队熟悉花溪市场，富有专业精神的特点，支持其在花溪区打造一所贵阳市顶级专业影院。 |
| 2014 | 花溪 | 全科医生签约服务工作情况调研 | 教文卫体委 | 吴同恒 | 1. 加大宣传力度，提高居民参与的自觉性。<br>2. 加强全科医生队伍建设。<br>3. 进一步规范全科医生团队签约服务工作。<br>4. 进一步完善和巩固双向转诊制度。<br>5. 健全完善政策补偿机制。<br>6. 制定严格的资金使用制度。 |
| 2014 | 青岩污水处理厂、石板污水处理厂 | 花溪区污水处理厂建设情况调研 | 人资环委 | 邹吉鸿 | 1. 强化部门联动协作，落实项目建设相关手续，使该项目整体推进。<br>2. 加快设备设施，管网建设和管理，做到污水应收尽收。协调贵安新区落实石板污水处理厂尾水排放事宜，加快石板污水处理厂尾水排放建设。<br>3. 积极协调，多渠道筹集，确保项目资金及时到位。<br>4. 完善安全设施，强化安全措施，防止安全事故发生。<br>5. 积极推进污水处理厂运行，让项目尽快发挥作用。 |

续 表

| 时间 | 地点 | 视察调研课题 | 牵头部门 | 领队 | 主要建议 |
| --- | --- | --- | --- | --- | --- |
| 2014 | 青岩镇 | 第九届省旅发大会花溪区筹备工作情况视察 | 人资环委 | 邹吉鸿 | 1. 强化协调和对接，促使市旅文集团筹资尽快到位。<br>2. 处理好质量与进度的关系。<br>3. 进一步强化安全管理。<br>4. 进一步挖掘文化，促进文化与旅游融合发展。 |
| 2014 | 青岩镇、洛平大沟、养牛大沟、花溪水库水源保护搬迁点 | 花溪区创模工作视察 | 人资环委 | 邹吉鸿 | 1. 要部门联动，形成例会制度，及时解决工作中存在的问题。<br>2. 已建好的污水处理厂及排污管网要运行起来，减少水源的污染。<br>3. 在建项目要落实具体方案，强化协调督促，确保项目尽快完工。<br>4. 花溪城市垃圾综合处理工程进度要加快，尽早实现城镇垃圾无害化处理达 95% 以上目标。<br>5. 建立并起动问责机制，对工作不力，办事拖拉，造成影响的要进行问责，对问责机制出台后产生的新问题实行零容忍。 |
| 2014 | 花溪区 | 国民党中央防空学校在花溪有关史料调研 | 文史委 | 孙剑 | 1. 持续开展防空学校在花溪的史料收集论证工作，挖掘其历史文化内涵。<br>2. 加强对现存实物的清理和保护。在修缮公墓时，建议将原公墓的碑文等进行还原。要有专项资金，组织专业队伍真正抓落实。<br>3. 对防空学校现存和已采集到的图片、文字等相关资料，区档案馆要加以收藏和保管，以便今后研究花溪相关历史查询。 |
| 2014 | 档案局 | 花溪区档案馆建成搬迁及相关工作视察 | 文史委 | 谌业华<br>孙剑 | 1. 力争增加 1-2 个编制，解决人员编制不够的问题。<br>2. 要引进和培养档案管理专业人才。<br>3. 要加大对档案工作经费的投入。<br>4. 进一步提升档案公共服务能力和水平，确保创建全省级新农村建设档案工作示范县工作的完成。 |
| 2014 | 青岩镇 | 青岩古镇开放文物景点复建、修缮、陈列等工作视察 | 文史委 | 孙剑 | 1. 区委、区政府及相关部门为区文物管理所增加 1-2 个编制，解决人员编制不够的问题。<br>2. 出台相关制度，确定一定比例，从门票收入中提取资金，作为文物保护以及管理专项费用。<br>3. 区委、区政府就青岩镇对外开放的文物保护单位的管理问题向有关方面呼吁，制定科学的、具有操作性的管理制度，理顺青岩镇对外开放文保单位的管理体制。<br>4. 区委、区政府牵头对青岩镇的文物保护级别进行全面的捆绑提升。 |

续　表

| 时间 | 地点 | 视察调研课题 | 牵头部门 | 领队 | 主要建议 |
| --- | --- | --- | --- | --- | --- |
| 2015 | 花溪区、经开区公安分局 | 花溪区禁毒工作视察 | 提案法制委 | 李瑾 | 1. 加强乡（镇、社区）与派出所联动，切实发挥党委、政府主要负责人为召集人、公安派出所、各居（村）参加的禁毒工作联席会协调机制作用，形成联动配合机制。<br>2. 对患有艾滋病、其他有传染病的特殊群体的吸毒人员，区卫计局要尽快牵头协调建立花溪区特殊病区，建成集中收戒的场所。<br>3. 加大禁毒工作培训力度。<br>4. 将禁毒经费和区政法委各项经费预算单列，适当调整增加禁毒工作的专项经费，让禁毒经费运行、使用上具备独立性和灵活性。为部分乡（镇、社区）禁毒办配齐 2 名以上工作人员（其中 1 名为正式在编）。 |
| 2015 | 花溪区法院 | 花溪区人民法院司法体制改革试点工作视察 | 提案法制委 | 李瑾 | 1. 推进以审判为中心的审判权运行机制。<br>2. 加强制度建设和执行工作。<br>3. 加强审判管理和监督工作。充分利用信息化手段，尽快建立符合司改特点的法院管理和监督的全新模式和机制，并通过律师、人大代表、政协委员、信访等监督渠道加强全院的案件管理和监督工作。<br>4. 加强人员和经费保障工作。建议将中央政法委明确的司改试点法院办案补贴纳入财政保障，在硬件、信息化建设等更新的资金上给予支持，以保障司改的顺利进行，使依法治区的工作走向正轨。<br>5. 对司法体制改革后新的立案审判方式进行广泛的社会宣传，改变以前法院办案时间久、程序复杂的印象，增强群众办事依法、遇事找法、解决问题用法、化解矛盾靠法的意识。 |
| 2015 | 桐木岭、田园南路沿线及云上村周边 | 花溪区再生资源行业管理工作调研 | 提案法制委 | 李瑾 | 1. 区政府结合我区经济社会发展水平、资源条件、行业状况等实际情况，尽快出台我区再生资源回收体系建设的整体规划。<br>2. 结合实际研究制定我区再生资源行业管理的地方规定，为统一规范管理提供制度保障。<br>3. 建立部门协调机制、明确责任、形成齐抓共管的工作合力。并充分发挥好行业协会的桥梁和纽带作用。<br>4. 建设我区再生资源回收、加工、分拣、交易的专业市场。<br>5. 加大宣传教育。 |

续 表

| 时间 | 地点 | 视察调研课题 | 牵头部门 | 领队 | 主要建议 |
|---|---|---|---|---|---|
| 2015 | 花溪区 | 花溪区蔬菜产业化发展调研 | 经科委 | 张朝洲 | 1、合理布局花溪蔬菜产业，最大限度发挥土地利用率。<br>2 、进一步完善基础设施配套建设，实施菜地红线保护。<br>3、加快土地利用制度改革和农村产权改革进程。<br>4、加强品牌建设，完善蔬菜信息化服务，推进流通体系向纵深发展。<br>5、加大培训和科技服务力度。加强蔬菜安全监管。 |
| 2015 | 孟关乡 | “贵阳传化智能公路港项目”建设情况视察 | 经科委 | 张朝洲 | 1、建议把不符合土地利用总体规划的用地纳入贵阳市土地利用总体规划中调整解决。或者申请由贵州省统筹解决土地问题。<br>2、尽快将项目控规细则方案按程序审定，以便确定规划用地红线范围和规划技术指标。<br>3、建议省、市、区加大对花溪区东西向路网的建设；<br>4、基础设施配套的规划建设上要做好统筹。要考虑与周边的衔接。<br>5、要高度重视村民的合理诉求，及时处置调解矛盾纠纷。 |
| 2015 | 花溪区 | 花溪区卫生计生工作机构整合情况调研 | 教文卫体委 | 张朝洲 | 1. 进一步理顺基层卫计单位人事关系。<br>2. 尽快完善乡镇卫计中心领导机构。<br>3. 加强对基层卫计单位的业务工作督导检查。<br>4. 增加人事调配招考数额。 |
| 2015 | 花溪区 | 取消环城高速南环线收费制度调研 | 教文卫体委 | 张朝洲 | 南环线作为一条城市过境高速已逐渐演化为花溪重要的快速通道，建议取消对南环线的收费，充分发挥其对花溪经济社会发展的作用。 |
| 2015 | 贵筑社区天鹅村摆克组、青岩镇摆托村 | 花溪区农村村庄环境综合整治项目实施情况视察 | 人资环委 | 邹吉鸿 | 1. 制定好花溪农村村庄环境综合整治规划，细化实施方案。<br>2. 多渠道整合资金，确保项目顺利落地，实现有效推进。<br>3. 区生态局加强项目后续运行管理指导，落实运行管护费用，建立相关的管理制度，确保项目有效运行。<br>4. 加强宣传引导，提高认识，提高村民爱护环境、保护环境的意识。<br>5. 以花溪创建旅游创新区为契机，将农村环境综合治理项目与美丽乡村建设有机结合。 |

续 表

| 时间 | 地点 | 视察调研课题 | 牵头部门 | 领队 | 主要建议 |
| --- | --- | --- | --- | --- | --- |
| 2015 | 燕楼工业园区 | 花溪区城市生活垃圾综合处理项目建设情况调研 | 人资环委 | 邹吉鸿 | 1. 花溪区项目指挥部要加强对该项目的整体统筹，确保项目严格按设计图纸要求、按规定程序和施工计划顺利推进。<br>2. 要加强施工人员指导和培训，提高施工人员安全意识及安全操作水平。<br>3. 区相关部门主动对接经开区、南明区相关部门，落实好此会议纪要精神。<br>4. 花溪区相关职能部门要提前介入，主动与项目业主沟通，掌握该项目的操作生产过程，了解自己的监管职责。<br>5. 广泛宣传垃圾分类知识，推广市民进行垃圾分类。 |
| 2015 | 黔陶乡 | 周钟瑄文化交流中心及周氏宗祠项目建设视察 | 文史委 | 谌业华<br>孙剑 | 1. 区文化旅游创新区建设项目指挥部及相关部门加强项目资金的拨付，解决资金不足问题。<br>2. 有关部门要高度重视文物保护，争取资金把周渔璜故居门头进行修缮。<br>3. 对明清时期的生产、生活用具进行征集，以丰富周钟瑄文化交流中心今后的展陈内容。<br>4. 进一步加大对历史人物周钟瑄的宣传，可通过拍摄周钟瑄专题片，利用电视、报刊等进行广泛宣传，让花溪人乃至贵州人都知晓历史人物周钟瑄为官善政、为官廉洁的突出政绩。 |
| 2015 | 青岩镇 | 青岩景区文化提升情况视察 | 文史委 | 谌业华<br>孙剑 | 1. 在旅游规划发展中开展红色旅游路线，将红军长征过青岩的故事融入青岩旅游文化发展项目中，并与高坡、黔陶的红色文化融为一体连片开发，形成一条旅游线路。<br>2. 可以借鉴其他地区的经验，采用套票的形式将青岩景区及区内其他景区连为一体，留住游客。<br>3. 大力开发美丽乡村旅游，可以开发古镇周边的村寨，如龙井村、三王庙小摆托等 6 个在建的美丽乡村的布依族、苗族等民族特色村寨。<br>4. 设计带有自身特点的形象标识，印制在青岩的旅游产品上，扩大其影响面，吸引更多的游客到青岩旅游。 |

续 表

| 时间 | 地点 | 视察调研课题 | 牵头部门 | 领队 | 主要建议 |
| --- | --- | --- | --- | --- | --- |
| 2015 | 高坡乡 | 高坡乡红色文化资源保护和利用情况调研 | 文史委 | 孙剑 | 1. 通过建设文化旅游创新区的优势，重视和加强对高坡红色文化的研究和宣传，提升高坡红色文化的知名度和影响力。<br>2. 重视对高坡红色文物的保护。由区级拨付专项经费将书写红军标语的民房收购，将房屋修整后作为高坡红色文化展厅，通过陈设展示再现当年红军过高坡的情景。红军居住地遗址中遗存的红军标语及漫画要采取措施加以保护。<br>3. 对高坡红色文化积极开发利用。有效开发旅游线路，可开发黔陶——高坡重走红军路的教育活动，形成内容丰富的旅游线路。由区级拨付专项经费将红军墓从集镇中心派出所后院迁回原址王坡或另选址迁移，建成高坡爱国主义教育基地。 |
| 2016 | 明珠社区、阳光社区 | 花溪区社区规范化建设情况视察 | 提案法制委 | 李瑾 | 1. 社区由党委统揽，打造基层协商民主平台。<br>2、利用好政协委员进社区载体，拓宽渠道让委员知情参政，发挥好自身优势，向党委、政府提出好的意见和建议。<br>3. 进一步创新社会管理和服务模式，为通过政府购买服务实现自我造血提供有益参考。<br>4. 要优化队伍、提升素质，要做到以人为本，深化服务，完成从过去的管理型向现在的服务型的转型工作。<br>5. 继续做好典型培育。进一步探索实践社会治理和群众工作花溪模式，纵深打造花溪社会建设升级版。 |
| 2016 | 花溪区 | 花溪农村电子商务建设情况视察 | 经科委 | 张朝洲 | 1. 降低电子商务准入门槛，鼓励更多的农村有志青年通过网店形式投资创业。<br>2.. 加强物流体系建设，解决物流的“最后一公里”问题。<br>3.. 加强农村电子商务的监管，建立健全管理制度。<br>4.. 要加强农村教育和培训，建议把电子商务相关知识技能纳入农村初中教育。<br>5、. 建议每年财政安排专项资金支持农村电子商务发展。 |
| 2016年 | 高坡乡 | 高坡乡苦蒿冲提水工程建设情况视察 | 人资环委 | 邹吉鸿 | 1、加强领导明确责任。<br>2、提高村民保护水源意识。<br>3、加强宣传、形成共识，促进项目有序推进。<br>4、加强现场管理，严格把关，保证工程质量。<br>5、高坡乡及水务、财政、监察等相关部门应尽快召开项目现场会，就项目建设过程中出现的设计变更、投资增加情况进行汇审，保证项目顺利推进。<br>6、加强水务专业干部队伍建设。 |

# 第三章　学习与宣传

2006年5月，区政协委员学习中共中央〔2006〕5号文件

## 第一节　委员学习

区政协围绕区委、区政府中心工作，组织政协委员和各界人士开展学习活动，是区政协一项经常性的重要工作。学习的主要内容有马列主义、毛泽东思想、邓小平理论、“三个代表”重要思想、科学发展观、中共中央领导一系列重要讲话精神、时事政策和政协统战理论。

一、例会学习。区政协常委会、主席会、专委会坚持把学习放在首位，区政协第七届委员会期间，主要学习中共十六大精神、胡锦涛总书记“七一”重要讲话和贾庆林主席视察贵州时的重要讲话精神、《中共中央关于进一步加强中国共产党领导的多党合作和政治协商制度建设的意见》《中共中央关于进一步加强人民政协工作的意见》、省市区（委）全会精神以及其他政协统战理论。第八届委员会期间，主要学习中共十七大精神及中共中央《关于加强人民政协工作的意见》、贵州省委《关于进一步加强人民政协工作的实施意见》。第九届委员会期间，主要学习胡锦涛在庆祝中国共产党成立90周年大会上和庆祝人民政协成立60周年大会上的重要讲话、中共十七届六中全会精神、国发2号文件。学习中共十八大和十八届三中、四中、五中全会精神及关于协商健全民主制度、充分发挥政协在民主协商建设中重要渠道作用的有关精神，学习总书记习近平一系列重要讲话和在中共中央、全国政协庆祝人民政治成立65周年大会上的讲话精神、省委书记赵克志在省委、省政协举行的庆祝人民政协成立65周年大会上的讲话精神等。

二、专题讲座和培训。政协第七届至第九届委员会期间，组织委员专题学习辅导11次。

邀请贵州大学、省委党校、省委讲师团、市委讲师团专家、教授及省政协领导授课。内容有“政治文明与政协工作”、“学习政协新章程”、“党的十七大精神”、“生态文明知识”、“学习实践科学发展观”、“统筹解决人口问题，为建设生态文明城市营造良好的人口环境”、“怎样撰写提案”和”领导沟通的策略与艺术”、“十二五”规划、“做一名合格的政协委员”及“提案与参政议政”。

区政协编辑出版的委员学习手册

组织委员学习培训 2 次。2014 年，组织委员到贵州省社会主义学院举办为期 3 天的培训。参加委员及机关干部共 138 名。培训内容有政协统战理论、提案撰写、贵州省情、协商民主、委员职责等。通过培训，委员对政协统战理论知识的认识和理解有所提升，委员正确履职的方法得到拓展，促进委员之间的交流。2015 年，组织政协委员和政协机关干部 40 名到全国政协委员培训黄岛中心参加为期 8 天的培训。学习《中共中央关于全面深化改革若干重大问题的决定》《中共中央关于全面推进依法治国若干重大问题的决定》《中共中央关于加强社会主义协商民主建设的意见》《中国共产党第十八届中央委员会第五次全体会议公报》，听取“人民政协讲坛”名家授课 5 次，有推进国家治理现代化、发挥政协优势，为国家文化事业作贡献、人民政协的理论与实践、不断提高人民政协履职能力现代化水平、网络空间安全态势及应对等内容，委员们学习后拟写学习心得体会。

三、编印《政协委员学习手册》和订阅学习资料。政协七届至九届委员会，编印《政协委员学习手册》第五集至第十八集，约 92 万字。内容有时事政治、政协理论知识、政协工作研究等等。每年为每位委员订阅一份《贵州政协报》，机关订阅《人民政协报》《中国政协》《文史天地》《贵阳文史》等资料报刊。

## 第二节　宣传工作

区政协宣传工作，坚持围绕中心，服务大局的原则，组织对区政协全会、常委会议、主席会议等重要会议的新闻报道；组织对区政协领导、专委会视察和调研及委员活动的新闻报道；进一步加强同各新闻单位的联系，充分发挥新闻媒体宣传政协工作主渠道作用。通过省市区报刊、电视台、编印图书、印发简讯等多种形式，广为宣传政协履行政治协商、民主监督、参政议政职能和服务中心，推进基层政协事业发展所取得的成功经验，展示政协委员建言献策，尽职尽责，奉献才智的精神风貌。区政协七届委员会，每年召开宣传部门和新闻单位参加的政协宣传工作会议，总结宣传工作经验，提高政协宣传工作实效。完善“关于加强和改进政协宣传工作的意见”，在委员中培训通讯骨干、与区新闻信息中心联合办专版专刊。

政协八届委员会，召开政协工作宣传会议2次，制定了区政协《关于进一步加强政协宣传工作的意见》和区政协办公室《关于加强政协宣传信息网络建设的办法》。政协第九届委员会，加强与贵州政协报和花溪新闻信息中心的联系与交流，积极为扩大政协影响创造条件。

一、政协会议及委员活动的宣传。每年全会，大会宣传组制定宣传工作方案，实行分工负责，明确任务。全会期间，除新闻信息中心对会议主要事项从始至终进行报道外，区政协文史宣传学习委员会在2003至2016年，牵头编辑《参政议政》专刊23期，内容有政协工作亮点、委员风采、视察调研意见建议、委员提案选登、委员发言及关注热点、政协工作影像等等。常委会、委员活动及其他政协工作的宣传，在花溪新闻或高原明珠花溪报上每年都有约80余条（次）的宣传报道。

二、参加“宣传人民政协好新闻”评选。在贵阳市第九届至第十五届“宣传人民政协好新闻”评选活动中，区政协宣传稿件2篇稿件获一等奖，即《贵阳日报》刊登的“传输信息，上传下达”、《贵州政协报》刊登的“七个关注：助推花溪经济社会发展”；3篇稿件获二等奖，即《贵州政协报》刊登的“把政协工作这盘棋走活出新”、“为十里河滩再现明镜风光”、“主席会议督办重要提案落实”；5篇稿件获三等奖，即《贵州政协报》刊登的《花溪区政协工作围绕“新”字做文章》《花溪区政协专题调研成果丰硕》《花溪区政协民主监督工作措施具体效果明显》等。在区政协全会上受表彰的稿件18篇。

三、政协宣传稿件的采用。2003至2006年，在《人民政协报》《贵州日报》《贵州政协报》《贵阳日报》《文史天地》《贵阳文史》花溪报等媒体发稿200余篇。其中，《贵州日报》1篇、《贵阳日报》2篇。2007-2010年，《贵州政协报》采用稿件29篇，《贵州日报》《贵阳日报》分别采用1篇。2011-2015年《贵州政协报》刊登《花溪区政协积极参政议政助推经济社会发展纪实》《花溪区政协提案工作管窥》《花溪区政协工作纪实》《花溪区政协积极参与贵阳金石产业园区建设管窥》《有实招、有作为、有成效——花溪区政协2013年工作拾粹》《助推科学发展，关注民生民意，促进社会和谐——花溪区政协提案工作扫描》《履职尽责助发展，为民务实促和谐》《纵深打造花溪发展升级版》等宣传人民政协的稿件35篇（条）。

2007年，区政协召开政协宣传信息工作会议

# 第四章　经济科技委员会工作

2013 年 5 月 22 日，政协委员视察汽贸城建设

区政协经济科技委员会根据常务委员会和主席会议的工作部署，组织委员就全区经济发展中的重点、难点、热点问题进行专题调研，并收集社情民意，向党委、政府及有关部门提出意见建议，促进全区经济、科技和社会事业的协调发展。经科委与区对口部门联系与合作，参加相关会议及活动。与贵阳市各区、县、市政协经济委员会联系，交流信息、开阔视野、促进工作。承办常务委员会、主席会议及市政协对口专委会交办的其他工作。

组织委员开展调研，完成《关于花溪区农村劳动力资源及就业情况的调研》《关于花溪区非公有制经济发展的调研》《花溪特色农业发展现状及对策建议》《关于花溪旅游产业税收情况的调研》《关于贵阳国际汽贸城基础设施建设的调研》《关于花溪区“两港一中心”建设情况的调研》《关于花溪区蔬菜产业化发展的调研》等调研报告，提出建议 168 条。

组织委员开展视察，撰写《旅游产业对经济发展作用》《关于对贵州清华紫光科技园和全国农产品加工业花溪基地项目建设的视察报告》《花溪区农业结构调整中示范户的作用和存在问题》《我区民营企业“三之陶艺有限公司”经营情况》《从花溪旅游业看财源建设》《关于花溪区药业企业发展的调查》《关于螃蟹井、平桥景区拆违及田园路建设的视察》《关于对我区部分非公企业“三创一办”工作的视察》《关于对花溪区部分“非公企业”的视察》《关于对经开区奇瑞万达贵州客车股份有限公司、装备工具行业协会部分企业的视察》《关于对贵阳传化智能公路港项目建设的视察》等视察报告，提出建议 159 条。

组织委员深入基层，发挥政协优势，开展科技下乡宣传，在高坡乡、马铃乡等乡镇培训农业技术知识 1500 余人次。在帮助贫困村发展中，协调资金、物资等帮助乡镇村发展电力、道路、水利、危房等建设，支持高坡乡发展“黑毛猪”、“高坡红米”等。每年深入基层为企业发展、为贫困地区村民脱贫致富、为乡镇发展等做了大量实事。在孟关乡帮助解决失地农民的出路问题，引导农民遵循市场规律，积极培育经济合作组织，大力发展农村集体经济。在石板镇，帮助企业排忧解难，协助开展招商引资，如引进美食广场、银杏树等企业落户合朋村，为村民创造就业机会。在金竹镇烂泥村，帮助村支两委就道路（贵安大道烂泥村段）建设拆迁工作进行讨论，形成 16 条建议，报有关部门参考。在参与金石产业园建设和“7+2”同心扶贫工程工作中，协调区属部门和高坡乡、马铃乡、石板镇在实施“美丽乡村”建设、集镇改造、公路建设、扶贫帮困、房屋拆迁等方面做了大量工作，推进部分项目的实施和完成。

# 第五章 教文卫体委员会工作

2014 年 10 月 17 日，区政协教文卫体委员会视察溪南高中

教文卫体委员会是政协常委会下设的专门委员会之一，由教育、文化、卫生、体育等界别和相关民主党派的政协委员组成。主要职能是：联系本委员会及相关界别的委员学习、宣传党和国家的有关方针政策，反映社情民意；组织委员就花溪区有关教育、文化、卫生、体育方面的重要问题调查研究，提出意见、建议和提案；就社会生活中的重要问题，举办工作通报会和座谈会；组织各种活动，为委员知情出力、履行职责创造条件。2007 年至 2016 年 6 月，教文卫体委开展的主要工作有：

组织委员开展视察调研，教文卫体委按照政协常委会总体工作部署，围绕区中心工作，抓住事关全局，事关人民群众切身利益的问题，开展视察调研。重点课题有《花溪区新型农村合作医疗现状》《花溪民族歌舞亟待传承发展》《关注民生，深入开展全民健身运动》《加强师资队伍建设，促进教育教学质量提高》《巩固“创卫”成果，建立“创卫”管理长效机制》《花溪文化场馆的建设》《关于我区民办教育现状与发展》《关于花溪电影院线建设工作》、《关于全科医生签约服务工作情况》《关于我区卫生计生工作机构整合情况》《关于建议取消环城高速南环线收费制度》等。调研后经讨论研究，作出调研报告，提出意见和建议 78 条。《花溪区新型农村合作医疗现状》的调研报告，经区委区政府转发有关部门，区卫生局专题发文逐项提出落实意见，调研成果转化为政府决策、推进工作的重要参考依据。针对对口联系部门的工作，开展《花溪区有线电视村村通工程》《农村义务教育中儿童辍学情况》《花溪区‘两基’迎‘国检’工作》等 23 项视察，提出意见建议 167 条。在开展视察的同时，结合工作需要调整方法，2010 年 1 月组织区卫生局向区政协主席会专题汇报2009年度工作，使主席会更广泛、详细了解政府工作部门的工作情况。

每年全会期间，教文卫体委委员提出《建议修建青岩中小学新校区专用通道》《关于将林深路划归花溪区人民医院管理的建议》《修建文化场馆，建好文化大区》《花溪一中校园安全建设刻不容缓》《关于为红阳小区设置安装健身设施的建议》《关于协调开通贵阳到小孟工业园公交车的建议》《搞好文化场馆建设，建好文化大区》《关于将金世旗小区学校建成花一中分校的建议》等提案。提案立案后，还跟踪、监督、协调、帮助提案的办理落实。

组职教育、卫生界委员并联系其所在行业的专业人士到农村送课送医。如到燕楼中学、高坡中学、马铃中心完小等学校开展“听课与评课”“同课异构”“兴趣教学法”等送课活动，到湖潮上午村、马铃谷增村开展“抗凝冻保民生”送医送药活动。

配合相关部门为石板镇关口寨修建进村道路争取资金10万元，为高坡垌口村美丽乡村建设争取资金10万元，为马铃乡谷中村豆腐加工作坊修建争取资金10万元。

# 第六章 人口资源与环境委员会工作

区政协人口资源与环境委员会2006年12月成立，根据《中国人民政治协商会议章程》的要求，联系有关部门和社会团体，围绕人口、资源、环境和可持续发展领域的战略性、综合性、全局性、前瞻性的问题开展视察调研，通过调研报告、视察报告、政协信息、委员提案、提案督办、社情民意等形式，提出意见和建议，供区委区政府决策参考。区政协八届委员会以来，开展的主要工作有：

组织专委会委员学习党的十七大、十八大会议精神，省委、市委、区委全会精神，学习《中共贵阳市委关于建设生态文明城市的决定》《贵阳市人民政府关于落实科学发展观，加强环境保护的决定》、习近平总书记在庆祝中国人民政治协商会议成立65周年大会上的讲话精神以及人口、资源、环境保护法律法规，让委员了解政策，把握工作重心和主线，提高专委会委员综合素质及履职能力。

围绕人口、资源、环境及经济发展中出现的重点、热点、难点问题开展视察、调研工作。组织委员讨论，选择视察、调研课题，制定视察、调研方案，开展调研10次，视察11次，提出意见和建议81条，就花溪区失地农民问题、花溪区森林资源管护问题、乡村旅游发展、城市管理、住宅小区计生管理服务工作、受凝冻灾害水利设施恢复重建情况、“民家养老”民生行动示范建设、区工业发展状况、区交通运输管理工作、区集中式饮用水源保护现状、区公租房建设及管理工作、区污水处理厂建设情况、区城市生活垃圾综合处理项目建设情况、区地质灾害防治情况、区流动人口管理和计生工作、区小城镇建设情况、区社区基层体制改革后人口计生工作、第九届省旅发大会花溪筹备情况、区“创模”工作进展情况、区农村村庄环境综合整治项目进展情况等工作进行视察、调研，并提出意见和建议，为党委政府决策提供参考。有些意见和建议得到了区委、区政府的采纳，如：《关于花溪区失地农民问题的调研报告》

2015年8月26日，区政协人资环委调研垃圾焚烧厂

区委领导批示："业华、松华同志：这个问题非常重要，非常关键，非常紧迫，关系到重点项目实施的成败。请你们认真究政协这个调研报告，细致地提出花溪区解决失地农民问题的具体措施，起码在重点项目区，甚至在南环线范围内，有条件、有必要把这个问题有规划、有计划地付诸行动，把这些地方建设成为新农村的示范区，成为推进城镇化的主战场，要敢于破题。这样，才能长治久安，人民群众才会热爱我们的城市，才会成为城乡居民共同的幸福家园，否则农民就是流民，甚至就会成为对抗政府的力量。今年要抓农村养老保险，重点项目区可以先抓起来，请政协继续跟踪督促此事，必要时，政协和重点项目指挥部可以组织些人去外省学习考察。"

按照市政协的倡导，组织花溪区森林保护志愿者队伍参加相关活动，组织政协委员、机关干部、学生、企业员工、村民等参加各类活动5次，参加人数达50000余人次，编发简报5期，通过志愿者行动，增强了花溪区的森防工作力度，降低森林火灾的发生率，提升了全民的森防意识。2007年以来，参加省市政协组织活动7次，组织"的哥的姐看交通、普通市民谈用水"的主席约谈会。

《借旅发大会东风，推动我区文化旅游融合发展》《关于加大对清华中学周边饮食摊点整治力度的建议》和《关于取缔青岩镇中心完小大门左侧人行道饮食摊点占道经营的建议》等督办提案，人资委与区法制办和承办责任单位协商对接，组织专委委员深入现场督办，较好完成提案办理。

2015年以来，人资委走村访寨，了解村民生产生活情况，协调有关部门帮扶，完成燕楼镇旧盘村同步小康工作。为旧盘村协调到森林防火经费1万元。

# 第七章 文史工作

## 第一节 概况

2011年6月9日，区文史资料编辑人员在《高原明珠花溪》首发式上

2003年以来，区政协文史资料工作在常委会、主席会的领导下，按照全国政协和省、市政协文史与学习委的工作要求，有序开展花溪文史资料征集编辑出版工作。

政协第七届委员会期间，召开文史资料组稿会议3次，编辑出版花溪文史资料3辑，34万余字。

政协第八届委员会，区政协文史宣传学习委制定了文史资料工作规划，强调要把具有较高史料价值，较好教育作用，较强可读性，能产生较大社会效益与经济效益的选题作为史料征集的重点。编辑出版贵州旅游文史系列丛书《高原明珠花溪》、《参政议政》画册和《花溪记忆》画册。同时，积极为省市政协征集文史资料。区政协文史宣传学习委员会荣获贵州省文史资料工作先进单位称号，受到表彰。

区政协第九届委员会，认真贯彻学习全国、省、市政协文史工作会议精神，始终把文史资料工作作为社会主义文化事业的重要组成部分，把发展历史科学与服务现实社会有机结合起来，坚持“三亲”的写作要求，严把政治关、史实关、文字关，使征集出版的史料图书少出差错。坚持广博的征集原则，文稿不拘体裁、不拘长短，多说并存。坚持广泛的协作共事，加强与省市文史专家联系，寻求多方面的支持，聘请离退休文史工作老同志从事编辑工作，并与有关部门联系与协作，使文史资料工作力量得到加强，效率得到提高，质量得到提升。2011-2016年，编辑花溪文史资料3辑，35余万字。为贵阳市政协编辑出版《商业的变迁》《交通发展历程》《城市建设发展历程》《贵阳百年教育》征稿组稿39篇，稿件均得到采用。

区政协把编辑文史资料作为存史、资政、团结、育人的重要阵地和窗口，发挥其社会功能作用。政协第七届委员会至第九届委员会期间（2003-2016年），编辑出版花溪文史资料选辑第十辑至第十六辑。

## 第二节 文史资料征集

按照省、市政协安排开展征集。2009年，按照省政协文史与学习委关于《贵州旅游文史精编.中部卷（贵阳）》的征稿要求，专门组织区文史工作老领导及有关老同志召开会议，从历史文化、文物古迹、自然风光、民族风情、风物特产等方面开展征集，征集稿件20余篇，选送省政协文史与学习委13篇。2008-2015年七年间，为贵阳市政协编辑出版《浪潮（贵阳市改革开放三十年纪实）》《见证（我与筑成的故事）》《穿越（贵阳工业历程亲历、亲见、亲闻）》《贵阳商业的变迁》《跨越（贵阳交通发展历程）》《聚变贵阳城市建设发展历程》《贵阳百年教育》等书征集各类稿件80余篇，照片30余幅。

以花溪文史资料选集为载体开展征集。2003年3月至2004年2月，征集稿件60余篇，作为花溪文史资料选集第十辑《高原明珠花溪人》的内容；2005年，征集花溪文史资料选集第十一辑《名人与花溪》稿件63篇；2006年，征集花溪文史资料选集第十二辑《高原明珠花溪人（续集）》稿件50篇。2008年，征集花溪文史资料选集第十三辑《贵阳清华中学七十年专辑（1983-2008）》稿件44篇，近20万字，照片200余张；2013年，将2008年起组织政协委员对青岩古镇军事文化进行调研后征集的稿件15篇作为花溪文史资料选集第十四辑的主要内容重新整理，增加并丰富相关文稿，征集稿件44篇，近11万字，插图50余幅；2014年，征集文史资料第十五集《花溪交通、工业、商业发展见闻》稿件30篇，近10余万字，图片50余张；2015年，征集花溪文史资料选集第十六辑《周钟瑄文化研究资料专辑》稿件40余篇，近12万字，图片50余张。

围绕重点出书计划开展征集。一是《参政议政》（花溪区政协工作纪实）和《花溪记忆》画册的征集。2006年底，区政协拟定初步方案。2007年，按照编辑政协画册的方案征集政协工作图片700余张，内容有全国、省、市政协领导视察花溪，政协全委会、常委会、主席会、专委会、工作研讨会、两个文明经验交流会、政协视察与调研、政协委员学习、政协宣传及文史工作、政协友好往来及考察、政协委员活动和智力支边工作等。2011年6月，区委、区政府决定编辑《花溪记忆》老照片画册。区政协通过举办征集活动新闻发布会，召开省、市摄影名家座谈会等征集方式，征集到花溪老照片1000余张。老照片先制作成展板，在中共花溪区第十次代表大会会场和花溪公园展出，广泛征求社会各界的意见和建议。2011年，《花

2011年6月2日，区政协举办《高原明珠花溪》首发式，省政协副主席吴嘉甫（中）、文史与学习委主任姚钟伍（左六）、市政协副主席张承新（左七）等领导出席

溪记忆》照片集从千余幅照片中选用370余幅编印出版。二是贵州旅游文史丛书《高原明珠花溪》的征集。2010年，区政协按照《高原明珠花溪》征稿方案，采取通过区新闻中心在电视、报纸上刊载征稿启事，请旅游局、文化局、档案局等单位提供资料，与省内外作者约稿等方式广泛征稿，征集稿件120余篇，图片数百张。

## 第三节　文史资料编辑出版

《高原明珠花溪人》。2004年，区政协为宣传花溪，用花溪身边的先进人物、先进事迹激励花溪人，征集为花溪经济社会发展作过贡献、在科学、教育、文化等方面有所建树的50位人物的先进事迹资料，汇编《高原明珠花溪人》，作为花溪文史资料第十集出版。2006年，扩大花溪先进人物的征集范围，编辑出版《高原明珠花溪人》续集。

《名人与花溪》。花溪自上世纪30年代以来，就有众多中央领导、民国政要、文化名人、社会贤达驻足，留下许多珍贵的历史足迹，这在全国一个县级行政地区是少有的。2005年，

区政协编辑出版的文史资料

收录来过花溪的党和国家领导人周恩来、邓小平、江泽民、胡锦涛，民国政要蒋介石、冯玉祥、戴安澜，花溪籍历史人物赵以炯、赵国澍、姚茫父，文化名流巴金、叶圣陶、苏步青以及国外友人和其他知名人物共58人与花溪相关的资料，邀请有关专家学者，用两年多的时间挖掘、筛选、考证，编辑成《名人与花溪》，作为花溪文史资料选辑第十一辑出版。贵州省数学学会理事长、民族学院教授李长明看到《名人与花溪》后来信说："知道花溪山水美的人很多，但知道这么多名人来花溪的却不多，编著此书很有意义，值得珍藏"。清华中学校长听说《名人与花溪》出版后，提出购买200本，让每个教师人手一册。省内外相关人士看到该书在花溪公众信息网上刊登，纷纷来函来信要书。花溪许多中小学校把该书作为德育教材教育学生。

《贵阳清华中学七十年专辑》。2006年底，清华中学校长周进向区政协文史宣传学习委提议编辑花溪文史资料清华中学专辑。2008年，《贵阳清华中学七十年专辑》，作为花溪文史资料选辑第十三辑出版。内容有清华70年、名人在清华、学子谈校长、校友忆母校、话说清华人、榜上清华人、清华精神释、高考30年和解读老照片。

《青岩古镇军事文化集萃》。青岩镇入选中国历史文化名镇后，区政协于2008年组织文史委委员就青岩的军事文化进行调查研究，征集到到从土司制度时期到解放初期青岩军事方面的文稿15余篇，近7万字。2013年，区政协将这些资料作为花溪文史资料选辑第十五辑的主要内容重新整理，编辑成军事文化探讨、土司制度时的青岩、修建青岩城及军事设施、古代主要战事、红军过境贵筑县、抗战时期大后

2011 年 9 月，区政协开展花溪区征集老照片活动

摄影家向主编谌业华介绍老照片

方及军事大事记等八个部分的书稿，花溪区委书记李泽为书作序。

《高原明珠花溪》。2006 年，区政协第八届委员会把编辑贵州旅游文史系列丛书《高原明珠花溪》作为文史工作五年工作建议中的一个重要内容。2010 年，编辑工作全面展开，为完成并做好这本书的编辑工作，区政协组建编辑班子，邀请省政协文史与学习委主任姚钟伍、区委书记朱桂云、区人大主任任渝生、区委副书记、区长向虹翔、市政协文史与学习委主任陈金萍及市志办领导王亚平、郑荣晴为顾问，区政协主席谌业华任编委会主任，副主席王光华、孙剑、楚湘黔、田健、李莎任编委会副主任。由区政协文史宣传学习委主任郭霞任执行主编。全书 16 万字，插图 240 张。图片中有新旧对照，集历史性与现实性为一体。作家徐成淼读后评论为是"高原明珠的一张立体名片"。《高原明珠花溪》的编辑出版，得到社会各界的鼎力相助。省政协原副主席吴嘉甫为本书题辞，市政协副主席张承新为本书作序，区委书记朱桂云题写书名；我省著名作家及学者王鸿儒、徐成淼、王蔚桦、罗大胜、吴秋林、安文新、吴正光、唐文元等为本书撰稿。

《花溪记忆》。2011 年 9 月，区政协开展"花溪记忆"老照片征集活动，征集到老照片 1000 余张。2011 年 12 月中旬，选出具有代表意义的照片 370 余张。《花溪记忆》的编辑出版得到花溪各机关单位和省、市、区摄影家及广大市民积极支持，画册编委会主任、区政协主席谌业华，编委会副主任、区政协副主席、宣传部长王光华亲自三次组织召开征集老照片新闻发布会、编委会、审稿会，直接对编写提纲进行修改。贵州省摄协副主席彭年、区摄协原主席李小毛等摄影家对本书的征稿、编辑都付出心血。《花溪记忆》分栏目为悠悠情缘、名人足迹、要事活动、教文卫体、建筑遗风、多彩风情、百姓往事。

《周钟瑄文化研究资料专辑》。为编写该辑，区政协与"周钟瑄文化交流中心"、"周氏宗祠"建设项目指挥部下设的文史资料收集组密切配合。区政协从政协工作经费中拿出 10 万余元开展征编工作。对工作人员赴荆州、高唐、邵武等周钟瑄曾任职的地方查阅有关历史文献给予经费上的保障；专门聘请两位编辑人员负责编辑工作；对出版经费给予保障。2015 年 10 月，《周钟瑄文化研究资料专辑》出版发行。

# 第八章　社情与民意

## 第一节　概　况

社情民意是人民群众关注的热点、难点问题以及有识之士对改革开放、经济发展和社会稳定提出的警示性、预见性和批评性的意见和建议。了解和反映社情民意，向党政部门提供决策信息，督促职能部门解决工作中存在的问题，既是人民政协履行职能的重要基础和关键环节，也是人民政协履行职能的重要形式。人民政协日益广泛的代表性和政治上的巨大包容性，使之成为了解和反映社情民意的重要渠道。

区政协采取多种形式了解和反映社情民意，使社情民意工作经常化、规范化、制度化，创办《社情与民意》简讯，下发《关于在政协委员中组建<社情民意>信息员网络队伍的通知》，制定《花溪区政协<社情与民意>信息工作制度》，制定《政协花溪区委员会了解和反映社情民意工作实施细则》，对信息报审、信息跟踪督办、信息保密、信息采用有奖、信息工作布置与总结表彰作系统明确。2005 年以来，政协委员提出 300 余条“社情与民意”，信息内容涉及农业农村发展、道路交通建设、医疗卫生保障、文化和环保等方面，其中有 11 件受到表彰。在 2009 年开展的科学发展观活动中，区政协为进一步发挥委员主体作用，号召委员主动关注民生、体察民情，下发《花溪区政协关于落实科学发展观广泛征集委员社情民意的通知》，得到委员的积极回应。信息注重收集政协委员及其所联系的各界人士对国家和本地区大政方针、重要决策的制定、建设生态旅游区等的意见和建议。如 2011 年 9 月花溪区国家湿地公园向市民开放后，公园的运作得到委员的高度关心，在 2012 年的九届二次全会上，委员通过《社情民意》提出“国家湿地公园免费向市民开放”的建议，区委、政府同意该建议，现湿地公园已完全对市民免费。反映的信息突出政协的界别特色，做到真实准确，有价值有分量，快收集、快整理、快报送。

## 第二节　社情民意建议选录

### 关于消除九八五五厂污水污染农田的建议

贵筑办事处桐木村三组村民有部分良田受到九八五五厂污水污染，十分严重。有的农户收成减半，有的农户全无收成，给该组农户的生产生活带来极大影响。

建议区政府分管领导督促区环保局、办事处，相关村委与九八五五厂协调商议，由农户出土地，九八五五厂出资金，对工厂排污水沟进行加宽加大，把一条长期污染的泥土沟建造成水泥沙石结构的牢固沟，这样一来，厂房污水畅通排放，农户农田能够种植，生产生活均不受影响。

（彭大经）2012年2月10日

## 关于在花溪大道“老牛马市场”处设置斑马线或红绿灯的建议

花溪大道“老牛马市场”处属居住密集区，人员流动量大，随着经济的发展，车流量也在增多，在该处狭窄的十字路口，人车混行现象严重。同时，该处位于下坡地段，车辆经过时车速时常过快。鉴于以上原因，此处常多发交通事故，导致人员死伤。

建议政府相关部门引起高度重视，在此处设置斑马线或红绿灯以利于车辆、人员有序通过，确保交通安全。

（田为民）2013年3月1日

## 关于整治花溪溪北路小商小贩占道经营的建议

近年来，由于花溪至金阳，花溪至贵阳煤矿村等车站移至花溪溪北路段上，导致该路段人流量加大，加上小商小贩长期在此处占道经营，造成溪北路延至花溪大桥路段道路拥挤，行人难以通过。甚至还不时有闲散人员在此处聚众赌博。脏、乱、差现象严重。给市民出行带来不便，给花溪的市容、市貌造成不良的影响。希望有关部门及时进行整治、监督。建议城管、公安等主管部门进行及时有效的整治、监督、管理。

（谌洪英）2013年3月1日

## 关于解决花溪公园周边道路交通拥堵问题的建议

长期以来，花溪公园大门周边道路交通相当拥挤，原因是花溪公交车站紧邻花溪公园大门，多条公交车线路及各种车辆与行人、游人混行，造成道路拥堵及交通安全隐患。希望区有关部门积极采取措施尽快解决。

建议取消现在的花溪车站，改为绿化地带，将新建的车站移至新区政府附近。

（陶健）2013年3月1日

## 规范道路管理，提升城市品质

溪北路、清溪路口处的紫光停车场（地上）入口设在溪北路人行道上，该入口的边延堡坎起到了入口醒目的作用，却完全占用了行人道路。该地段人员流动频繁，道路使用量大。此建筑不仅影响了普通行人的行走，更使得盲障人群无法在该处通行。

建议拆除占道堡坎，恢复道路畅通。

（项彦丽）2013年3月1日

## 希望增开行政中心到小河的公交车

2012年11月，原花溪区、原小河区撤销，成立了新的花溪区，新花溪区的行政区划扩大，原两区群众较之前来往更加频繁。由于没有从花溪区行政中心到小河的直达公交车，干部职工和群众办事交通很不方便。目前，只有市204路公交车从花溪到油榨街途经小河，车次较少，往返时间较长，无法满足群众出行需求。因此，两地干部、群众希望区有关部门科学规划线路和站点，增开区行政中心到小河的直达往返公交车，为干部群众出行办事提供方便。

建议把原花溪区内的2路车站点延长到小河，增加运行车次，或增设3路公交车从行政中心直达小河。

（梁国同）2013年3月1日

## “四季花溪”对行人的安全隐患

最近，花溪部分群众反映“四季花溪”楼盘所建的楼房，由于挤占人行道，影响了周边的环境，给人一种压抑感，同时住房凉台延伸到人行道上，行人过路没有安全感，存在不安全隐患，群众对此意见很大。现“班芙小镇”楼盘又不顾花溪形象，将建筑围墙修建在人行道上，严重影响了此路段的的景观。

建议有关部门加强监管、整改，规范花溪楼盘相关设施的修建。

（唐家瑜）2013 年 3 月 1 日

## 关于在中小学校门附近道路设置减速设施的建议

据很多的家长反映，我区中心城区中小学校附近道路均未设置减速带或其他减速设施。在上学、放学的高峰期，车辆高速通过的现象比比皆是，给尚未成年的学生造成了极大的安全隐患。

建议相关部门拨付专项资金，在中心城区中小学附近设置减速带或其他减速设施。

（佘云云）2013 年 3 月 1 日

## 关于重视花溪社区职工文化场所建设的建议

建设文化旅游创新区，要重视社区职工文化建设，不论是明珠社区服务中心管辖的原和平大礼堂，还是阳光社区服务中心管辖的原花溪文化宫，曾经都是花溪市民看电影、节目演出、娱乐的地方，随着旧城改造，拆除后，没有安排新的地方修建，导致社区的文化娱乐场所非常缺乏。建议政府部门应重视社区职工文化场所建设。

（廖俊文）2015 年 2 月 26 日

## 关于解决花溪停车难的建议

截止 2014 年 7 月，我区现登记机动车已突破七万余辆，但停车位不足 2 万个，目前，“车辆”均以每年 12% 速度增长，而路增幅仅为 2%–4%，停车及行车难已经不适应花溪的发展，成为了群众非常关注的民生问题，故提议在今后的规划过程当中应充分考虑停车场作为大型住宅、商业等区域的配套设施，同时在中心城区建设立体停车场，缓解花溪停车难的问题。建议：1、增设停车场；2、规划设计停车场配套；3、分时段、区域临时停放车辆。

（孙剑）2015 年 2 月 26 日

# 第九章　民主评议工作

按照政协《章程》要求，实行以批评建议和协商讨论为主要形式的民主监督，是履行政协职能的有效形式。

2006 年，区政协对民政局的工作效能进行评议

## 一、民主评议的基本内容、程序和方法

民主评议的基本内容是对部门和乡镇对国家宪法、法律、法规的实施，重大方针政策的贯彻执行情况，相关制度的建立和执行及服务质量、执法水平、队伍形象、工作落实情况和国家机关及其工作人员履行职责、遵纪守法、为政清廉等方面进行综合评议或专项评议。

民主评议的程序是政协党组报经区委同意，由政协各专委牵头，每年选择 1 — 2 个政府部门或乡镇，对其工作进行民主评议。对一些重要部门的评议，由区政协常委会和主席会进行评议，以加大评议力度，提高评议效果。对被评议单位做出综合或专项评价，形成评议报告，送被评议单位及其上级领导部门。

民主评议的方法是问卷调查、座谈走访、视察、听取汇报等。

## 二、民主评议工作组织领导

区委、区政府把区政协的民主评议工作作为加强效能建设的重要措施，围绕推进区委、区政府决策事项落实，支持政协发挥民主监督职能。区政协及各专委（办）主动加强与政府及工作部门的联系与协作，组织委员做好民主评议工作，让委员“知区情、理民情”，切实履行好民主监督职能。

## 三、民主评议工作开展情况

2005 年，开展对区卫生局、区乡企局 2 个部门评议的试点。2006 年后对区民政局、区发改局、区农业局、区城管局、区水利局、区旅游局、区林业绿化局等部门开展效能评议。通过制订评议方案，成立评议领导小组，召开动员大会、座谈走访、问卷调查、查阅资料，调研提出对部门效能建设情况的评估报告。区政协常委会专题听取部门效能建设情况汇报，进行“满意、比较满意、一般、不满意”四项测评。政协民主评议部门工作，既肯定部门工作中的成绩，又指出不足和提出建议，并督促整改，支持部门推动工作，拓宽政协履行民主监督职能的途径。

# 第十章　委员联络与联谊交往

## 第一节　委员联络工作

区政协按照“在政协建立健全委员联络机构，完善委员联络制度”的要求，探索委员联络以及管理考核工作的新途径，主要开展以下工作：

### 一、建立完善“三项制度”

1、建立完善政协领导联系民主党派和政协委员制度

往届区政协都建立了区政协联系政协委员的相关制度，但对联系委员的指标规定过于死板，缺乏可操作性和灵活性，在实施过程中也很难完成。九届区政协主席会经过认真研究，结合区政协的实际情况，对原有制度进行简化、细化，建立区政协领导联系民主党派和政协委员制度，由主席总负责，副主席分别联系一个民主党派支部、一个委员界别小组和分管的专委会委员，加强与花溪区7个民主党派支部（总支）经常性联系，不定期召开各民主党派支部（总支）主委座谈会，就有关问题进行协商沟通。指导和参加区政协各专委会和各界别小组开展的调研视察活动，走访委员所在单位、学校和企业，帮助协调解决委员反映的困难和问题，加强与委员的联系沟通。

2、建立完善委员管理考核制度。由于《政协章程》对委员日常管理没有明确的规定，党委部门对委员的协商产生与政协的委员管理脱节，所以基层政协对政协委员管理工作缺少指导性文件，对委员的管理操作比较困难。在党的群众路线教育实践活动中，区政协结合征求的意见并依据2014年3月贵州省政协出台的《政协委员管理暂行办法》，制定《花溪区政协委员管理暂行办法》，并印发全体区政协委员，加强对委员的教育和管理，使委员在履行职能、服务花溪经济社会发展中真正发挥作用。

3、建立完善委员履职通报制度。区政协主席会根据委员的实际情况，决定从2012年起对区政协常委参加政协常委会以及委员参加全体会议的情况在全体委员范围内进行通报，以增强委员的履职意识，作为换届时委员去留的依据，通报制度实行以后，委员履职的自觉性和积极性得到提高。

### 二、搭建“三个平台”

1、开展委员界别小组活动，搭建参政议政平台。

由于在2015年之前花溪区政协在社区、乡镇还没有建立常设的政协委员联络组织，所以委员活动都是以界别小组为单位来开展。从2012年撤销原花溪区和原小河区成立新花溪区后，花溪区政协委员的规模达到324人，实有委员286人。为加快委员的融合，区政协按界

别把委员分为7个界别小组，区政协主席会成员带队，主动上门走访原小河区的政协常委和委员，加强思想上的沟通和交流。同时，要求每个委员界别小组每年组织开展2次以上委员界别小组活动，每个小组活动经费在3000至5000元，由政协委员联络办协调组织开展。

三年来，各委员界别小组围绕花溪大学城项目建设、花溪孟关国际汽贸城项目建设、花溪区职业教育现状、农村合作医疗工作开展情况、美丽乡村建设、高坡风电项目建设，青岩古镇建设、马铃乡经济社会发展、农村留守儿童现状、打造汽车文化产业走廊、久安茶产业发展、马铃乡农业产业结构调整、高坡乡一事一议工作、青岩古镇旅游业发展及大兴国寺建设、燕楼工业园区建设、民族村寨保护与开发等开展30余次视察调研，一方面通过视察让委员知情明政，提高委员参政议政的积极性，一方面发挥委员的界别优势为花溪区的经济社会发展建言献策。

2、建立委员短信和信息交流群，搭建委员联系平台。

为加强与区政协委员的网络信息沟通，提高政协会议、活动通知的效率，收集委员反映的社情民意，2013年，区政协与移动通信公司联系，建立委员短信平台，同时建立信息交流平台（QQ群）。两年来，委员联络办配合区政协办公室向委员发送围绕“三创一强一提升”开展“新型社区温馨家园”活动和积极支持、配合和参与“一创四办”工作等方面内容的通知短信和公益性信息4000余条。通过在信息平台上传区政协简报、信息和通知，使委员及时了解政协的工作动态，同时，帮助委员解决困难和问题，搭建政协机关与委员、委员与委员之间的交流平台。

3、组织委员进行大会发言，搭建建言献策平台

委员大会发言是政协委员与区领导和政府部门面对面协商的重要渠道，为提高政协委员发言的质量，增强建议和意见的针对性和可操作性，区政协委员联络办按照主席会的要求，组织各民主党派支部和委员界别小组积极开展视察调研，知情明政。委员在视察调研的基础上，根据掌握的第一手资料撰写大会发言材料。三年来，委员联络办收集整理编印各民主党派支部和政协委员大会发言材料66篇，委员提出工作建议200余条，内容涵盖全区经济建设、政治建设、社会建设、文化建设和生态文明建设等方面。区政协九届四次会议《大会发言材料》呈送区委、区政府后，区委主要领导认真看完了《大会发言材料》并作出重要批示：“很好！这些发言材料都是与民生密切相关的事情，请政府相关职能部门认真研究、吸纳，采取措施推动各自工作的发展。”区委主要领导在九届五次会议的12篇委员大会发言材料上签署意见，要求区委、区政府和相关部门对委员提出的问题认真研究落实。

## 三、开展“三项工作”

1、主动与党委部门对接，开展委员增补调整工作

政协委员涉及面广，工作变动较快，情况不容易掌握。委员联络办主动与区委组织部和相关委员界别小组联系，对政协委员实行动态管理，随时掌握委员工作区域、单位、职务和转非、退休等情况，及时向区政协党组汇报，并与区委统战部对接，做好委员的增补调整工作。两年来，与区委组织部、统战部配合，增

补调整委员 31 名，补选政协副主席 2 名、政协常委 3 名。

2、积极配合市政协，协调开展驻区市委员视察调研工作

2015 年 12 月 8 日，区政协工商联界委员与久安乡委员联络组委员对久安乡经济社会发展情况进行联合视察

为充分发挥驻区贵阳市政协委员参政议政作用，使委员知情明政，履行职责，三年来，委员联络办按照市政协的要求和区政协主席会的安排，组织部分驻区市政协委员对我区同步小康创建工作、城市市政道路建设情况和花溪大学城建设情况、孟关国际汽贸城建设情况进行实地视察，市政协委员积极建言献策，对我区同步小康创建工作、花溪城市市政道路建设、花溪大学城建设以及孟关国际汽贸城建设提出 20 余条建议。

3、围绕全区工作中心，开展委员监督评议推荐工作。

按照区委、区政府的工作部署以及政协工作的需要，委员联络办积极组织推荐政协委员参加区文明办开展的“多彩贵州文明行动”和“绿丝带”志愿巡查队，参加区政府街面整治工作咨询会、区国税局教育实践活动测评和区公安分局“警营开放日体验活动”、区检察院案件听证会，参加区质监局民主监督工作，参加花溪区科级干部公推竞岗的推荐工作，参加共青团与人大代表、政协委员面对面活动，参加贵州省投资环境考核评价等工作，发挥政协委员的民主监督、参政议政职能，使政协委员知情明政，在参与工作的过程中进行民主监督、参政议政。

## 第二节　社区（乡镇）政协委员联络组

市委《关于转发 < 市政协党组关于开展政协委员进社区（乡镇）活动的意见 > 的通知》（筑委〔2015〕35 号）下发后，花溪区迅速贯彻落实《意见》精神，对区政协委员进社区（乡镇）活动的相关工作进行部署。

区政协召开党组会议和主席会议，传达学习《意见》精神，并按照区委的要求，结合花溪实际拟定《关于开展政协委员进社区（乡镇）活动的实施方案》（草案）及《花溪区社区（乡镇）委员联络组组长建议名单》报请区委常委会研究。区委研究同意后于 7 月 29 日转发了《关于开展政协委员进社区（乡镇）活动的实施方案》（花委〔2015〕32 号），在全区部署委员进社区（乡镇）活动。8 月 18 日，区政协召开常委会审议通过 27 个社区（乡镇）委员联络组组长、副组长建议名单，任命各社区（乡镇）党委书记（镇长）为组长，2 名政协委员为副组长（其

中1名为区政协常委）。

为使政协委员进社区（乡镇）活动有序开展取得实效，区政协于8月20日印发《关于区政协主席、副主席包片联系指导社区（乡镇）委员联络组组建工作及委员进社区（乡镇）活动的通知》，决定由区政协主席、副主席包片联系指导社区（乡镇）委员联络组的组建工作及委员进社区（乡镇）活动的开展，同时根据市政协的要求，结合委员的工作性质将288名区政协委员和25名驻区市政协委员安排在27个社区（乡镇）开展活动。8月26日，区政协召开政协委员联络组组长会议，安排联络组组建工作并向27个社区（乡镇）委员联络组授牌。9月起，27个社区（乡镇）委员联络组已陆续启动工作，制定工作方案，召开委员见面会。

## 第三节　区政协委员外出考察学习交流情况表

### 区政协委员外出考察、学习交流情况表

| 时　间 | 前往地点 | 人　数 | 成　员 | 内　容 |
|---|---|---|---|---|
| 2003-2006年 | 省外有：云南丽江、内蒙呼伦贝尔、江苏靖江、拉萨市城关区、浙江杭州市西湖区；省内：紫云、惠水、都匀、平塘、丹寨、三惠、镇远、黎平、西秀、平坝、普定、余庆、红花岗、兴义、赤水、安龙、贞丰、贵阳市政协各专委及各县（市区）政协 | 3-5人/次 | 领导班子成员<br>政协委员<br>机关专委成员 | 1、交流履行政协职能、经验<br>2、考察旅游产业发展、生态保护<br>3、民营经济<br>4、科教、文史<br>5、提案调研<br>6、智力支边<br>7、政协自身建设、服务经济社会发展等情况 |
| 2007年6月11日 | 黔西南州 | 5 | 楚湘黔、禄　竹、唐勇勤等 | 当地政协管理经验 |
| 2007年6月12日 | 黎平、铜仁 | 5 | 蒋志伦、王光华、曾少海等 | 当地政协管理经验 |
| 2007年6月13日 | 黔南、黔东南 | 5 | 孙　剑、张　彦、郭　霞等 | 当地政协管理经验 |
| 2007年8月30日至9月9日 | 成都、拉萨 | 9 | 蒋志伦、楚湘黔、禄　竹等 | 非公有制经济 |
| 2008年4月23日 | 黔南州惠水县 | 33 | 王光华、孙　剑、禄　竹等 | 八届九次常委会考察 |
| 2008年9月17日至20日 | 江西省南昌市西湖区 | 6 | 蒋志伦、楚湘黔、禄　竹等 | 全国二十一城区（市）政协工作联系会第二十次会议 |

续 表

| 时 间 | 前往地点 | 人 数 | 成 员 | 内 容 |
|---|---|---|---|---|
| 2008 年 9 月 20 日 | 江西省南昌市普陀区 | 6 | 蒋志伦、楚湘黔、禄 竹等 | 学习非公经济发展和旅游发展的好经验 |
| 2009 年 4 月 9 日 | 北京 | 7 | 谌业华、王光华、龙聚盛等 | 北京书画展 |
| 2009 年 8 月 26 日至 28 日 | 呼和浩特市玉泉区 | 6 | 谌业华、禄 竹、曾少海等 | 全国二十一城区（市）政协工作联系会第二十一次会议 |
| 2009 年 8 月 29 日 | 大连市沙河口区 | 6 | 谌业华、禄 竹、曾少海等 | 城市管理和旅游发展 |
| 2010 年 5 月 19 日至 22 日 | 福州市马尾区 | 4 | 王光华、曾少海、程筑平等 | 城市管理和旅游发展 |
| 2010 年 7 月 29 日 | 新疆乌鲁木齐市新市区 | 4 | 谌业华、梁国同、项彦丽等 | 协商签订友好城区 |
| 2010 年 8 月 30 日 | 石家庄 | 4 | 孙 剑、李 莎、郭 霞等 | 旅游发展 |
| 2011 年 4 月 13 日 | 天津市南开区 | 5 | 谌业华、楚湘黔、曾少海等 | 全国二十一城区（市）政协工作联系会第 22 次会议常务理事会 |
| 2011 年 4 月 16 日 | 西安市未央区 | 5 | 谌业华、楚湘黔、曾少海等 | 旅游发展 |
| 2011 年 6 月 18 日 | 南京市鼓楼区 | 5 | 王光华、吴 硕、梁国同等 | 开展政协交流 |
| 2011 年 | 山东省济南市 | 4 | 唐勇勤、田为民、尹 梅等 | 开展政协交流 |
| 2011 年 10 月 18 日 | 广西省桂林市七星区 | 4 | 李 莎、项彦丽、郭 霞等 | 全国二十八城区（市）政协工作联系会第二十三次会议 |
| 2011 年 11 月 16 日 | 云南省西双版纳州 | 5 | 孙 剑、杨碧君、刘取胜等 | 旅游文化保护与开发 |
| 2012 年 5 月 14 日至 18 日 | 西安市长安区 | 6 | 李 瑾、秦永康、梁国同等 | 全国省会（首府）部分城区政协工作联系会第六次会议 |
| 2012 年 9 月 17 日至 23 日 | 福建省福州市仓山区 | 7 | 谌业华、吴 硕、徐 辉等 | 全国二十八城区（市）政协工作联系会第二十四次会议 |
| 2013 年 6 月 18 日 | 长春市宽城区 | 6 | 谌业华、孙 剑、李 瑾等 | 全国二十八城区（市）政协工作联系会第 24 次会议常务理事会 |
| 2014 年 3 月 31 日至 4 月 6 日 | 台湾省嘉兴市 |  | 钟汰甬、谌业华、禄 竹等 | 周钟瑄文化交流 |
| 2014 年 11 月 14 日 | 黔南州惠水县 | 21 | 谌业华、李 瑾、孙 剑等 | “美丽乡村”建设 |
| 2015 年 3 月 20 日 | 湖北省荆州市 | 6 | 孙 剑、郭 霞、杨琴等 | 查询周钟瑄历史资料 |
| 2015 年 10 月 22 日 | 台湾省嘉兴市 | 9 | 夏 钢、李 瑾、吴 硕等 | 周钟瑄文化交流 |
| 2015 年 10 月 31 日至 11 月 7 日 | 山东省青岛市 | 40 | 孙 剑、何 勇等 | 全国政协第 75 期干部培训班 |

# 第四节 区外政协委员来访视察交流情况表

## 区外政协委员来访视察交流情况表

| 日期 | 来访 | 人数 | 带队 | 接待人 | 内容 |
|---|---|---|---|---|---|
| 2003–2006年 | 浙江杭州西湖区、温州鹿城区、广西柳州中原区、西藏拉萨市（市政协陪同）、江苏靖江市 | 5–10 | 主席或副主席 | 区政协主席、副主席 | 交流履行政协职能经验；考察旅游产业风景区、古镇建设、民族文化等 |
| | 凯里市、剑河、紫云、黎平、丹寨、余庆、安顺西秀区、遵义红花岗区、赤水市；贵阳市政协各专委及市（区、县）政协等 | 3–8 | | 区政协主席、副主席 | |
| | 全国政协书画届委员石板考察采风、武汉市政协刘善壁主席等、全国政协副主席王培元等 | 1–18 | | 市政协王选才主席，区政协主席陪同 | 考察花溪公园、青岩古镇旅游发展情况 |
| 2007年5月21日 | 市政协陈石主席 | 8 | 陈　石（主席） | 王真霖、蒋志伦、刘　军等 | 花溪城市新区建设进展情况 |
| 2008年9月11日 | 安顺市紫云县政协 | 5 | 张　勇（主席） | 龙聚盛 | 天河潭风景区 |
| 2008年10月10日 | 浙江省舟山市普陀区政协 | 7 | 杨小毛（主席） | 禄　竹、曾少海、田为民等 | 遵义会议纪念馆、西江苗寨、天河潭 |
| 2008年11月9日 | 湖北省大悟县政协 | 8 | 黄显发（副主席） | 王光华、龙聚盛、唐勇勤等 | 天河潭风景区、青岩古镇、花溪公园 |
| 2008年12月15日 | 大连市沙河口区政协 | 11 | 刘秋菊（主席） | 龙聚盛 | 天河潭风景区、青岩古镇、花溪公园 |
| 2009年2月23日 | 浙江省舟山市普陀区政协 | 10 | 朱国傲（副主席） | 王光华、禄　竹、张　彦等 | 天河潭风景区、青岩古镇、花溪公园 |
| 2009年4月28日 | 贵州省政协中共界别、提案委员会 | 38 | 吴嘉甫（副主席） | 朱桂云、田　平、谌业华等 | 花溪经济社会发展情况 |
| 2009年4月30日 | 市政协陈鲁西副主席 | 7 | 陈鲁西（副主席） | 谌业华、王光华、孙　剑等 | 对政协“三化”建设及机关建设的调研 |
| 2009年5月31日 | 重庆市荣昌县政协 | 8 | 邓启才（县人大副主任） | 刘开英、王光华、楚湘黔等 | 交通建设管理情况 |
| 2009年8月31日 | 四川省眉山市政协 | 9 | 黄玉琏（副主席） | 王光华、孙　剑、张　彦等 | 高坡苗族洞葬 |
| 2009年9月3日 | 兰州市城关区政协 | 8 | 李　恺（副主席） | 谌业华、王光华、楚湘黔等 | 黄果树、天河潭、青岩古镇 |

续 表

| 日期 | 来访 | 人数 | 带队 | 接待人 | 内容 |
|---|---|---|---|---|---|
| 2009 年 10 月 13 日 | 湖北省襄樊市襄城区政协 | 7 | 杨开忠（主席） | 谌业华、张　彦、禄　竹等 | 生态农业及旅游业发展情况 |
| 2009 年 10 月 29 日 | 浙江省舟山市普陀区政协 | 10 | 王共养（秘书长） | 禄　竹、唐勇勤、项彦丽等 | 黄果树、西江苗寨、天河潭风景区、花溪公园 |
| 2009 年 11 月 20 日 | 贵州省政协民族与宗教委员会 | 35 | 杨玉学（副主席） | 向虹翔、谌业华、付野秋等 | 花溪农村危房改造工作 |
| 2009 年 12 月 4 日 | 江西省南昌市西湖区政协 | 2 | 万建华（法制社团委主任） | 谌业华、禄　竹、曾少海等 | 天河潭风景区、青岩古镇 |
| 2010 年 4 月 6 日 | 遵义市政协 | 17 | 张有顺（常务副主席） | 向鸿翔、谌业华、王光华等 | 镇山村、青岩古镇 |
| 2010 年 5 月 23 日 | 新疆乌鲁木齐新市区政协 | 3 | 李　玲（副主席） | 谌业华、李　莎、项彦丽等 | 黄果树瀑布、龙宫、织金洞等 |
| 2010 年 5 月 24 日 | 沈阳市和平区政协 | 10 | 李先志（副主席） | 谌业华、楚湘黔、田　健等 | 天河潭、青岩古镇 |
| 2010 年 6 月 12 日 | 遵义市绥阳县政协 | 17 | 杨泉生（副调研员，原副主席） | 谌业华、段　蓓、田　健等 | “三创一办”工作情况调研 |
| 2010 年 6 月 30 日 | 天柱县政协 | 3 | 主席 | 谌业华、唐勇勤、陈桂英等 | 天河潭、青岩古镇 |
| 2010 年 7 月 15 日 | 印江县政协 | 14 | 何圣仙（主席） | 谌业华、班德勋、田　健等 | 考察花溪农业产业化工作 |
| 2010 年 11 月 9 日 | 大连市沙河口区政协 | 4 | 计　禹（副主席） | 王光华、唐勇勤、龙聚盛等 | 黄果树瀑布、遵义会议纪念馆、西江苗寨 |
| 2010 年 11 月 18 日 | 青海省西宁市城中区政协 | 8 | 戴福山（主席） | 龙聚盛、尹　梅等 | 天河潭、青岩古镇、黄果树瀑布 |
| 2011 年 2 月 25 日 | 金沙县政协 | 8 | 张慎言（副主席） | 谌业华、曾少海、田为民 | 石板镇金石产业园区建设情况 |
| 2011 年 3 月 23 日 | 浙江省舟山市普陀区政协 | 10 | 刘建民（副主席） | 谌业华、楚湘黔、李　莎等 | 政协管理交流 |
| 2011 年 4 月 13 日 | 大连市中山区政协 | 7 | 孙诚谦（副主席） | 王光华、梁国同、吴　硕等 | 黄果树瀑布、天河潭、青岩古镇 |
| 2011 年 4 月 25 日 | 湖南省长沙市岳麓区政协 | 14 | 谷中林（主席） | 谌业华、王光华、孙　剑等 | 黄果树瀑布、天河潭、青岩古镇 |
| 2011 年 6 月 15 日 | 天津市南开区政协 | 17 | 孙国珍（副主席） | 王光华、龙聚盛等 | 城市建设与管理 |
| 2011 年 6 月 24 日 | 襄阳市襄城区政协 | 10 | 武顺吉（副主席） | 王光华、龙聚盛等 | 黄果树瀑布、天河潭、青岩古镇 |
| 2011 年 6 月 27 日 | 山东省滕州市政协 | 11 | 刘希运（副主席） | 王光华、曾少海 | 花溪公园、天河潭风景区 |
| 2011 年 7 月 11 日 | 全国政协副主席李金华 | 8 | 李金华（副主席） | 朱桂云、向虹翔、谌业华等 | 花溪公园 |
| 2011 年 8 月 24 日 | 西南五市政协工作协作会第 24 次会议 | 45 | 贵阳市政协 | 龙聚盛 | 天河潭风景区 |

续 表

| 日 期 | 来 访 | 人 数 | 带 队 | 接待人 | 内 容 |
|---|---|---|---|---|---|
| 2011 年 10 月 21 日 | 江西省南昌市西湖区政协 | 5 | 涂和平（主席） | 谌业华、王光华、孙 剑等 | 黄果树瀑布、遵义会议纪念馆、息烽集中营 |
| 2011 年 10 月 24 日 | 哈尔滨市政协 | 4 | 贵阳市政协 | 孙 剑、曾少海、徐 辉等 | 天河潭风景区 |
| 2011 年 11 月 22 日 | 贵阳市政协办公厅 | 10 | 龙永平（市政协副主席） | 谌业华、吴 硕、徐 辉等 | 湖潮乡挂帮活动 |
| 2012 年 3 月 5 日 | 南昌市西湖区政协 | 8 | 胡南生（副主席） | 田 健、陈桂英、徐 辉等 | 危旧房改造的情况 |
| 2012 年 5 月 3 日 | 全国政协副主席王志珍 | 12 | 王志珍（副主席） | 谌业华、孙 昕、徐 辉等 | 青岩古镇文化旅游考察 |
| 2012 年 5 月 16 日 | 甘肃省金昌市政协 | 5 | 董开津（副主席） | 刘 毅、夏 辉 | 青岩古镇文化旅游考察 |
| 2012 年 5 月 23 日 | 湖北省潜江市政协 | 12 | 何 伟（副主席） | 李 瑾、吴 硕、徐 辉等 | 流动人口对社会服务管理的影响及对策性 |
| 2012 年 6 月 13 日 | 贵州省社会主义学院考察组 | 85 | 陈海峰（贵州省政协副主席） | 谌业华、吴 硕、徐 辉 | 镇山村博物馆、金石产业园区 |
| 2012 年 6 月 13 日 | 浙江省杭州市南浔区 | 6 | 闵建国（副主席） | 秦永康、何 勇、吴同恒等 | 金石产业园园区建设 |
| 2012 年 8 月 10 日 | 宁波市政协 | 35 | 副主席 | 何 勇、车 荣、徐 辉等 | 青岩古镇、湿地公园 |
| 2012 年 9 月 25 日 | 全国政协常委、提案委副主任孙淦 | 14 | 孙 淦（全国政协常委、提案委副主任） | 谌业华、李 瑾、曾少海等 | 青岩古镇文化旅游考察 |
| 2012 年 10 月 31 日 | 民进贵阳市委 | 12 | 杜正军（市政协副主席、民进贵阳市委主委） | 陈 勇、吴同恒、李保军等 | 花溪水资源保护中的村寨建设（麦翁村、镇山村） |
| 2012 年 12 月 8 日 | 广西省桂林市七星区政协 | 5 | 陆新元（主席） | 谌业华、吴 硕、徐 辉 | 青岩古镇文化旅游考察 |
| 2012 年 12 月 21 日 | 贵阳市副市长刘玉海 | 9 | 刘玉海（副市长） | 谌业华、李 瑾等 | 黔陶乡经济社会发展情况 |
| 2013 年 3 月 18 日 | 吉林省通化市二道江区政协 | 8 | 姜殿忠（主席） | 谌业华、吴 硕、刘光强等 | 旅游产业发展 |
| 2013 年 3 月 28 日 | 辽宁省本溪市平山区政协 | 7 | 李世淳（主席） | 谌业华、田 健、李 瑾等 | 创新社会管理工作 |
| 2013 年 6 月 14 日 | 河南省郑州市二七区政协 | 8 | 陈旭儒（副主席） | 何 勇、田为民、徐 辉 | 花溪区生态观光农业模式和发展情况 |
| 2013 年 7 月 15 日 | 上海市闵行区政协 | 10 | 姜忠民（文体委主任） | 孙 剑、徐 辉 | 十里河滩湿地公园、青岩古镇 |
| 2013 年 10 月 24 日 | 全国政协副主席 | 45 | 左定超（省政协副主席） | 李 瑾、梁国同、徐 辉 | 青岩古镇 |
| 2013 年 10 月 29 日 | 湄潭县政协 | 18 | 张志勇（主席） | 谌业华、吴 硕、徐 辉 | 十里河滩湿地公园 |

续 表

| 日 期 | 来 访 | 人 数 | 带 队 | 接待人 | 内 容 |
|---|---|---|---|---|---|
| 2013 年 11 月 1 日 | 原全国政协副主席黄孟复 | 35 | 黄孟复（原全国政协副主席） | 谌业华、吴 硕、徐 辉 | 十里河滩湿地公园、青岩古镇 |
| 2013 年 11 月 16 日 | 云南省石林彝族自治县政协 | 8 | 者培仙（主席） | 孙 剑、徐 辉 | 青岩苗族服饰厂、青岩古镇 |
| 2013 年 11 月 18 日 | 人民政协报社调研采访组 | 15 | 章建潮（人民政协报社副总编辑） | 谌业华、吴 硕、徐 辉等 | 大兴国寺、青岩古镇文化考察 |
| 2014 年 1 月 2 日 | 长春市宽城区政协 | 14 | 严 涛（主席） | 谌业华、孙 剑、李 瑾等 | 社会主义协商民主在基层的具体实践 |
| 2014 年 1 月 13 日 | 贵阳市乌当区政协 | 8 | 副主席 | 李 瑾、吴 硕、徐 辉 | 大学城征地拆迁安置调研会 |
| 2014 年 5 月 14 日 | 湖南省芷江县政协 | 17 | 曹东方（副主席） | 孙 剑、李 瑾、徐 辉 | 湿地公园 |
| 2014 年 6 月 25 日 | 贵阳市《百科全书》编撰组 | 6 | 组长 | 徐 辉 | 湿地公园 |
| 2014 年 7 月 2 日 | 普定县政协 | 6 | 何恒泉（副主席） | 谌业华、吴 硕、徐 辉 | 石板金石产业园参观考察 |
| 2014 年 7 月 19 日 | 北京朝阳区画院 | 11 | 江 元 | 何 勇、吴同恒、吴硕等 | 湿地公园、镇山村 |
| 2014 年 7 月 25 日 | 广西省南宁市上林县 | 17 | 覃祯威（主 席） | 邹吉鸿 | 青岩古镇、龙井村、镇山村乡村旅游开发模式 |
| 2014 年 7 月 29 日 | 贵州省政协 | 8 | 李月成（秘书长） | 区政协全体干部 | 推进协商民主发展的工作情况 |
| 2014 年 8 月 5 日 | 十届全国政协副主席 | 24 | 徐光迪（副主席） | 何 勇、吴 硕、徐 辉 | 湿地公园、青岩古镇、天河潭 |
| 2014 年 8 月 10 日 | 中央党校培训部 | 5 | 滑文雄（副主任） | 徐 辉 | 青岩古镇文化考察 |
| 2014 年 9 月 4 日 | 丹寨县政协 | 17 | 李永胜（主席） | 谌业华、李 瑾、何 勇 | 社会化养老工作情况 |
| 2014 年 9 月 12 日 | 遵义市政协及驻遵省政协委员 | 15 | 陈凌华（主席） | 何 勇、徐 辉 | 青岩古镇文化考察 |
| 2014 年 9 月 16 日 | 郑州市金水区政协 | 7 | 王居良（副主席） | 徐 辉 | 青岩古镇文化考察 |
| 2014 年 10 月 15 日 | 息烽县政协 | 29 | 王永平（主席） | 主席、全体副主席等 | 湿地公园、孔学堂、青岩古镇 |
| 2014 年 10 月 16 日 | 剑河县政协 | 9 | 李国平（主席） | 谌业华、吴 硕、徐 辉 | 青岩古镇文化考察 |
| 2014 年 11 月 15 日 | 民盟朝阳区委 | 16 | 曾原纪（主委） | 孙 剑、卢云辉（常委） | 高坡乡杉坪村义诊活动 |
| 2014 年 12 月 3 日 | 雷山县政协 | 17 | 邱兆娟（副主席） | 谌业华、李 莎、吴 硕 | 青岩古镇文化考察 |
| 2014 年 12 月 10 日 | 观山湖区政协 | 8 | 刘建才（主席） | 谌业华、李 瑾、吴 硕 | 政协工作经验和机构设置 |
| 2015 年 3 月 3 日 | 新疆自治区政协 | 10 | 刘志勇（副主席） | 谌业华、吴 硕、徐 辉 | 青岩古镇文化考察 |

续　表

| 日　期 | 来　访 | 人　数 | 带　队 | 接待人 | 内　容 |
|---|---|---|---|---|---|
| 2015年4月12日 | 台湾省嘉义市城隍庙集团 | 76 | 叶源助（董事长） | 谌业华、孙　剑、李　瑾等 | 周钟瑄文化交流活动 |
| 2015年4月14日 | 湖南省常德市武陵区政协 | 8 | 彭次君（副主席） | 谌业华、孙　剑、郭　霞等 | 青岩古镇文化考察 |
| 2015年5月19日 | 江苏省扬州市政协 | 9 | 倪士俊（副主席） | 徐　辉 | 青岩古镇文化考察 |
| 2015年5月27日 | 晴隆茶籽化石博物馆建设规划专家团 | 40 | 黄国辉（董事长） | 徐　辉 | 孔学堂、湿地公园 |
| 2015年5月30日 | 原全国政协副主席 | 10 | 全国政协办公厅 | 谌业华、吴　硕 | 青岩古镇文化考察 |
| 2015年6月6日 | 原全国政协副主席 | 5 | 陈锦华（全国政协第九届副主席） | 谌业华、赵　洪 | 青岩古镇文化考察 |
| 2015年6月10日 | 山东省嘉祥县政协 | 4 | 王贤明（主　席） | 谌业华、张朝洲、李　瑾等 | 孔学堂、湿地公园、青岩古镇文化考察 |
| 2015年6月10日 | 贵阳市政协办公厅 | 6 | 夏　钢（副主席） | 吴　硕 | 包案调处信访案件 |
| 2015年6月19日 | 大连市金州区政协 | 8 | 毛长毅（副主席） | 何　勇、徐　辉 | 孔学堂 |
| 2015年6月23日 | 杭州市余杭区政协 | 6 | 阮文静（主　席） | 谌业华、吴　硕、徐　辉 | 青岩古镇文化考察 |
| 2015年6月24日 | 北京市朝阳区政协 | 40 | 谢　莹（主　席） | 谌业华、邹吉鸿、吴　硕等 | 高坡卫生院、孔学堂、湿地公园、青岩古镇 |
| 2015年6月26日 | 山东省莱芜市钢城区政协 | 4 | 王纪青（主　席） | 谌业华、李　瑾、吴　硕等 | 青岩古镇文化考察 |
| 2015年6月27日 | 原全国政协副主席 | 8 | 全国政协办公厅 | 谌业华、吴　硕 | 青岩古镇文化考察 |
| 2015年7月7日 | 大连市中山区政协 | 6 | 副主席 | 孙　剑、李　瑾、徐　辉 | 青岩古镇文化考察 |
| 2015年7月25日 | 广州市政协 | 50 | 苏志佳（主　席） | 徐　辉 | 湿地公园 |
| 2015年7月28日 | 湖南省郴州市北湖区政协 | 7 | 陈　赋（副主席） | 张朝洲、项彦丽、徐　辉 | 青岩古镇文化考察 |
| 2015年7月29日 | 湖南省政协 | 8 | 张大方（副主席） | 徐　辉 | 青岩古镇文化考察、湿地公园 |
| 2015年8月18日 | 平塘县政协 | 14 | 曾昭洪（副主席） | 田为民 | 青岩古镇文化考察 |
| 2015年8月19日 | 青海省西宁市城北区政协 | 5 | 吴文捷（副主席） | 孙　剑、何　勇、徐　辉 | 青岩古镇文化考察、湿地公园 |
| 2015年9月3日 | 新疆维吾尔自治区政协 | 35 | 努尔兰.阿不都满金（主　席） | 谌业华、吴　硕 | 孔学堂、湿地公园 |
| 2015年9月6日 | 中国史料学学会参会人员 | 6 | 张继红 | 孙　剑 | 天河潭 |
| 2015年9月8日 | 中国史料学学会参会人员 | 80 | 张劲松 | 孙　剑 | 青岩古镇文化考察 |
| 2015年9月9日 | 北京市政协 | 16 | 闫仲秋（副主席） | 孙　剑 | 青岩古镇文化考察 |
| 2015年9月23日 | 秦皇岛市政协 | 11 | 杨宏（主席） | 徐　辉 | 天河潭、湿地公园、青岩古镇文化考察 |

续 表

| 日 期 | 来 访 | 人 数 | 带 队 | 接待人 | 内 容 |
|---|---|---|---|---|---|
| 2015年9月28日 | 瓮安县政协 | 8 | 王华（副主席） | 孙 剑、欧阳桂枝 | 老年公寓、青岩古镇文化考察 |
| 2015年10月15日 | 一带一路 马文化展—中蒙国际美术交流系列展活动”参会人员 | 38 | P. 策格米德（蒙古国画家协会主席） | 孙 剑、徐 辉 | 大兴国寺、青岩古镇文化考察 |
| 2015年10月22日 | 安顺市政协考察团 | 47 | 韦林（主席） | 谌业华、吴 硕 | 青岩古镇文化考察 |
| 2015年11月9日 | 湖南省长沙市岳麓区政协 | 7 | 谷中林（原主席） | 谌业华、田为民、徐 辉 | 青岩古镇文化考察 |

# 第十一章 智力支边工作

2015年11月10日，区智力支边办视察秋冬季农业土地利用情况

区智力支边办公室是区政府设在政协的一个机构，受政府、政协双重领导。其工作以发展经济为中心，遵循“定点、多项、长期、实效”的原则，发挥各民主党派、工商联、政协委员和各族各界人士的优势，配合有关部门，围绕区委、区政府中心工作任务，在政协常委会统一安排下，因地制宜、实事求是，在支边扶贫、农技培训和乡土人才培养等方面开展工作，促进农村经济不断发展。

## 第一节 科技培训、咨询服务

支边办组织有关单位成员，在区科技、农业、教育等部门的积极配合下，发挥人才库作用，开展农村实用技术、教师培训及三下乡活动。

2003-2004年，在各乡镇举办养猪、养鸡、养牛、花椒种植、辣椒种植等农村实用技术培训班19期2000余人次。利用科协换届机会，对全区农业科技人员、乡镇农业干部进行现代农业知识培训200余人次。

2004-2005年，组织成员单位及民主党派科技人员到青岩、马铃、石板、黔陶、湖潮、孟关、党武、高坡等地开展送科技、送文化、送医药三下乡活动，发放各类科技宣传资料9000余份，科技图书500余册，放映多部电影，为当地老百姓看病送药。通过市民建搭桥，与石狮鹏程中等技术学校共同举办彩绘专业培训班，招收46名学员，39人赴泉州就业。

在贵州大学支持下，向14个乡镇发放价值1万余元的贵州农业实用技术丛书。邀请农业科技人员到黔陶、孟关、青岩等地开展种养殖实用技术培训，培训农民600余人次。

2006年，到湖潮、马铃等地举办4期农技培训班，培训村民300余人次。

2007年，到清溪办事处把伙村、石板镇隆昌村、青岩镇、党武乡等地举办4期草莓等农业实用技术培训班，培训村民300余人次。与区妇联共同在溪北办事处、青岩镇、党武乡举办6期女能手、女科技示范户和计生户等参加的农家乐服务管理、文明礼仪、无公害蔬菜种植及病虫害防治等培训班，680人参加。

2008年，邀请高级农艺师到麦坪戈寨村果蔬种植协会为村民进行果树科学管理培训。邀请贵州大学园艺系博士张恩让到青岩镇摆早村开展果树冬季管理和蔬菜种植培训。邀请市致公党和九三学社的专家到高坡乡举办养牛和养猪技术培训班2期，近100余名农户参加培训。联合区妇联、区农业局、区林业局等部门在党武思丫、溪北吉麟、石板羊龙、孟关等地举办关于果树管理、山鸡养殖、音乐知识和文明礼仪、莲藕栽培技术等培训班共4期。

2009年，邀请市民革、市民盟专家到青岩镇杨眉村、高坡乡举办蔬菜种植、沼渣(沼液)使用等农业实用技术培训班3期。邀请市农业局原畜牧专家杨德珍到高坡乡杉坪村进行黑毛猪养殖与疫病防治技术培训，30余农户参加。联合区妇联、残联在孟关乡、石板镇开展水稻培训和蔬菜培训2期，137名妇女参加。联系区妇联邀请贵阳市樱花培训学校、贵阳市新世纪外国语培训学校校长在孟关乡沙坡村沙坡中心完小举办家庭教育培训,70多名家长参加。

2010年，在高坡、青岩等乡镇举办医疗和农业实用技术培训6期，397人参加。联系市农工党邀请市一医儿科主任董丽及市四医呼吸内科主任肖敏烨到高坡乡举办乡村医生培训。邀请市民建专家到杨眉村给村民讲解大棚经济作物种植技术。邀请贵州民族学院谢芳教授到青岩镇，为“就业困难人员”、“下岗失业人员”、“返乡农民工”及农家乐经营户举办农家乐接待礼仪培训。邀请市民革专家，市蔬菜办农技推广站站长唐刚到党武乡摆贡村民组给豇豆种植户上课。邀请贵州大学农学院张恩让博士到黔陶乡骑龙村开展葱、姜病虫害防治培训。邀请区林业局林业工程师曹隆，到党武乡葵林村举办桃树管护培训。

2012年，邀请市致公党医务专家到黔陶乡开展为民送医送药活动，免费为村民义诊80余人次，并向黔陶乡捐赠药品2箱，折合人民币3000余元。邀请市致公党副主委、市教科所综合研究室主任、特级教师张宇敏到麦坪乡举办科学家教讲座，麦坪乡70余名家长参加。协调市民盟举办青岩贵璜中学初三、高三毕业生考前心理咨询培训，培训学生100余人次。协调市民盟到湖潮乡、党武乡举办柿子树、辣椒种植及管理技术培训，培训农户130余人次。

2013至2015年，邀请市民盟心理专家到青岩贵璜中学、溪南高中举办中、高考心理辅导讲座，累计参加师生逾千人。

2015年，协调市民革、市农工党到高坡乡石门村、甲定村开展义诊及送医送药下乡活动。协同市工商联到高坡硐口开展农技培训1期，参加农户100余人。

## 第二节　项目示范

区智力支边办自主或参与协调筹集100余万元资金开展“马铃西瓜”、“大棚蔬菜”、“台湾无籽西瓜、大棚黄瓜、苦瓜”、“绿壳蛋鸡、七彩山鸡”、“肉牛短期肥育”、“推广二元杂交猪”、“特种家禽养殖发展特色旅游食品”、“林下养鸡”、“环保洗车”等项目建设。通过项目示范，促进农业结构调整、农民增收致富，为建设生态、旅游、文化大区服务。

2004年，在黔陶、青岩、党武、湖潮、高坡、孟关等乡镇发展矮脚鸡养殖及加工项目，投放鸡苗6000余只，建立科技示范户。引进牧草发展畜牧业，先后从安顺及东北引种皇竹草、甜高粱、曲麻菜等牧草进行种植。

2005年，协调引进台商委员陈华贵推广二元杂交猪养殖项目，在我区推广发放母猪3000余头，遍及十余个乡镇，数百农户受益。推动林下养鸡，在孟关、湖潮、青岩等地无偿提供鸡苗1万只。

2006年，与马铃乡联合到广西钦州考察“百香果”项目，并购买1500株果苗，在小碧、孟关、党武、青岩等地试种。协调科技项目资金10万元，在麦坪、马铃推广种植700亩优质花生“黔花生一号”，实现增收。在马铃、湖潮乡引进试种10亩超甜玉米，10亩无籽西瓜，2亩鲜族辣椒，4亩大棚“台湾黄瓜”。支持“养殖小区”建设，在麦坪、湖潮、孟关投入鸡苗2000余只。

2007年，积极协调贵州民族学院社会发展学院在高坡乡建立实习基地和新农村建设观测点。

2008年，协调资金、物资共计20余万元帮助青岩镇杨眉村进行产业结构调整，争取到31个蔬菜大棚项目，修复580米饮水沟渠，改造3条500米进寨道路，帮扶20户“计生三结合户”发展生产。

2009年，协助高坡乡落实香港慈恩基金会在高坡乡灾后重建捐赠项目，向14户危房户每户捐赠2000元帮扶资金。协调投入资金36万元，物资5万余元，完成磊庄、摆贡、林木等村寨的危房改造和村寨整治工作。

2012年，继续协调抓好花一中与高坡苗族中学的互帮互助工作。配合市智力支边办和民盟花溪支部，对青岩贵璜中学开展教学研讨、教师培训等工作。

2014年-2015年，配合市政协开展“7+2同心扶贫工程”，由支边办主任担任高坡乡、马铃乡“7+2同心扶贫”开发指挥部办公室常务副主任，协助完成高坡、马铃两个乡“美丽乡村”建设的规划编制工作；协助完成所涉及的贫困乡（村）及人均年收入低于2736元的贫困家庭的调查摸底工作及所涉及的贫困乡（村）拟申报实施项目表。支边办从工作经费中向马铃乡、高坡乡各拨款帮扶经费4万元，用于开展农贸市场搬迁等工作。

## 第三节　捐资助学、扶贫支边

2003-2006年，协调台湾人士王志雄资助264名贫困生读书，为其交纳学费。

2004年，通过市民建及民建会员、贵阳市佰佰利贸易有限公司董事长黄永贤牵线搭桥，香港新兴塑胶有限公司总经理蒋一新出资30万元，援建谷立一新希望小学。组织非公界委员为久安乡吴山小学捐资8000元、水泥20吨，用于运动场、进校公路修建及贫困生救助。协调科技经费8万元，用于燕楼乡发展养猪、沼气工程和辣椒生产。

2005年，组织区政协委员和政协机关党员干部捐款捐物计2.2万元，为青岩摆早孤女杨氏姐妹修建60平方米住房，协助解决其户口及读书问题。

2006年，协调贵阳金龙水泥厂支持水泥5吨修建谷立半坡教学点活动场所。协调政协委员和民建会员捐资 2.5 万元助学。

2007 年，协调组织区政协常委捐款 25510 元，资助高坡苗族中学李昌敏、罗文静等 7 位贫困学生。协调贵州海岳石文化艺术有限公司为久安中学和小学捐赠价值 2 万元的桌椅、办公桌、高低床。联系花溪联办砖厂总经理苏华、贵州麒鑫房地产公司董事长郭福兰、新寓建筑公司总经理郭李、贵州海岳石文化艺术公司董事长陈辉娅等 4 名民营企业家与清华中学郑伟雄、李新、陈贵芳、孙婷婷、杨金涛 5 名贫困学生结对帮扶，资助每人大学学费 5000 元。协调 2.05 万元，为高坡苗族中学、马铃乡平山小学购买电脑、课桌、图书及体育器材。

2008 年，配合市政协港澳台侨与外事委员会，争取到香港善施基金会 17.5 万元捐款，帮助马铃中学修建 450 平方米教学楼一幢。雪凝天气灾害，募集抗灾救灾捐款和协调救济资金 26 万余元、工业盐 10 吨、棉被 15 床等，帮扶高坡、马铃等地受灾村民。

2009 年，通过市政协港澳台侨与外事委员会，协调香港善施基金会帮扶马铃中学 14 名贫困学生，每人 200 元。协调市政协委员魏凤英帮扶青岩镇达夯小校 468 名学生每人 100 元的慰问金，另捐 5 万元用于该校获得全国奥数竞赛一等奖学生和老师的奖励。

2010 年，会同清华中学、区农办、团区委对清华中学已被高校录取的贫困生开展圆梦资助行动，协调助学资金 16 余万元，资助 50 名考取一本和二本的贫困学生。协调贵州隆恒农业科技开发有限责任公司董事长杨斌为贫困学生捐赠 2.5 万元。协调民建会员、贵州可吉立贸易有限公司董事长邹红向高坡两名考取贵州大学和福州大学的贫困学生每人资助 5000 元（4 年合计 4 万元）生活费。协调花溪一中与高坡苗族中学开展教学帮扶工作。

2012 年，协调市致公党向青岩镇贵璜中学的 5 名贫困中学生帮扶资金每年每人 1200 元，直至 2014 年。

协调贵阳市合朋经济开发有限公司、贵州天利机电有限公司、贵州金石亿隆置业有限公司、贵州大商汇地产开发有限公司和贵州车商投资有限公司与杨佳佳、王斌、王亚、代梅、张洪铭 5 名贫困学子达成结对帮扶，帮扶资金每年每人 5000 元，直至 2015 年大学毕业。

协调区民宗局向清华中学、青岩贵璜中学 22 名少数民族贫困学生发放助学金 2.94 万元。协调市智力支边办向青岩贵璜中学帮扶教育教学资金三年计 1.5 万元。

通过市政协港澳台侨专委会，协调京纬国际有限公司向花溪南溪学校捐资 30 万元，用于改善南溪学校的硬件设施。

协调花溪农村信用合作银行向黔陶乡捐资 10 万元，用于修建新骑公路（青岩镇新哨村至黔陶乡骑龙村）。

协调香港爱心人士邓国荣向高坡乡中心幼儿园捐赠 16 箱玩具，捐赠物资折合人民币近 2 万元。通过市民进协调云岩区科协向高坡乡硐口村捐赠科普图书 3000 册，折合人民币 3 万元；协调民建企业家及区属企业开展“帮村扶贫”活动，捐赠物资折合人民币约 2.5 万元。

2013 年，通过市政协港澳台侨与外事委员会，协调香港古天乐慈善基金会向高坡民族中学捐资 40 万港币修建古天乐第 48 宿舍楼。协调香港道德会及霍宗杰先生向高坡乡 334 名贫困老人捐资 10.02 万元。

2014 年，协调民建花溪总支凑集的资金 6

万元，对5名大学生、5名中小学生帮扶。协调资金8.8万元，帮助石板一村大、小高寨组人饮工程机泵维修及管网改造，解决近100户、500余人的人畜饮水问题。协调资金10万元资助石板中学进校道路硬化建设，解决石板中学1000余师生及周围村民的行路难问题。

2015年，支边办从工作经费中拿出3万元帮扶石板镇石板二村修建进村道路。

协调民建贵阳市委与20名贫困大学生达成结对帮扶，每人每年帮扶资金3000元。通过市政协港澳台侨与外事委员，协调香港京纬国际有限公司和香港北大校友会向高坡乡、马铃乡16名贫困优秀大学生发放助学金4.8万元。协调市民进到马铃谷增小学“六一”慰问，送去5000余元物资。协调市民盟向五寨村小学及贫困学生捐赠教学用具、文具等物资，折款1.3万余元。

支边办于2006年编辑出版《花溪智力支边》一书，回顾总结1983年以来花溪智力支边工作情况和经验。

# 第十二章　政协领导参与经济建设与帮扶工作

## 第一节　政协领导参与全区经济建设

区政协主席、副主席在花溪区经济建设中，发挥“政治协商、民主监督、参政议政”的职能作用，按照区委统一部署，在全区重点建设项目中，担任项目指挥部指挥长或副指挥长，深入经济建设第一线，主持指挥部工作。

区政协八届委员会时期：

主席蒋志伦担任洛平行政新区建设指挥部指挥长。

副主席禄竹担任孟关装备制造业生态产业园规划建设指挥部副指挥长。

副主席王光华担任孟关汽贸城项目建设指挥部专职副指挥长。

区政协九届委员会时期：

主席谌业华担任花溪区生态新城项目建设领导小组组长和天河潭新城建设指挥部指挥长。

副主席田健担任十里河滩新城建设指挥部副指挥长。

副主席秦永康担任孟关新城建设指挥部副指挥长。

副主席何勇担任天河潭新城建设指挥部副指挥长。

副主席吴同恒担任天河潭新城建设指挥部副指挥长。

主席谌业华担任石板镇区域整治指挥部指挥长。

副主席张朝洲担任花溪区水务项目指挥部副指挥长。

副主席李瑾担任甲秀南路区域整治指挥部常务副指挥长。

副主席何勇担任天河潭景区及周边区域整治指挥部常务副指挥长和石板镇区域整治指挥部常务副指挥长。

主席谌业华担任周钟瑄文化交流中心、周氏宗祠项目建设指挥部指挥长。

2015年5月19日，政协委员视察“周钟瑄文化交流中心”建设项目，项目指挥部指挥长谌业华（右一）介绍工程进度情况

副主席孙剑担任周钟瑄文化

交流中心、周氏宗祠项目建设指挥部副指挥长。

副主席李瑾担任周钟瑄文化交流中心、周氏宗祠项目建设指挥部副指挥长。

副主席邹吉鸿担任花溪区久安现代高校茶叶示范园区工作领导小组常务副组长，高坡乡、马铃乡“7+2 同心扶贫”开发指挥部指挥长。

2015 年 7 月 16 日，副主席张朝洲（中）在黔陶乡谷洒村帮村扶贫

## 第二节　政协领导帮困扶贫工作

2003-2006 年，区政协第七届委员会主席会成员及各专委（办）干部，帮扶孟关乡谷立村“一新小学”，协调市区民建资金 38.17 万元，新建教学楼一幢；帮助湖潮乡，马铃乡，党武乡修建公路 12 公里，灌渠 2 公里；为青岩镇摆早村苗族小姐妹建房 60 ㎡帮村修公路、水渠等；协助久安乡、麦坪乡 5 户困难户完成茅草房改造。协调原贵阳军分区司令员李长久捐款 5 万元为 2 户苗族同胞建房，购彩电。

区政协根据区委、区政府关于《花溪区、经开区 2015 年精准扶贫工作实施方案》和《花溪区、经开区领导干部遍访帮扶贫困村贫困户实施方案》文件精神，结合实际，制定帮扶方案 34 个，梳理致贫原因或阻碍发展因素情况 50 余条，实施帮村项目 44 个。2015 年，区政协帮扶资金 17.1 万元，其中帮扶贫困村 14 万元，帮扶贫困户 3.1 万元（每户 1000 元），协调其他部门、企业及社会帮扶资金 50 余万元。区政协 7 位县级领导人和 5 位正科级领导人遍访帮扶贫困村 3 个，遍访帮扶贫困户 31 户。

**2015 年区政协遍访帮扶贫困村、贫困户表**

| 序　号 | 遍访帮扶领导干部 | | 乡　镇 | 村　名 | 贫困户 | |
|---|---|---|---|---|---|---|
| | 姓　名 | 职　务 | | | 户　主 | 人　口 |
| 1 | 谌业华 | 主席 | 高坡乡 | 硐口村 | 田啓发 | 5 |
| 2 | | | | | 杨仕福 | 2 |
| 3 | | | | | 王忠和 | 1 |

续 表

| 序 号 | 遍访帮扶领导干部 | | 乡 镇 | 村 名 | 贫困户 | |
|---|---|---|---|---|---|---|
| | 姓 名 | 职 务 | | | 户 主 | 人 口 |
| 4 | 孙剑 | 副主席 | 麦坪镇 | 施庄村 | 王有伦 | 3 |
| 5 | | | | | 许红友 | 4 |
| 6 | | | | | 杨元文 | 4 |
| 7 | 张朝洲 | 副主席 | 黔陶乡 | 谷洒村 | 张家胜 | 4 |
| 8 | | | | | 姜贵芳 | 3 |
| 9 | | | | | 郑永秀 | 4 |
| 10 | 李莎 | 副主席 | 马铃乡 | 马铃村 | 石玉贵 | 4 |
| 11 | | | | | 王金友 | 4 |
| 12 | | | | | 曾念胜 | 3 |
| 13 | 李瑾 | 副主席 | 黔陶乡 | 半坡村 | 周显华 | 5 |
| 14 | | | | | 杨胜学 | 4 |
| 15 | | | | | 罗玉林 | 5 |
| 16 | 何勇 | 副主席 | 久安乡 | 久安村 | 李发珍 | 2 |
| 17 | | | | | 张天祥 | 2 |
| 18 | | | | | 何良军 | 3 |
| 19 | 邹吉鸿 | 副主席 | 高坡乡 | 大洪村 | 王明弟 | 4 |
| 20 | | | | | 王明魁 | 8 |
| 21 | | | | | 蓬发金 | 4 |
| 22 | 吴硕 | 秘书长 | 燕楼镇 | 坝楼村 | 蔡忠祥 | 4 |
| 23 | | | | | 蔡中平 | 1 |
| 24 | 曾少海 | 提案法制委主任 | 燕楼镇 | 坝楼村 | 蔡祖义 | 2 |
| 25 | | | | | 李家琼 | 1 |
| 26 | 郭霞 | 文史宣传学习委主任 | 燕楼镇 | 坝楼村 | 蔡顺沂 | 1 |
| 27 | | | | | 王得洪 | 3 |
| 28 | 项彦丽 | 教文卫体委主任 | 燕楼镇 | 坝楼村 | 王自成 | 2 |
| 29 | | | | | 王有明 | 4 |
| 30 | 田为民 | 经济科技委主任 | 高坡乡 | 五寨村 | 唐发贵 | 5 |
| 31 | | | | | 王登学 | 3 |

# 第十三章　制度建设与机关工作

政协花溪区委员会遵照《中国人民政治协商会议章程》和中央、省、市、区委关于加强人民政协工作的意见等有关规定，结合实际，不断加强机关建设。历届政协都把制度建设放首位，制定各种工作制度，并加以补充和完善，使政协工作不断规范化、制度化、程序化。

## 第一节　制度建设

区政协按照《政协章程》的有关规定，修订、制定并完善《政协花溪区委员会全体会员工作规则》《政协花溪区委员会常务委员会工作规则》《花溪区政协主席会议工作规则》《政协花溪区委员会关于政协常委参加常委会议的有关规定》等一系列政协工作准则。同时，建立机关管理和委员活动等项制度，重点围绕作风和制度建设，打造学习型、服务型、创新性机关，深入开展科学发展观学习实践活动，加强机关作风教育整顿，加强作风建设，围绕政协各种例会、提案和提案办理、委员调研视察等方面的内容，修订和完善《关于进一步调动政协委员履行职责积极性的意见》《关于进一步强化政协委员履行职能的意见》《政协花溪区委员会全体会议请假规定（试行）》。

《政协花溪区委员会常务委员会会议请假规定（试行）》《花溪区政协委员履职管理暂行办法》《花溪区政协机关党员干部请假规定》《花溪区政协办公室对外接待管理规定》《花溪区政协机关财务管理规定》《花溪区政协机关学习制度》《花溪区政协机关干部“庸懒散”行为问责暂行办法》等的制定与实施，有效地改进机关作风，树立政协机关作风正、工作实的良好形象。

## 第二节　机关工作

区政协的机关工作，在政协常务委员会和主席会的领导下，根据工作需要，不断加强机关建设和干部教育管理，提高机关工作质量和服务水平。

### 一、政协会议筹备和服务工作

政协各种会议的召开是政协按照《政协章程》开展工作履行职能的方式之一，会议的筹备由政协机关进行。2003 年 3 月至 2016 年 6 月，政协机关筹备召开政协全体会议 16 次，常务委员会会议 79 次，主席会议 171 次。同时，还筹备召开座谈会、专题协商会等各种会议。在各种会议的筹备中，先制定工作方案，通过主席会审定后组织实施。各种会议的筹备，机关服务工作讲规范、重程序，职责明确。如政协每次召开全体会议，都要成立大会秘书处，秘书

2011 年 3 月 14 日政协机关职工到湿地公园参加志愿者植树活动

处下设秘书、会务、宣传、医疗安全等工作组，各个工作组制定子方案，明确责任人和职责分工，确保会议顺利召开，使政协会议在协商监督、参政议政方面取得成效。

## 二、机关干部职工的学习教育

政协办公室坚持把干部职工的学习作为工作的主要内容之一，不定期组织机关干部学习中央、省、市、区委的各种重要文件。政协举办的委员专题学习讲座，机关干部都要参加学习，举办的委员学习培训，机关干部都要列为培训对象。2014 年 10 月，在贵州省社会主义学院举办的为期 3 天的培训，机关干部全体参加。2015 年 11 月，在全国政协培训中心黄岛基地举办的为期 7 天的委员培训，机关干部 15 人参加。通过学习培训，机关干部队伍业务素质得到提升，服务履职意识得到增强，工作效率和水平得到提高。

## 三、机关财务

财务工作是机关工作的重要组成部分。政协机关的财务管理，严格执行财经纪律，按照制定的《花溪区政协机关财务管理规定》，本着厉行节约、合理开支、严格审批、保证重点的原则，管好用好每一项经费，确保政协各项工作的顺利进行。

**区政协 2003 年 -2015 年财务状况一览表**

| 年度（年） | 拨入经费（万元） | 经费支出（万元） |
|---|---|---|
| 2003 | 155 | 141 |
| 2004 | 183 | 182 |
| 2005 | 212 | 209 |
| 2006 | 250 | 240 |
| 2007 | 287 | 282 |
| 2008 | 338 | 333 |
| 2009 | 365 | 348 |

| 年度（年） | 拨入经费（万元） | 经费支出（万元） |
|---|---|---|
| 2010 | 413 | 403 |
| 2011 | 495 | 495 |
| 2012 | 546 | 546 |
| 2013 | 642 | 602 |
| 2014 | 756 | 756 |
| 2015 | 809 | 809 |

## 四、档案管理

政协机关的文书档案管理，按照机关档案管理办法，进行收集、整理、归档、立卷、统计和利用。2003至2014年，整理文书文档202卷，其中，永久116卷(3086件)，长期50卷(1270件)，10年36卷（1078件）。整理2003至2015年照片710张，2003至2016年上半年奖状47件，录像带1件，光盘12张，书籍4卷31本。政协档案管理工作为区党研室、区档案局及有关单位查阅相关资料提供保障。为区政协修志提供史料依据。

## 五、老干部管理

区政协机关继承和发扬做好老干部工作的优良传统，落实好“两个待遇”。每个季度，组织老干部开展活动，在活动中传达党的方针政策和重要文件，通报政协相关工作。2003-2016年6月，组织老干部开展活动58次。每年全会的开幕式和闭幕式，邀请政协老干部列席，为老干部知情参政发挥余热创造条件。

## 六、其他工作

落实区委、区政府的重要工作安排。2003年，在预防“非典”工作中，政协机关成立领导小组，抽调人员参加区“非典”防治指挥部工作，印刷宣传资料一万份发放到乡镇村寨。2008年初，在“抗凝冻、抓重建、保民生”工作中，区政协领导班子和各专委办负责人，分赴各乡镇、办事处和有关企业，了解群众的生产和生活情况。组织机关干部投入全区扫雪铲冰和打冰保树行动。四川汶川发生特大地震灾害后，政协机关组织全体政协委员和机关干部职工发扬“一

2011年5月，区政协离退休人员参观金石产业园

方有难，八方支援”传统美德，通过红十字会、民政部门捐献现金 51.338 万元、物资价值 126.5 万元。政协机关的中共党员缴纳特殊党费 6000 余元。2010 年起，机关干部积极参加区委“绿丝带志愿者”活动。在十里河滩湿地公园建设工作中，参与清淤、捡垃圾等项工作；在全区创文创卫工作中，参与卫生大扫除、站斑马线等项工作。政协机关参加市政协组织的文体活动。2003 年至 2006 年，组织机关干部参加贵阳市政协、统战系统全民健身运动 2 次，文艺汇演 2 次。

2015 年 2 月，区政协机关全体工作人员（从左到右）前排：副主席吴同恒（因违法被逮捕）、李瑾、张朝洲、主席谌业华、副主席孙剑、李莎、何勇、邹吉鸿。二排：智力支边办主任赵欣、人资环委副主任欧阳桂枝、文史委主任郭霞、主任科员陈桂英、教文卫体委主任项彦丽、主任科员吴朝霞、副秘书长徐辉、工作员杨碧君、秘书长吴硕。后排：提案法制委主任曾少海、经科委主任田为民、副秘书长车荣、主任科员赵洪、委员联络办主任梁国同

# 第十四章　党建工作

## 第一节　区政协党组工作

中共花溪区委员会政协党组，坚持以邓小平理论和“三个代表”重要思想为指导，贯彻落实科学发展观，坚持党要管党，从严治党的方针，以《中国共产党党章》《中国共产党党内监督条例》《中国共产党党员权利保障条例》《中国共产党廉洁自律准则》《中国共产党纪律处分条例》为依据，加强党的执政能力和拒腐防变能力，发扬党内民主，加强党内监督，扩大党员群众对党内事务的知情权、参与权和监督权，增强政协机关党内事务的开放度和透明度，增强党组织的创造力、凝聚力和战斗力，为花溪的经济发展、社会稳定提供政治保障。

政协党组重视机关党组织的思想建设、组织建设、作风建设、制度建设。每年年初制定年度党建工作计划、精神文明建设计划、党组、党总支、党支部学习计划；年终检查各种专题教育、党课教育和各支部党员教育活动开展情况及工作计划完成落实情况。对每届政协党组成员、机关党总支、党支部支部委员进行工作分工。按照《党章》规定对机关党总支、党支部进行换届选举。对党总支及党支部工作进行年度考核，组织召开党员领导干部专题民主生活会，民主评议党员等。组织党员干部开展述职述廉述德，公开重要情况和重大事项。受理有关党风廉政建设的群众来信来访，查处党员干部违纪案件。按照党章规定，落实党内民主选举、民主决策、民主监督、民主管理制度，坚持“三会一课”并对落实情况进行检查。

2015 年 6 月 11 日，区政协党组书记谌业华在机关上“三严三实”专题党课

2003 年以来，政协党组建立健全《中共花溪区政协党组工作规则》《中共花溪区政协党组中心学习组学习制度》《中共花溪区政协党组领导班子党风廉政建设责任制》《花溪区政协

机关党务公开实施细则》等。政协党组书记每年与政协机关党员签订《花溪区政协领导干部党风廉政建设责任书》。

## 第二节 区政协机关党总支委员会工作

根据《党章》《中国共产党和国家机关基层组织工作条例》的规定，政协机关党总支加强宣传党的路线方针政策，执行党中央、上级组织和本组织的决议，发挥党组织的战斗堡垒作用和党员的先锋模范作用，团结、组织党内外干部群众，协助本单位负责人完成工作任务。组织党员学习马克思列宁主义、毛泽东思想、邓小平理论、“三个代表”重要思想以及科学发展观，学习党的路线方针政策，学习社会主义核心价值观，学习党的历史和社会主义现代化建设有关知识，建设学习型党总支。加强党员教育、管理和服务，督促党员履行义务，保障党员的权利不受侵犯。对党员进行监督，督促党员干部和机关工作人员遵守国法政纪，加强党风廉政建设，执行党的纪律，坚决同腐败现象作斗争。做好机关工作人员的思想政治工作，了解和反映群众的意见，维护群众的权益，帮助群众解决实际困难，推进机关精神文明建设。对要求入党的积极分子进行教育、培训和考察，做好党员发展工作。密切联系群众，加强与政协委员、民主党派成员和爱国人士联系，团结一切可以团结的力量，调动一切积极因素，为花溪创建文化旅游创新区贡献力量。

政协机关党总支坚持“三会一课”制度，每季度召开一次党员大会和一次总支会议，必要时临时召开。半年召开一次民主生活会，半年上一次党课，并组织入党积极分子参加。年末对党员进行民主评议。

2005 年 1-6 月，政协机关党总支开展第一批党的先进性教育活动。2009 年，政协机关党总支开展第二批学习科学发展观活动。5 月 7 日，邀请省委党校哲学部主任周感华作实践科学发展观专题讲座，区政协委员、机关党员干部 130 人参加。2014 年 2-12 月，政协机关党总支开展第二批党的群众路线教育实践活动。活动按学习教育、听取意见，查摆问题、开展批评，整改和建章立制三个环节进行，区政协党总支下属的 2 个支部、35 名党员参加活动。

## 第三节 区政协机关党支部委员会工作

2008 年，区政协机关党支部开展党建主题教育实践活动，组织党员开展活动 12 次，专题学习 4 次，召开党员大会 4 次，召开支委会 12 次，党员民主生活会 1 次。组织机关党员向地震灾区捐款 5800 元，缴纳特殊党费 3250 元。按照区委有关“双千工程、远程教育”工作的要求，协调帮扶青岩镇杨眉村新农村建设物资、资金等 19.9 万余元。

2009 年，按照区委要求，区政协机关党支部开展学习实践科学发展观活动。全年政协机关党支部召开支委会 12 次；党员大会 4 次；开展各种活动 12 次；转出党员 1 名，转入党员 3 名。全年，区政协投入党总支组织活动经费 8000 余元。其中：机关党支部活动经费 800 余元；离退休党支部活动经费 1000 余元；制作规章制度标牌 800 余元；购买党员活动室沙发、茶几 7000 余元。

2010年，机关党支部根据中央《关于推进学习型党组织建设的意见》，加强学习型党组织建设。开展“双千工程”和“三保三实”工作，为基层群众办好事实事。全年机关党支部组织党员开展活动8次；专题学习3次；召开党员大会2次；召开支委会4次。区政协机关党支部，组织政协机关全体党员、干部职工以及区科协、区农工民主党花溪支部全体人员，到青岩镇谷通村开展“送医送药送科技下乡”活动，送出资料5000余份，区农工民主党花溪支部的医生为农民群众义务看病80余人，免费送药280余元。机关党支部组织党员到青岩镇谷通村慰问贫困党员3人，慰问金额600元，并为该村协调水泥10吨，帮助解决计生“三结合”经费4000元，支持该村改善环境卫生经费3000元。机关党支部开展建党89周年纪念活动，组织党员学习胡锦涛总书记重要讲话精神，深刻理解和全面把握加强反腐倡廉制度建设的重要意义、基本要求和主要任务的文章（《党风廉政建设》2010年第3期）；开展重温入党誓词活动；学习《政协花溪区机关党风廉政建设责任制》《花溪区政协机关中层领导干部问责制》等有关制度；出专刊一期。12月28日，政协机关党支部举行换届选举，选举出新一届机关党支部领导班子。

2013年，区政协机关党支部及时调整党建工作领导小组，制定《2013年花溪区政协机关党建工作计划》。机关党支部组织区政协全体党员，学习中国共产党十八大及十八大三中全会精神，收看十八大三中全会宣讲会。2015年，区政协机关党支部，组织政协机关全体党员、干部职工和区科协、区农工民主党花溪支部全体人员、区属企业代表，为区内贫困的学生开展“金秋助学”活动，捐资帮助初中、高中学生17名，捐献助学金12.8万元。区政协机关党支部组织党员协调5000元帮助青岩镇摆早村、谷通村抓好农村基层党组织建设，协调136万元帮助解决摆早村的饮水改造工程。春节、“七一”党的生日，慰问贫困党员，慰问金额2000元。

## 第四节　政协党组重要活动

### 一、学习实践科学发展观活动

2009年3月，根据《中共花溪区委深入学习实践科学发展观活动领导小组关于印发＜花溪区参加第二批深入学习实践科学发展观活动实施方案＞的通知》精神，区政协党组成立政协机关学习实践科学发展观活动领导小组。

组长：王光华（区政协党组副书记、副主席）

副组长：禄竹（区政协党组成员、副主席）

成员：曾少海（区政协党组成员、党总支书记、秘书长、办公室主任）

梁国同（政协副秘书长）

龙聚盛（政协副秘书长）

赵洪（政协机关党支部书记、副主任科员）

杨定乾（政协机关离退休党支部书记）

龙聚盛、赵洪二人负责政协机关学习实践科学发展观活动的组织协调，上报有关资料，编辑印发信息内刊、简报，了解情况、指导工作、交流经验。

区政协党组制定《中共花溪区政协党组开展深入学习实践科学发展观活动实施方案》。

区政协机关开展学习实践科学发展观活动，按照区委有利于增强党员干部宗旨意识，有利于武装全区广大党员干部的头脑，有利于清晰花溪区情定位，加快推进生态文明示范区建设步伐，有利于营造风清气正、攻坚克难的发展环境，进一步转变干部工作作风，有利于激发全区上下干事创业的潜能，进一步破除发展障碍、创新体制机制。把政协党员干部和职工的思想统一到中央对当前形势的判断上来，统一到中央和省、市、区委一系列决策部署上来，把“抓机遇、重民生、优规划、创品牌、保生态、推改革、强领导”各项任务落到实处。

区政协党组以“走科学发展路、建生态文明区”为目标，结合市委“三思考三创新三为民”的要求，围绕区委“四看四理四服务”的精神，以“创新、为民，推进科学履职；团结、聚智，促进科学发展”为政协深入学习实践科学发展观活动的主题，服务区委、区政府的工作中心、服务大局，与时俱进、创新履职方式，倾听群众的呼声，反映民生，顺应民意，核心就是为民履职，推进科学履职。发挥政协人才聚集，联系面广的优势，团结各族各界人士，发挥智力资源的优势，凝聚力量，促进科学发展，推动花溪区科学发展，快速发展。

按照筑学组办发[2009]29号文件要求，区政协党组在召开党组领导班子专题民主生活会和党员组织生活会议后，就《花溪区政协党组贯彻落实科学发展观分析检查报告》组织群众开展满意度测评。

1、政协党组结合自身的工作实际，制定群众评议的重点：一是领导班子对科学发展观、建设生态文明城市的认识深不深，调查研究和听取意见的范围广不广；二是领导班子查找的问题准不准、原因分析透不透；三是领导班子对贯彻落实科学发展观的思路清不清，制定的工作措施是否可行；四是按照科学发展观要求加强领导班子自身建设的具体措施有没有针对性和可操作性。

2、明确部分区政协常委、政协委员、部分区直部门、民主党派人士代表、全体政协机关离退休老同志和政协机关党员干部及职工为测评人员。

3、通过召开座谈会，征求意见会与召开部分区政协常委、政协委员、民主党派人士代表参加和全体政协机关离退休老同志、政协机关党员干部及职工参加的评议大会、进行书面评议。发出《评议表》54份，收回54份。对《花溪区政协党组贯彻落实科学发展观分析检查报告》满意的46份，占85.2%；较满意的6份，占11.11%；基本满意的2份，占3.7%。以上结果在测评会议上当场公布，并在政协公示栏上进行公布。

通过活动，区政协工作按照科学发展观的要求，认真履行政协参政议政、政治协商、民主监督的职能为花溪经济社会发展和生态文明示范区建设献计出力，完成《优化投资环境促进花溪区非公有制企业发展》的调研报告；主席谌业华领题调研，完成《花溪南环经济圈工业产业发展研究》的课题；副主席王光华领题调研，完成《花溪区乡村旅游发展调研》；经济科技委员会完成《花溪区药业企业发展的调查》、人口资源环境委员会完成《花溪区乡村旅游发展的几点思考》的调研文章，教文卫体委员会《关注民生，深入开展全民健身活动》的调研工作正在深入开展。

在政协花溪区八届四次会议期间，委员们为花溪的发展，建言献策，撰写提案，收到提案126件、民主党派提案5件，提出提案的委员达223人（次）。提案内容涉及工业、农业、社会治安、社会经济发展、城镇建设、旅游、交通、文教卫生等方面。体现广大政协委员和各界人士高度的责任感和强烈的参政意识。同时，精选出《关于进一步健全完善乡镇财政激励机制，促进区、乡财政体制改革建议》等6件作为主席会议领衔督办重点提案，提升督办层次和办理效果，使之达到以点带面，推进提案办理整体水平的提高。

围绕科学发展观履职、为民履职，推动政协各项工作的顺利开展。圆满完成政协八届四次会议的各项议程。政协办公室、智力支边办与市政协港澳台与外事委员会联系，在市政协徐学仁副主席的关心支持下，引进香港善施基金会捐款17.5万元，修建马铃乡中学450平方米教学楼一栋，竣工并交付使用，解决马铃乡中学教学用房不足的的问题。4月10日，香港善施基金会又到马铃乡中学捐款3600元，解决18名贫困学生的生活困难。引进香港慈恩基金会，为高坡乡五寨村地坝组14户农民危房改造，每户补助危房改造款2000元，共计2.8万元。

区政协在开展学习实践科学发展观活动中，按照“三为民”的要求，倾听群众呼声，反映民生，顺应民意。主席谌业华带领有关人员深入到企业、乡镇了解情况，帮助企业和乡镇排忧解难。走访政协委员，倾听委员意见和建议，为委员办实事。政协主席、副主席6人，在区的两个危房改造示范点，帮扶危房改造22户。通过协调，22户农户的危房改造资金、物质及时到位，确保该项工作的顺利进行。2009年从政协机关抽调6名干部参加全区“三保”、“三实”工作队，到青岩镇3个村走访农户，了解他们的生产生活情况，帮助农户和村里解决实际困难。政协委员谢菊蓉，反映花溪区第一中学54名退休教师2005-2007年6万余元医药费没有报销的问题。区政协领导高度重视，政协委员联络办公室将情况反映到有关部门。区职能部门认真对待，迅速落实。区第一中学54名退休教师6万余元的医药费全部兑现。区政协委员、花溪区中意食品厂总经理李祖辉反映，该厂为在花溪区展示“放心豆腐”，准备在花溪区农贸市场租一门面，由于种种原因，一年多时间未租到门面。政协领导高度重视，区政协委员联络办公室的同志到该厂了解情况，并把情况向区城管局领导通报，局领导亲自协调有关部门及时解决。三天后花溪区中意食品厂正式与花溪区农贸市场服务中心签约，租到一个满意的门面。区政协还组织170名政协委员到石板镇花街村栗木寨开展义务植树，植树600余棵，用实际行动支持生态文明示范区建设。

## 二、党的群众路线教育实践活动

2014年2月，根据《中共中央关于在全党深入开展党的群众路线教育实践活动的意见》《中共中央办公厅印发＜关于开展第二批党的群众路线教育实践活动的指导意见＞的通知》精神，按照《中共贵州省委关于在全省深入开展党的群众路线教育实践活动的实施意见》《中共贵州省委办公厅关于印发＜贵州省第二批党的群众路线教育实践活动实施方案＞的通知》《中共贵阳市委关于印发＜贵阳市开展党的群众路线教育实践活动实施方案＞的通知》《花溪区开展党的群众路线教育实践活动实施方案》的要求，经区政协党组研究，成立区政协党的群众路线教育实践活动领导小组。

组长：谌业华（区政协党组书记、主席）

副组长：李瑾（区政协党组副书记、副主席）

成员：秦永康、吴同恒、吴硕。

日常工作由赵洪负责。

区政协作为第二批活动单位，在中共花溪区委的统一部署、市委第五督导组的具体指导帮助下，按照“照镜子、正衣冠、洗洗澡、治治病”的总要求，对照习近平总书记“三严三实”和省委赵克志书记提出的“六个查一查、八个照一照、四个剖一剖”的要求，区政协党组围绕为民务实清廉的主要内容，聚焦“四风”突出问题，联系工作实际，完成学习教育、听取意见，查摆问题、开展批评，整改落实、建章立制三个环节。按规定动作做到位，自选动作有特色，教育实践活动达到预期目标。整改工作任务全面完成。

按照区委要求区政协党组制定《中共花溪区政协党组深入开展党的群众路线教育实践活动实施方案》。2月25日，区政协召开动员大会，主席谌业华结合中央、省委、市委、区委的精神和区政协工作实际，就区政协如何开展党的群众路线教育实践活动，从统一思想认识，深刻领会开展教育实践活动的重大意义，坚持“四把握、四确保”开展教育实践活动；加强组织领导，确保教育实践活动取得实效，从三个方面进行动员部署。市委第五督导组、区委第四督导组全体成员应邀到会指导，市委第五督导组组长徐小贵就区政协党组和机关党总支开展党的群众路线教育实践活动提出工作要求。会上发出民主评议测评表71份。

区政协党组把加强学习教育作为教育实践活动的首要任务，增强广大党员干部的理想信念、宗旨意识、群众观点。采取个人自学、集中学习、专题研讨等方式，组织党员干部认真学习马列主义、毛泽东思想、中国特色社会主义理论体系、党章和党的十八大、十八届三中全会、习近平总书记系列重要讲话精神以及中央编发的《论群众路线——重要论述摘编》等三本书。政协机关党员干部参学率达到100%，党组中心组和党支部集中学习9天以上。开展“做群众贴心人”专题讨论和“入党为什么、为党干什么”大讨论，组织观看《周恩来的四个昼夜》和《苏联亡党亡国二十年祭》等专题片，学习“最美基层干部”等为民务实清廉先进典型，利用红色资源、警示教育基地、基层联系点等阵地开展革命传统教育、警示教育，引导党员干部认清“四风”的危害，真正把自己摆进去，增强学习效果。坚持以“知”促“行”，以“行”促“知”，把教育和实践有机结合起来，把学习转化为联系服务群众的实际行动，4名党员干部与6名困难群众结成帮扶对子，政协协调筹集帮扶资金34.3万元，为基层办实事好事10余件。

区政协党组以整风精神召开专题民主生活会，以此规范党内政治生活，在开展批评和自我批评上动真格、树新风。坚持功夫下在会前，广泛征求意见建议，认真撰写对照检查材料，开展谈心交心，确保把问题找实找准。政协党组开展5轮征求意见工作，党组坚持群众提、自己找、上级点、相互帮、集体议等方法，采取设置意见箱、发放征求意见函、召开座谈会、个别访谈等方式，广泛收集意见。政协党组班子成员，分别深入农村、社区、企业、学校等基层一线，深入各自教育实践活动联系点单位进行走访调研，面对面和群众交心谈心，查摆“四风”突出问题和关系群众切身利益问题、群众反映强烈的不正之风问题、联系服务群众“最后一公里”等问题，征求意见建议412条，其中：区政协党组共收到原始意见建议92条，梳理归纳为92条（其中：“四风”方面原始意见建议56条，其他方面原始意见建议36条）；区政协党组成员个人共收到原始意见建议335条，梳理归纳为224条（其中：“四风”方面原始意见建议203条，梳理归纳为111条；其他方面原始意见建议92条，梳理归纳为56条）。

针对收到的意见建议，党组班子成员把自己摆进去，认真撰写和反复修改对照检查材料，政协党组班子对照检查材料党组集体讨论修改5次，前后修改25次，党组成员个人对照检查材料，有的前后修改20多次，真正做到“对准号、像自己、有深度”。政协党组成员开展谈心交心，坚持“四个必谈”力求谈深谈透、触动思想灵魂。为开展好批评和自我批评奠定基础。坚持严格条件、严格程序、严格标准，召开高质量的专题民主生活会。党组书记带头开展批评和自我批评，每名班子成员作对照检查发言后，其他班子成员逐个开展批评，不怕揭短亮丑、敢于动真碰硬，改变以往开民主生活会评功摆好庸俗化的倾向，取得了“红红脸、出出汗、排排毒、治治病”的效果。许多同志反映，这次专题民主生活会发扬批评和自我批评的好传统，展现党内生活的新气象，是几十年来“最长记性”的一次民主生活会，为今后召开民主生活会、开展健康的思想斗争做出了示范。

政协党组深入贯彻中央“八项规定”、省委十项规定和市委二十九条实施细则，落实《党政机关厉行节约反对浪费条例》《党政机关国内公务接待管理规定》等文件，边查边改、立行立改，纠正形式主义、官僚主义、享乐主义和奢靡之风。开展整治文山会海等3个突出问题专项整治工作。在整改落实、建章立制环节，对照习近平总书记列举的“四风”问题25种表现和中央党的群众路线教育实践活动领导小组办公室梳理的37条共性问题和贵州省梳理的23条共性问题，建立健全各项规章制度18项，在反对享乐主义方面，政协机关清理处置违规配备公务用车2辆，腾退清理超标办公用房57平方米。2014年1–6月，政协机关“三公”经费支出3.6万元，与上年同期相比，减少0.15万元，下降4%，公务接待宴请消费同比减少30%以上。2014年政协机关党政干部因公出国(境)0人次。在反对奢靡之风方面，严厉整治和纠正公款送礼、违规职务消费、干部出入会所等问题，落实中秋严禁用公款送月饼送节礼等规定。

政协党组针对区政协党组班子查摆出的问题和群众反映突出的“四风”问题，按照“准、狠、韧”的要求，政协上下联动，开展专项整治行动，建立完善16项规章制度。

## 三、“三严三实”专题教育

为落实全面从严治党要求，巩固和拓展党的群众路线教育实践活动成果，推进党的思想政治建设和作风建设，根据《中共花溪区委办公室印发<关于在县处级以上领导干部中开展“三严三实”专题教育的实施方案>的通知》精神，2015年4月区政协党组就抓好政协县级以上领导干部“三严三实”专题教育制定《中共花溪区政协党组关于在县处级以上领导干部中开展“三严三实”专题教育的实施方案》。

区政协党组把学习教育摆在首位，通过专题学习教育，坚定中国特色社会主义的理论自信、道路自信、制度自信，增强贯彻党的群众路线的自觉性和坚定性。

在开展“三严三实”专题教育中，坚持以上率下，从领导机关、领导班子、班子成员抓起，从主要领导做起，真正把自己摆进去，对照“三严三实”要求，紧密联系实际深学细照笃行，带头守住做人、做事、用权、交友的底线，一级带着一级干，一级做给一级看。

强化问题意识，着力从小事抓起，从具体问题改起，标本兼治、常抓不懈，积小胜为大胜，纠正坏习惯、养成好作风、形成好风气。

坚持从严要求，把严的标准、严的措施、严的纪律落到实处，在思想教育上严起来，在选人用人上严起来，在管理监督上严起来，在制度规范和执行上严起来，营造风清气正的政治生态和从政环境。

坚持教育与实践并重，一手抓学习教育，深化思想认识，正本清源、固本培元；一手抓立行立改、清除积弊顽症，解决问题，推动工作。

区政协党组把开展“三严三实”专题教育与做好当前改革发展稳定各项工作结合起来，与认真履行政治协商、民主监督、参政议政三大职能结合起来，与完成重点工作任务结合起来，坚持“两手抓、两促进”，守住“经济发展”和“生态保护”两条底线，突出以文化为魂，打造“大花园”、建好“大溪流”，推进“园区高端化、城区园林化、农村特色化、景区生态化”，加快建设文化旅游创新区，纵深打造花溪发展升级版。

开展“三严三实”专题教育，重点是认真学习领会和全面准确把握“三严三实”的深刻内涵和具体要求，抓住“关键少数”，严到底、严到位、严到要害处，认真查摆和解决“不严不实”问题，把从严从实的意识强起来、从严从实的规矩立起来、从严从实的风气竖起来，推动各级领导干部把“三严三实”作为遵循的行为准则，争做“三严三实”的好干部。

区政协党组教育引导党员、干部加强党性修养，坚定理想信念，提升道德境界，追求高尚情操，自觉远离低级趣味，自觉抵制歪风邪气。教育引导党员、干部坚持用权为民，把权力关进制度的笼子里。着力解决管党治党责任不到位，不遵守党的民主集中制，不依法办事、滥用权力，以权谋私、以权压法，甚至有的设租寻租、官商勾结、权钱交易、利益输送等问题。教育引导党员、干部严守党的政治纪律、政治规矩和党纪国法、心存敬畏、手握戒尺、慎独慎微、勤于自省、为政清廉。着力解决无视党的政治纪律和政治规矩，尾大不掉、妄议中央，组织观念淡薄、纪律松弛、党内生活不经常、不严肃、不认真，该请示的不请示，该报告的不报告，甚至有的心中无党纪、眼里无国法，顶风违纪还在搞“四风”、不收敛不收手等问题。教育引导党员、干部从实际出发谋划事业和工作，使点子、政策、方案符合实际情况、符合客观规律、符合科学精神。不好高骛远，不脱离实际。着力解决推进后发赶超、同步小康建设思路不宽、办法不多、摆花架子、喊空口号，热衷于造“典型”、搞“盆景”、出“经验”，甚至有的只顾眼前、不顾长远，搞竭泽而渔的短期行为等问题。教育引导党员、干部真抓实干，敢于担当，敢比敢拼、敢争敢赛，敢于直面矛盾，善于解决问题，努力创造经得起实践、人民、历史检验的实绩。着力解决进取意识、机遇意识、责任意识不强，执行中央和省市决策部署打折扣、搞变通，求稳怕乱，不直面问题、不负责任、不敢担当、工作敷衍塞责、得过且过、消极应付等问题。教育引导党员、干部对党、对组织、对人民、对同志忠诚老实，襟怀坦白，公道正派。着力解决对党不忠诚、做人不老实、阳奉阴违、自行其是，当面一套、背后一套，甚至有的心胸狭隘、挑拨离间，搬弄是非、捏造诬告等问题。

区政协党组把“三严三实”专题教育作为党的群众路线教育实践活动的延展深化，作为加强党的思想政治建设和作风建设的重要举措，融入领导干部经常性学习教育，不分批次、不划阶段、不设环节，不是一次活动，不能以抓集中活动的形式开展。专题教育在区政协县处级以上领导干部中开展，不扩大对象和范围，县处级以下干部不参加。党外县级干部可邀请参加，离退休县级干部不同在职干部要求“一般齐”，可参加老干支部组织的学习。

时间安排上，每两个月 1 个专题，每次专题学习研讨时间原则上不少于 2 天。

专题一：（安排 5 至 6 月）严以修身，加强党性修养，坚定理想信念，把牢思想和行动的“总开关”。专题二：（安排 7 至 8 月）严以律己，严守党的政治纪律和政治规矩，自觉做政治上的“明白人”。专题三：（安排 9 至 10 月）严以用权，真抓实干，实实在在谋事创业做人，树立忠诚、干净、担当的新形象。

2015 年底，召开区政协县处级以上党员领导干部年度民主生活会和组织生活会，以践行“三严三实”为主题进行。对照党章等党内规章制度、党的纪律、国家法律、党的优良传统和工作惯例，对照正反两方面典型，联系个人思想、工作、生活和作风实际，联系个人成长进步经历，联系教育实践活动中个人整改措施落实情况，深入查摆“不严不实”问题，进行党性分析，严肃认真开展批评和自我批评。

## 四、“两学一做”学习教育活动

2016 年，根据中共、省、市、区委《关于在全区党员中开展“学党章党规、学系列讲话，做合格党员”学习教育实施方案的通知》的文件精神，政协党组按照全区“两学一做”学习教育的部署，结合区政协工作实际，开展“两学一做”学习教育活动。

建立以区政协党组副书记、副主席为组长的政协“两学一做”学习教育工作协调小组，明确工作职责，落实专人负责政协“两学一做”日常工作。制定《中共花溪区政协党组关于在政协全体党员中开展“学党章党规、学系列讲话，做合格党员”学习教育实施方案》和《花溪区政协“两学一做”学习教育重点工作责任分解表》，制定《中共花溪区政协党组“两学一做”学习教育学习计划》，对区政协开展“两学一做”学习教育作出具体时间安排，提出工作要求。

组织政协机关党员，及时传达学习《中共中央办公厅印发〈关于在全体党员中开展“学党章党规、学系列讲话，做合格党员”学习教育实施方案〉的通知》（中办发〔2016〕14 号）等文件精神。学习《中国共产党党章》《中国共产党廉洁自律准则》《中国共产党纪律处分条例》《中国共产党党员权利保障条例》《中国共产党地方委员会工作条例》《中国共产党党组工作条例（试行）》《党政领导干部选拔任用工作条例》等党内法规。学习《习近平总书记系列重要讲话读本（2016 年版）》《习近平总书记重要讲话文章选编（领导干部读本）》部分文章，及习近平总书记视察贵州重要讲话精神。

政协党组召开 5 次专题会议，专门研究安排部署区政协“两学一做”学习教育工作。制作政协“两学一做”学习教育宣传栏，把区委、政协党组“两学一做”学习教育实施方案和学习计划及时公布，方便党员学习。编写专题简报 11 期，利用政协委员网络平台，及时发布政协“两学一做”学习教育信息和工作要求，方便政协委员和机关党员了解情况。

政协机关党支部，组织党员开展手抄党章100天活动，为党员制作专门的抄写笔记本。组织党员使用贵阳“两学一做”手机APP，使用率达100%。政协离退休党支部，组织党员学习《中办发关于在全体党员中开展“学党章党规、学系列讲话，做合格党员”学习教育活动》的通知精神，党支部书记杨定乾将个人学习体会，用上党课形式向支部党员宣讲，帮助党员学习党章党规、学系列讲话，做合格党员。85岁高龄的老党员车素珍（女），在眼睛极度老花的情况下每天抄写党章150字，杨定乾和其他几名支委也手抄《中国共产党章程》。机关党支部组织5名党员参加志愿者服务活动。在花溪湿地公园参加两天的值守活动，在公园里四处巡查，文明、热情、礼貌地开展公共文明引导工作。

2010年，区政协党组书记谌业华任指挥长的天河谭新城建设指挥部新建的金石产业园区石材标准化车间

# 第四篇 人物

# 第一章　人物传略

曹继珍（1926年10月—1990年12月），男，1945年参加革命，1949年加入中国共产党，离休前为花溪区政协主席。生前历任樱桃园区武委会工作员、中国人民解放军学员、会计员、审计员、副股长，贵定专署粮食局副局长、贵筑县委财贸部部长、花溪区委副书记、副区长，政协花溪区第一届委员会主席，花溪区第三届人大代表。作为区政协第一届主席，曹继珍为花溪区政协的开创工作作出较大贡献，并为后来区政协发挥职能作用奠定一定基础。

刘登朝（1914年6月—2008年），男，汉族，河南清丰人，初中学历，中共党员。1944年7月参加革命，历任冀鲁豫卫河县六区第五联防公安委员、民兵指导员，清丰县城关区武委会主任，带领清丰县城关区300余人的民兵担架队支援鲁西南战役。后任江西赣东北壶口县二区区长，贵筑县青岩区区长、党武区书记兼区长，县委组织部副部长、监委书记、县委副书记，开阳县县委书记，遵义地区农业局局长、农业办副主任，贵州农学院试验场书记，政协花溪区第一届委员会副主席、党组书记（享受副地级待遇）。中共贵筑县第一届委员会委员，花溪区第一、二、十一、十二届人大代表。在解放战争鲁西南战役中，曾带领300余人的民兵担架队，冒着生命危险上前线，抢救数十名受伤战士。上世纪50年代为花溪的剿匪、土改、新生政权巩固做出较大贡献。

刘志刚（1934年11月—2015年），男，汉族，江西南昌人，小学学历，解放初期孟关乡首批儿童团团长，中共党员、农业经济师。1950年5月参加工作，历任花溪区孟关乡改貌村文书、党支部书记、孟关乡党总支书记，公社党委副书记、书记，湖潮公社社长，石板公社联社社长，湖潮公社党的领导核心小组组长、革委会主任，区农业局局长，中共花溪区委副书记，政协花溪区第一、二、三、四届委员会主席、党组书记，区政府督导员。中共花溪区第三、四届委员会委员。贵阳市政协第六、七届委员。刘志刚一生工作勤奋，处事公道正派，在政协工作期间，为人谦和，能团结各界人士，充分发挥政协参政议政作用。

张大才（1933年8月—2007年1月），男，汉族，河南虞城人，初中学历，中共党员。1948年10月参加革命，历任豫皖苏建国学院及十八军随校学员，二野五兵团后勤部工作员、文书，贵筑县土改工作队队员，粮食局股长、副局长、县人民监察委员会副主任、县财政经济委员会秘书、中共贵筑县委委员、水田区委书记，中共花溪区委办公室主任、区委常委、宣传部部长，政协花溪区第二届委员会秘书长（兼），政协花溪区二、三、四届委员会副主席，党组成员（享受副地级待遇）。中共贵筑县第一届委员会委员。花溪区第八届人大代表。

张大才参加革命后，努力学习毛泽东思想、党的方针、政策，有较高的政治理论水平，廉洁奉公，在区政协工作中，能团结社会各界人士，为花溪的社会发展作出较大贡献。

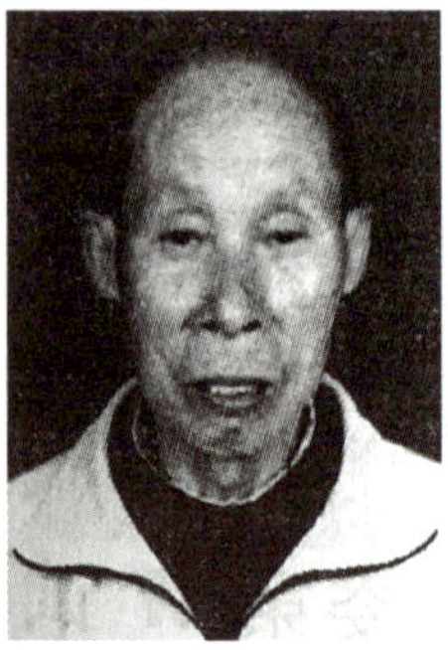

李合珍（1927年6月—2014年3月），男，汉族，湖北孝感市人，初中学历，中共党员。1942年参加新四军，1946年9月加入中国共产党。历任新四军战士、排长，湖北省京钟县土改工作队副组长、五区中队队长、钟祥指挥部一营三连连长、松滋县指挥部参谋处参谋、1949年任湖北省军区荆州军分区独立团作训股长，1952年4月调军委海军司令部水鱼雷处作战参谋、南海舰队万虎要塞警备团二营副营长、国防工程指挥部办公室主任，贵阳第三建筑工程公司党委书记、第一建筑工程公司副经理，白云区基建部副部长，花溪区水管局、统计局、工商局局长，政协花溪区第一届委员会副主席、党组成员（享受副地级待遇）。李合珍从军队转地方后长期从事经济工作，思想解放，大胆支持私营经济发展，做事光明磊落，一生清廉。

李树芳（1927年10月—2014年9月），男，汉族，黑龙江巴彦县人，初中学历，中共党员。1947年6月参加革命工作，1950年10月加入中国共产党。历任黑龙江巴彦县民政局科员、人事科科员、运输站站长、中共九区区委书记、县委宣传部部长，花溪区委宣传部部长、区委办公室主任、区委常委，区革命委员会副主任，区人大副主任，政协花溪区第三届委员会副主席，党组成员。花溪区第八届、第十三届人大代表（享受正县级待遇）。

李树芳参加工作后，认真学习党的理论、政策，有较高的理论政策水平，工作认真负责。廉洁奉公、团结群众、公道正派，受到机关干部职工、群众好评。

张葆琛,（1906年–2009年）男，汉族，生于江苏省江阴县（现江阴市）申港镇塘头里农户家庭。金陵大学（1925届）和黄浦军校（七期）毕业。曾在中学、师范、大学任教12年。卢沟桥事变后，投笔从戎，参加国民党十九路军保卫上海、南京的抗日作战。历任国民党一百零八师师长、江苏省保安副司令、上海县县长、中美合作所教育长、粤汉铁路警备司令、国民党国防部东南办事处主任兼九十四军军长等职。1975年获中华人民共和国国务院特赦，安置在贵阳市花溪奶牛场任顾问和贵州黄埔军校同学会顾问。1981年7月起任政协花溪区第一、二、三、四、五届委员会常务委员会委员，第六届委员、第七届荣誉委员。曾兼任政协花溪区委员会对台社会联谊专委会主任，提案法制社会联谊委员会主任。撰写《忆赴南京政府请愿抗日事历》《弘扬中山先生革命意志——实现第三次国共合作统一中国而奋斗》《陈立夫与祖国和平统一》、与陈立夫书信往来摘要等资料十多万字。张葆琛作为花溪区唯一的1至7届政协委员、荣誉委员，充分发挥了其独特的桥梁作用，为统一战线工作作出不可磨灭的贡献，2005年9月1日，张葆琛前往北京参加抗战胜利纪念活动，被中共中央授予人民英雄勋章。张葆琛抗战期间曾作诗："一自芦沟烽火起，同仇敌忾挽狂澜。从戎投笔男儿志，鏖战沙场敌胆寒。誓殉精忠报国死，甘心马革裹尸还。长城万里金汤固，野狗钻来举铁拳。"

张葆琛率性而坦诚，卧室中挂有一幅由自己亲书的条幅"坚韧不谀"。他常说："虚能引和，静能生悟，仰以察古，俯以观今"。张葆琛一生以大度、包容、严谨、渊博、爱才等在海峡两岸享有声誉，许多人士无不把他作为自己学习的榜样。2007年，区方志办一编辑向已102岁的张葆琛讨教长寿之道，回答："顺应自然，平和乐观；生命在于运动，思想也要运动。"

罗浮仙，（1898年－1987年）名永参，号浮仙，生于四川合江县东乡佃农家庭。自幼受耕读传家之教育，读过《百家姓》《三字经》《四书》《五经》《左传》《黄帝内经》等书。1915年在本县设馆任私塾教师。1926年至1931年任赤水县政府秘书兼省立二中语文教师。1934年任古蔺县总务科长，1935年任越西县政府秘书，1936年迁入花溪。该年应刘剑魂之约到贵阳县为县长掌管文书。刘剑魂以花溪为试点推行政建教三位一体的县政计划，因"花仡佬"其名不雅，欲更其名，罗浮仙建议将"花"字保留，以"溪"为名，改"花仡佬"为"花溪"，刘剑魂采纳，立即书写"花溪"二字刻石立于花溪桥头北岸。"花溪"地名从此远播。2014年10月30日，市委书记陈刚在贵阳市的一次大会上说："花溪的名字在贵阳十个区县市中最好听"。

1936年应刘剑魂之约到贵阳县任秘书，1937年派任青岩区区长兼中心小学校长，1940年调任毕节县政府秘书，1941年回花溪任贵筑县政府秘书、1942年任民政科长、国民党贵筑县党部执行委员、1943年起任贵筑县参议会副议长。

解放后，任贵筑县治安委员会副主任。县第一、二、三届各族各界人民代表会议代表，县商会副主任，1951年曾被错判刑7年，1983年平反。1981年起为政协花溪区第一、第二届委员会委员。

罗浮仙自幼随其祖父研习药理、医理并随同行医，耳濡目染，奠定了行医济世的基础。

在行医之余，他为花溪区、合江县、赤水县写下大量文史资料。将昔日所写诗千余首整理成册，定名《人傍山斋残稿》，贵大文化书院院长张新民教授为其作序。《花溪年鉴2015》载：“罗浮仙1973年凭记忆撰写的《老子串解》现身”。

陈丰灵（1905年—2010年），男，汉族，贵阳人，初中学历。1921年到滇军第五团当兵，1926年在江西高安转八国民革命军第一军二师五团二营五连当一等兵。参加北伐战争，从南昌一直打到杭州、上海、徐州等地，在山东韩庄战斗中负伤后到南京治伤，伤愈退伍回家乡贵阳。1928年开始信仰基督教，教会安排到西康学医三年，学成回贵阳行医；1938年教会指派到青岩办教，边行医边传道，解放后与几名医生成立青岩联合诊所。

陈丰灵在青岩行医名气大，又是有名的传教士。1981年任政协花溪区第一、二、三届委员会常委，宗教组长。他按照“自治、自养、自传”的方针，团结青岩地区100名基督教徒，拥护中国共产党的领导，反对外国教会的控制，坚持独立办教。八、九十岁高龄，仍积极为政协提建议、写提案，认真履行政协委员和宗教组长的职责。

查日曦(1921年10月—1999年3月)，男，汉族，安徽铜陵县人，大学学历，民建会员。1950年参加工作，历任中国人民解放军二野五兵团卫生部学员，贵筑县工商科副科长，贵阳长冲林场会计、沙文农中教师，花溪区教育局副局长，政协花溪区委员会第一、二、三届副主席。查日曦作为政协委员，以爱提意见、建议著称，充分发挥了委员参政议政职能作用。

1990年查日曦退休后，为了让离退休同志老有所乐、老有所学、老有所为，到处奔走相告，创办“老年大学”，请老师、筹经费、找校舍、招学生等都事必躬亲。第一年办书法班、绘画班、花木园艺班，以后又开办老年舞蹈班，查老既是校长、又是学员，他的山水画在花溪书画赛中获奖，人们都为他的老有所乐、老有所学精神所感动。

周克勋（1923年-1994年），男，汉族，贵阳市人，大学学历。1949年11月参加工作，历任清华中学教师、教导主任、副校长，政协花溪区第一届委员会副主席（兼）。周克勋作为政协委员，一直关注花溪教育事业，并为花溪教育发展提出了许多好的建议和意见，并亲力亲为，为发展花溪教育出力。周克勋担任校领导和政协副主席期间，始终未离开教学第一线，至少承担一个班级数学教学，而且他数学造诣很高，教学严谨，关心学生，得到广大师生的尊崇。

米家骥（1926年8月-1988年4月），男，汉族，四川成都人，学历高中，1988年4月25日追认为中

国共产党党员。1951 年 5 月参加工作，历任贵阳市白云区工商联副主任，白云区麦架乡朱官小学、花溪区中心小学教师，高坡杉坪民族小学、中学教导主任、校长，花溪区教育局工农教育办副主任，政协花溪区第一届委员会副主席（兼）。米家骥多年在边远偏僻的少数民族村寨从事教育工作，生活环境艰苦。他关爱学生、敬职敬业，为提高少数民族文化素养作出了贡献。特别是后来主抓农村成人教育，为推动花溪农民技术文化教育付出大量心血。

李德龙（1935 年 -2013 年）男，汉族，贵阳市花溪人，初中学历，民建会员。1950 年 10 月参加工作，历任中国人民银行贵筑县中心支行通讯员，青岩、乌当、白云金华营业所会计，贵阳市郊区花溪办事处副主任，花溪公社管区副主任、公社化肥厂厂长、农科所所长，中国农业银行花溪支行股长，花溪区工业局股长，中国建设银行花溪支行行长，政协花溪区第四届委员会副主席。李德龙熟悉金融业务，工作勤奋、爱岗敬业，特别是为建行花溪支行的建立作出较大贡献。退休后，组建老年放映队，义务下乡放映电影，中央电视台《小崔说事》栏目给予报道。

戴壮强（1944 年 -2014 年）男，汉族，中共党员，贵阳市花溪人，1969 年毕业于贵阳师范学院中文系，当过教师、花溪文化馆馆长、《花溪报》编辑、花溪区政协第六届委员、文史委副主任，《花溪区政协志》副主编，贵州省史学会会员，中国近现代史史料学学会会员。撰写、发表各种文体作品达数百万字，其中，主编过《花溪乡志》、出版过《古诗讲解》、花溪长篇史话《大将山下》、小说散文集《红崖碑传奇》花溪旅游文史丛书《高原明珠—花溪》《明清古镇—青岩》《洞桥天生—天河谭》《夜郎古国—燕楼》《神奇苗乡—高坡》等。戴壮强人称花溪多产乡土作家，除善于写作外，还能绘画、歌曲词谱创作。

戴壮强为繁荣花溪乡土文化、挖掘花溪历史文化、服务花溪经济社会发展作出了较大贡献。

# 第二章　人物简介

## 第一节　第七届至第九届委员会主席简介

李秀明（1946年12月-）男，汉族，安顺市人，大学学历，工程师、讲师，中共党员。1964年7月安顺一中高中毕业，1968年7月贵州农学院林学系毕业，自同年8月起，历任织金县林业局技术员、站长、助理工程师、副局长，中共织金县桂果区委副书记、书记，中共织金县委常委、宣传部长，毕节地区农校党委书记、讲师；1988年8月调花溪区林业局、区政府农业开发办工作，任工程师；1989年1月任中共孟关乡党委书记；1993年5月任花溪区人民政府副区长；1994年9月任中共花溪区委副书记；1998年3月至2006年9月任政协花溪区委员会党组书记。1998年3月至2006年11月任政协花溪区第六届、第七届委员会主席。

蒋志伦（1964年5月-）男，汉族，湖南衡阳人，大学学历，中共党员。自1980年9月起，先后任乌当区百宜中学教师，陇上中学教师、副校长（主持工作）；1990年8月至1996年12月，任乌当区新堡乡党办主任、党委副书记、党委书记、人大主席；1997年1月任乌当区精神文明办主任；1998年2月任中共乌当区委常委；1998年4月任中共乌当区委常委、纪委书记；2001年2月任中共花溪区委常委、纪委书记；2002年6月任中共花溪区委副书记、纪委书记；2006年9月任政协花溪区委员会党组书记，同年11月至2009年3月任政协花溪区第八届委员会主席。

谌业华（1957年7月-）男，汉族，贵州普定人，大学学历，中共党员。1971年3月起，先后任中国人民解放军昆字603部队加工厂工人、中国人民解放军贵州省军区工程机械修配厂工人、南明区公安分局西湖派出所干警、南明区公安分局河滨派出所所长、朝阳派出所所长；1988年4月起任南明区遵义路街道办事处党委副书记、主任；1993年6任南明区政府办公室主任；1993年12月任中共南明区委常委；1994年1月任中共南明区委常委、组织部部长；1998年4月任中共南明区委常委、政法委书记；1998年12任南明区政法委书记（副县级）；2000年1月任中共花溪区委常委、政法委书记；2005年5月任中共花溪区委常委、

区人民政府副区长；2008 年 6 月任中共花溪区委副书记；2009 年 3 月至 2016 年任政协花溪区委员会党组书记、政协花溪区第八届、第九届委员会主席。

## 第二节　第七届至第九届委员会副主席简介

韦正芳（1947 年 6 月 –）女，布依族，贵州花溪人，初中学历，中共党员。1965 年 2 月参加“四清”工作，自 1966 年 8 月起，先后任马铃小学教师、马铃公社妇联主任、马铃公社党委副书记、花溪乡党委副书记、乡长。1993 年 5 月任政协花溪区第五届委员会副主席兼民族与宗教事务局局长；1998 年 3 月任政协花溪区第六届委员会副主席兼民族与宗教事务局局长；1998 年 9 月任政协花溪区第六届委员会副主席、党组成员；2003 年 3 月至 2006 年 11 月任政协花溪区第七届委员会副主席、党组成员。

陈晓林（1948 年 12 月 –）男，汉族，湖北武汉人，大专学历，中共党员。1968 年 12 月参加工作，自 1970 年 11 月起，历任花溪区贸易局政工股工作员、区供销社政工股工作员、区委政策研究室工作员、副主任、主任；1987 年 11 月任青岩镇党委书记；1993 年 6 月任区人民政府办公室主任；1994 年 9 月任区人民政府副区长、党组成员。

赵丽萍（1957 年 7 月 –）女，汉族，河北威县人，大学学历。1974 年 9 月参加工作，1977 年 4 月在贵阳医学院医疗系学习，1980 年 4 月在盘县特区人民医院内科工作；1986 年 1 月任花溪区人民医院副院长；1998 年 3 月任政协花溪区第六届委员会副主席、区人民医院副院长；2000 年 12 月任政协花溪区第六届委员会副主席、区人民医院院长；2003 年月 3 月至 2005 年 2 月任政协花溪区第七届委员会副主席。2004 年 9 月 30 日，区检察院函告区政协：“决定对赵丽萍涉嫌贪污犯罪立案侦查，并于同日决定逮捕。”2005 年 2 月 3 日第七届九次常委会审议通过“暂时停止赵丽萍委员资格的决定”。

李隆辉（1952 年 2 月 –）男，穿青人，贵州大方人，大学学历，中国民主建国会会员。1973 年 9 月在贵州农学院牧医系牧医专业学习，1976 年 9 月在贵州农学院工作，历任教工团支部书记、教务处工作员、院史办公室秘书；1985 年 11 月起历任区政协办公室秘书、副局级秘书、副秘书长、办公室副主任、经济科技委员会主任；2003 年 3 月至 2006 年 11 月任政协花溪区第七届委员会副主席。

孙剑（1960 年 1 月 –）男，汉族，吉林农安人，硕士研究生学历，中国民主建国会会员。1981 年 9 月在吉林农

业大学动物科学系畜牧专业学习，1985年9月在贵州农学院遗传育种专业学习；自1989年1月起历任花溪区审计局工作员、副主任科员、花溪区农业局品改站畜牧师；2003年3月借调到花溪区政协办公室工作；2003年3月至今任政协花溪区第七届、第八届、第九届委员会副主席、民建花溪支部、总支主委。

王光华（1970年6月－）男，汉族，四川成都人，大学学历，中共党员。1988年9月在贵州农学院牧医系牧草饲料加工专业学习，自1990年8月起历任花溪区马铃乡政府工作员、农技站站长、燕楼乡乡长助理、麦坪乡党委副书记、政府乡长助理、政府乡长、党委书记；2000年10月任花溪区计划生育局党组书记、局长；2004年起先后任花溪区人口与计划生育局党组书记、局长、区政府党组成员；2006年9月任花溪区政协党组副书记、人口与计划生育局党组书记、局长，同年11月至2011年10月任政协花溪区第八届委员会副主席。

楚湘黔（1963年2月－）男，汉族，湖南湘潭人，大学学历，无党派。1980年9月在贵州省交通学校道桥专业学习；自1983年8月起历任花溪区交通局公路工区技术员、副工区长、工区长、副局长、常务副局长；1998年3月任花溪区人民政府副区长；2006年11月至2011年11月任政协花溪区第八届委员会副主席。

张彦（1949年9月－）男，汉族，贵州贵阳人，大学学历，中国民主同盟会盟员。1968年12月在瓮安县高枧公社当知青。自1972年12月起历任花溪区燕楼中学教师、平桥中学教师、师范学校教师、清华中学教师、区人大常委会委员、清华中学教科处主任、民盟花溪支部主委；2003年3月任花溪区人大常委会副主任；2006年11月至2010年3月任政协花溪区第八届委员会副主席。

禄竹（1970年7月－）女，彝族，贵州威宁人，研究生学历，中共党员。1990年9月在贵州农学院植物保护专业学习。自1995年9月起历任花溪镇党委秘书、团委书记、镇党委委员、共青团花溪区委副书记、中共花溪区委宣传部副部长、精神文明办公室主任；2006年1月起先后任燕楼乡党委书记、人大主席；2006年9月任花溪区政协党组成员、区委统战部部长、燕楼乡党委书记、人大主席；2006年10月任花溪区政协党组成员、区委统战部部长；同年11月至2010年3月任政协花溪区第八届委员会副主席。

田健（1963年3月－）男，土家族，贵州德江人，大学学历，中共党员。1979年10月在贵阳钢厂技校冶炼专业学习；1981年8月起历任贵阳钢厂工人、贵阳市公安局

南明分局工作员、办事员、科员、刑侦大队副科级侦察员、后巢乡派出所副所长、刑侦大队副大队长；2001年月起先后任花溪区花溪镇党委副书记、纪委书记、政法委书记、区委政法委副书记、纪工委书记、区维护社会稳定领导小组办公室主任、清溪街道党工委副书记、办事处主任、党工委书记、人大工委主任；2010年3月至2013年7月任政协花溪区第八届、第九届委员会副主席、党组副书记。2014年9月25日，中共贵阳市纪委下文："田健收受他人贿赂，决定给予田健开出党籍和公职处分。"2015年1月16日九届十八次常委会撤销田健政协委员资格。

张朝洲（1963年6月－）男，汉族，贵州开阳人，大学学历，中共党员。自1984年8月起历任开阳县马场区畜牧站工作员、品改站工作员、开阳县畜牧局工作员、科员、办公室副主任、中共开阳县委组织部办公室副主任、主任、中共开阳县委办公室副主任、中共开阳县委办公室副主任兼县委督察室主任、开阳县龙岗镇党委书记、开阳县农业办公室主任、党组副书记、开阳县城关镇党委书记；2006年3月任开阳县人大副主任、党组成员、城关镇党委书记；2006年9月任开阳县政府副县长；2011年10月任花溪区政府副区长；2015年2月任政协花溪区第九届委员会副主席、党组成员。

李莎（1956年11月－）女，汉族，湖北潜江人，大学学历，中国国民党革命委员会党员。1972年9月在贵阳市师范学校中师专业学习，自1974年8月起历任贵阳市清华中学教师、一级教师、中学地理高级教师、德育处副主任、学生管理处主任；2010年3月至今任政协花溪区第八届、第九届委员会副主席、贵阳市清华中学校长助理。

李瑾（1962年1月－）女，汉族，四川叙永人，研究生学历，中共党员。1979年9月在贵州大学农学院农学专业学习，班任团支部书记；自1983年7起历任花溪区花溪乡农技站技术员、站长、乡团委书记、乡党委委员、花溪区农业区划委员会办公室农艺师、办公室副主任、花溪区农业局副局长、党组副书记、局长、党组书记；2005年11月任花溪区石板镇党委书记、人大主席；2009年3月任花溪区人大常委会委员、选举任免联络工作委员会主任、党组成员、办公室主任；2011年10月任花溪区政协党组成员、人大常委会办公室主任；2011年12至今先后任政协花溪区第九届委员会副主席、党组副书记。

秦永康（1976年4月－），男，侗族，贵州江口人，大学学历，中共党员。1994年9在贵州大学动物医学专业学习，自1998年8起历任

花溪区青岩镇政府工作员、青岩镇兽医站站长、区政府办公室秘书、湖潮乡乡长助理、副乡长、共青团花溪区委书记、青岩镇党委副书记、镇长；2010年1月起先后任麦坪乡党委书记、人大主席；2011年10月任花溪区政协党组成员、麦坪乡党委书记；同年12月至2015年2月任政协花溪区第九届委员会副主席。

吴同恒（1972年1月–）男，汉族，贵州贵阳人，大学学历，中共党员。1989年9月在贵州省水利水电学校水工建筑专业学习，自1993年8月起历任溪区水利局青岩片区站技术员、副站长、站长、区水利局副局长、党组成员、党组书记、局长；2010年1月任石板镇党委书记、人大主席；2011年10月任花溪区政协党组成员、石板镇党委书记（兼）；2011年12月至2015年8月任政协花溪区第九届委员会副主席、党组成员、石板镇党委书记（兼）。2015年5月26日，区检察院通报区政协党组："5月24日对犯罪嫌疑人吴同恒涉嫌受贿一案立案侦查，决定对其刑事拘留。"2015年8月18日，区政协九届第二十四次常委会议审议通过"关于免去吴同恒花溪区政协第九届委员会副主席职务、撤销其政协委员资格的报告"。

何勇（1962年10月–）男，汉族，四川南充人，大学学历，无党派。1979年10月在贵州农学院果树专业学习；自1983年9月起历任花溪区农业局农推站、果树站工作员、种子公司经理、副局长、区政府办公室副主任；2006年12月任花溪区人大常委会选举任免联络工作委员会主任、财经工作委员会主任；2010年7月任花溪国有资产管理有限公司董事长；2011年12月任政协花溪区第九届委员会副主席。

邹吉鸿（1959年9月–）男，汉族，四川广汉人，大学学历，中共党员。1977年3月参加工作，历任花溪农机修配厂技工、花溪水泥厂厂办秘书、区计经委工作员、孟关乡副乡长、黔陶乡党委副书记、党武乡党委书记、小碧乡党委书记、麦坪乡党委副书记（主持党委工作，正科级）、人大主席、乡党委书记、花溪乡党委书记、区科技局党组书记、局长；2006年12任中共花溪区委党校常务副校长；2011年9月起先后任区林业绿化局党委书记、局长、区生态文明建设局党委书记、常务副局长；2014年2月任政协花溪区第九届委员会副主席、党组成员。

## 第三节　区政协第七届至第九届委员会秘书长简介

曾少海（1960年11月–）男，汉族，湖南邵东人，大专学历，中共党员。1979年9月参加工作，历任贵阳电线厂车间团支部书记、厂团委书记、党群机关党支部书记、贵阳电线厂广联公司党支部副书记、公

司经理；1996 年 11 月金竹镇挂职任镇党委副书记、副镇长；1998 年 11 月起先后任小碧乡乡长助理、副乡长、乡党委副书记、乡人大主席、孟关乡乡党委书记；2002 年 7 月任花溪区政协党组成员、办公室主任；2003 年 2 月至 2011 年 10 月任政协花溪区第七届、第八届委员会秘书长、办公室主任、党组成员。2011 年 11 月任提案法制委主任。

吴硕(1962 年 11 月 –)男，汉族，贵州贵阳人，大学学历，中共党员。1980 年 12 月参加工作，历任花溪区农资公司保管员、区供销联社物价员、审计股副股长、助理检察员、副主任科员；1998 年 11 月起先后任麦坪乡乡长助理、副乡长、乡党委副书记、纪委书记、政法委书记、乡长、乡党委书记；2004 年 8 月任区安全生产监督管理局局长、党组书记；2010 年 11 月任花溪区政协提案法制委员会主任；2011 年 10 月任花溪区政协办公室主任；同年 12 月任政协花溪区第九届委员会秘书长、办公室主任、党组成员。

## 第四节　区政协第七届至第九届委员会常务委员简介

### 第七届常委简介

王兵（1963 年 1 月 –）男，汉族，大专学历，民盟盟员，1987 年磊庄中学教书，1989 年在贵州广达石化有限公司任总经理、贵阳花溪顺泰皮革制品有限公司任总经理。

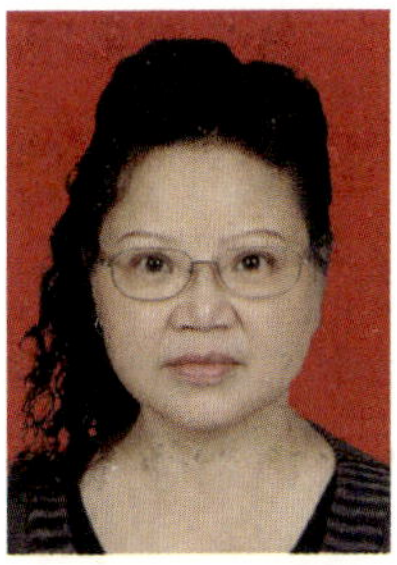

王春凤（1957 年 12 月 –）女，汉族，学历研究生，无党派人士，1980 年 8 月在贵州省畜牧兽医科学研究所工作。

王劲松（1969 年 11 月 –）男，汉族，本科学历，中共党员，1991 年 7 月起在区环保局工作，曾任助理工程师、环保监测站副站长、工程师、副局长。

方学先（1949 年 9 月 –）男，汉族，大专学历，民进会员。1970 年 3 月在湖潮公社中学任教，1973 年 3 月在青岩小学任教、大队辅导员，1975年在花溪师范学校读书，1977 年 9 月青岩公社中学任教导主任，1982 年 9 月青岩中学任教，1984 年 9 月在贵阳师范专科学校中文系读书，1986 年 9 月青岩中学（后更名为青岩贵璜中学）任教、担任副教导主任、思教主任、副校长、校长，2001 年 12 月在桐兴学校任校长。

田晓琴（1962 年 9 月 –）女，苗族，本科学历，无党派人士，1983 年在贵州省水产科研所工作。

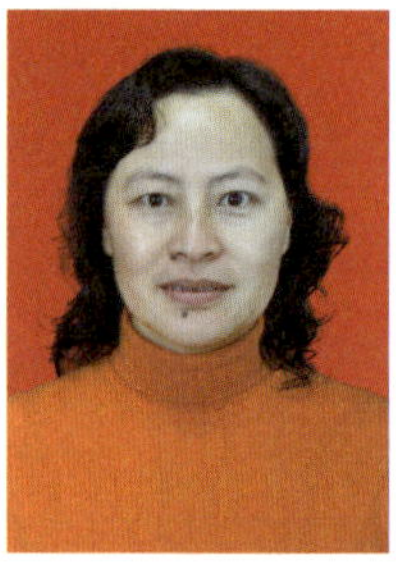

牟兰（1963年4月－）女，汉族，本科学历，无党派人士，1983年毕业后在贵州大学任教，为大学教授、硕士生导师。

朱俊昌（1955年8月－）男，汉族，本科学历，民革党员，1980年1月在贵州省总工会息烽温泉疗养院工作，1986年在贵阳花溪区人民医院工作、副主任医师。

张兰（1948年4月－）女，汉族，大专学历，无党派人士。1964年在贵州水泥厂供应科工作，1991年任贵阳华夏织带厂厂长，1994年任贵阳兰泰实业有限公司董事长。1996年创办贵阳兰泰快餐厅，1998年研究开发出“凤辣子”品牌产品，2000年招商引资成立贵州凤辣子食品有限公司，2001年投资花溪区小碧乡建设贵阳兰泰实业有限责任公司“阳光乐园”。

张炜（1967年12月－）男，汉族，本科学历，无党派人士。1989年在贵州省化工研究院工作，1997年在江苏昆山永信药品公司工作，2000年在贵州益康制药厂任厂长。

黄廷芳（1958年3月－）女，汉族，大专学历，中共党员。1976年在贵州省羊艾茶场工作历任中队、大队管教干事、中队副队长，1986年在区委宣传部工作，历任办公室主任、副主任科员，1994年1月在区委组织部工作历任办公室主任、副局级组织员、副部长，2001年任区委组织部副部长兼区委离退休干部工作局局长。

黎毓安（1951年1月－）男，布依族，大专学历，中共党员。1970年8月黔陶乡供销社工作，历任副主任、主任，黔陶乡团委副书记，1983年8月在区花销联社工作，历任副主任、主任、党总支书记、党组书记，1998年任区商务局局长、党委书记，2001年10月任区委统战部副部长、区工商联党组书记、市工商联常委、兼任区工商联副会长。

程成（1962年5月－）男，汉族，本科学历，无党派人士。贵州黔鹰五七0八铝箔厂副总工程师、高级工程师。

刘亚将（1967年1月－）男，汉族，本科学历，无党派人士。1990年7月在贵州水城矿务局工作，1992年3月组建贵州华亚工程公司，1996年3月投资兴建花溪华亮砖厂任厂长，1999年10月任花溪龙泉砖厂厂长，2001年组建贵州博士鑫房开公司任董事长，2002年2月改制买断龙里县水泥厂组建贵州黔龙建材有限公司任董事长。在2000年任区青年联合会副主席，2001年任区工商联合会副会长。

张跃业（1963年－）男，汉族，本科学历，无党派人士。1980年7月在长沙铁道学院机械系毕业，同年分配到铁二局一处（贵州万达旅行车厂）工作，历任总工程师、政协花溪区第六、七届常务委员。

## 第八届常委简介

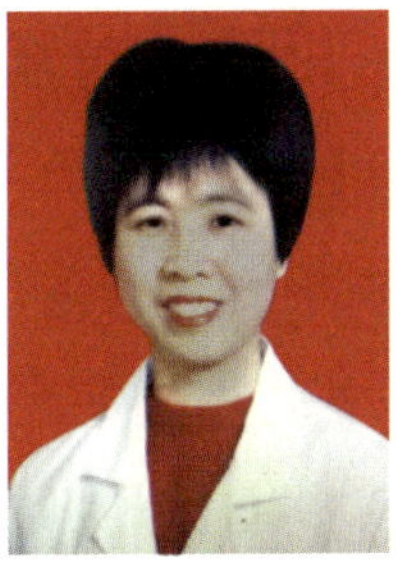

干亚萍（1954年8月－）女，汉族，贵阳市人，大学学历，中国农工民主党党员，副主任医师，区政协第七、八届常务委员。1971区卫生防疫站工作，1978年9月在贵阳医学院读书，1983年任区医院内科医师、主治医师，1997年12月任区卫生防疫站副站长、副主任医师，2003年11月任区医院内科、急诊科主任。

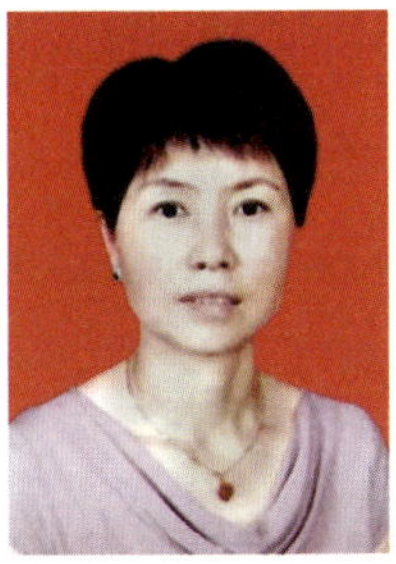

王玉兰（1963年1月－）女，汉族，山东临沂人，中专学历，无党派人士。1984年8月红阳机械厂参加工作，历任生产车间技术员、工艺室主任兼检验室主任、厂质量保证部综合室主任，2003年8月任红阳密封件公司质量部技术员，2004年8月红阳机械集团公司质量保证部任经理助理、技术中心副主任。

王芝柏（1960年2月－）男，汉族，贵阳花溪区人，大专学历，中共党员。1981年在区农机局参加工作，任技术员，1982年5月在区地名办工作，1987年10月在党武乡任党委副书记、纪检组长，1990年10月在久安乡任党委副书记、纪委书记，1995年历任区人大办公室副主任、主任、党组成员，1999年4月任马铃乡党委书记，2001年11月在区组织部工作，2002年5月任花溪区信访办主任，2003年4月党武乡任党委书记，2006年2月任区科协主席。

田晓筑（1963年10月－）男，汉族，贵州安顺人，本科学历，中共党员。1984年7月在区计委参加工作，1988年10月区计经委工作，1987年6月在贵州师大政教系学习，1991年10月中共区委宣传部工作，1994年11月中共花溪区直属机关委员会工作，1998年10月在小碧乡副书记，2002年在中共花溪区纪委副书记，2011年任花溪区编制委员会主任。

向泓（1959年7月－）女，汉族，贵州关岭人，本科学历，民盟盟员，1977年3月关岭县花江中学任教师，1979年9月遵义市忠庄中学教师，1981年航天部06基地3277厂子校教书，1987年7月贵阳市二十中教书（1983年9月在贵州师范大学中文系学习），

1996年8月起创办贵阳新世纪外语培训学校任校长，1999年9月在贵州师范大学教育系教育心理研究生班学习，2000年在英国伦敦大学国文学院进修，2001年创办新世纪兴隆中英文幼儿园和上外贵阳外国语实验学校。

苏 华（1959年7月–）男，汉族，湖北人，本科学历，中共党员。1977年7月在遵义县当知青，1978年先后在遵义师范学校、遵义教育学院读书，1985年在国营九八四四厂教书、后任中外合资美伦公司生产技术部经理，1993年在花溪先后任龙泉砖厂厂长、花溪联办建材有限公司总经理。

李洪林（1953年6月–）男，汉族，吉林农安县人，大专学历，无党派人士。1969年农安县下乡知青，1982年在农安县涂料厂任技术副厂长，1988年任长春汽车研究所合成材料厂长，1992年任贵阳联洪合成材料厂厂长。

李新华（1954年10月–）男，汉族，黑龙江密山市人，本科学历，中共党员。1970年参加工作，1989年9月历任共青团花溪区委书记，1992年11月任花溪乡党委副书记、书记，1999年4月任区总工会主席，2003年4月任区人民政府督查室主任。

张崇玉（1960年1月–）男，汉族，陕西杨凌县人，博士学历，民盟盟员。1981年在西北农林科技大学任教，2003年11月在贵州大学生命科学院任教。

陈玉和（1964年4月–）男，苗族，贵阳花溪人，本科学历，中共党员。1984年在孟关乡政府参加工作，历任团委书记、民政助理员、计生办主任、企业办主任、党委副书记、纪委书记，1994年9月任区乡镇企业局局长助理，1998年12月在高坡乡任党委副书记、乡长助理、乡长，2001年在花溪区“三个代表”学习教育办公室工作，2001年12月在黔陶乡任党委副书记、纪委书记，2005年11月在花溪区统战部任副部长。

陈学会（1966年1月–）女，汉族，贵州息烽县人，中专学历，无党派人士。1986年在息烽县下郎乡小学参加工作，曾任教师、教导处主任，2004年创办贵州清镇乡镇企业供销公司慧源分公司任经理，2006年创办贵州欣民农业科技有限公司任董事长、总经理。

胡军（1970年1月–）女，汉族，贵州桐梓县人，本科学历，无党派人士。1991年在花溪区工商银行参加工作，

1997年5月任花溪区工商银行新村储蓄所主任、花溪分理处主任，2002年2月任花溪工商银行副行长。

钟京平（1956年3月–）男，汉族，广东人，大专学历，民革党员，区政协第七、八届常务委员。1972年9月在广东省林业厅木材运输公司工作，1985年7月在广东粤林贸易公司任总经理，1968年7月在北京金融学院学习，1993年在广东珠红磨具厂任厂长，1995年任贵阳市特种砂布厂厂长、贵阳珠江砂布制造有限公司任总经理。

祖文建（1972年5月–）男，汉族，贵州遵义县人，大专学历，无党派人士，1993年7月在花溪区农业局奶牛基地参加工作，2003年9月在贵阳羊艾乳业有限公司乳品厂任厂长，2008年在花溪区农业局工作。

聂祥进（1967年3月–）男，彝族，贵阳人，本科学历，无党派人士。1993年7月在贵州涟江化工厂参加工作，先后在机动科、美伦公司、科研所、开发办、技术中心、担任电工、工艺技术员、微机管理员、技术质量部副经理、经理、副总工程师等职务。

郭祥贵（1963年11月–）男，汉族，山东人，大专学历，无党派人士。1980年4月滇黔桂石油勘探局贵州大队参加工作，1987年乌当奶牛场工作，1993年留职停薪创立贵州宏翔经营部（南明），2001年8月在花溪成立贵州花溪宏盛仓储购物有限公司。

陶宇航（1962年5月–）男，侗族，贵州晴隆县人，本科学历，无党派人士。1986年7月在贵州省畜牧兽医研究所家禽科研室工作，1989年1月参加省扶贫工作队赴沿河县扶贫。

梁国威（1959年3月–）男，汉族，广东南海县人，本科学历，中共党员。1977年4月在贵州清镇发电厂参加工作，1983年12月花溪区广播站工作，1988年8月任区委组织部电教办主任，1995年12月任区文体广播局副局长，1998年11月在石板镇任党委副书记、人大主任，2000年1月任久安乡党委书记，2001年11月在区委组织部工作，2003年6月任燕楼乡党委副书记、纪委书记，2006年1月区委组织部副部长、远程教育办主任。因违反计划生育政策，2010年7月5日区政协八届二十六次常委会撤销梁国威政协委员及常委资格。

傅玉林（1954年7月－）男，汉族，贵州人，大专学历，民进会员。1979年在贵阳市负责施工工作，1995年承建三五三七厂的住宅项目工作，1999年承建贵州水泥厂的住宅项目，2002年任贵州鸿远房地产开发有限公司董事长兼总经理、贵州鸿远物业管理有限公司董事长兼总经理。

释通修（1937年2月－）男，苗族，贵阳花溪人，高小学历，区政协第七、八届常务委员。1964年起，任青岩镇南街团支部书记、民兵连长、大队出纳、会计，后到山西五台山佛门圣地剃度出家，皈依高僧阴修和尚受具足戒，任省佛协理事、市佛协常务理事、青岩迎祥寺主持。

## 第九届常委简介

王家才（1960年1月－）男，布依族，贵阳市人，本科学历，中共党员。1977年1月在贵州农学院参加工作，1982年在区林业局任副股长、股长、林业工程师、副局长，1998年任孟关乡党委副书记、纪委书记、政法委书记，2001年在花溪小碧乡历任党委副书记、乡长，2006年在区委统战部任常务副部长、花溪区工商联党组书记、副主席。

卢云辉（1963年10月－）男，汉族，贵州开阳县人，博士学历，全国人大代表，贵州省政协委员，民盟贵州省委副主委，贵州民族学院民盟支部主委，区政协第七、八、九届常务委员。1987年贵州师大政史系毕业、2001年武汉大学行政学院博士研究生，1983年任安顺师专讲师，1996年贵州民族学院马列部任副教授、教研室主任，2006年贵州民族学院社会发展学院任院长助理、副院长，2010年任贵州民族学院图书馆馆长。

师予华（1962年－）男，汉族，河南遂平县人，本科学历，中共党员。1987年7月水城矿务局顶拉煤矿参加工作，1990年在贵州省煤炭厅工作，2000年在贵阳华地工程机械有限公司工作，2010年任贵阳正黔工程机械有限公司董事长。

朱恒锋（1979年11月－）男，汉族，浙江人，本科学历。2002年在贵州老来福药业有限公司工作，历任公司VTP事业部部长、营销策划总监，贵州十合田企业集团有限公司总经理、总裁、花溪区工商联商会副主席。

池晓静（1978年5月－）女，土家族，贵州印江人，本科学历，中共党员。2001年在花溪区建设局参加工作，历任建设局纪委委员、党政办副主任，2009年在花溪区组织部工作历任科员、干部科负责人、干部科科长、副部长。

李琛（1977年2月－）女，布依族，贵州人，本科学历，无党派人士。1999年7月在贵阳特殊钢有限责任公司参加工作，2004年在贵阳市花溪区发展和改革局工作，2011年在花溪区工业信息化和科学技术局任副局长。

李先华（1966年12月－）男，汉族，山东人，本科学历，中共党员。1984年10月在中国人民解放军陆军第十四集团军三十一师九十三团历任战士、排长、副连长、指导员、连长，1997年任三十一师炮兵团运油股股长，1999年任三十一师后勤部汽车营营长、战勤科科长，2004年任三十一师装备部轻装科科长，2007年任贵州省丛江人民武装部部长，2009年任贵州省花溪区人民武装部部长。

杨斌（1978年4月－）男，土家族，贵州德江县人，本科学历，民盟花溪支部副主委。2000年毕业于贵州大学中文系，2000年7月在贵阳市清华中学参加工作。

杨正德（1955年3月－）男，汉族，贵州人，本科学历，致公党员，区政协第七、八、九届常务委员，1982年1月毕业于贵州农学院畜牧专业，毕业后在贵州农学院（现贵州大学）任教授。

邹霞（1970年2月－）女，仡佬族，贵州都匀人，大专学历，农工党花溪支部副主委。1990年7月在花溪区医院药剂科参加工作，现任花溪医院药剂师。

陈天耀（1965年1月－）男，汉族，福建长乐县人，高中学历，无党派人士。1985年8月经商，1993年1月任贵阳市白云区福航轧钢厂厂长，1998年9月任贵阳飞毛腿通讯有限公司董事长，2006年任贵阳闽达钢铁有限公司董事长。

练余天（1979年9月－）男，土家族，贵州凤冈县人，本科学历，民建会员。2003年任青岩镇政府工作人员，2004年任镇农业服务中心主任，2006年任镇城管办主任、城管队队长、村镇管理所所长，2007年3月任镇人民政府副镇长，2010年11月任区水利水电工程移民局局长。

徐国霞（1973年4月－）女，布依族，贵阳人，本科学历，农工党员。1993年9月在区统计局参加工作，现任副局长。

盛亚平（1959年9月－）男，汉族，贵州关岭县人，本科学历，中共党员。1977年在清镇火力发电厂参加工作，1982年在贵州红枫湖水产公司学校任教师，1984年在区总工会工作，1990年任区团委副书记，1994年任小碧乡党委副书记，1994年11月任高坡乡党委书记，1997年任燕楼乡党委书记，1998年任区委组织部组织员，2000年任花溪镇党委副书记（正科级），2001年任区科学技术协会副主席（正科级），2010年任区科学技术协会主席。

释祖传（1968年8月－）男，汉族，湖南安乡县人，初中学历，花溪区第九届委员会常务委员会委员。2007年5月到青岩迎祥寺剃度出家，2009年任青岩迎祥寺主持。

曾志云（1980年2月－）男，汉族，贵阳人，本科学历，民进会员。2001年参加工作，在花溪镇人民政府任计生专干，2003年任贵阳市三江劳教所干警，2008年任区政法委维稳办工作人员，2010年任区信访局副局长，2011年10月任石板镇副镇长。

蒙秉中（1964年－）男，汉族，独山县人，本科学历，中共党员。1985年在区乡镇企业局参加工作，1993年历任区乡镇企业局办公室主任、党组成员、副局长，2001年任孟关乡党委副书记、政法委书记，2003年任孟关乡党委书记、人大主席团主席，2008年任区环保局党组书记、局长，2011年任区工商联主席。

廖俊文（1966年11月）男，汉族，四川仁寿县人，本科学历，中共党员。1985年8月在花溪工商所参加工作，1991年1月在花溪区检察院工作，1999年任青岩镇政府镇长助理，2001年任久安乡政府乡长，2008年任区政府督查室副主任，2011年8月任花溪区总工会常务副主席。

项彦丽（1964年－）女，汉族，河南杞县人，本科学历，中国民主促进会会员，民进花溪总支主委，花溪区政协第九届委员会常务委员会委员。1981年3月在新疆福海监狱参加工作，1992年贵州羊艾监狱干警，1994年花溪司法局律师事务所律师，2001年12月任天河潭管理处副处长，2004年8月任花溪区政协副秘书长、教文卫体委员会副主任、主任。

徐辉（1979年－）女，苗族，贵州龙里县人，研究生学历，九三学社社员，花溪区政协第九届委员会常务委员会委员。2003年7月在花溪区旅游局参加工作，2011年10月任花溪区政协副秘书长，2016年5月兼任政协机关工会主席。

程建梅（1965年－）女，苗族，贵州清镇市人，本科学历，民革党员，花溪区政协第九届委员会常务委员会委员。1986年8月分配到清镇市农业局工作，1998年3月在清镇市政府工作，任副市长，2006年9月交流到花溪区政府工作，任副区长，2013年1月交流到贵阳市红十字会工作至今，任专职副会长。

崔进平（1962年9月－）男，汉族，河北人，本科学历，无党派人士。1984年8月遵义医学院大学本科毕业，分配到贵州修文县贵航三0四医院，1990年任贵航三0四医院外科主治医师，2007年，任贵航贵阳医院副院长、主任医师。

曾佑华（1954年11月－）男，汉族，无党派人士。1970年8月在贵州贵航集团011基地清平刃具厂工作、1980年1月至1999年在贵航集团西南工具总厂质量处任技师、106分厂任销售主任，2001年在贵阳西南工具集团退养后自主创业开办贵州佳华数控工具公司，担任公司董事长，2003年3月任小河区民营工业刀具行业协会会长，2006年10月当选为中国刀协委员会理事，2007年3月当选为小河区政协第三届委员会委员，2008年7月在西南财经大学天府学院函授毕业，2010年5月当选为贵阳市小河区质量服务协会副理事长，2011年6月至今当选为小河区工商联常委，2011年12月10日任中国机械工业金属切削刀具技术协会委员会常委，2015年6月升级为贵阳市装备工具行业协会会长。

谢远（1964年7月－）男，汉族，重庆人，本科学历。1986年9月苏州城建环保学院建筑系建筑学专业学习，1990年7月在贵州省城乡建

设规划设计研究院任助理建筑师，1993年8月任贵州高山贸易有限公司董事长、总经理。

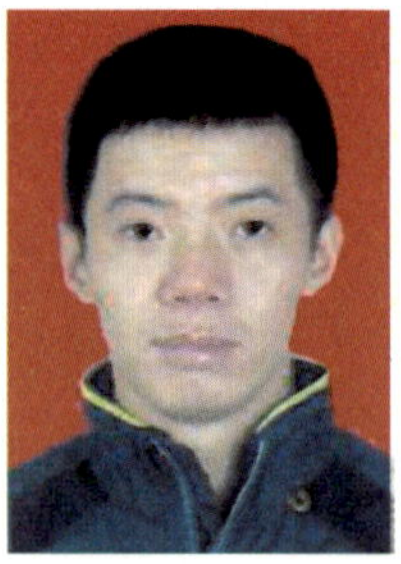

谢湛馨（1981年9月－）男，汉族，贵州贵阳市人，本科学历，中共党员。2003年就读于贵州大学行政管理专业，2004年成立强兴房地产开发有限公司，担任公司董事长。

潘军(1976年12月－)女，汉族，贵阳市乌当区人，本科学历，中共党员。1997年10月，为贵阳高新技术创业服务中心工作员，2001年9月，任贵阳高新区经济发展局办公室副主任，2002年6月，任贵阳高新区党政办宣传科科长，2003年9月，任贵阳高新区经济发展局副局长、团工委副书记，2008年12月，任小河区经济贸易局党组副书记、常务副局长，2009年4月，任小河区经济贸易局（科学技术局、乡镇企业局）党组书记，2010年2月，任小河区经济贸易局局长、党组副书记、小河区科学技术协会主席，2012年3月，任小河区人民政府党组成员、办公室主任。

戴吉洪（1963年7月－）男，汉族，贵阳市花溪人，本科学历，民革党员。1986年6月从事矿产产品经营，1989年9月在贵州工学院精细化工专业学习（专科），1989年9月从事机械化施工，1998年12月任贵州宏翔房地产开发有限公司董事长，2003年8月任贵州吉仁药业有限公司董事长。2010年11月至今任贵州康恒实业有限公司董事长。

黄伟（1976年6月－）男，汉族，贵州凤冈县人，本科学历，民进党员会员。1993年8月，在贵州柴油机总厂子校教书，1998年8月，至今在贵阳25中教师。

袁洁（1958年12月－）女，汉族，贵阳市人，本科学历，九三学社社员。1982年1月在贵州省遵义市农校任教，1986年1月在贵州省植保所工作。

孔恩兴（1957年6月－）男，汉族，江苏江阴县人，中专学历，无党派人士。1976年6月参加三线建设，1983年10月参加011基地建设任项目负责人，1997年5月任贵阳华兴电器配件厂厂长，1999年11月任贵阳大兴房地产开发有限公司董事长。

何禯（1976年－）女，汉族，四川自贡人，大专学历，民革党员。1996年7月在原经济技术开发区城市管理委员会工作，1998年在原小河

镇财政所工作，2004年4月在原小河区黄河社区服务中心工作，2013年12月在花溪区黄河社区服务中心任副主任。

周 海（1969年7月－）男，汉族，贵州人，高中学历，无党派人士。1988年7月经商，2005年3月任贵阳顺和房地产开发有限公司总经理。

周红静（1976年10月－）女，汉族，贵阳市人，硕士学历。1996年7月在贵阳经济技术开发区建筑安装工程公司第三工程处工作，2000年6月担任贵阳凯宏房地产开发有限公司总经理（其间2004年11月担任贵阳市小河区第二届政协常委；2006年4月担任贵阳汽车城有限责任公司经理；2006年8月担任贵阳市共青团秘书长；2006年10月担任贵阳市小河区工商联副会长）。

王晓宇（1968年－）男，汉族，广东人，硕士学历，无党派人士。1989年贵州省军区新联冶炼厂工作人员，1994年镇宁县劳武实业部工作人员，1996年组建贵阳经济技术开发区恒昌贸易有限公司，任总经理，2001年组建贵州恒昌瑞汽车贸易有限公司，任董事长（2005年毕业于清华大学汽车营销EMBA高级管理专业）。

何江(1974年7月－)男，汉族，重庆人，本科学历，九三学社社员。1996年7月任职于贵阳市口腔医院，2009年3月任职于贵航贵阳医院。

邓怀中（1973年8月－）男，汉族，本科学历，致公党党员。1993年7月在贵州省中心血站生物制品科工作，1994年12月在贵阳变压器厂工作，2002年7月任贵州润洲医药卫有限责任公司行政部经理，2006年7月至今任贵州美诺警医药卫有限公司总经理。

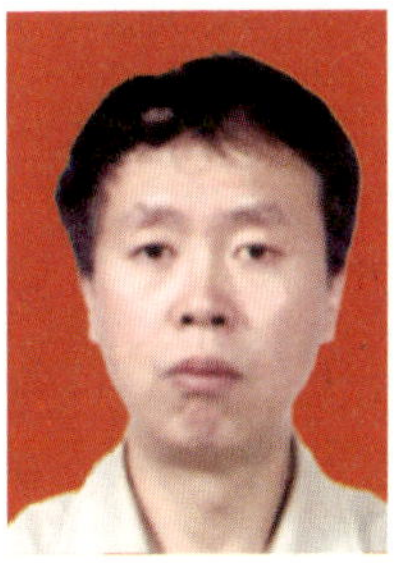

喻明(1960年8月－)男，汉族，贵州人，本科学历，1977年2月在贵阳工具厂参加工作，1996年借调贵阳经济技术开发区房屋拆迁事务所任所长。

# 第五篇

# 文献

# 常务委员会工作报告节录

## 第七届委员会第一次会议工作报告

（2003 年 3 月 21 日）

（韦正芳）

### 工作回顾

#### 一、认真履行职能，取得明显成效

1、牢牢把握主题，增进团结，凝聚人心。区政协六届委员会始终注意牢牢把握团结和民主两大主题，加强与各民主党派、工商联、各人民团体和各族各界人士的联系、团结与合作。一是认真听取各界人士的意见建议，为他们发挥作用、施展才华提供舞台，共同为花溪改革开放和经济建设服务。二是畅通民主渠道，保证政协委员的民主权利，团结一切可以团结的力量，充分发挥集体智慧，积极协助区委和区政府做好协调关系、化解矛盾、理顺思路、凝聚力量的工作，维护社会政治稳定，使政协真正成为中国共产党团结社会各界的重要组织。三是坚持区政协领导与政协委员约谈制度和与各民主党派、工商联、人民团体、各界人士座谈制度，互通情况，交流看法，增进了解，促进团结。四是根据区域变动和人事变动的情况，有计划地吸收新的代表人士加入政协，增强政协组织的包容性、代表性。

2、认真开好例会，提高协商水平。五年来，共召开全委会议 5 次，常委会议 24 次，主席会议 41 次，专委会议 28 次，就全区有关重大问题进行充分协商讨论，积极建言献策。区政府就全区发展的大事要事主动与政协协商，认真听取委员的意见和建议。区委、区政府领导每年都在政协全委会和常委会上讲话、通报工作情况。

3、认真搞好提案和反映社情民意工作，不断推进民主监督。从六届五次全会起，提案审查委员会把全会期间审查立案改为会后审查立案，确保了提案质量；建立激励机制，坚持每年表彰优秀提案和提案办理先进单位，提高提案和提案办理的质量。六届一次至五次会议，共收到委员提案 681 件，立案 521 件，占 76%，办结率 100%，满意和基本满意率 97%。提案内容涉及花溪区经济、环保、城市规划建设、政治、文化、教育、卫生等群众关心的大事、要事。在立案的 521 件提案中，被政府及有关部门采纳落实 262 件，列入计划实施的有 252 件，有 7 件重要提案，被列为主席会议督办提案，受到区委、区政府及社会各界的重视和关注，办理效果较好。

重视了解和反映社情民意。六届政协制订了“花溪区政协《社情与民意》信息工作制度”、“委员约谈暂行办法”、“接待委员日制度”等制度，为深入了解民情、反映民意提供了制度保

证。政协办公室对收集到的信息进行分析、筛选和整理，编写《社情民意》信息，报送有关领导、部门。区党政领导非常重视，对一些重要问题及时作出批示，责成有关部门进行处理。

4、深入调研视察，切实建言献策。五年来，政协常委会或专委会、委员活动小组，围绕全区中心工作和群众普遍关心的热点问题，开展重点调研，视察多次。五年来，影响较大，反响较好的调研视察有“村级集体经济发展状况”、“农业产业结构调整及农业产业化”、“加强国有资产管理”、“花溪区民营科技企业发展状况”等30余个报告。其中“关于加强我区国有资产管理”、“为西部大开发和建设经济强区营造良好投资环境”、“我区实施素质教育状况”等调研报告，形成了政协常委会建议案，分别提出建立国有资本金预算、招商引资一站式服务、理顺教育管理体制、搬迁建设花溪小学等具有前瞻性的建议，受到区委、区政府的重视，区委书记、区长亲自作了批示。政协委员的意见和建议在区委和区政府决策中起到重要参考作用。

5、拓展文史工作，发挥文史资料存史、资政、团结、育人的作用，扩大花溪旅游宣传。编纂出版了48万字的《花溪区政协志》，系统总结了区政协22年来在区委领导下，坚持中国共产党领导的多党合作和政治协商制度，高举爱国主义和社会主义旗帜，突出团结、民主两大主题，促进我区改革开放、经济社会发展、民族团结、社会稳定所作的贡献和经验，是历届政协委员、民主党派、工商联和各族各界人士辛勤工作的结晶和历史记录。编辑出版了《中央领导同志在花溪》花溪文史资料第九辑。与燕楼乡、青岩迎祥寺、花溪公园、天河潭、高坡等乡镇部门共同编辑出版5册35万字的旅游文史丛书《夜郎古国——燕楼》《明清古镇——青岩》《高原明珠——花溪》《洞桥天生——天河潭》《神迷苗乡——高坡》。把文史工作与宣传花溪、促进经济发展相结合，起到了较好的作用。

## 二、发挥政协优势，努力多办实事

1、发挥智力优势，开展科技扶贫。区智力支边办发挥政协人才优势，为湖潮、高坡、马铃、黔陶、党武、燕楼等乡镇举办教师培训班8期，培训教师750人次；举办农村适用技术培训班20期，培训村民2380人次；送医送药下乡，为农民义诊400余人次。2002年投资6万多元支边经费，帮助边远乡调整农业结构，发展种养殖业，种植西瓜、沙红桃、无公害蔬菜、大棚蔬菜等。

2、按照统一部署，开展小康村建设帮扶工作。根据区委、区政府安排，政协机关先后参与湖潮乡马路村、元方村，党武乡龙井村的小康村建设，麦坪乡4户贫困农户的茅草房改造工作。协调资金15万元为3个村修公路10公里，修灌渠2公里，修钢筋水泥桥1座，建小学运动场200平方米，建房320平方米，改善了交通、生产、办学和困难户住房条件。

3、组织交流经验，表彰先进，推动社会各界人士为两个文明建设办实事。召开了“花溪区1998-2002年度各界人士为两个文明建设服务经验交流暨表彰会议”，8名代表介绍经验，表彰先进集体10个，先进个人83名，通过交流经验，表彰先进，进一步调动各界人士投身改革开放和现代化建设，为花溪两个文明建设作贡献的积极性。

4、开展委员活动，为民办好实事。委员“五个一活动”要求委员每年为群众办一件实事。

经济界、工商界委员捐款捐物支助高坡农村小学，帮助青岩土地关农户科学种果树。区政协常委、青岩迎祥寺主持通修法师在近两年内捐资6万元，帮助麦坪乡、燕楼乡贫困农户改造茅草房，支助区政协文史委编印旅游文史丛书。政协常委张兰、钟京平支助贫困学生，解决学习费用。政协常委余兆兰热心为大陆台属寻找亲友，为两岸同胞沟通联系做了大量工作。

5、争取上级政协支持，为花溪教育发展出力。政协专委会配合市政协港澳侨台委牵线搭桥，积极做好有关服务工作，引来驻港市政协常委魏凤英女士给青岩达夯小学捐资72万元，修建希望小学，改善办学条件；美国中华联合基督教会、信望爱基金会到马铃中、小学捐赠电脑及206人的助学金等。

## 三、加强社会联谊，密切各方联系

五年来，区政协先后接待全国政协及北京、上海、郑州等50多个省内外政协团队到花溪考察，先后派人参加省、市政协组团赴北戴河全国政协培训中心、山西、内蒙、福建、广东、云南、海南等省内外兄弟市县区政协学习考察，加强了交往，扩大了花溪的宣传，提高了花溪的知名度。

## 四、加强宣传力度，扩大花溪影响

每年坚持召开有宣传部门和新闻单位参加的政协宣传工作会：安排部署宣传工作，采取培训通讯骨干、发双稿酬、联合办专版专刊、评选奖励好新闻等多种措施，在《人民政协报》《贵州日报》《贵州政协报》《贵阳日报》《文史天地》《贵阳文史》《花溪报》、花溪电视台等媒体发稿300余篇，如《贵州日报》刊登“政协委员献计献策——花溪河治理拉开序幕”，《贵州政协报》刊登“千锤百炼世纪新花溪——花溪区规划亮出文化、生态、旅游三张名片”、“十里河滩待梳装——花溪区政协围绕治理十里河滩建言献策”等稿件。由区政协委员采访发表在省市报刊上的三篇稿件，被评选为贵阳市宣传人民政协好新闻二、三等奖。区政协还多次举办省市书画家笔会等活动，扩大了对花溪和政协工作的宣传。

## 五、加强自身建设，推进工作规范

区政协在履行职能的同时，按照中共十五大关于继续推进人民政协履行职能规范化、制度化建设的要求，制定、修订了“区政协常委会职权和工作规则”、“区政协常委会议事规则”、“专门委员会组织通则”等近10个工作规则、制度、办法。机关“三委两办”按照精减、高效的原则进行调整完善，设置更为合理，配有专（兼）职正（副）主任，提高了机关工作人员的素质和工作效率。建立了激励机制，区政协六届二次全会到五次全会，共表彰奖励了委员“五个一活动”先进小组17个（次），优秀提案18件，提案办理先进单位22个（次），优秀政协委员88人（次），优秀调研视察报告5篇，优秀“社情民意”信息2条，宣传人民政协好新闻10篇。区政协办公室、支边办、文史社会发展委受到市政协的表彰奖励；在去年区委政协工作会上，区委表彰了政协工作先进集体24个，先进个人58名。这些学习、工作和奖励制度的建立，以及组织机构的健全，机关管理的加强，为政协委员履行职能规范化、制度化提供了保证。

# 第七届委员会第二次会议工作报告

（2004 年 2 月 24 日）

陈晓林

## 2003 年工作回顾

### 一、加强理论学习，不断提高履行职能水平

组织委员学习胡锦涛总书记“七一”重要讲话和贾庆林主席视察贵州时的重要讲话等。党组中心学习组开展了“社会主义政治文明与政协工作”、“城镇失业现状与对策”等方面的学习讨论。对新一届 151 名委员进行提案专题知识培训。

### 二、认真开好例会，搞好议政协商

政协七届一次全体会议期间，委员们认真听取并协商讨论了田平代区长所作的政府工作报告及其他相关报告，就农业农村工作，城乡规划建设管理、交通、生态、旅游、环保等 16 个方面的问题提出了意见和建议 100 多条送区政府参考。

全年召开了 10 次主席会议，4 次常委会议和 9 次专委会议。通过这些例会，坚持学习，提高认识，协商讨论决定政协各工作事项，对全区经济、社会发展情况、党风廉政建设情况、十件实事办理情况等涉及重大事项、重要项目的问题进行协商讨论，提出意见和建议。

### 三、加大调研视察力度，切实提高建言质量

全年开展各类视察活动 16 次，形成专题调研报告 3 个，视察报告 6 个，考察报告 2 个。常委会视察花溪城市新区、羊艾食品医药工业基地、孟关工业基地、贵大高新技术产业示范基地，并提出了意见和建议 11 条。区政协各专委开展了农村劳动力资源及就业情况、计划生育优质服务、提案办理、司法所建设、宗教活动场所、法院“执行难”问题、全区防治“非典”工作、“希望小学”建设有关情况的视察，并配合市政协对花溪农业产业化龙头企业发展情况进行调研，对贵阳市戒毒所现状、石板镇花鱼井村石板建材加工情况、花溪屯堡文化进行视察。

### 四、抓好提案办理，推进民主政治建设

七届三次主席会议确定“关于建设花溪名人馆”、“关于建立花溪招商局”、“关于建设花溪区疾控中心业务楼”作为主席会议督办重要提案。经过有关方面努力，三件提案得到了办复，其中，“关于建设花溪区疾控中心业务楼”的提案，省市区政府高度重视。现已获得国债西部项目投资 125.36 万元（市拨款 60 万元，区匹配 65.36 万元），该项目 2005 年将建成投入使用。

### 五、重视文史和宣传工作，扩大政协影响

举办了《花溪区政协志》首发式，交流到新疆、河北等省市区和本省 80 多个县（市、区）政协 187 册，发放到一至七届委员 570 册。完成了《花溪区青少年生态教育读本》《高原明珠花溪人》《名人与花溪》征集组稿工作，协助区政府做好《花溪区志》编撰工作。

联合区委宣传部及有关新闻单位组织召开了政协宣传工作会议，邀请省、市政协专家对通讯员进行培训。全年在省、市、区报刊上发表了宣传区人民政协工作的通讯报道等稿件 128 篇条，扩大了政协的社会影响。

### 六、开展联谊活动，促进交流与合作

接待奉贤区、红花岗区、云岩区、剑河县、凯里市等省内外政协考察团组，配合省、市政协接待了全国书画界政协委员采风团到花溪镇山村采风。武汉市政协到青岩镇考察，积极做好上海市政协考察团港澳委员赴花溪高坡为贫困学生捐资27.5万元助学款项的有关工作。

### 七、认真开展委员活动，积极反映社情民意

全年8个委员活动组开展活动9次。各活动组采取小型、分散、灵活的方式，组织视察、调研，参加委员达90%以上，活动内容涉及教育、非公有制经济发展、帮村扶贫等。据不完全统计，全区共有34名政协委员及委员所在企业捐赠或引进给区内外的现金及物资折款达296.77万元，用于防“非典”、帮扶、修路、改水、改房、助残等，其中帮助失学儿童、贫困学生383名，修建希望小学3所，解决本区农村剩余劳动力就业96余人。组织委员在花溪水库“三情园”开展建设“政协委员林”活动，种植各种苗木1000余株。

调整充实了社情民意信息员，邀请省政协办公厅郭福基同志为信息员进行培训。全年共收集信息35条，编发《社情与民意》信息14条，内容涉及农村生产生活用水、环保、城建、旅游建设等方面。

### 八、发挥政协支边优势，努力办好实事

支边办与科技局、贵大养殖场等部门合作实施了“肉牛育肥”示范、“环保洗车”试验、“园宝鸡”加工等项目。出资帮扶孟关乡完成1户茅草房改造；协助修建党武乡掌克村2公里道路硬化工程；慰问龙井等14个村的贫困户和残疾人，解决青岩幼儿园部分取暖、通风电器缺乏的问题，并做好有关人士捐资扶贫的协调服务工作。与有关部门配合培训教师、农村科技、医务等各类人员近2000人次。

### 九、积极参与“非典”防治工作

召开党组会、主席会专题研究，发出了“致全区政协委员的一封信”，号召委员积极投入“防非”工作。组织慰问战斗在防非一线的政协委员。区政协领导班子成员，按照要求到各乡（镇）、社区、机关、学校、企业进行宣传、检查、督促、指导。政协机关成立了预防“非典”工作领导小组，抽调人员参加区“非典”防治指挥部值班和文字信息工作，印制“防非”宣传资料1万多份，积极做好农村防非知识宣传。

## 第七届委员会第三次会议工作报告

（2005年2月25日）

李秀明

### 2004年工作回顾

### 一、加强理论学习，提高委员履行职能水平

政协党组中心学习组两次举行专题学习会，集中学习中共十六届四中全会精神、胡锦涛总书记在庆祝中国人民政治协商会议成立55周年大会上的重要讲话、全市政协工作会议和区委八届四次全会精神，结合政协工作实际，提出了要进一步加大视察力度，扩大视察面，围绕建设新花溪目标，履行好政协职能的要求。组织召开了邓小平诞辰100周年暨纪念人民政协成立55周年座谈会和纪念戴安澜将军诞辰100

周年座谈会。

## 二、开好各种例会，促进政治协商和科学决策

区政协通过召开全委会议、常委会议、主席会议和专委会议等例会，就花溪区“三个文明”建设中的重大事项进行政治协商，区政协七届二次会议期间，委员们认真听取《政府工作报告》及其他相关报告，围绕花溪区“三个文明”建设的重大问题进行协商讨论，提出了100多条意见和建议。全年召开了4次常委会议，12次主席会议和13次专委会议。

## 三、加大调研视察力度，切实提高建言质量

全年开展各类调研视察活动28次，其中主席会议1次，常委会2次，专委会7次，委员小组18次，共形成专题调研报告4个，视察报告12个，提出意见和建议50余条。区政协主席会《关于优化提升化工产业，发展壮大工业经济的调研报告》和经济科技委员会《关于花溪区二轮建强财源建设工作的建议》，以主席会建议案报送区委、区政府决策参考。区政协还先后组织委员赴云南丽江、内蒙古呼伦贝尔、靖江，杭州、紫云、惠水、丹寨、三惠、镇远、息烽等地进行学习、考察、交流和招商引资。其中，形成的《青岩古镇与丽江古城》考察报告，对花溪区旅游业发展提出了建议。

## 四、提高提案工作三个质量，增强民主监督作用

政协七届二次会议共收到委员提案156件，比七届一次全会增加56件，经审查、复核，立案151件，其中，筛选出53件作为提案委督办重要提案。经七届十二次主席会议确定“关于抓紧羊艾药业基地基础设施建设”的(2004)84号提案，列为主席会议督办的重要提案，在区委，区政府的重视和支持下，该提案已经落实。151件委员提案，已经解决或基本解决的A类提案共48件，占办结总数的31.7%。所提出问题正在解决或列入计划准备解决的B类提案共75件，占已办复总数的49.16%：所提出问题受目前条件限制或其他原因，只能以后解决的C类提案共24件，占已办复总数的15.89%。所提问题留作参考或不可行的D类提案4件，占办结总数的2.65%。9月底止，151件提案全部办复，办结率为100%，答复率为98%，委员满意或基本满意的占99%。

## 五、做好文史宣传工作，加强对外社会联谊

全年在省，市、区报刊上发表通讯报道等稿件100余篇（条）。完成了《建言·立论·发展》一书的编辑出版工作，完成了《高原明珠—花溪人》的征编出版工作，协助区政府做好《花溪区志》编撰工作。

加强了对外联谊工作，接待杭州市西湖区、温州市鹿城区、柳州市中原区、乌当区、凯里市、惠水县、黎平县、剑河县、紫云县、丹寨县、余庆县等省内外政协考察团组，接待参加花溪区“双十佳”颁奖活动的省、市政协领导，配合省、市政协接待了全国政协副主席张思卿、全国政协民族宗教委员会副主任肖作福、全国政协教科文卫体委员会调研组和香港各界人士贵州访问团计佑铭先生等到我区调研、视察，配合市、区政府接待了湖北省政协程运铁副主席等。

## 六、认真开展委员活动，积极反映社情民意

全年8个委员活动组共组织活动18次，参

加活动的委员达90%以上，活动内容涉及文化教育、文物保护、工业生产、非公有制经济发展，环保建设、“三农”问题、帮村扶贫、捐资助学、社会治安、民族宗教等。

全年共收集信息35条，编发《社情与民意》信息19条，内容主要有反映“三农”问题方面的，有环保、城建方面的。

### 七、发挥优势，努力办好事实事

通过省、市政协，市民建牵线搭桥和16位区政协委员及港、台、侨商积极献爱心，引资、捐资及捐物折款共计625785元。其中，港商蒋一新先生捐资30万元新建孟关谷立“新兴希望小学”教学楼1幢，区政协委员、贵阳金龙水泥有限公司董事长胡斌捐款182200元用于农村修路等，台商王志雄先生、美国信爱望基金会、市民建会员王永明、林馨先生捐资6385万元资助大中专及中小学生212名。协调科技项目经费589500元，用于“环保洗车”、“肉牛育肥”、养猪、养鸡、花椒、辣椒种植和沼气、优质牧草引种等。举办农村实用技术培训班8期，培训各类人员700余人（次）。协同教育部门培训中小学教师500余人，协同市妇联培训幼教人员1200余人（次），发放光碟近600张。

## 第七届委员会第四次会议工作报告

（2006年2月24日）

李秀明

### 2005年工作回顾

### 一、主动争取区委领导和政府支持，提高履行职能的“三化”水平和工作效果

区委于2005年12月召开全区政协工作会议，出台《中共花溪区委关于进一步加强人民政协工作的意见》(花党发〔2005〕34号文件)，区委、区政府主要领导及分管领导在七届三次全会期间参加非公经济人士讨论并听取意见。

区政府大力支持政协工作。召开区长办公会议部署交办区政协七届三次会议提案，区长田平对44号《带动农户饲养二元种母猪的瓶颈》等提案签署办理意见，常务副区长谌业华受田平委托向政协常委会通报“十一五”规划制定及有关情况。区政府向区政协发出协商函件，征求常委会对《花溪区城市片区控制性详规（优化）》方案、《区委、区政府“十一五”发展规划意见（征求意见稿）》的建议和意见，对区政协七届三次全会《关于加强实施城市建设“交相辉映”计划建议案》情况进行函复。

### 二、重视理论学习，努力提高委员履行职能的能力和水平

在保持共产党员先进性教育活动中，认真学习《保持共产党员先进性教育读本》中的17篇文章，开展“保持先进性，我该怎么办”大讨论，赴息峰集中营进行革命传统教育，到农村进行“一帮一”活动。开展“永葆先进，服务人民”的主题实践活动，为摆早村杨氏苗族小姐妹重建家园协调资金，捐款捐物。机关党员、职工捐现金1020元，区政协委员刘亚将、彭文林、胡斌、傅玉林捐现金物质共计11520元。

### 三、重视做好协商工作，促进政治协商和科学决策

就全区“三个文明”建设中的重大事项进行政治协商，提出有价值的意见和建议，报送

区委、区政府参考。政协七届三次全体会议，听取并协商讨论田平所作的政府工作报告及其他相关报告，审议通过《关于加快实施城市建设“交相辉映”计划的建议案》。委员们就清华中学申办省级示范性高中等事项发了言，提出建议意见。

## 四、重视“交相辉映”计划建议案的督办，促进城市规划建设的发展

加快花溪城市规划建设，是建设新花溪的重要内容。区政协紧紧围绕区委八届五次全会提出的城市建设“交相辉映”计划，审议通过《关于加快实施城市建设“交相辉映”计划的建议案》，常委会两次对实施城市建设“交相辉映”计划进行视察，对政府及有关部门所做的工作表示赞同并提出建议。

## 五、重视开展部门效能评议，拓展了民主监督渠道

按照区委的要求，区政协常委会开展了对区乡企局、卫生局效能建设的评议工作。政协常委会专题听取乡企局、卫生局效能建设情况汇报，进行了“满意、比较满意、一般、不满意”四项测评，真正达到了“肯定成绩，指出不足，提出建议，促进工作”的目的，拓宽了政协履行民主监督职能工作的新途径。

## 六、重视调研视察，切实提高建言质量

区政协围绕区委、区政府发展目标，积极开展调研视察活动。主席会就花溪民办教育进行调研，形成了《关于民办教育发展情况》的主席会议建议案。视察清华中学申办示范性高中的建设情况，为解决学校的困难和问题提出了建议。各位副主席带领分管专委会分别对我区网络文化市场管理状况、青岩古镇的保护与发展、花溪区绿色健康产业进行调研，对行政执法和监所检察工作、乡镇精神文明活动中心使用情况、旅游产业对经济发展作用进行视察。视察调研报告形成的意见和建议共有23条，为区委、区政府决策和实施相关工作提供了参考。

## 七、重视提案工作，提高提案质量

常委会对提案工作高度重视，主席会议督办的《关于协调规划实施小碧乡排污管网建设的建议》《关于进一步规范网吧经营、严禁网吧接纳未成年人的建议》《关于修建花溪区压缩式中转站的建议》《关于强化中小学教师继续培训、增加培训经费投入的建议》等4件提案，意见及建议均得到区委、区政府及有关部门采纳。全年160件提案，办结率为100%，答复率为98%，委员满意或基本满意率为99%。5件提案被评为优秀提案，6个承办单位被评为办理提案先进单位受到奖励。

全省提案工作研讨会在花溪召开，提案工作得到省政协李金顺副主席的充分肯定。

## 八、重视文史宣传，加强对外联谊

区政协制定《关于加强和改进政协宣传工作的意见》，全年在省、市、区报刊共发表宣传区人民政协工作的通讯报道等稿件100余篇（条），完成《提案及提案办理》一书的编辑出版，《高原明珠花溪人》第二集的征编出版，协助区政府做好《花溪区志》编撰工作。

加强对外联谊及交流工作，参加贵阳市区县（市）政协工作研讨会第二十四次会议，作了题为《为构建和谐花溪建诤言、献良策》的交流发言。先后组织委员赴省内外11个市县进行考察，学习交流，其中，形成了绿产和古镇

建设等方面的考察调研报告，提供了参考建议。

### 九、重视开展委员活动，积极反映社情民意

按照委员“五个一活动”的要求，全年8个委员活动组共组织活动18次，参加活动的委员达90%以上，活动内容涉及文化、教育、绿色产业、旅游、工业、非公经济、国防教育、帮村扶贫、捐资助学等方面。三个活动组评为委员活动先进组，19名委员评为优秀委员受到表彰奖励。

全年共收集信息13条，编发《社情与民意》信息12条，部分已得到区委、政府采纳并及时解决。2条优秀信息受到表彰奖励。

### 十、重视发挥智力支边优势，努力办好实事

区政协智力支边办通过省、市政协牵线搭桥和17位政协委员及各族各界人士积极献爱心，共捐献支教助学资金达35.75万余元，资助大中专及中小学生160余名，非公经济委员及企业捐献，扶贫资金及物资折款38.17万元。支边办配合市区民建、区教育局共同督办建成谷立“一新”希望小学教学楼。协调科技项目经费7.5万元，用于“林下养鸡”、“科技养殖示范”等项目，为上板、沙坡、歧山、摆早等村提供鸡苗1万只。

## 第八届委员会第一次会议工作报告

(2006年11月12日)

李秀明

### 2003年以来主要工作回顾

### 一、加强学习提高素质

三年多来，区政协始终把坚持理论学习提高委员综合素质放在重要位置。共举办了大型专题学习会5次，参加的委员达480人次。主要学习了党的十六大及十六届三、四、五、六中全会精神、邓小平理论、“三个代表”重要思想、《江泽民文选》、胡锦涛总书记关于科学发展观、建设社会主义和谐社会、视察贵州时的重要讲话、在全国政协成立55周年大会上的重要讲话等。通过学习，委员素质不断提高，增强了为花溪发展服务的使命感，增强了履行政治协商、民主监督、参政议政的责任感，增强了心系群众、参加扶贫济困捐资助学等公益活动的积极性。

### 二、履行职能成效明显

例会议政积极建言。三年多来，共召开全委会议4次，常委会议20次，主席会议57次，专委会议22次。四次全体会议期间，精心组织大会发言56人次。对花溪小学搬迁建设、花溪“十一五”规划、香港利嘉和清华科技等重大项目，召开了常委专题协商会议，形成“协商意见建议综述报告”，报区委、区政府参考。

首次提出全会建议案。政协七届三次全会围绕区委八届五次全会和政府工作报告提出的加快花溪城市建设的精神，提出了《关于花溪区城市建设“交相辉映”计划的建议案》，建议案中的建议和意见，受到区委、区政府的高度重视，在实施城市建设“交相辉映”计划中得到认真吸纳，取得了成效。

提案作用得到更好发挥。七届一次至四次会议，共收到委员提案596件，委员参与率达到99%以上，办复率、落实率均达到100%，满

意率达到98%，委员见面率达到97%。主席会议督办的15件重要提案，件件落实，效果显著。

视察调研注重实效。三年多来，共组织开展视察调研活动72次，形成专题报告33个。关注“三农”问题、关注二产发展、关注非公经济发展、关注教育发展、关注精神文明建设、关注农村卫生工作、关注民政福利事业和残疾人就业。

评议部门效能推动工作。区委支持政协积极探索民主监督新形式，出题对部门进行效能评议。2005年以来，政协党组报经区委同意开展了对卫生局、乡企局、民政局三个部门进行效能评议的工作。

发挥委员主体作用，积极反映社情民意。三年多来，8个委员活动组共组织活动55次，参加活动的委员达90%以上，各小组根据界别特点，通过视察活动积极提出建议，同时想方设法为基层解决实际问题，力办实事，加强与各界群众联系。共收集反映社情民意信息122条，许多信息反映了民情民需，受到区委、政府领导重视，部分已采纳并及时解决。

文史工作得到拓展。三年多来，政协把文史工作与宣传花溪、促进经济发展相结合，起到了存史、资政、团结、育人的作用。先后编印出版了《政协委员学习手册》五至八集、《建言·立论·发展》《提案及提案办理》《高原明珠—花溪人》（2集）《名人与花溪》《会刊》（4集）《新花溪（政协专刊）》《花溪智力支边》等书刊，进行了广泛交流，扩大了政协影响。同时为出版《参政议政》画册做了大量工作。

## 三、发挥优势办好实事

科技扶贫工作。区智力支边办发挥政协人才优势，积极开展农村实用技术培训工作。开展农村实用技术培训32期，培训种养殖业及各类人员2900余人次。邀请省市优秀教师培训花溪农村中小学教师3期2000余名（次）。协同有关部门到乡镇开展活动16次，发放农村实用技术、招工广告等各种宣传资料10000余份，科技书刊1000多册。完成了久安村小窑村民组1户茅草房改造，协调资金为青岩摆早村维修水渠和公路，慰问贫困户。

## 四、加强交流密切联系

召开政协委员、非公经济暨各界人士新年茶话会4次，召开专题报告会、座谈会和开展各种纪念活动13次，积极主动与各民主党派、工商联、人民团体、各族各界人士交流思想、沟通感情，为宣传花溪、促进发展发挥了积极作用。

## 五、宣传政协扩大影响

坚持每年召开新闻单位参加的政协宣传工作会议，总结经验，不断提高政协宣传工作实效。三年多来，在贵阳市宣传人民政协好新闻评选活动中，有1篇稿件获一等奖，3篇稿件获二等奖，2篇稿件获三等奖。在区政协全会上受表彰的稿件18篇。

## 六、加强自身建设，提高工作水平

三年多来，由于区委、区政府重视，政协自身建设得到加强，规范化、制度化、程序化水平明显提高。政协党组坚持中心组学习制度，民主生活制度，结合学习贯彻“三个代表”重要思想和开展保持共产党员先进性教育活动，制定了党员领导干部的“五个必需做到”，班子团结务实，发挥了应有的核心领导作用。先后制定和完善规章制度18份，形成了对政协领导班子及政协委员的考核机制。

### 七、表彰先进促进工作

区政协把表彰先进列为一项经常性工作，作为每年全会的重要内容之一。七届二至四次全会，对评选出的先进委员活动组、优秀调研视察报告、优秀提案、提案承办先进单位、宣传人民政协好新闻、“社情与民意”优秀信息、优秀政协委员和先进政协工作者进行表彰，激励委员和政协工作者的积极性。召开了2003-2006年各界人士为“三个文明”建设服务经验交流暨表彰会，表彰了全区各行各业为“三个文明”建设做出突出贡献的先进集体11个和先进个人66人。

区政协七届委员会领导班子团结协作，工作继承创新，务实进取，充满生机活力。全体委员认真履行职能，扎实工作，成效显著。回顾这几年的工作，我们深切体会到，要做好政协工作，一是必须坚持中国共产党的领导，切实以邓小平理论和“三个代表”重要思想统揽政协工作，在区委领导下，使人民政协事业始终保持正确的政治方向；二是按照围绕中心、服务大局的要求开展工作，把促进发展作为履行职能的第一要务，充分发挥政协组织在我区“三个文明”建设中的重要作用；三是必须高举爱国主义、社会主义旗帜，牢牢把握团结和民主两大主题，不断巩固和发展最广泛的爱国统一战线，广泛凝聚各方力量，共同为推进新花溪的建设和发展献计出力；四是必须坚持与时俱进、求真务实，把开拓创新与继承发扬有机结合，不断拓展工作领域，创新履职方法，使人民政协事业真正体现时代性、把握规律性、富于创造性；五是必须重视“四位一体”的自身建设，着力推进工作的制度化、规范化、程序化，加强委员考核管理，使委员的主体作用、专委会的基础作用和界别的纽带作用得到充分发挥，不断夯实政协工作的基础；六是不断总结完善创新政协履行职能的政治协商、视察调研、考察学习、督办重要提案和建谈案、大会发言、民主评议部门工作、反映社情民意、委员“五个一”活动、专委会和小组活动，加强政协文史学习工作宣传等方式，总结亮点，加强薄弱环节；七是必须强化激励机制，把表彰先进作为一项重要工作坚持抓好，激励广大政协委员和各族各界人士尽心尽力、尽才尽智地为经济社会发展作贡献。

## 第八届委员会第二次会议工作报告

（2007年1月22）

蒋志伦

### 2006年以来主要工作回顾

#### 一、精心组织例会，议政建言取得新的成效

一年来，召开全委会议2次，常委会议6次，主席会议25次，专委会议7次。围绕我区经济和社会发展中的重大问题，多种协商形式相结合，议政建言形成新的格局。协商讨论区人民政府工作报告、发展与改革计划、财政工作及其他报告时，就“三农”问题、城建、交通、生态、旅游、环保、教育、文化、科技等方面提出意见建议109条，供区委、区政府参考。

#### 二、评议部门效能，民主监督有了新的突破

为适应民主政治建设的要求，区政协拓宽工作视野，积极探索民主监督新途径，增强民

主监督实效。经政协党组报区委同意，开展了对区民政局的效能评议工作。通过评议，既对区民政局效能建设取得的成绩充分肯定，又对存在问题提出意见和建议，帮助整改，从而促进了部门工作。切实发挥信息在民主监督中的重要作用。一年来，共收到信息48条，编发《社情民意》信息45条，这些信息反映了民情民需，受到区委、区政府重视，部分已采纳并及时解决。

## 三、深入扎实工作，调研视察产生显著效果

区政协把区委、区政府确定的发展战略目标作为政协履行职能的主线，以深入扎实的工作提高建言献策质量。全年开展各类视察调研活动12次，其中主席会1次，常委会2次，专委会5次，委员小组4次，共形成专题调研报告6个，视察报告3个。区政协主席会就花溪民政福利企业进行调研，形成了《关于花溪区社会福利企业优惠政策情况的调研报告》，从改善发展环境、培植地方税源及促进技术改善、壮大工业经济、稳定发展残疾人事业等方面进行分析，得到区委、区政府的高度重视。

## 四、提案工作落实，提案作用得到更好发挥

政协七届四次会议共收到委员提案176件，经审查、复核，立案171件。提案交办后各承办单位高度重视，认真办理。截至2006年9月，审查立案的171件提案，经各承办单位的努力已全部办理完毕。提案办结率为100%，办复率为100%，委员满意和基本满意的占99.3%。区政协八届一次全会，共收到提案143件，立案141件。大多数提案提出的意见建议贴近群众、贴近实际、贴近生活，关注民生、民情、民意。目前，141件提案已提交区政府各部门办理。

## 五、重视文史宣传，政协社会影响不断扩大

区政协充分发挥文史资料的社会功能，积极征集存史价值高、可读性强的高质量文史资料，为政协委员履行职能服务。编印出版了《政协委员学习手册》第八册，完成了《高原明珠花溪人》（两集）、《花溪支边》的编辑出版发行工作，协助区政府做好《花溪区志》编撰工作。全年在省、市、区媒体上发表了宣传区人民政协工作的通讯报道等稿件80余篇（条），其中，有一篇文章获贵阳市第十二届“宣传人民政协好新闻”一等奖。

## 六、发挥界别作用，委员小组活动有声有色

全年8个委员活动组共组织活动9次，活动内容涉及新农村建设、水利设施、森林保护、旅游经济、国防教育等方面，各小组根据所在界别特点，通过视察活动积极提出建议，想方设法为基层解决实际问题，办实事。2006年12月中旬，区政协组织8个委员活动组分别开展了委员活动，这次委员活动主要针对全区重点招商引资项目、重大基础设施项目、经济建设和社会发展的重要事项以及涉及广大人民群众关心的热点、难点问题，广泛征求对区委、区政府2007年工作的意见，共收到委员意见、建议179条，经过整理和筛选，归纳提出了六个方面有一定深度和价值的23条意见建议送交区委、区政府作决策参考。

## 七、发挥支边优势，切实为农村办好事实事

区政协充分发挥自身优势，多形式、多渠道地办好事实事。通过省、市政协牵线搭桥，各民主党派、工商联和各界人士共同努力，投入捐资助学资金达4.6万余元，资助大中专及中小学生160名，协助委员投入扶贫资金及物资

折款3万余元。协调科技项目经费12万余元，主要用于优质花生“贵花生一号”（800亩）、百香果（20亩）、超甜玉米（10亩）、无粒西瓜(10亩)以及“林下养鸡”、“肉兔养殖”等示范项目，同时还为为上板、沙坡、歧山、摆早等村提供鸡苗4000余只。积极开展农村实用技术和教师培训，邀请有关专家到马铃、黔陶、孟关、青岩等地举办农村实用技术培训班，培训种养殖业及各类人员400余人（次）。积极开展“三下乡”活动，协同有关部门到各乡镇开展活动9次，发放各类科技宣传资料1000余份，积极参加科技周、科普活动月和国防教育宣传日活动。2006年，区支边办被市政协、市智力支边联系小组评为2000–2006年先进集体。

### 八、抓好自身建设，工作质量和水平不断提高

加强理论学习。区政协党组、常委会议、主席会议坚持把学习邓小平理论和“三个代表”重要思想作为首要的政治任务。采取自学与集中学相结合的方式，寓学习于视察调研、专委、委员组活动之中。

加强对新委员的培训，通过在八届一次全会期间的专项培训和委员小组活动等方式，对新委员进行了政协工作相关知识培训，进一步提高委员履行职能的能力和水平。

加强组织建设，选举产生了政协八届委员会主席、副主席、秘书长和常务委员，增设了政协机关两个专委会，配备了五个专委会的负责人。

加强制度建设，制定和完善了《政协花溪区委员会关于进一步强化政协职能，加强政治协商、民主监督、参政议政的具体措施》、《政协花溪区委员会关于进一步强化政协委员履行职能的意见》及有关规章制度。

加强档案管理，完成了2005年文书档案的收集、整理、归档工作，充分发挥档案文书为实际工作服务的作用。

重视做好离退休干部工作，认真落实好离退休人员的“两项待遇”，经常看望离退休老干部，关心老同志身体健康，组织离退休老同志开展支部及老年节活动。

## 第八届委员会第三次会议工作报告

2008年3月2日

蒋志伦

### 2007年以来主要工作回顾

### 一、坚持围绕中心，为我区经济社会又好又快发展建言献策

#### 围绕发展大局，有序推进政治协商

八届一次全会以来，区政协先后举行了12次主席会议、7次常委会议。就区政府年度工作报告、全区经济社会发展情况、实事办理情况、全区社会治安综合治理情况、党风廉政建设和反腐败工作情况，在听取工作情况通报的基础上，结合我区工作实际认真展开协商讨论，提出了较好的建设性意见。

#### 紧扣工作中心，规范完善视察工作

一年来分别组织对清华紫光科技园建设、青岩古镇保护开发、花溪大桥周边整脏治乱工作进行视察，通过视察对进一步改善我区投资环境、加快重点项目的实施和建立整脏治乱的长效管理机制等提出了建议。同时，还组织政协常委、有关委员对农村医疗卫生、环境保护、

职业教育等社会关注的热点问题进行了视察调研，体现了广泛的政治参与性，为我区经济社会发展贡献了智慧和力量。

精选课题，认真开展专题调研

2007年，开展了由主席会成员牵头、各专委会具体负责的五个专题调研活动，反响较好，取得了明显成效，为区委、区政府及相关部门提供了翔实而有力、具体而有效的工作参考意见。提案法制委开展的"花溪区农村法制宣传教育工作"调研、教文卫体委开展的"花溪区农村新型合作医疗现状"调研、文史委开展的"花溪区古民居保护、开发、利用情况"调研、人资环委开展的"花溪区失地农民问题"调研、经科委开展的"花溪区非公经济发展"调研，形成了5篇较高质量的调研报告。

## 二、坚持民主团结，为构建和谐花溪凝聚力量

一是充分发挥统战优势，为各党派共事搭建平台。在协商讨论区人民政府工作报告、发展与改革计划、财政工作及其他报告时，委员们就"三农"问题、文化、教育、卫生、城建、交通、生态、旅游、环保、社会治安等方面提出提案和建议169件，供区委、区政府参考。

二是区政协主席会成员和相关政协常委、委员就一些建设项目中出现的疑难问题，配合做好相关疏导解释、协调关系、理顺情绪、维护稳定的工作，取得明显实效。

三是主动协调服务，认真开展帮村扶贫和智力支边工作。区政协常委及政协机关干部积极响应主席会的倡议，捐款25000余元，对高坡民族中学的7名贫困学生进行帮扶，对高坡乡6户参加新型农村合作医疗的因病困难户给予再次补助；协调资金10万元，帮助高坡民族中学、久安中学、马铃平山小学配备了电脑、课桌椅、床、图书等教学设备。还协调区农业局支持高坡乡发展晚熟糯包谷项目资金3万余元。出资6400元帮助高坡乡培训4名乡村医生。

## 三、坚持参政为民，稳步推进民主监督

重在落实，加强提案督办。八届一次、二次全会以来，区政协共收到提案198件，经提案委员会审查，立案195件。截至2007年9月30日，立案的195件提案已全部办理完毕，办复率达100%，委员们对办理结果满意和比较满意的达99.6%。委员提出的《关于尽快恢复建设花溪区悼念馆（花溪殡改服务中心）》《关于提高我区城镇化水平，推进市场化管理，逐步取缔星期天"赶场天"的建议》《关于整治花溪大桥下沿河步行街的建议》《关于尽快为花溪第二小学征用活动场地的建议》等4件提案作为主席会督办案，由政协主席会成员牵头，组织政协常委、委员、提案法制委负责人及提案人，对提案进行跟踪督办。主席会督办的4件提案落实情况较好。

创新监督形式，积极开展民主监督。一是对重点基础设施项目、重点招商引资项目和重要工作事项进行民主监督。区政协制定了《关于对2007年区重点基础设施项目重点招商引资项目落实开展民主监督的方案》，确定贵州清华紫光科技园项目、青岩古镇保护开发项目作为2007年政协重点监督项目，其他重点项目作为视察项目。2007年，经区委同意，区政协将区发改局、区农业局作为效能评议部门。两个部门根据政协常委会的意见和建议，制定了整改方案，落实了责任领导、责任单位和责任人，制定完善了相关制度，使效能评议工作取得了

实效，畅通渠道，认真反映社情民意。2007年共收集社情民意20余条，及时转送政府有关部门，妥善化解了矛盾，促进了问题解决。

### 四、坚持与时俱进，不断提升政协自身形象

一是加强政治理论学习，强化政协委员和政协工作者的履职素质。开展多形式、多层次的辅导和心得交流活动，系统地学习中共中央《关于加强人民政协工作的意见》、省委《实施意见》以及统战理论和政协知识。二是扎实推进组织建设。重点做好专委会组织建设，不断提高工作水平。三是有效发挥委员主体作用。区政协逐步完善主席联系常委、常委联系委员制度，激发委员参政议政的热情。各专委会还不断创新履职方式，与有关部门建立了对口协商关系，进一步提升参政议政的质量。四是着力提升机关服务水平。以开展党政机关作风教育整顿活动为契机，大力倡导和弘扬敬业精神、服务精神、协作精神、务实精神和创新精神，为委员履职提供条件、畅通渠道。五是重视文史宣传，政协社会影响不断扩大。编印出版了《政协委员学习手册》第九册，完成《参政议政》画册的编印工作，完成《文史资料》第十三辑的编撰工作，文史宣传学习委员会被评为省政协“文史工作先进集体”。

### 五、立足岗位，顾全大局，主动投入“抗凝冻、抓重建、保民生”工作。

区政协在第一时间向全区172名政协委员发出了《致全区政协委员的倡议书》和动员短信息。《倡议书》和动员短信息发出后，区政协主席会成员带头捐款，政协委员和机关干部积极响应，共募集抗灾救灾捐款和协调救济资金26万余元、工业盐10吨、棉被15床等，其中，区政协委员文卫代表贵州浦华紫光百会科技发展有限公司捐款15万元，区政协委员何光培代表贵州贵志房地产开发有限公司捐款10万元，区政协委员、花溪金龙水泥有限公司总经理胡斌捐赠10吨价值1万余元的工业用盐，由区“抗凝冻、保民生”指挥部统一安排使用。凝冻灾害减弱后，区政协主席会成员按照“千方百计抓重建、尽心竭力保民生”的要求，在春节期间分别深入湖潮、孟关、麦坪、久安、马铃、黔陶、高坡等12个乡镇的边远村寨进行调研，督促乡镇开展救灾重建工作，尽快恢复群众生产生活秩序，并积极协调政府和有关部门帮助村民解决用电和发展养殖等重建工作中的困难。

## 第八届委员会第四次会议工作报告

（2009年3月23日）

王光华

### 2008年以来主要工作回顾

### 一、围绕中心协商议政，建言献策促进发展

一年来，区政协围绕区委、区政府的中心工作和目标任务，召开了八届三次全会和6次常委会议、6次主席会议。政协常委会、主席会紧紧围绕事关加快我区经济社会发展的重点基础设施项目、重点招商引资项目和重要工作事项等全局性问题深入开展协商讨论，提出了较好的建设性意见。

### 二、创新民主监督形式，增强民主监督实效

区政协常委会、主席会坚持以科学发展观为指导，紧紧围绕生态文明示范区建设和全区

发展大局，把创新民主监督方式、增强民主监督实效作为一项重要任务，研究制定了进一步加强民主监督的具体措施，在监督方式上不断创新，增强了民主监督实效。

（一）把民主监督落实在全区的重点工作上。2008年，区政协围绕区委、区政府确定的重点工作，将南环线建设项目、国宾大道（1.12km段）建设项目、新区建设等重点基础设施项目、重点招商引资项目、重点建设项目纳入政协视察的重要内容，组织政协委员开展6次专项视察，并结合实际提出推进工作的合理化建议。

（二）开展民主监督推进机关效能建设。2008年，区政协围绕建设生态文明示范区的目标，选择在生态文明建设和灾后恢复重建工作中的重点职能部门区城管局、区水利局作为效能评议部门。被评议部门根据政协常委会的评议意见制定了整改方案，明确责任加以落实，达到了效能评议促进工作、提高效率的目的。

（三）抓重点提案督办，寓监督于办理过程中。八届三次全会以来，主席会从委员提案中选择事关全区发展重点、事关人民群众切身利益、人民群众盼望尽快解决的6件提案作为主席会督办提案。此外，还选择5件提案由分管副主席经常督办，选择10件提案由提案委经常督办，选择10件提案由分管副主席牵头，区委办、区政府办、区政协办作为提案督办牵头单位进行督办。截至2008年9月30日，八届三次全会以来区政协提案委员会审查立案的127件提案已全部办理完毕，办结率为100%，办复率为100%，委员对办理结果满意和比较满意的达99%。

（四）建立主席重点督办事项跟踪落实反馈制度。2008年，区政协建立了主席重点督办事项跟踪落实反馈制度，把常委会、主席会和委员活动等视察调研工作中涉及的重要事项以及主席、副主席交办的其它重点督办事项等纳入督办内容，根据主席、副主席工作分工，把相应专委会和办公室作为重点督办事项的督办单位。

主席重点督办事项跟踪落实反馈制度建立后，政协主席会就尽快解决花溪区汽车维修美容中心的规划定点、完成花溪城市公共交通规划编制的上报、加强牛角岛景点管理及修建清华山庄通往牛角岛的景观桥等问题进行跟踪督办，要求区有关部门限时办理。从反馈的情况来看，工作落实比较好，收到的监督效果明显。

## 三、抓好建言立论，提高参政议政水平

2008年，提案法制委开展《如何提高提案办理满意率》调研、人资环委开展《花溪区森林资源管护问题》调研、经科委开展《花溪区农业结构调整中示范户作用》调研、文史委开展的《青岩古镇军事文化挖掘利用》调研、教文卫体委开展《花溪民族歌舞亟待传承和发展》调研，形成了5篇较高质量的调研报告。

在区政协八届三次全会期间，7位委员分别就“积极发展职业教育，推进花溪新农村建设”、“促进教育公平，构建和谐社会”、“坚定信心打好整脏治乱持久战”等重要问题作了大会专题发言，提出了有价值的意见和建议，区委、区政府有关领导和相关部门负责人认真听取了委员的发言。

组织政协委员开展了“走进公、检、法”活动，对区人民法院的审判工作、区人民检察院的法律监督和预防职务犯罪工作以及区公安分局开展打击“两抢一盗”专项行动和实施“居有所安”民生行动计划等工作情况进行视察，提出了中

肯的建议和意见，体现了广泛的政治参与性，为我区经济社会发展贡献了智慧和力量。

## 四、主动协调服务，认真开展帮村扶贫、智力支边和抗灾救灾活动

一是认真落实区政协《关于对高坡乡进行帮扶的实施方案》，在教育、卫生、产业结构调整等方面对高坡苗族乡进行重点帮扶。二是抓好对青岩镇杨眉村的帮扶工作。一年来，区政协为杨眉村协调资金、物资共计20余万元。三是积极与市政协港澳台侨委协调联系，争取香港善施基金会17.5万元捐款，帮助马铃中学修建450平方米的综合教学楼一幢。四是邀请驻区高校、科研院（所）、市民主党派和区有关部门专家举办10期培训班。五是立足岗位，主动投入抗灾救灾工作。2008年初，我区遭受罕见的雪凝灾害后，区政协领导班子和全体机关干部，结合政协工作实际，以良好的精神状态和工作状态，主动站在“抗凝冻、抓重建、保民生”的第一线，认真履行职责，协助党委、政府开展抗灾救灾和灾后重建工作。共募集抗灾救灾捐款和协调救济资金26万余元和10吨工业盐等物资。四川省汶川地区发生8级特大地震灾害后，区政协主席会号召全区政协委员和全体机关干部职工发扬“一方有难，八方支援”的传统美德，通过红十字会、民政部门捐献现金51.338万元、物资价值126.5万元，政协机关的中共党员交纳特殊党费6000余元，支援灾区人民的抗震救灾和恢复重建工作。

## 五、强化文史宣传工作，积极参与生态文化建设

编印出版了《政协委员学习手册》第十册和《建设生态文明资料专辑》学习资料；完成《文史资料》第十三辑《贵阳清华中学七十周年专辑》《参政议政》画册的编辑出版工作；荣誉政协委员张葆琛先生的专辑资料正在搜集整理；完成市政协《浪潮 -- 贵阳市改革开放三十年纪实》一书相关稿件的组稿工作；配合市政协开展《贵阳市民生态文明道德研究》《贵阳市乡村旅游工作情况》等调研工作。

参与生态文化建设，宣传花溪生态文化资源。牵头协调有关部门和青岩镇，配合省民盟完成青岩知溟书屋的筹建和揭牌开放工作，收藏民盟中央和省民盟盟员捐赠图书2万余册，价值20余万元；与民盟省直机关支部在青岩镇共同举办“知溟书画摄影作品展”。

## 六、加强自身建设，不断推进政协工作

一是加强政治理论学习，强化政协委员和政协工作者的履职素质。举办“生态文明知识专题讲座”增强全体委员的生态文明理念。二是扎实推进组织建设。重点做好专委会组织建设，不断提高工作水平。三是加强委员队伍建设，充分发挥委员主体作用。区政协成立了委员联络办公室，强化对委员履职的协调、管理和服务。四是不断提升机关服务水平。五是进一步完善考核机制。加强对委员履职的监督、考核和管理，强化发挥政协各参加单位和政协委员的主体作用，建立政协委员履职档案，做好委员出席各项会议、参加履职活动和委员小组活动等情况的考核，并以此为依据，制订完善了激励机制。评选出2006–2008年度优秀委员20名、优秀提案10件、提案承办先进单位5个、优秀调研报告1篇、优秀社情民意3条，进行表彰。六是认真做好对外交流联谊工作。承办了全市政协教文卫体委第一次专题会议。到南昌市西湖区参加了全国二十一城区政协联席会。接待来我

区考察的省、市政协领导、专委会领导和大连市沙河口区、舟山市普陀区、南昌市西湖区以及紫云县、惠水县、剑河县等兄弟政协18批，共200余人次。

## 第八届委员会第五次会议工作报告

（2010年3月23日）

谌业华

### 2009年以来主要工作回顾

#### 一、深入开展学习实践科学发展观活动，夯实履职的思想基础

结合政协工作实际，提出以“创新、为民，推进科学履职；团结、聚智，促进科学发展”为载体，深入开展学习实践活动，并组织开展了“解放思想，埋头实干”大讨论，围绕区委提出的“走科学发展路，建生态文明区”的要求，着力解决影响政协职能发挥的突出问题，着力创新政协工作发展的体制机制，不断提高履职能力和水平，实现政协工作科学发展并服务于全区经济社会科学发展。

#### 二、围绕中心，服务大局，切实履行政协职能

召开了八届四次会议和7次常委会议、11次主席会议，开展专题调研10余次，组织常委、委员视察20余次，立案并交办提案128件。

围绕经济社会发展，开展广泛协商。紧紧围绕涉及我区经济社会发展的全局性问题深入开展协商讨论，就南环线建设、迎宾大道建设、甲秀南路（花溪二道）、新区建设、田园北路建设以及区政府机构改革设置、将军路步行街的管理等，召开主席会、常委会进行协商，提出具体建议。

加大督办力度，提高提案的办理质量。区政协主席会从政协八届四次全会上委员提出的128件提案中，选择《关于整治螃蟹井旅游环境，杜绝火灾隐患的建议》《关于加大治安整治力度、打造和谐花溪的建议》《关于整治两条“污龙”，保护花溪母亲河的建议》等6件涉及全区经济社会发展，人民群众盼望尽快解决的提案，作为主席会督办提案进行督办。对委员提出的《关于螃蟹井烧烤区进行规范管理建议》等提案，2009年11月，区委、区政府组织有关部门，采取有力措施，开展专项整治行动，依法拆除违法建筑，取缔平桥景区沿岸占道经营、恢复绿地，整治效果明显。

深入开展调查研究，积极议政建言。一是由主席、副主席牵头、各专委会具体负责，精选课题开展专题调研。形成了5篇较高质量的调研报告，为区委、区政府及有关部门科学民主决策提供参考。二是在政协八届四次全会期间，8位委员分别就“关注‘三农’，构建和谐花溪”、“发展乡村旅游的思考”等重要问题作了大会专题发言，提出了有价值的意见和建议，区委、区政府有关领导和相关部门负责人认真听取了委员的发言。三是探索参政议政的新渠道，与市政协联合举办主席约谈会。市政协与区政协联合在镇山村举办了以“‘镇山现象’市民谈”为主题的主席约谈会，邀请贵州大学、贵州画院的20多位专家学者、艺术家和市有关部门的负责同志和市民、村民代表、浙江商会代表等共120余人参加了约谈。本次约谈会，省内近10家新闻媒体进行了广泛深入的报道，

取得了良好的效果。

创新监督方式，增强民主监督实效。一是区政协主席会建立对重点工作的视察制度，转变就监督而监督的单一方式。主席会成员不定期深入乡镇、办事处，走进各部门了解工作情况，把民主监督寓于视察调研之中。二是把视察调研与帮助企业解决困难相结合，寓监督于促进非公经济发展之中。政协主席会成员深入万达汽车制造有限公司和十和田、风景、康众汽车销售4s店以及贵州黔峰生物制品有限公司、花溪宏盛仓储购物有限公司、花溪联洪合成材料厂等非公企业进行调研，了解企业应对金融危机和生产经营的情况，及时把存在的问题向相关部门反馈，帮助解决企业的困难。三是把监督与部门效能建设相结合，寓监督于推进工作之中。区政协坚持并不断完善对行政执法部门进行效能评议的民主监督方式，2009年对区旅游局开展效能评议。区旅游局根据政协常委会的评议意见，制定整改方案，提出整改措施，取得较好的监督效果。四是把民主监督与专委会的职能相结合，促进对口部门工作的开展。专委会结合工作职能，组织相关委员深入乡镇、办事处对“两基”迎“国检”工作进行督导检查，对民办学校教师现状、新型农村合作医疗、青岩镇文化产业发展等进行了视察调研。

## 三、密切关注民生，积极参与社会建设

践行科学发展观，全力参与“三保、三实”工作。区政协根据市委、区委的统一部署，结合深入学习实践科学发展观活动和市委开展的“三保、三实”工作，全力以赴参与危房改造和扶贫帮困工作，为农村群众办实事、办好事。区政协主席会成员和工作队员经常深入联系帮扶的乡（镇）、村调查了解情况，指导、协助乡（镇）、村制定帮扶计划，做好宣传发动工作，积极协调资金和物资对贫困群众进行帮扶。工作队还协调市、区相关部门，开展送文化、种养殖项目、信息技术、农技知识下乡等活动，帮助农民增收致富。“三保、三实”工作期间，协调帮扶资金、物资共计84万余元。区政协在危房改造、村寨整治工作和“三保、三实”工作中，协调投入资金100余万元，协调物资价值6万余元。

区政协抽派专人进驻镇山村，配合市政协和市有关部门，负责协调指导镇山村的危房改造和村寨整治工作。由于得到市政协和市有关部门的倾力支持，镇山村的进村道路、寨门和李仁宇将军雕塑已经建成，城墙已恢复。完成综合楼、旅游公厕、停车场、表演场、武庙等村内公共建筑的改造和修复，加强供水、排污、道路改造、消防、路灯等基础设施建设，新建休闲小广场，安装村寨道路指示牌等，该村关口寨1150米进寨道路改造已经完成。全面完成镇山村106户危房改造和135户民居立面整治任务。在“三保三实”工作中，市政协和有关部门协调投入资金、物资共计400余万元。

认真落实区政协《关于对高坡乡进行帮扶的实施方案》，在教育、卫生、产业结构调整等方面对高坡苗族乡进行重点帮扶。积极同市政协港澳台侨委联系，香港慈恩基金会为高坡乡14户困难村民每户帮扶2000元资金，帮助村民进行危房改造。“六一”前夕，通过市政协联系，市政协委员魏凤英女士为青岩镇达夯小学468名学生每人送去100元慰问金，并拿出5万元作为优秀学生和教师的奖励基金。

积极开展智力支边工作，着力改善农村办学条件。区政协积极与市政协港澳台侨委协调

联系，争取香港善施基金会捐款，帮助马铃乡14名贫困学生解决生活困难。

### 四、强化文史宣传工作，积极参与生态文化建设

区政协重视并积极参与全区的生态文化建设，宣传花溪生态旅游文化资源。一是牵头协调有关部门和青岩镇，配合省民盟在青岩古镇举办“知溟讲坛”。省人大副主任、省民盟主委顾久先生为文学爱好者讲授中国传统文化，丰富了青岩古镇的文化内涵；二是邀请20余名省、市著名书画家到我区进行创作笔会活动，通过弘扬传统书画艺术，促进我区生态文化建设；三是配合市政协在镇山村举办刘万琪、刘雍精品雕塑展暨艺术工作室挂牌仪式以及镇山村国庆、中秋民族文艺演出活动，推动镇山旅游文化精品村建设；四是组织区政协机关干部积极参加市政协举办的贵阳市政协、统战系统纪念人民政协成立60周年合唱比赛，荣获二等奖。

### 五、广泛开展联谊，扩大对外交流

区政协积极开展对外联谊交流。接待陪同全国政协副主席郑万通到镇山村视察农村危房改造和村寨整治工作。同时，区政协加强横向交流学习，参加了贵阳市区、县（市）政协工作研讨会第二十八次会议、全国二十一城区第二十一次联席会议和全国部分城区政协工作研讨会，在会上作了交流发言，介绍我区政协工作的做法，学习借鉴其他地方政协工作的先进经验。

### 六、注重自身建设，不断推进政协工作

一是加强政治理论学习，强化政协委员和政协工作者的履职素质，邀请省委党校、贵州大学专家，举办了学习实践科学发展观专题讲座和以“统筹解决人口问题，为建设生态文明城市营造良好的人口环境”为主题的知识讲座，增强政协委员和政协工作者履行职能的责任感、使命感，使委员和政协工作者的思想政治水平和参政议政能力适应新形势、新任务的需要；二是扎实推进组织建设。围绕促进党派合作、突出界别特色、发挥委员主体作用和加强政协机关建设“四位一体”的总体要求，扎实推进组织建设；三是加强委员队伍建设，充分发挥委员主体作用。制定了《关于开展委员小组活动的实施意见》，规范委员小组的活动内容和形式，采取视察、调研等多种形式组织委员开展小组活动，使委员充分了解区情、民情、民意，积极参与全区的建设和发展，切实提高委员履行职能的能力和水平；四是不断提升机关服务水平。做好相关协调服务工作，为委员履职提供条件、畅通渠道；五是进一步完善考核机制，加强对委员履职的监督、考核和管理，发挥政协各参加单位和政协委员的主体作用。

## 第八届委员会第六次会议工作报告

（2011年3月9日）

谌业华

### 2010年以来主要工作回顾

### 一、围绕中心，服务大局，推动科学发展

全年共召开8次常委会议，9次主席会议，组织调研视察20余次，为推进我区经济社会发展，提出了许多建设性的意见和建议，受到区委、

区政府领导的重视和有关部门的欢迎，许多意见和建议被采纳后，产生了良好的效果。

（一）紧扣重大问题开展协商，参政议政成效明显。区政协八届五次会议期间，委员们列席了区十五人大届五次会议，认真听取和讨论了区政府工作报告及其他报告，提出了许多积极的意见和建议，并就搞好危房改造工作、加快新农村建设，保护生态环境、加强生态文明建设，调整产业布局、加快城市化发展进程，提高农村医疗服务水平、确保农民得到更多实惠，紧抓“三创一办”机遇、强力借船造势发展花溪，发展会展经济、拓宽发展途径等方面，在大会上作了参政议政发言。

（二）选择重点课题开展调研，建言献策水平得到提高。政协主席会成员和各专委会组织委员，围绕我区监所管理、创建文明社区、旅游业税收、城市管理、教师队伍建设等方面的问题进行深入调研，形成《关于花溪区监所管理工作的调研报告》《关于花溪区社区生态文明建设工作的调研报告》《关于花溪区旅游产业税收的调研报告》《关于花溪区城市管理工作的调研报告》《关于花溪区教师队伍建设的调研报告》等5篇调研报告，从多个方面对相关工作提出意见和建议，为区委、区政府及相关部门、乡镇和办事处提供工作参考。

（三）针对重点工作开展视察，民主监督不断推进。区政协围绕“三创一办”等区委、区政府的重点工作和人民群众普遍关心的热点、难点问题，组织政协委员视察20余次，有力地促进相关工作的开展和落实。区政协还对区国税局纳税服务质量认真开展第三方监督工作，在开展座谈、问卷、暗访的基础上，帮助查找存在的问题和不足，并就进一步加强国税局干部工作作风建设，做好纳税服务工作，提出了意见和建议。

（四）积极参与重点项目建设，招商引资成果显著。区政协领导班子成员按照全省开展“三个建设年”和“四帮四促”活动的要求及区委、区政府的部署，积极参加全区的重要会议和重大活动，共同参与重点项目建设，抓好组团招商、大项目推进建设、“三创一办”、“三创三实”帮村扶贫等方面的工作，积极参与金石产业园、花溪国际汽贸城、贵阳市域快铁改貌货运中心和花溪国家城市湿地公园等重点项目的建设，做到既建言献策，又主动参与，为我区的经济社会发展作出了应有的贡献。

区政协主席担任金石产业园工作领导小组常务副组长，协助区委、区政府主要领导负责产业园的规划建设工作。

区政协一名副主席担任花溪国际汽贸城项目指挥部专职副指挥长。

区政协一名副主席担任贵阳市域快速铁路改貌货运中心建设项目指挥部常务副指挥长。

区政协一名副主席担任花溪国家湿地公园项目指挥部专职副指挥长。

（五）积极投入“三创一办”工作，参与生态建设主动性增强。

去年，区政协积极组织区政协委员、机关干部、学生、企业员工参加“贵阳市十万名森林保护志愿者在行动”活动，协助林业部门和各乡镇、办事处开展森林防火宣传和巡查守护，参加人数达5万余人次。

区政协、区林业局、区文明办、区直机关工委、区教育局、麟山水泥厂等6家单位受到市政协等单位的表彰。同时，组织机关干部职工积极参加“绿丝带”和“整脏治乱”巡查值守等志愿者活动。

## 二、关注民生，反映民意，促进社会和谐发展

（一）关注社会热点，强化提案办理工作。区政协八届五次会议以来，全区政协委员围绕中心，服务大局，精心选题，深入调研，真实了解民情，充分反映民意，广泛集中民智，积极建言献策，共收到委员提案96件，经审查立案95件，提出提案的委员达139人（次）。经133家承办单位的共同努力，所有提案已于2010年9月20日前全部办理答复完毕，办复率100%。在反馈95件提案征求意见表中，表示满意的89件，占93.7%；基本满意的6件，占6.3%，没有不满意件。

（二）维护群众利益，积极反映社情民意。一年来，我们紧紧围绕城市管理、交通管理等方面，收集整理30多条社情民意信息，为区委、区政府决策提供了参考，对有关部门和有关方面的工作起到了促进和监督作用。

（三）实施智力支边工作，扎实开展扶贫济困。去年，在高坡、青岩、党武等乡镇共举办6期医疗和农业实用技术培训，参加培训397人；协调市政协、区有关部门、企业和社会各界人士投入28万余元资金和200余吨水泥等物资，帮助湖潮、石板、麦坪、高坡等乡镇修建进村道路、水井、水窖等基础设施，并对高坡、青岩、马铃等乡镇的贫困学生进行帮扶；协调服装4825件，价值近50万元，分发给各乡镇困难户。在抗旱工作期间，协调1600件价值10万元的饮料和矿泉水，解决马铃乡、麦坪乡部分农户的饮水困难；协调价值3.5万元的医疗健身器械给5个帮扶村，每村15件。

## 三、把握主题，发挥优势，增强人民政协凝聚力

（一）充分发挥各人民团体、工商联和无党派人士在政协中的重要作用。通过邀请各人民团体、工商联和社会各界人士参加学习、调研、视察、协商等活动，安排他们在政协全会上作重点发言，积极反映他们的意见建议，维护他们履行职能的民主权利。

（二）注重提升政协的整体功能。2010年，承办了贵阳市区（市、县）政协工作经验交流会第30次会议，参加了全国二十八城区政协工作联系会第22次会议、全国省会（首府）部分城区政协工作联席会议、全省政协工作经验交流会、贵阳市区（市、县）政协工作经验交流会第31次会议，在会上作了交流发言。

（三）认真做好文史宣传工作。区政协充分发挥文史资料存史、资政、团结、育人的功能，树立精品意识，打造文史品牌，精心编辑了贵州省旅游文史丛书花溪卷——《明珠花溪》一书。同时，区政协不断加大对政协工作的宣传力度，宣传政协委员在各行各业取得的成绩，扩大政协工作的影响。一年来，区政协在市政协信息网上载信息64条，编发工作简报31期。

## 四、加强政协自身建设，不断提升整体素质

（一）进一步开展委员学习活动。去年，区政协邀请省政协提案委领导和省委党校专家分别就《怎样撰写提案》和《领导沟通的策略与艺术》，对全体委员进行了专题培训。

（二）进一步加强“三化”建设。认真制定实施方案，开展机关作风建设活动，大力开展以“转变作风、提高效率、服务基层、推动

跨越”为主题的创先争优活动，着力营造干事创业、增比进位、奋勇争先的氛围，塑造奋发有为、只争朝夕、勇于创新的精神，造就一支政治坚定、作风优良、学识丰富，业务熟练的政协干部队伍，力求使政协机关在提升能力上取得新进步，在为政协履行职能服务上取得新突破，在助推全区经济社会全面发展上取得新成就。

## 第九届委员会第一次会议工作报告

（2011年12月19日）

谌业华

### 过去五年工作回顾

五年来，区政协在中共花溪区委的坚强领导和市政协的指导下，牢牢把握团结、民主两大主题，认真履行政治协商、民主监督、参政议政职能，充分发挥协调关系、汇聚力量、建言献策、服务大局的作用，为促进我区经济社会又好又快、更好更快发展作出了积极的贡献。

#### 一、围绕中心，积极建言，政治协商逐步规范

五年来，共召开6次全体会议、32次常委会议，46次主席会议，对事关花溪发展的重大问题进行协商讨论，为促进党委、政府民主科学决策发挥了重要作用。

认真组织全会协商。39名委员先后就发展绿色产业、加快新农村建设、新型农村合作医疗、农业产业结构调整、发展非公经济、加强学前教育、搞好危房改造、保护生态环境、深入推进“三创一办”等方面的问题，在大会上作了参政议政发言，形成39篇大会发言材料，提出了有价值的意见建议100多条。

积极推进专题协商。把为制定“十二五”发展规划建言献策作为常委会工作重点，召开专题协商会，为有关部门编制规划提出意见和建议。围绕南环线建设、迎宾大道建设、甲秀南路建设、新区建设、田园北路建设、行政区划调整、社会治安综合治理、政府实事办理、深入推进“三创一办”活动、整脏治乱等重大问题进行认真协商讨论，提出具体的协商意见和建议。

广泛开展对口协商。五年来，各专委会组织所联系的界别进行专题协商和沟通。通过协调会议、工作会议、列席会议等形式，把日常工作中收集到的关系全区改革发展稳定的一些重要情况、群众生产生活中的一些焦点问题带到会上，实现了参与性协商。主席、副主席直接参与到经济社会建设工作中，积极参与重点项目、乡镇和办事处的重点工作，在参与中协商议政，在参与中实施监督，在参与中发挥政协的职能和作用，有力地促进了重点工作落实。

#### 二、拓宽渠道，突出特色，民主监督力度加大

有序推进提案工作。五年来，共收到委员提案600件，经审查立案595件，占提案总数的99.17%；不予立案5件，占提案总数的0.83%。提案采纳落实的有413件，占立案总数的69.41%；见面率达100%，办结率达97.82%，提案办理的满意率和基本满意率达98%。八届委员会共评选表彰优秀提案23件、先进承办单位16家、优秀委员48人。五年来共收集报送社情民意100多篇，为区委、区政府及时了解社情民意提供了参考。6篇优秀社情民意受到全

会表彰奖励。

区政协主席会建立对重点工作的视察制度，转变就监督而监督的单一方式。2006年以来先后对区民政局、区发改局、区农业局、区城管局、区水利局、区旅游局等部门开展效能评议。丰富了民主监督的内涵，拓展了民主监督的形式，促进了有关部门行风的转变。

## 三、服务大局，履职尽责，参政议政富有成效

五年来，区政协共向区委、区政府报送调研报告25篇，有针对性地提出解决问题的建议100多条，有的调研报告被区委批转。这些调研成果，凝聚了委员的智慧，集中了多方意见，反映了群众意愿，体现了广泛的政治参与性，为区委、区政府及相关部门及时了解社会动态、做好相关工作提供了重要依据。

## 四、维护全区工作大局，积极参与重点项目建设

在区委、区政府的领导下，区政协主席、副主席积极参与金石产业园、贵阳国际汽贸城、贵阳市域快铁改貌货运中心、花溪国家城市湿地公园等重点项目的建设，抓好组团招商等方面的工作。区政协主席谌业华在贵阳市工业和服务业重大项目第四服务工作队直接参与园区建设。区政协副主席王光华担任贵阳国际汽贸城项目建设指挥部副指挥长，直接参与汽贸城建设工作。区政协副主席楚湘黔担任区快铁指挥部副指挥长，参与贵阳市域快速铁路改貌货运中心以及相关配套工程的建设。区政协副主席田健、楚湘黔先后担任花溪国家城市湿地公园建设指挥部副指挥长。

## 五、强化文史宣传工作，参与生态文化建设的主动性增强

加强委员学习培训。五年来，共编印5本委员学习资料，编辑《生态文明建设资料专辑》，为委员学习生态文明知识提供参考。

认真做好文史资料工作。编辑出版《清华中学七十周年专辑》《参政议政》画册、贵州旅游文史系列丛书《高原明珠花溪》。

抓好宣传扩大政协工作影响。五年来，编辑《参政议政》11期，《贵州政协报》、《贵州日报》、《贵阳日报》采用稿件31篇，花溪新闻播报政协新闻80余条。

在生态文化建设中发展作用。牵头开展“花溪记忆”老照片征集活动，征集老照片1000余幅，制作展板在区第十次党代会会场和花溪公园展出，并精选370幅编印《花溪记忆》老照片画册，为宣传推介花溪发挥了积极作用。同时，组织机关干部职工积极参加“三创一办”、“整脏治乱”、“绿丝带”和治安志愿者活动。

## 六、凝聚力量，团结联谊成效显著

加强与各民主党派、工商联、人民团体和各界人士的联系。以提案为重要渠道，把各民主党派、工商联和人民团体等参加单位的集体提案列为重点提案加以督办。各民主党派、人民团体、工商联和无党派人士委员积极提出提案，反映社情民意，广泛参与区直部门行风及其它方面的评议监督活动，热心参与和组织社会公益活动，在全区民主政治建设、经济社会发展和促进社会和谐中发挥了积极作用。

加强对外联谊，提升政协的整体功能。2006年以来，区政协参加7次贵阳市区（市、县）政协工作经验交流会，承办第30次会议；参加

5次全国二十八城区政协工作联系会主常务理事会会议；参加5次全国省会（首府）部分城区政协工作联席会议；参加全省政协工作经验交流会和提案工作经验交流会，并在会上作了交流发言。五年来，共接待省内外各级政协考察（视察）团等60余批次700余人次到花溪考察交流和视察工作。通过相互交往，广交了朋友，宣传了花溪，交流了经验，开阔了眼界，增长了见识，展示了花溪的对外形象。

## 七、关注民生，促进社会和谐发展

实施智力支边，扎实开展扶贫济困。在八届政协任期内，对高坡乡在教育、卫生、农业开发项目等方面集中力量进行帮扶。五年来，区政协在各乡镇共举办60余期农业实用技术和医疗等培训，参加培训3000余人次；投入8万余元资金对联系村的贫困党员、贫困户、计生三结合户和残疾人进行慰问帮扶；协调市政协、区有关部门、企业和社会各界人士投入700余万元资金和物资，帮助高坡、湖潮、马铃等乡镇的村寨修建进村道路、水井、水窖等基础设施，对镇山村、摆贡寨、林木寨等进行村寨整治和危房改造，修建马铃中学综合教学楼，对清华中学贫困生开展“圆梦”资助行动，对高坡等乡镇的贫困学生进行帮扶。每年组织科技、教育和医疗卫生界委员开展送科技、送文化、送医疗下乡和支教、助医活动，向群众宣传科技知识、提供医疗保健咨询服务，产生了良好的社会效果。

主动参与社会公益活动。五年来，引导和动员政协各参加单位、委员和政协机关干部积极开展“送温暖、献爱心”社会公益活动。在我区遭受雪凝灾害、严重旱灾，望谟遭受水灾，四川汶川、青海玉树、甘肃舟曲等地区发生特大地震灾害之后，区政协领导班子和全体机关干部，结合政协工作实际，认真履行职责，协助党委、政府开展抗灾救灾和灾后重建工作，号召全区政协委员和政协机关干部发扬“一方有难、八方支援”的传统美德，积极募集抗灾救灾捐款：协调救济资金和物资，通过红十字会、民政部门捐献现金76万余元、物资价值130余万元，政协机关的中共党员交纳特殊党费6000余元，支援灾区人民的抗震救灾和恢复重建工作。

## 八、注重学习，提高素质，自身建设得到加强

以建设学习型机关为目标，坚持和完善学习制度，组织常委会、主席会和机关干部认真学习中共十七大和十七届四中、五中、六中全会精神、《中共中央关于加强人民政协工作的意见》、胡锦涛总书记在庆祝中国共产党成立90周年大会上和庆祝人民政协成立60周年大会上的重要讲话精神，坚持做到思想上与区委统一，行动上与区委一致。提请区委制定了《关于进一步加强人民政协工作的实施意见》，进一步明确了区政协履行职能的内容、程序和方法，为深入推进区政协工作奠定了坚实的基础。在委员中认真开展了“五个一”活动，调动了委员参加政协会议、参与政协活动的积极性和主动性，扩大了委员参与政协工作的覆盖面。

总结五年来的工作实践，我们深深地体会到，做好政协工作，一是必须坚持中国共产党的领导，始终保持正确的政治方向。党的领导是政协履行职能的根本保证。只有自觉维护党的领导，紧紧围绕党委重大决策和工作部署开展工作，政协工作才能始终沿着正确的政治方向健康发展。二是必须增强大局意识，切实找

准政协工作与区委、区政府工作的结合点。围绕中心、服务大局是人民政协履行职能的重要原则。只有找准政协工作与区委、区政府工作的结合点，做到党委想什么、政协议什么，政府干什么、政协帮什么，政协工作才会更有作为。三是必须弘扬主题、广泛联系，为推进全区经济社会发展凝心聚力。人民政协具有大团结、大联合的优势。只有充分利用这一组织优势，切实加强与各民主党派、工商联、人民团体和各族各界人士的交流与合作，才能为推动全区经济社会发展凝聚广泛的力量，形成强大的合力。四是必须牢固树立委员意识，注重发挥委员的主体作用。委员是履行政协职能的主体。只有以服务为宗旨、以活动为载体、以感情为纽带，组织和引导广大委员深入实际、走向基层、贴近群众，才能使政协工作更具活力而富有成效。五是必须坚持解放思想，推动政协工作创新发展。创新是政协工作的活力之源。只有不断解放思想，勇于开拓创新，始终把政协的优良传统与时代特点、时代要求有机结合起来，人民政协工作才能更加充满生机与活力。

## 第九届委员会第二次会议工作报告

（2012年3月15日）

谌业华

### 2011年工作回顾

区政协牢牢把握团结、民主两大主题，紧扣“关注民生、推动发展、促进和谐”的工作主线，广泛团结各民主党派、人民团体、政协委员和各族各界人士，认真履行政治协商、民主监督、参政议政职能，充分发挥协调关系、汇聚力量、建言献策、服务大局的作用，为促进我区经济社会又好又快、更好更快发展作出了积极的贡献。

#### 一、围绕中心，积极议政建言

区政协采取全会协商、常委会专题协商、专委会对口协商等多种途径，对事关花溪经济社会发展的重大问题进行协商，为党委、政府民主科学决策提出了较好建议和意见。委员们就优化发展软环境、城镇建设、旅游、交通、文教卫生、社会治安、基础设施建设等涉及全区发展和群众关心的热点、难点问题提出意见建议。常委会紧紧围绕区委、区政府重要决策协商建言，齐心协力促发展。专委会组织所联系的界别与对口联系职能部门通过视察、调研、座谈等形式进行专题协商和沟通，有力地促进了重点工作落实。

#### 二、拓宽渠道，强化民主监督

去年，政协八届六次会议共收到委员提案51件，审查立案51件。在区委、区政府和各工作部门的高度重视下，提案已办理完毕，办复率为100%，满意率为98%。政协九届一次会议共收到委员提案85件，经审查立案83件，未立案2件。区政协主席会从83件提案中，选择《严厉打击“两抢一盗”，努力打造“平安花溪”》和《强化社会治安治理力度，加强监控措施落实》（并案督办）《关于整治花溪公园路口拥堵的建议》《关于加快金石产业园路网建设的建议》3件提案作为主席会督办提案，由3位副主席领衔督办。去年来，共收到社情民意提案15件，内容涉及农田污染、噪音整治、取缔马路市场、湿地公园管理等方面。

### 三、服务大局，主动参政议政

区政协坚持把专题调研和视察作为参政议政的重要内容和履职为民的有效载体，紧扣全区发展大局和重点工作，精心选择视察调研课题，深入基层调查研究，联系实际提出意见建议。去年，区政协组织委员围绕我区基层人民法庭的地位和作用、历史文化在我区景区景点中的利用、提高住宅小区计生管理服务水平、金石产业园建设、建立“创卫”管理长效机制等方面的问题进行深入调研。对“三创一办”、工业园区建设、大学城建设、湿地公园建设和整脏治乱等工作开展10余次视察调研活动，形成5篇较高质量的调研报告，提出20余条建议，为区委、区政府决策提供参考。

### 四、发挥职能，参与文化建设

区政协组织文史专家编辑出版贵州旅游文史系列丛书《高原明珠花溪》，牵头开展“花溪记忆”老照片征集活动，征集老照片1000余幅，并编印《花溪记忆》老照片画册，为宣传推介花溪发挥了积极作用。同时，组织政协机关干部职工积极参加“绿丝带”志愿者等生态文化建设活动，投身生态文明示范区建设。

### 五、关注民生，促进社会和谐

积极实施智力支边扶贫工作，开展“四帮四促”、“三创三实”等活动，关注群众生产生活，努力促进社会和谐发展。去年来，区政协抽派6名干部参加“千名干部下基层”工作队，到青岩镇、石板镇和孟关乡的6个村挂任村党支部副书记，帮助村两委制定经济发展计划，为群众办实事、办好事。在乡镇共举办8期农业实用技术培训，投入6万余元资金对联系村的贫困党员、贫困户、计生三结合户和残疾人进行慰问帮扶，并积极协调项目资金，支持联系村的串户路等建设。同时，组织科技、教育和医疗卫生界委员开展送科技、送文化、送医疗下乡和支教、助医活动，产生了良好的社会效果。

### 六、注重学习，加强自身建设

坚持和完善学习制度，组织常委会、主席会和机关干部认真学习中共十七届六中全会精神和省委、市委、区委重要会议精神，坚持做到思想上与区委统一，行动上与区委一致，提高围绕中心、服务大局的意识和参政议政水平。认真开展委员小组活动，调动委员参加政协会议、参与政协活动的积极性和主动性，扩大委员参与政协工作的覆盖面。注重体现政协界别的优势，反映界别要求，充分发挥了界别的重要作用。扎实开展“三个建设年”和创先争优等活动，进一步提高了贯彻落实科学发展观的自觉性，激发了机关党员的创先争优热情，提升了党组织的战斗力和凝聚力，提高了机关的办事效率和服务水平，机关干部的思想政治素质和事业心、责任感明显增强。

## 第九届委员会第三次会议工作报告

（2013年2月25日）

谌业华

### 2012年工作回顾

2012年，区政协紧紧围绕“以人为本，坚持走科学发展路，万众一心，建生态文明示范区”的工作主线，充分发挥人民政协协商民主的重要作用，积极有效地履行政协职能，为我区经济社会发展迈上新台阶作出积极贡献。

## 一、围绕中心，服务大局，促进科学发展

（一）紧扣全区发展大局，政治协商不断深化。2012年，原花溪区政协共召开1次全体会议、5次常委会议、16次主席会议；原小河区政协共召开1次全体会议、4次常委会议、15次主席会议。

（二）精选课题开展调研，建言献策水平不断提高。2012年，共向区委、区政府报送了8篇调研报告，提出意见建议40余条。原小河区政协报送了2篇调研报告。此外，区政协还积极配合省、市政协开展了10余次调研活动。

（三）针对重点工作开展视察，民主监督不断推进。2012年，共组织委员开展视察活动33次，提出建议132条。

（四）积极参与重大项目建设，参政议政成效明显。区政协领导班子成员按照区委、区政府的安排部署，积极参加天河潭新城、孟关新城、青岩新城、大学新城、十里河滩新城等重大项目建设和重要工作事项，做到既建言献策，又主动参与，为我区经济社会发展作出了应有贡献。区政协主席谌业华担任天河潭新城项目建设指挥部指挥长，何勇、吴同恒两名副主席担任副指挥长，区政协还抽调2名同志常驻指挥部办公室协调开展各项工作。积极协调各方力量，助推天河潭新城核心区域——贵阳金石产业园快速建成、快速投产、快速发挥效益，以一流的建设速度和良好的经济社会效益成为政协积极参与经济建设工作的范例之一。

田健副主席担任十里河滩新城项目建设指挥部副指挥长。进一步规范了房屋征收与补偿活动，保障了被征收房屋所有权人的合法权益，有力地推动了房屋征收工作进度。

李瑾副主席承担全市基层组织建设年活动的督导工作，拟写了督查报告6篇，共提出工作建议20余条，为深化创先争优活动，推进基层组织建设年工作的开展做出了努力。

秦永康副主席担任孟关新城项目建设指挥部副指挥长，采取扎实有效的工作举措，圆满完成了各项工作任务，为“两港一中心”项目开工建设打下了坚实基础。

孙剑副主席利用久安乡现有资源，通过实地调研，帮助该乡理清了发展思路，即大力发展茶文化产业，既改善了农业生态环境、有效保护贵阳市饮用水源，又增加了农民经济收入，促进了经济社会和生态环境协调发展。

李莎副主席在承担清华中学教育教学和学生管理工作的同时，牵头开展了区政协委员联络和智力支边工作。协调京纬国际有限公司向花溪南溪学校捐资30万元用于修建教学楼；协调香港道德会及霍宗杰先生向高坡乡捐赠10万元，给该乡334名65周岁以上的贫困老人发放春节敬老金等。

（五）积极投身文化大区建设，彰显花溪文化魅力。按照区委的安排部署，由区政协牵头，负责落实“文笔”的恢复重建工作。去年年底，“文笔”的恢复重建工作已经完成，产生了一定的社会效果。

## 二、关注民生，反映民意，促进社会和谐

（一）关注社会热点，强化提案办理工作。花溪区政协在九届一次、二次全会期间共收到经审查立案的委员提案117件；原小河区政协在四届一次全会期间共收到经审查立案的委员提案40件。提案办复率达到了100%，在办复的提案中，没有不满意件。

（二）维护群众利益，积极反映社情民意。

2012年，区政协共收到社情民意7件，内容涉及整治噪音污染、清理占道经营、规范湿地公园管理等方面。

（三）切实关注民生，维护社会和谐稳定。一是积极参与县级领导干部大接访工作。2012年，区政协班子成员共参加县级领导干部大接访活动30余次，接待来访群众300余人次，带案下访30余人次，化解矛盾纠纷16起。二是积极参加县级领导干部联系乡镇工作。区政协领导班子成员分别联系石板镇、麦坪乡、久安乡、黔陶乡、清溪社区和明珠社区，根据各乡（镇）、社区特点，有针对性地为各乡（镇）、社区经济社会发展出谋划策，进一步理清了发展思路，维护社会和谐稳定。三是积极参加挂帮工作，分别选派9名机关干部分两批前往金竹社区烂泥村、石板镇羊龙村、合朋村、青岩镇杨眉村、摆早村、谷通村，挂任村党支部副书记。

（四）积极扶贫帮困，扎实开展智力支边工作。一是助学支教方面。协调贵阳学院向青岩贵璜中学捐赠物理教育教学实验设备一套，价值近17万元；协调市政协委员魏凤英向青岩达夯小学捐资5万元，用于奖励优秀学生和优秀教职员工。二是支边扶贫方面。协调花溪农村信用合作银行向黔陶乡捐资10万元用于修建新骑公路。各种捐赠物资折合人民币共计27.6万元。三是技术培训方面。协调民主党派专家分别在区农业局、高坡乡、孟关乡、党武乡、马铃乡、湖潮乡举办了“稻水象甲”防控、葡萄栽培、农机驾驶、返乡农民工、种子经营户和果蔬种植等农业技术培训6期，培训农户200余人次。

## 三、把握主题，发挥优势，增强政协凝聚力

（一）充分发挥优势凝聚各方力量。通过邀请各人民团体、工商联和社会各界人士参加学习、调研、视察、协商等活动，组织他们在政协全会上作重点发言，积极反映他们的意见建议，维护他们履行职能的民主权利。在区委的领导下，区政协主动与原小河区政协对接相关工作，派出专人与区委统战部一起，办理原小河区113名政协委员的划转手续，完善了委员档案。

（二）积极参加联谊交流，激发政协活力。一是承办全国二十八城区政协工作联系会第23次常务理事会，天津市南开区政协等5个常务理事单位参加会议。二是承办全国省会（首府）部分城区政协工作联席会第七次会议，长沙市岳麓区政协等11个城区政协参加会议。

三是承办了政协贵阳市第十一届委员会第一次秘书长会议，市政协和各区（市、县）政协的50余名代表参加会议，会议对如何进一步做好新时期政协机关工作进行研讨。

（三）认真做好文史宣传工作。2012年，区政协在《贵州省基层党建网》和《贵州政协报》发表稿件16篇，在市政协信息网上刊登信息35条，编发《政协简报》60篇，区新闻信息中心刊播政协新闻80余条。举办“花溪记忆”老照片征集活动暨赠书仪式，征集到珍贵老照片1000余幅。

## 四、开拓创新，完善机制，加强自身建设

（一）加强理论学习，提高干部队伍素质。以建设学习型政协、做知识型干部为抓手，始终把学习贯穿于日常工作中，不断增强学习的针对性和实效性。

（二）健全规章制度，推进机关党建工作规范运行。坚持从完善各项规章制度入手，努力推进履行职能的制度化、规范化、程序化。

推进党风廉政建设责任制，坚持对党员尤

其是党员领导干部严格教育、管理和监督。

（三）强化队伍建设，增强服务意识。区政协在贵阳市区（市、县）政协中，率先成立了委员联络办公室，建立健全委员联系和考核等制度，加强委员的教育和管理，将委员提出的一些合理化建议及时反映给有关领导和部门。

## 第九届委员会第四次会议工作报告

（2014年2月25日）

谌业华

### 2013年工作回顾

一、紧扣全区发展大局，协商民主不断推进。区政协认真学习贯彻中共十八大关于健全协商民主制度，就我区经济社会发展的重大问题和涉及群众切身利益的实际问题广泛协商。2013年，区政协共召开1次全体会议、6次常委会议、9次主席会议，专题协商6次，专委（办）对口协商10余次。协商内容涵盖全区经济建设、政治建设、文化建设、社会建设、生态文明建设等领域。

二、认真开展视察活动，民主监督不断增强。2013年，区政协共组织委员开展视察活动17次，提出工作建议100余条。一是围绕区委、区政府中心工作开展视察。二是政协常委会组织专项视察。三是政协主席会开展提案督办专项视察。四是区政协各专委组织委员开展视察。此外，区政协还积极配合省、市政协开展了10余次视察活动。

三、精选课题开展调研，建言水平不断提高。2013年，在区政协常委会、主席会领导下，区政协5个专委分别就我区社会治安综合治理工作、古营盘遗址保护与开发工作、公租房建设及管理工作、如何发展我区民办教育、完善汽贸城基础设施等方面开展专题调研活动，区政协调研组通过深入乡（镇）、社区实地调研，听取相关情况汇报，与区属相关部门、乡（镇）、社区、群众代表、政协委员座谈交流，5个专委分别完成相关调研报告，提出工作建议30余条，得到区委肯定，原区委李泽书记在《区政协关于报送2013年调研成果的报告》上批示：“政协各专委会的调研报告很有价值，可以将其中的工作建议分印区政府相关部门及政法委参阅并采纳，希望各单位认真对待并支持政协工作”。

四、主动为区委政府分忧，参政议政成效明显。区政协领导班子成员积极参加县级领导干部联系乡（镇）、社区工作，积极跟进全区重点项目建设，李瑾副主席、秦永康副主席、何勇副主席、吴同恒副主席分别担任重点项目指挥部副指挥长，助推重点项目的发展。指导和帮助所联系乡（镇）、社区做好村级组织的换届选举工作，协助选优配强村支两委组成人员。开展社会治安综合治理，落实“两严一降”治安防控措施。

五、创新思路，提案督办工作有作为。区政协在九届三次全会期间，共收到经审查立案的委员提案63件，提案内容涉及全区政治、经济、文化和社会生活的各方面。区政协从中挑选3件作为主席会督办提案、5件作为专委会跟踪督办提案，与区政府签订《督办提案交办书》，分别由区政协6名副主席领衔督办和5个专委会跟踪督办，确保提案办理工作取得实效。在区委、区政府高度重视下，区政协不断创新提案工作思路，规范提案办理程序，采取组织各专委会、委员到提案承办单位上门走访、座谈交流等方式，实现“提”、“办”双方良性互动，力求克服过去提案工作“重答复、轻办理”的现象，做到了提案办理工作的4个100%，即，见面率100%、把关率100%、办复率100%，满意率100%。

## 六、关注民生，促进社会和谐有成效

积极反应社情民意，支持开展挂帮工作。一是积极反映社情民意。区政协共收到社情民意15件，内容涉及缓解道路拥堵、清理占道经营、完善基础设施等方面。二是积极支持机关干部参加“部门联乡、支部结对、干部驻村”工作。从办公经费中拨付9万元，支持青岩镇摆早村、谷通村、北街村完善村级综合楼党员活动室的设备设施。

围绕“两严一降”目标，助推平安花溪建设。2013年，区政协班子成员共参加大接访活动30余次，接待来访群众200余人次，化解矛盾纠纷16起。积极参加县级领导平安创建联系乡（镇）、社区包保活动。积极为各乡（镇）、社区社会治安综合治理工作建言献策，维护社会和谐稳定。积极开展专题调研，向区委、区政府报送《关于花溪区社会治安综合治理工作的调研报告》，提出5条工作建议。积极参加“红袖标”志愿者夜间巡逻值守活动。

整合各方资源，扎实做好智力支边工作。协调香港古天乐慈善基金向高坡民族中学捐资40万港币修建学生宿舍楼。协调民进贵阳市委向高坡乡硐口村捐资10万元用于该村饮水工程建设。协调民建花溪总支筹集近6万元经费，积极开展帮村扶贫、支教助学、节日慰问等社会服务工作。协调市智力支边办支持燕楼乡嘎多村4万元用于该村饮水工程建设；协调爱心人士分别与12名贫困大学生（帮扶资金5000元/人/年）、5名贫困中学生（帮扶资金1200元/人/年）达成结对帮扶。积极与民盟贵阳市委联系，邀请心理专家到贵阳第二十五中、青岩贵璜中学等学校举办中、高考心理辅导讲座3期，参加讲座的师生超过300人。加强与区农业部门的联系，协同开展6期农技培训，培训农户400余人次。协调致公党贵阳市委、花溪中医院的医务专家到青岩镇、阳光社区开展义诊活动3次，为300余人次提供义诊服务。

## 七、发挥优势，凝聚智慧力量有突破

充分发挥优势，凝聚各方智慧力量。通过邀请各人民团体、工商联和社会各界人士参加学习、调研、视察、协商等活动，组织他们在政协全会上作重点发言，积极反映他们的意见建议，维护他们履行职能的民主权利。各人民团体、工商联和无党派人士委员积极撰写提案，反映社情民意，广泛参与区直部门行风及其他方面的评议监督活动，热心参与和组织社会公益活动，在全区民主政治建设和经济社会发展中发挥了积极作用。

广交各方朋友，学习先进工作经验。区政协参加了在吉林省长春市宽城区举行的全国二十八城区政协工作联席会第24次常务理事会。圆满完成第12届全国政协副主席卢展工、第11届全国政协副主席陈宗兴和王志珍到我区青岩古镇、湿地公园视察调研的接待工作；圆满完成《人民政协报》副总编辑章建潮一行到我区进行调研采访的接待工作；圆满完成省、市政协领导到花溪视察、调研的接待工作。2013年，按照省政协要求，区政协还积极参加全国政协培训中心举办的专业知识学习培训。

精心挖掘整理，做好文史宣传工作。2013

年第四季度编辑出版了《青岩古镇军事文化集萃》一书，原区委书记李泽同志对此书评价颇高，亲自为本书作序，指出“区政协编撰《青岩古镇军事文化集萃》，有效挖掘青岩古镇军事历史文化资源，对提升青岩旅游文化层次、建设精品旅游景区，乃至花溪区、贵阳市旅游经济发展具有重大意义，对2014年全省旅发大会在青岩召开作出有益贡献”。此外，区政协还深入挖掘和整理我区交通方面的文史资料10篇，其中，《花溪车站今昔》《花溪大桥》《磊庄机场》等文章被市政协《交通发展历程》一书采用。

按照区委部署，助推建成全面小康。按照区委的安排部署，区政协针对“全面建成小康社会”这一课题，会同区发改局、工信局、统计局等部门，成立调研组开展专题调研，对我区经济社会发展现状、优势、存在困难等方面进行分析研究，向区委、区政府报送了《花溪区关于全面建成小康社会的调研报告》，提出我区2014年全面建成小康社会的对策和建议，为区委、区政府提供决策参考。

### 八、完善机制，加强自身建设有力度

采取四项举措，贯彻落实中央八项规定。一是切实改进视察调研活动，精减与工作无直接关系的程序和环节，更加注重视察调研实效。二是切实改进会风文风，从严控制会议数量、规模，精减各类普通文件和常规性工作简报。三是切实改进对外接待工作。坚持艰苦奋斗、勤俭节约，严禁铺张浪费。四是切实改进机关管理工作。机关费用做到精打细算、厉行节约。切实加强公务用车管理，降低费用支出。

强化服务管理，发挥委员主体作用。一是强化委员学习培训，举办“提案与参政议政”专题讲座，编发《政协委员学习手册》，为委员订阅《中国政协报》《贵州政协报》《贵阳文史》和《文史天地》等报刊杂志。二是建立委员履职通报制度，对委员参加区政协各项会议和视察、调研活动的情况进行通报。三是建立委员信息交流平台，上传简报、信息40余期，让委员及时了解政协的工作动态。四是积极开展委员小组活动，各委员小组和各民主党派支部积极参政议政，通过深入调研，结合工作实际拟写本次大会发言材料15篇，提出工作建议70余条。

创新工作方法，发挥专委会职能作用。增强专委会的广泛性，把各乡（镇）、社区、各部门热爱政协工作，有较强参政议政能力的领导干部充实到各专委会兼任副主任、委员，进一步充实专委会力量。提高专委会视察调研质量，专门召开主席会议，就各专委会的视察调研报告进行严格把关，向区委、区政府献计献策。

加强班子建设，切实改进工作作风。区政协深入开展以“找问题、找差距、找目标”为内容的“三找”主题大讨论活动，采取召开座谈会、发放征求意见表、个别走访等多种形式，广泛征求民主党派、无党派人士、政协委员、各乡（镇）、社区、区属各部门、部分离退休干部、部分政协机关干部对政协领导班子的意见和建议，结合自身查找出的问题，有针对性地制定整改措施，进一步推动政协领导班子改进工作作风，更好地树立为民务实清廉形象，为深入开展党的群众路线教育实践活动做好思想准备。

## 第九届委员会第五次会议工作报告

（2015年2月10日）

谌业华

## 2014年工作回顾

### 一、坚持“一条主线”

坚持“一条主线”，即坚持中国共产党的领导。

区政协把贯彻落实好区委重要指示精神作为首要的政治任务，组织召开主席会、常委会及委员专题培训，把区委的声音传达到广大政协委员和机关干部中，努力把区委的主张化为政治协商、民主监督、参政议政的共识。

### 二、突出“两大主题”

突出“两大主题”，即突出团结和民主两大主题。花溪区政协始终坚持高举团结、民主两大旗帜，巩固和发展最广泛的爱国统一战线。各民主党派、人民团体、工商联和社会各界人士参加调研、视察、协商等活动，积极反映他们的意见建议，通过撰写提案，反映社情民意，开展监督活动。区政协领导班子成员在认真履行政协工作的同时，积极参加县级领导干部大接访，为区委、区政府排忧解难；积极参加县级领导干部联系乡（镇）、社区工作，为村级组织建设和经济发展献计出力；积极跟进全区重点项目建设，为推进我区重点项目建设建言献策。政协主席、各位副主席分别担任重点项目指挥部的指挥长或副指挥长，直接参与重点项目的组织实施，为推进重点项目建设发挥应有的作用。

### 三、提高“三化”水平

提高“三化”水平，即提高人民政协协商民主制度化、规范化、程序化水平。

区政协紧紧围绕区委、区政府中心工作和重大决策开展广泛多层次协商，扎实推进协商民主的制度化、规范化、程序化建设，在协商前深入调查、掌握实情，协商中集思广益、畅所欲言，协商后跟踪反馈、抓好落实。2014年，区政协共召开1次全体会议，7次常务委员会会议，17次主席会议，17次专题协商会议，10次专委（办）对口协商会议。协商内容涵盖了全区社会、经济、文化、教育、生态文明等领域。

区政协组织9个委员小组分别到久安、马铃、青岩、高坡、燕楼、金竹社区、经开区等开展了11次小组活动，围绕我区打造汽车文化产业走廊、职业教育发展、茶产业发展、农业产业调整、新型农村合作医疗、古镇旅游业发展及大兴国寺建设、民族村寨保护与开发等重点领域、重大项目，提出了50余条建议。

### 四、夯实“四大平台”

夯实“四大平台”，即夯实提案办理协商、专题协商、界别协商、对口协商四大平台。

积极开展提案办理协商，助推文化旅游创新区建设。政协九届四次全会共收到委员提案51件，经审查立案50件，其中4件作为2014年的主席会议重点督办提案，5件作为2014年各专委会跟踪督办提案。经各提案承办单位的大力支持和共同努力，所有提案于2014年11月全部办理答复完毕，办复率100%。在反馈的50件提案征求意见中，非常满意的5件，占10%，满意的41件，占82%，不满意0件。

积极开展专题协商，助推两区深度融合。区政协紧紧围绕“两区深度融合”开展专题协商，分别组成由政协副主席为组长的两个调研小组，到经开片区、花溪片区各部门、乡（镇）、社区、村居召开专题座谈会，全面了解两区深度融合，群众在民生方面的急、难问题和群众反映强烈的热点问题，经过专题协商，形成了《花溪区经开区深度融合，服务民生专题调研工作报告》。

积极开展界别协商，提升议政建言水平。为不断拓展协商民主的包容性，区政协以《大会发言材料》为载体，引导委员代言界别群众，反映群众诉求，在界别协商广度上下功夫。区政协全会期间，各界别委员、各民主党派根据我区经济社会发展的重大问题和人民群众普遍关注的热点难点问题，在深入基层、深入群众调查研究的基础上，结合实际向大会提交发言材料15篇，提出工作建议70余条。

积极开展对口协商，推进平安花溪建设。针对花溪区社会治安综合治理工作形势严峻、人民群众安全感偏低这一情况，花溪区政协加强与区委政法委的对口协商，在广泛深入各乡（镇）、社区、村（居委会）、学校、企业、楼群院落走访调研的基础上，向区委、区政府报送《关于花溪区社会治安综合治理工作的调研报告》，提出“坚持打防结合，遏制刑事案件高发势头；坚持内外结合，压缩城乡结合部犯罪空间；坚持专群结合，打造群防群治网络体系；坚持人防物防技防结合，织牢治安防范网络；坚持点线面相结合的宣传策略，提升群众治安防范意识”等5条工作建议，区委、区政府在制定《关于加快推进“平安花溪”创建的实施意见》中采纳。

## 五、加强“五项建设”

加强政协常委会建设。按照建设学习型、服务性、廉洁型政协的要求，区政协常委会委员带头学习政协理论和业务知识，提高综合素养，带头认真履行职责，带头加强团结，带头做好本职工作，带头遵纪守法、廉洁奉公。同时，制定出台了《政协花溪区委员会常务委员会工作规则》，为提高常委会会议质量提供了制度保证。

加强政协委员队伍建设。完善《花溪区政协委员履职管理暂行办法》，进一步增强政协委员的政治意识、大局意识、团结意识、责任意识、自律意识，努力提高政协委员政治协商、民主监督、参政议政的能力和水平。为提升新形势下委员履职能力，2014年10月，区政协在贵州省社会主义学院举办了一期政协委员培训班，138名政协委员参加培训；聘请省内著名专家学者对委员的提案撰写、如何当好政协委员、贵州省情、协商民主相关知识，学习把握同心思想、推进中国特色社会主义建设等方面知识，从理论高度到实践经验进行了专题培训，培训效果明显，得到参训委员的一致好评。

加强政协专门委员会建设。准确把握区委的总体部署，及时了解全区经济社会发展的进程，把区委、区政府工作的重点和群众普遍关心的热点难点问题作为政协积极建言献策的重要内容。一年来，区政协各专委会紧紧围绕区委、区政府中心工作精心选择视察、调研题目，组织开展了对奇瑞汽车生产线的视察等12次委员视察活动和关于我区社会治安综合治理等7次专题调研活动，完成了15篇较高质量、有一定影响、可操作性强的视察、调研报告。比如：对《关于花溪区城市管理及综合执法工作情况的调研报告》区委书记钟汰甬同志批示：“这个报告很好，请政府专题研究后上一次常委会。”为区委、区政府科学民主决策提供了参考，为建设“高原明珠、灵秀花溪”作出了应有的贡献。

加强政协机关建设。从加强机关的思想建设、组织建设、作风建设和制度建设入手，不断增强政协机关的凝聚力和战斗力。要求全体机关干部在思想上尊重群众，感情上贴近群众，行动上深入群众，积极协助党委、政府多做顺应民意、化解民忧、为民谋利的实事好事。同时，建立机关工作目标责任考核、工作督查等制度，努力营造政协机关团结、民主、精干、高效、和谐的良好氛围。

加强协商民主文化建设。大力倡导为人民群众说实话、讲真话，结合认真践行社会主义核心价值观，积极培育中国特色的协商民主文化，加大人民政协工作宣传力度，在全社会形成协商民主的良好氛围。区政协组织开展对我区城市建设方面有关文史资料的收集、征集，所采写的九篇稿件中，《花溪城镇建设今昔观》《花溪消失的三栋名建筑》《一个永远忘不掉的校园规划》《我目睹花溪镇街道60年变迁》等文章被市政协《城市建设发展历程》一书采用。编辑花溪文史资料第十五集《花溪工业、商业、交通发展见闻》一书。

## 第九届委员会第六次会议工作报告

（2016年2月16日）

谌业华

### 2015年工作回顾

#### 一、围绕中心，服务大局，促进社会发展

（一）围绕全区发展大局，协商民主不断深化。

区政协围绕全区发展大局，积极开展专题协商、对口协商、界别协商、基层民主协商。2015年，区政协共召开一次全体会议、七次常委会议、三十一次主席会议、十七次专题协商座谈会议。在全体会议上，向大会提交二十三篇大会发言材料，提出80余条工作建议。区政协认真梳理汇总，形成《大会发言材料》呈送区委、区政府，邀请区委、区政府及经开区领导。区直机关工作部门，各乡（镇）、社区主要领导参加大会发言，听取各界别委员，各民主党派提出的工作建议。

（二）精选课题调研视察，建言能力不断提高。

2015年，区政协组织开展专题调研活动8次：关于对全区发展战略规划的思考及调研；关于对我区再生资源行业管理的专题调研；关于对我区蔬菜产业化发展情况的调研；关于取消环城高速南环线收费的调研等专题调研，围绕我区经济社会发展现状、生态环保、医疗文化教育、农业发展、重大项目建设及人民群众反映强烈的热点难点问题开展调研，充分听取各方意见建议，形成了8份调研报告呈送区委、区政府，提出建议50余条，为区委、区政府科学决策、民主决策提供了参考，得到了高度重视。2015年，区政协组织开展专项视察活动9次，形成9篇视察报告，提出有可操作性的55条工作建议。

（三）积极投身项目建设，参政议政成效明显。

主席谌业华担任石板区域整治和周钟瑄文化交流中心、周氏宗祠建设指挥部指挥长，统筹安排指挥部工作。副主席孙剑带领民建花溪总支继续做好贫困大学生帮扶工作，担任黔陶乡周钟瑄文化交流中心项目指挥部副指挥长。副主席张朝洲担任水务项目建设指挥部常务副指挥长，积极协调指挥部成员单位开展工作，帮助黔陶乡谷洒村完善基础设施建设。副主席

李莎牵头开展智力支边工作，协调资金，帮扶旧盘村、石板村发展村集体经济，调整产业结构。副主席李瑾担任甲秀南路区域整治指挥部常务副指挥长和周钟瑄文化交流中心、周氏宗祠建设指挥部副指挥长，贵安骨干路网指挥部副指挥长，积极协调指挥部工作。副主席何勇担任天河潭景区及周边区域整治指挥部指挥长工作，扎实推进指挥部工作。副主席邹吉鸿担任花溪久安现代高效茶叶示范园区工作领导小组常务副组长，高坡乡、马铃乡“7+2 同心扶贫”开发指挥部指挥长，积极组织协调久安茶产业项目落地实施和“7+2”项目带动扶贫工作的有序推进。

## 二、关注民生，反映民意，促进社会和谐

### （一）密切关注社会热点，强化提案办理工作。

区政协九届五次全会以来，共收到提案 68 件，经审查立案 68 件。区政协及时召开提案交办会议，与区政府签订了《提案交办书》。四件提案作为主席会督办提案、五件提案作为专委会督办提案，分别由主席、副主席和 5 个专委会跟踪督办。区政协为进一步加强提案督办力度，组织召开了由区政协、提案人、提案承办单位、区法制办共同参加的提案办理协商座谈会，对主席会督办提案和部分重点提案办理情况进行面对面的协商，提案办理质量明显提高。在区委、区政府的高度重视和区政协的积极推动下，经过各承办单位的共同努力，68 件提案已全部办理答复完毕，提案办复率、把关率、见面率、满意率均达 100%。

### （二）积极维护群众利益，如实反映社情民意。

2015 年，区政协向区委、区政府报送社情民意 14 件，内容涉及整治污染、道路建设、治理交通拥堵、清理占道经营等方面，为区委、区政府及时了解百姓所思所想提供有力参考。

### （三）上接下访化解积案，维护社会和谐稳定。

区政协班子成员积极参加县级领导干部大接访活动。2015 年，区政协领导班子成员共参加大接访活动 47 次，接访群众 587 人，化解矛盾纠纷 42 起，为维护全区经济发展和社会稳定作出了积极努力。主席谌业华联系石板镇，化解上访积案 10 件；副主席张朝洲、李瑾联系黔陶乡，副主席张朝洲化解上访积案 1 件，副主席李瑾化解上访积案 2 件；副主席孙剑联系金欣社区，化解上访积案 1 件；副主席李莎联系平桥社区，化解上访积案 4 件；副主席何勇联系久安乡，化解上访积案 4 件；副主席邹吉鸿联系花孟社区，化解上访积案 2 件。

### （四）积极开展脱贫帮困，扎实助推同心帮扶。

为认真贯彻落实《花溪区、经开区 2015 年精准扶贫工作实施方案》和《花溪区、经开区领导干部遍访帮扶贫困村贫困户实施方案》，区政协领导干部按照要求遍访帮扶 3 个贫困村，遍访帮扶 31 家贫困户，区政协 7 位县级领导干部和 5 位正科级领导干部多次到遍访帮扶联系点进村入户、走访调查，与村支两委、驻村干部及村民代表共商发展大计。向区委报送《关于高坡乡硐口村精准扶贫和遍访帮扶工作的调研报告》，原区委书记康克岩批示：“友芳、永康同志：全区精准扶贫标准要统一、资金要统筹，纳入全区帮扶工作，请与业华主席研究”。

市区各民主党派、工商联等开展帮村扶贫活动 70 余次，协调各方帮扶资金共计 680 余万

元。区政协积极开展帮村扶贫工作，2015年区政协共拨付扶贫帮困专项资金30余万元。

### 三、把握主题，发挥优势，凝聚政协合力

（一）充分发挥协商优势，团结凝聚各方力量。

通过邀请各民主党派、人民团体、工商联和社会各界人士参加学习、调研、视察、协商等活动，组织他们在政协全会上作重点发言，积极反映他们的意见建议，维护他们履行职能的民主权利。

（二）广泛加强联谊联络，促进筑台文化交流。

2015年，区政协共接待全国政协和外省、市、县兄弟政协到我区学习交流30次；圆满完成了原全国政协副主席李金华、陈锦华、张怀亚、原全国政协港澳台侨委员会副主任林树森等到我区青岩古镇、湿地公园、天河潭视察调研的接待工作。

台湾嘉义城隍庙财团董事长叶源助等到我区开展周钟瑄文化交流工作。2015年4月、10月遵照市委、市政府安排，两次派出原区委书记钟汰甬同志带队和市政协副主席夏刚同志带队的代表团赴台进行文化交流活动。

（三）积极调动各方力量，做好文史宣传工作。

配合贵阳市政协做好《贵阳百年教育》征稿工作，《不该忘记的民办学校》《在贵阳市跃进中学的艰苦岁月》《委员提案促二千多万元建设项目竣工》等十余篇稿件入选《贵阳百年教育》。在花溪文化旅游创新区建设中，结合“周钟瑄文化交流中心”和“周氏宗祠”建设项目的实施，组织撰写开展周钟瑄活动纪实文稿10篇；研讨文章22篇；收集周钟瑄故事传说9则，编辑完成《周钟瑄文化研究资料专辑》。

区政协高度重视《花溪政协志》（2003–2016年）修编工作，组织政协机关广大干部职工和离退休干部参加修志。按照贵阳市《百科全书》编委会的工作安排，由花溪区承担的工作有序推进。2015年，区政协强化宣传报道工作，在《贵州政协报》发表稿件8篇，其中，《履职尽责助发展，为民务实促和谐》等4篇稿件在头版刊登，《纵深打造花溪发展升级版——花溪区2014年政协提案办理点击》等4篇稿件在二版头条刊登。区新闻信息中心刊播政协工作新闻60余条，区政协编发《政协简报》47期。

### 四、多措并举，规范管理，增强服务意识

（一）扎实开展“三严三实”，强化领导严实作风。

通过开展党组中心组经常性学习培训、政协党组书记带头讲专题党课、“三个专题”学习研讨会、党员副县级领导讲党课、开好专题民主生活会、组织生活会、抓党建工作述职评议等方法，深刻理解“三严三实”的丰富内涵，认真查找“不严不实”存在问题，制定切实有效的整改措施，逐条进行整改落实。

（二）切实加强委员培训，提高委员综合能力。

编印《政协委员学习手册》第十七辑，分发给全体政协委员，为委员学习提供参考。为进一步增强政协委员的政治意识、大局意识、团结意识、责任意识、自律意识，提升新常态下政协委员履职能力。2015年，区政协选派机关干部积极参加省政协举办的5期基层干部业务知识培训，有力提高干部素质。

10月31日至11月8日组织全区各民主党派、工商联等40名政协委员到青岛参加全国政协地

方干部（委员）第75期培训班。

（三）强化干部队伍建设，发扬务实工作作风。

2015年，为充分发挥乡镇、社区政协委员的作用，根据花溪区委《关于开展政协委员进社区（乡镇）活动的实施方案》，区政协专门召开政协常委会，组建了27个乡（镇）、社区政协委员联络组，任命（乡镇）、社区主要领导为政协委员联络组组长。同时，为更好促进工作开展，区政协党组专门明确主席、副主席包片联系指导工作，拨付专项工作经费。

# 中共花溪区委
# 关于加强人民政协工作的实施意见

中共中央《关于加强人民政协工作的意见》，科学地概括了中国共产党三代中央领导集体关于人民政协事业的重要论述和以胡锦涛同志为总书记的中共中央关于人民政协工作的新思想、新要求，是指导新阶段人民政协事业发展的纲领性文件。贯彻实施好这个意见，对提高党的执政能力，发展社会主义民主政治，巩固和壮大最广泛的爱国统一战线，构建社会主义和谐社会，都具有重大而深远的意义。

为了贯彻实施好中共中央（中发〔2006〕5号）及中共贵州省委（黔党发〔2006〕5号）、中共贵阳市委（筑党发〔2006〕22号，文件精神，进一步加强区人民政协工作，巩固和发展最广泛的爱国统一战线，团结一切可以团结的力量，调动一切积极因素，积极建设生态文明城市和生态文明示范区，构建美丽、富强、和谐的新花溪，特提出以下意见。

## 一、统一思想，深刻认识做好人民政协工作的重要意义

中国共产党领导的多党合作和政治协商制度是我国的一项基本政治制度。人民政协是中国人民爱国统一战线的重要组织，是中国共产党领导的多党合作和政治协商的重要机构，是我国政治生活中发扬社会主义民主的重要形式。

（一）做好政协工作是加强党的执政能力建设的必然要求。始终坚持好完善好中国共产党领导的多党合作和政治协商制度，是提高党的执政水平，巩固党的执政基础的一项重要任务。加强人民政协工作，发展最广泛的爱国统一战线，实现各族各界各阶层的大联合，就必须不断提高政协组织和政协委员的参政能力。做好政协工作，是加强党的执政能力建设，提高各级党委的政策水平的需要。政协是党委团结各族各届人士，调动各方面积极因素的桥梁和纽带，因此，人民政协工作只能加强，不能削弱。

（二）做好政协工作是建设社会主义政治文明的重要内容。人民政协是我国政治生活中发扬社会主义民主的重要形式，在组织上有着广泛的代表性，在政治上有着最大的包容性，能够从不同角度，不同层面，有礼有节地反映社会各阶层的意见、愿望和要求。人民政协履行政治协商，民主监督，参政议政职能的过程，是推进社会主义政治文明建设的过程。加强做好人民政协工作，有利于发展社会主义民主政治，建设社会主义政治文明，有利于求同存异，共谋发展。

（三）做好政协工作是建设生态文明城市和生态文明示范区，构建和谐花溪的重要保证。高举爱国主义、社会主义旗帜，突出团结这个

主题，是人民政协的重要职责。政协委员分布在全区各条战线、各个行业，他们在沟通各族各界和协调关系、化解矛盾、形成共识、团结群众等方面有着独特的优势。他们是建设生态文明示范区的直接参与者和建设者，要充分动员广大政协委员，围绕建设生态文明示范区的目标任务当好宣传员，做好协调员，广泛收集社情民意，积极为推进生态文明示范区建设建言献策。区政协要围绕建设生态文明示范区工作要求，不断创新思路和方法，实现政协履行职能新成效。做好人民政协工作，发挥好人民政协团结的作用，有利于推进决策的民主化、科学化，有利于最大限度地把各条战线、各方面的智慧和力量凝聚起来，为建设生态文明城市和生态文明示范区献策出力；做好人民政协工作，有利于协助党委和政府把握社会动态，化解各种矛盾，营造公平正义、诚信友爱的道德风尚，构建和谐新花溪。

## 二、进一步完善政治协商，民主监督，参政议政的内容、形式和程序

（一）政治协商是人民政协的首要职能。政治协商是对国家和地方的大政方针以及政治、经济、文化和社会生活中的重要问题，在决策之前进行协商和就决策执行过程的重要问题进行协商。要把政治协商纳入决策程序，就重大问题在决策前和决策执行中进行协商。协商的内容主要包括：全区贯彻党和国家大政方针的重要部署，全区社会主义物质文明建设、精神文明建设、政治文明建设、生态文明建设、民主法制建设和改革发展中的重要方针政策及措施；区委的重要文件，区人民政府工作报告，国民经济与社会发展规划，财政预算，人民法院和人民检察院工作报告，重大改革措施及重大政策调整事项；区委提出的重要领导干部人选，政府拟建的重大建设项目和重点工作事项，群众生产生活中的重大问题，政协内部的重要事务和有关统一战线的重要问题或其他需要政治协商的内容。

政治协商的主要形式有：政协委员会全体会议、政协党组受区委委托召开的座谈会、常务委员会会议、主席会议、常务委员会专题座谈会、各专门委员会会议、各人民团体负责人和各族各界人士代表参加的协商会。

政治协商要坚持重大问题协商在党委决策之前，人大通过之前，政府执行之前的制度。制定经济社会发展规划，重大项目的实施及解决事关人民群众生产生活的重要问题，要先协商后决策；对重要人事安排要先协商后决定；制定关系全区全局的重要政策、规章要先协商后通过。政府工作报告在人代会召开前要征求政协的意见，在政协全会上召开“一府两院”报告和其它报告的专题协商会时，党委、政府主要领导，分管领导，两院主要领导、党政相关部门的主要领导要到会听取政协委员的意见建议，并认真吸纳政协委员的合理意见。政协常委会议或其他重要会议需要邀请区委、区政府领导、有关部门主要负责人参加时，被邀请人要按时到会，给予指导，通报情况，听取意见，说明情况。区委、区政府每半年召开一次情况通报会，向政协通报经济社会发展情况和有关重要情况，听取意见建议。

（二）民主监督是人民政协的主要职能之一。区政协民主监督的主要内容是：对国家宪法、法律法规的执行情况，条例实施情况，国家、省和我区制定的重要方针政策以及统战政策的贯彻执行情况，区国民经济和社会发展、规划、

# 政协全体会议建议案选录

## 花溪区政协七届三次会议《关于加快实施城市建设“交相辉映”计划的建议案》

加快花溪城市建设，是建设新花溪的重要内容。中共花溪区委八届四次全会上，中共花溪区委、花溪区人民政府进一步推进西部大开发战略的实施意见中，作出了关于在花溪城市片区建设“田园城市”和“现代城市”交相辉映、城市经济和特色资源相得益彰、本地居民和外地游客各得其所的城市的重要决定。根据这个决定，中共花溪区委八届五次全会，提出了在2005年实施城市建设“交相辉映”计划的年度目标任务。按照区委八届五次全会精神，2005年区政府工作报告，安排了今年实施“交相辉映”计划的各项工作。

政协花溪区七届三次会议，在审议区政府工作报告时认为，花溪城市建设的“交相辉映”计划，贯彻了科学的发展观和统筹城乡协调发展的思想，坚持了以人为本的原则和对外开放的观念，符合树立贵州窗口形象、体现贵阳林城特色的要求，符合生态区、文化区、旅游区的发展定位，有利于增创新优势、实现新跨越、建设第二产业占经济主体的新花溪，有利于把花溪建设成为“最适宜休闲度假、最适宜生活居住、最适宜发展绿色健康产业”的高原明珠。为了更好地加快实施城市建设的“交相辉映”计划，特向中共花溪区委、花溪区人民政府建议如下：

一、实施城市建设的“交相辉映”计划，事关全区人民的根本利益，事关全区经济社会发展的大局，是一项长期而艰巨的历史任务，希望加强领导、加快实施。

二、要高度重视城市规划的优化和城市设计工作，重视地方文脉挖掘和保护，处理好继承与创新的关系，确保城市建设的“交相辉映”计划具有系统性、前瞻性、科学性，要制定和严格执行建设“交相辉映”计划的红线、绿红、蓝线和天际线制度。

三、在实施城市建设“交相辉映”计划过程中，要处理好当前发展和长远发展的关系，处理好城市建设的原则性、兼容性和灵活性，既解决当前发展问题，又保持今后城市建设的可持续发展。

四、要加大城市建设“交相辉映”计划的宣传力度，使更多的人形成共识，集思广益、群策群力、积极参与、主动配合，保证计划的顺利推进。

五、要制定实施城市建设“交相辉映”计划的政策措施，在推进城市化进程中重点解决好拆迁和征地中出现的产业转移和就业问题，解决好“城中村”问题，加强综合执法力度，妥善处理违法违章建筑问题。

六、要加强历史建筑物、历史街区、风景景观和历史文物的保护，处理好继承与创新的关系。

七、要加大对城市基础设施的投入和统一管理，重视生态环境的建设和保护，整体提高花溪环境质量和人居环境水平。

八、要按照实施城市建设“交相辉映”计划的要求，在2005年有效推进各项工作。特别是要加快城市新区建设，为2005年政法大楼投入使用和2006年底前行政办公中心整体搬迁城市新区作好准备工作。同时，要加强花溪公园周边的基础设施建设和环境整治工作。

九、要适应实施城市建设“交相辉映”计划的需要，加强各级政府和有关部门的领导班子建设和干部队伍建设，提高实施“交相辉映”计划的能力和水平。

政协花溪区委员会

2005年2月28日

## 花溪区政协七届四次会议《关于加快新型工业原始资本积累的建议案》

花溪区是著名的生态区、文化区、旅游区，发展工业是一个重要而敏感的问题。经过多年来的发展，花溪区的工业有了一定的基础，初步形成了以化工、机械、建材为特点的传统工业，以制药业、食品工业为特色的新型工业也有了较快的发展。但是，由于多方面的原因，花溪区的工业发展相对比较滞后，与先进地区相比存在着一定的差距，客观上影响了区域经济的更快发展。

这些年来，区委、区政府重视工业发展，提出并实施工业强区战略，取得了积极的成效。2004年，区委八届四次全会提出了把花溪区建设成为“最适宜休闲度假、最适宜生活居住、最适宜发展绿色健康产业”高原明珠的总体目标，明确提出要增创绿色产业发展的新优势。2005年，区委、区政府成立绿色产业工作组，通过广泛深入的调查研究和求真务实的工作，确立了围绕畜禽产业化、苗药产业化、辣椒产业化的基本方向实施绿色产业计划的基本思路，初步确立了实施绿色产业计划的基本框架，并争取了贵州省唯一的全国农产品加工业示范基地和贵州省两个农产品加工业示范基地之一，在招商引资方面做了富有成效的工作。区委八届六次全会讨论通过的《中共花溪区委、花溪区人民政府关于“十一五”期间经济社会发展的意见》，明确提出要发展以提升传统优势产业、发展绿色产业和高新技术产业为主导的新型工业，把发展以制药业、食品工业、旅游商品制造业为内容的绿色产业和发展高新技术产业作为增创新优势、实现新跨越的战略任务进行系统部署，确立了“以城补工、以工带农，先要规模、后要效益，有好处大做、无坏处也做”的新型工业资本原始积累的三条战略原则。这些战略措施，必将迎来花溪区新型工业的快速发展。

2005年，根据中共花溪区委的安排，区政协常委会参与了全区发展绿色产业的有关工作，组织部分政协委员就发展绿色产业进行了大量的调查研究和有关协调工作。政协花溪区委员会七届四次会议，在审议《花溪区国民经济和社会发展第十一五规划纲要（草案）》和政府工作报告时认为，区委、区政府实施绿色产业计划和发展高新技术产业，贯彻了科学的发展观，符合花溪区的发展战略和区情特点，是增创新优势、实现新跨越的希望所在。为了更好地加快实施绿色产业计划，发展以绿色产业和高新技术产业为主导的新型工业，特向中共花溪区委、花溪区人民政府建议如下：

一、实施绿色产业计划，是花溪区工业发展的重要方向，是从根本上解决三农问题、建设社会主义新农村的主要途径，是实现城乡协调发展的重要产业选择，事关全区人民的根本利益和经济社会发展的大局，也是一项长期而艰巨的历史任务，希望加强领导、认真落实、加快实施、抓出成效。

二、发展高新技术产业，是实施工业强区战略的重要目标，是能不能形成花溪区工业优势的关键所在，要高度重视，采取措施，加快发展。

三、加快编制实施绿色产业计划和发展高新技术产业的专项规划，加强产业基地的基础设施建设，改善发展新型工业的投资环境。要制定发展绿色产业和高新技术产业的投资政策和优惠措施，落实实现新型工业原始资本积累的三条战略原则，做好发展新型工业的科技服务、金融服务工作，积极争取上级有关部门的支持。

四、不断扩大产业投资规模。组织专门队伍，采取有效措施，坚持不懈努力，引进品牌企业，是发展绿色产业和高新技术产业的关键所在。所以，要继续做好引进名企业、大企业、强企业的工作。同时，要按照扶优扶强、扶新扶特的原则，支持现有企业做大做强。

五、加快产业人才培养。要高度重视专业技术人才和管理人才的培养与引进，努力建设一支具有创新精神和创业能力的产业发展人才队伍。特别是要建立人才培训机制，有计划、分批次对政府领导人才、专门人才和企业管理人才、技术人才的培训。

政协花溪区委员会

2006 年 2 月 26 日

# 常务会议纪要选录

## 九届委员会第十八次常委会议纪要

2015年1月16日，区政协召开九届委员会第十八次常委会议。区政协主席谌业华主持会议，副主席孙剑、副主席候选人张朝洲、副主席李瑾、李莎、吴同恒、邹吉鸿、秘书长吴硕、政协常委出席会议。区委组织部、区委统战部相关领导及区政协副秘书长、各专委（办）相关负责人列席会议。

会议纪要如下：

### 1. 听取区政协党组党的群众路线教育实践活动整改落实情况“回头看”自查报告

会议认为，区政协党组认真组织、扎实开展党的群众路线教育实践活动，坚持领导带头，做到以上带下；坚持从严要求，确保活动质量；坚持敞开大门，扩大群众参与；坚持宣传引导，营造良好氛围；严格遵循和落实教育实践活动三个环节的各项要求，确保活动做到不虚、不空、不偏、不走过场。整个活动开展有序、扎实深入，实现了预期目标，区政协履职能力进一步提升，工作实效进一步增强，联系群众的能力进一步提高，协商民主进程得到进一步推进，推动科学发展、民生改善和服务群众取得了实效。

会议要求：区政协党组和全体机关干部、政协委员，要继续践行党的群众路线教育实践活动，活动收尾绝不是作风建设收场，必须以锲而不舍、驰而不息的决心和毅力，把作风建设不断引向深入，把目前作风转变的好势头保持下去，做好常抓不懈、保持长效，形成常态化。

### 2. 听取区委组织部关于区政协副主席秦永康同志工作情况变动以及张朝洲同志作为政协副主席候选人的情况说明

### 3. 审议秦永康同志关于请求辞去区政协副主席职务的报告

会议通过举手表决的方式，一致通过秦永康同志关于请求辞去区政协副主席职务的报告。

### 4. 审议通过关于撤销田健、王治前、周德华政协花溪区第九届委员会委员资格的有关事宜

会议通报了原花溪区政协副主席田健、原平桥社区党委副书记、服务中心主任王治前、原贵阳花溪鑫丰纸箱包装厂厂长周德华，因违法违纪，触犯国家法律的相关情况，根据《政协章程》第29条之规定，会议以举手表决的方式，一致同意撤销田健、王治前、周德华政协花溪区第九届委员会委员资格。

### 5. 审议关于召开政协花溪区第九届委员会第五次会议日期的决定（草案）

会议通过举手表决的方式，一致通过政协花溪区第九届委员会第五次会议于 2015 年 2 月 10 日 –13 日（星期二至星朝五）召开，会期三天半，2 月 10 日上午报到，2 月 13 日上午闭幕。

### 6. 审议政协花溪区第九届委员会第五次会议议程（草案）、日程（草案）等相关事宜

会议通过举手表决的方式，一致通过政协花溪区第九届委员会第五次会议议程（草案）、日程（草案）、执行主席名单（草案）、执行主席分工名单（草案）、秘书长名单（草案）、提案审查委员会名单（草案）、决议起草委员会名单（草案）并同意提交政协花溪区第九届委员会第五次会议预备会议审议；一致通过政协花溪区第九届委员会第五次会议副秘书长名单（草案）、小组召集人名单（草案）、分组名单（草案）、列席人员名单（草案）、特邀人员名单（草案）及政协花溪区第九届委员会常务委员会工作报告报告人名单（草案）和提案工作情况报告报告人名单（草案）等名单（草案）。

### 7. 审议政协花溪区第九届委员会常务委员会工作报告（草案）

会议一致通过政协花溪区第九届委员会常务委员会工作报告（草案），同意提交政协花溪区第九届委员会第五次会议审议。

### 8. 审议政协花溪区第九届委员会关于九届四次会议以来提案工作情况的报告（草案）

会议一致通过政协花溪区第九届委员会关于九届四次会议以来提案工作情况的报告（草案），同意提交政协花溪区第九届委员会第五次会议审议。

### 9. 书面听取区人民政府关于区政协九届四次会议以来提案办理情况

会议认为，区政府创新提案办理机制，结合党的群众路线教育实践活动，区政府及各承办部门在办理提案的过程中做到把为民服务和接受监督的有机结合，建立了“主要领导高度重视，分管领导亲自挂帅，办公室具体承办”的责任制，抓好“五定”（即定分管领导、定承办人员、定办理任务、定责任目标、定办结时限），坚持“四个结合”（即把提案办理工作与日常工作相结合、与工作计划和工作决策结合、与转变作风和提高办事效率结合、与密切联系群众和更好地为人民服务结合），在大力提高“三率”（面商率、解决率、满意率）上狠下功夫，求真务实，注重提案要求事项的有效办理和落实，区政府法制办每月进行一次“拉网式”电话催办。同时，严格要求、认真把关，实现了提案办理复文的规范化。

### 10. 审议通过区委统战部关于政协花溪区第九届委员会委员调整情况的说明

区委统战部常务副部长王家才同志就政协花溪区第九届委员会委员调整情况进行了说明。政协花溪区第九届委员会委员规模为 324 名，实际安排委员 296 名，缺额 28 名；常委会组成人员为 56 名，实际安排 44 名，缺额 12 名。

### 11. 审议通过政协花溪区第九届委员会不再担任委员名单（草案）

会议一致通过政协花溪区第九届委员会不再担任委员名单（草案）。

### 12. 审议通过政协花溪区第九届委员会增补委员名单（草案）

会议一致通过政协花溪区第九届委员会增补委员名单（草案），共增补政协花溪区第九届委员会委员16名。

**参会人员情况：**（区政协常委会组成人员应到44人，实到34人）

**出席：** 谌业华　孙　剑　张朝洲　李　瑾　李　莎　吴同恒　邹吉鸿　吴　硕　王家才　师予华　池晓静　练余天　李　琛　邹　霞　项彦丽　曾少海　周红静　袁　洁　杨正德　徐　辉　徐国霞　盛亚平　何　禯　蒙秉中　黄　伟　曾佑华　朱恒峰　曾志云　戴吉洪　谢　远　王晓宇　喻　明　何　江　邓怀中

**因（公）事请假：** 何　勇　谢湛馨　卢云辉　周　海　崔进平　释祖传　廖俊文　陈天耀　潘　军　孔恩兴

**列席：** 车　荣　田为民　郭　霞　梁国同　欧阳桂枝　赵　欣　赵　洪　吴朝霞　杨碧君

## 九届委员会第二十四次常委会议纪要

2015年8月18日，区政协召开九届委员会第24次常委会议。区政协副主席、党组副书记李瑾主持会议，区政协主席、党组书记谌业华、副主席孙剑、张朝洲、李莎、何勇、秘书长吴硕出席会议。区委常委、区政府常务副区长洪兵，区发改局局长安中发应邀列席会议。区政协副秘书长、各专委（办）负责人列席会议。

会议纪要如下：

### 一、传达学习习近平总书记视察贵州重要讲话精神

会上，区政协副主席张朝洲同志传达学习了习近平总书记视察贵州重要讲话精神。

会议认为，习近平总书记亲临贵州省视察指导工作，对贵州是莫大的关心和鞭策，对贵州加快发展提供了重大的历史机遇。习近平总书记要求我们要积极适应经济发展新常态，守住发展和生态两条底线，培植后发优势，奋力后发赶超，走出一条有别于东部、不同于西部其他省份的发展新路。这是总书记在新的历史条件下，针对贵州发展实际提出的殷切希望，是今后贵州各项工作的总纲。

会议要求，区政协常委和全体政协委员要把学习贯彻习近平总书记视察贵州重要讲话精神作为当前和今后一个时期的重大政治任务和长期的战略任务，站在协调推进“四个全面”战略布局，更好推进党的事业和更好满足人民愿望的高度，深刻认识习近平总书记视察贵州省重要讲话的重大意义，准确把握习近平总书记对贵州的新要求新期望，深刻领会讲话蕴涵的新思想新观点，把总书记对贵州的期望化作具体行动，切实以讲话精神统一思想和行动、凝聚智慧和力量，积极推动政协各项工作。

### 二、书面传达学习全国政协十二届常委会第十一次会议精神

### 三、传达学习中共中央办公厅《关于加强人民政协协商民主建设的实施意见》

会议认为，《关于加强人民政协协商民主建设的实施意见》，是继《中共中央关于加强

社会主义协商民主的意见》之后颁布的规范政协协商民主工作的制度性文件。《实施意见》的颁布实施，是我国政治生活中的一件大事，也是人民政协事业发展进程中的一件大事。《实施意见》是中共中央加强人民政协协商民主工作、充分发挥人民政协协商民主重要渠道和专门协商机构作用的一项重大举措，充分体现了以习近平同志为总书记的中共中央关于人民政协协商民主的重要理论观点，对新形势下开展政协协商具有很强的现实针对性和可操作性。

会议要求，我们要按照《实施意见》的部署要求，紧密结合我区实际，进一步明确我区协商民主工作的原则、内容和形式，研究制定学习贯彻的具体办法，推动学习贯彻工作深入开展。要坚持把学习贯彻《实施意见》与履行好政协职能结合起来，积极探索履行职能的新思路、新形式、新方法，不断提高履行职能的水平和成效，努力在围绕中心、服务大局上作出新贡献，积极推进人民政协事业创新发展。

## 四、听取《花溪区人民政府2015年上半年经济运行情况》通报

会议认为，区人民政府紧紧围绕全年经济社会发展预期目标，积极主动适应新常态，牢牢把握省、市支持花溪建设文化旅游创新区的新机遇，坚守发展与保护两条底线，全面贯彻落实稳增长、调结构、惠民生、促改革各项政策措施，扎实推进各项工作，全区经济运行总体平稳，在全省经济强县排名中位列第12位，经济社会保持了较好的发展势头。

会议建议：一是加大农业农村基础设施投入，以美丽乡村建设为基础，打造美丽花溪；二是加大对孟关大道和贵惠大道之间横向道路建设，促进孟关片区经济发展；三是加大对停车场、殡仪馆等民生项目投入和建设力度，使百姓受益，提升群众幸福感；四是加大对我区危险化学品运输、储存等各个环节安全排查整治力度，深刻汲取天津危化品爆炸事故惨痛教训，消除安全隐患，确保人民群众生命和财产安全。

## 五、听取区政协2015年上半年工作完成情况

会议认为，区政协在区委的领导和市政协的指导下，认真贯彻习近平总书记系列重要讲话精神，牢牢把握团结和民主两大主题，紧紧围绕区委作出的“文化旅游创新区”总体部署，充分发挥人民政协协商民主重要渠道作用，广泛团结社会各界人士，认真履行政治协商、民主监督、参政议政职能，为促进我区经济社会发展作出了积极贡献。

## 六、审议关于免去吴同恒政协花溪区第九届委员会副主席职务、撤销其政协花溪区第九届委员会委员资格的报告

会议通报了中共贵阳市委筑干任〔2015〕192号及中共花溪区委《关于吴同恒免职的通知》（花委干字〔2015〕22号）文件精神，根据《政协章程》第29条之规定，会议以举手表决的方式，一致同意免去吴同恒政协花溪区第九届委员会副主席职务、撤销其政协花溪区第九届委员会委员资格，并提交政协花溪区第九届委员会第六次全体会议确认。

## 七、审议关于花溪区社区（乡镇）政协委员联络组组长、副组长人选建议名单（草案）

会议一致通过关于花溪区社区（乡镇）政协委员联络组组长、副组长人选建议名单

（草案）。

## 八、听取政协花溪区九届五次全会《大会发言》区委书记批示件办理落实情况

会议认为，区委高度重视政协委员意见建议，体现了对政协委员积极履职的肯定，也是对进一步推动政协工作的激励和鞭策。区政府各承办部门认真办理落实政协委员意见建议，进一步激发了委员参政议政的热情，调动了委员建言献策的积极性。今后，要继续围绕全区中心工作，深入调查研究，努力提出高质量、高水平的意见建议。

## 九、书面听取区政协各专委办 2015 年上半年工作完成情况

参会人员：（常委应到 43 人，实到 29 人）

出　　席：谌业华　孙　剑　张朝洲　李　莎　李　瑾　何　勇　吴　硕　王家才　卢云辉　王晓宇　池晓静　盛亚平　廖俊文　戴吉洪　师予华　项彦丽　徐　辉　练余天　曾志云　邓怀中　崔进平　曾少海　喻　明　蒙秉中　徐国霞　何　江　谢　远　周红静　曾佑华

请　　假：邹吉鸿　陈天耀　朱恒峰　释祖传　杨正德　谢湛馨　潘　军　黄　伟　袁　洁　孔恩兴　何　禯　周　海　邹　霞　李　琛

列　　席：洪　兵　安中发　车　荣　梁国同　郭　霞　欧阳桂枝　赵　欣

# 区政协文件

## 政协花溪区委员会全体会议工作规则

### 第一章 总 则

**第一条** 为进一步推进中国人民政治协商会议贵阳市花溪区委员会全体会议（以下简称全体会议）的制度化、规范化、程序化建设，根据《中国人民政治协商会议章程》和《中国人民政治协商会议全国委员会全体会议工作规则》，结合政协花溪区委员会工作实际，制定本规则。

**第二条** 全体会议是中国人民政治协商会议贵阳市花溪区委员会（以下简称政协花溪区委员会）围绕团结和民主两大主题，履行政治协商、民主监督、参政议政职能的最高形式。

**第三条** 全体会议以马克思列宁主义、毛泽东思想、邓小平理论、“三个代表”重要思想、科学发展观为指导，坚持社会主义初级阶段的基本路线和基本纲领，在热爱中华人民共和国、拥护中国共产党的领导、拥护社会主义事业、共同致力于中华民族伟大复兴的政治基础上，根据中国共产党同各民主党派和无党派人士“长期共存、互相监督、肝胆相照、荣辱与共”的方针，充分体现和发挥我国社会主义政党制度特色和优势，促进参加中国人民政治协商会议的各党派、无党派人士的团结合作，促进中华民族的大团结、大联合，促进社会主义物质文明、政治文明和精神文明与和谐社会建设的协调发展，进一步巩固和发展爱国统一战线，完成祖国统一大业，为实现花溪区社会主义现代化建设的宏伟目标而奋斗。

**第四条** 全体会议坚持民主、求实、团结、鼓劲的方针，广开言路，求同存异，民主协商，集思广益，鼓励委员充分发表意见和建议。

**第五条** 每届政协花溪区委员会的参加单位、委员名额和人选及界别设置，须在每届第一次全体会议举行一个月前，经上届政协花溪区委员会主席会议审议同意后，由常务委员会协商决定。

每届政协花溪区委员会任期内，有必要增加或者变更参加单位、委员名额和人选时，须经本届主席会议审议同意后，由常务委员会协商决定。

**第六条** 全体会议举行前召开预备会议，全体委员参加。政协花溪区委员会每届任期五年，从该届政协花溪区委员会第一次全体会议预备会议开始。如遇特殊情况，须由常务委员会以全体组成人员的三分之二以上的多数通过，以延长任期。

**第七条** 全体会议每年举行一次。常务委员会认为必要时，可临时召开。

**第八条** 全体会议须有三分之二以上委员

出席，方可举行。

**第九条** 全体会议的主要任务：

（一）选举政协花溪区委员会的主席、副主席、秘书长和常务委员，决定常务委员会组成人员的增加或变更；

（二）学习贯彻国家的大政方针，协商讨论花溪区的政治、经济、文化和社会生活中的重大问题，提出建议和批评；

（三）听取和审议常务委员会工作报告、提案工作情况报告和其他报告；

（四）讨论政协花溪区委员会重大工作方针、任务并作出决议。

**第十条** 全体会议由常务委员会召集并主持。每届第一次全体会议由预备会议选举产生的主席团主持。

## 第二章　会议的准备

**第十一条** 全体会议召开前，常务委员会须根据主席会议的提议，进行下列准备工作：

（一）审议通过全体会议议程草案和日程；

（二）通过常务委员会工作报告、提案工作情况报告和其他报告；

（三）审议常务委员会组成人员增加或者变更的建议名单；

（四）通过全体会议秘书长和副秘书长名单；

（五）审议提请全体会议审议的建议案草案；

（六）会议的其他准备事项。

**第十二条** 在全体会议举行一个月之前，主席会议提出全体会议的议程草案和日程草案的建议。

**第十三条** 预备会议由主席会议主持，主要任务是通过本次会议的议程、日程、执行主席和秘书长名单。

每届政协花溪区委员会第一次全体会议举行前召开的预备会议，由上届常务委员会授权主席会议主持，主要任务是通过第一次全体会议的议程和日程，通过本次会议主席团、主席团会议主持人、秘书长和提案审查委员会、决议起草委员会名单。

主席团会议由主席团会议主持人主持，主要任务是通过主席团常务主席名单，审议提请全体会议通过的决议，决定全体会议的其他事项。

主席团常务会议由主席团会议主持人主持，主要任务是审议提请主席团会议审议的各项文件。

主席团和主席团会议主持人、主席团常务主席、秘书长工作至会议选举产生本届政协花溪区委员会主席、副主席、秘书长、常务委员为止，提案审查委员会、决议起草委员会工作至本次会议结束为止。

**第十四条** 全体会议设立会议秘书处，秘书处由秘书长、副秘书长和有关部门负责人组成，办理常务委员会或主席团、主席会议或主席团常务主席会议交付的事项和处理会议日常事务。

## 第三章　会议的举行

**第十五条** 全体会议采取大会和小组会、联组会等形式进行。

**第十六条** 全体会议开幕会的任务：

（一）通过会议的议程；

（二）听取政协花溪区委员会常务委员会工作报告；

（三）听取政协花溪区委员会常务委员会提案工作情况报告；

（四）听取其他报告或说明。

**第十七条**　全体会议闭幕会的任务：

（一）通过会议的各项决议和报告；

（二）决定常务委员会组成人员的增加或者变动；

（三）通过政协花溪区委员会的建议案；

（四）其他事项。

**第十八条**　全体会议听取并讨论政府工作报告及其他报告，提出意见和建议。

**第十九条**　全体会议安排大会发言。各党派、团体、界别、专门委员会、委员个人或联名均可提交书面发言材料，申请大会发言。大会发言人选由会议秘书处按照有关规定确定。

**第二十条**　全体会议各次大会的执行主席、主持人由主席会议协商决定。每届第一次全体会议的执行主席、主持人由主席团会议协商决定。

**第二十一条**　委员小组原则上按界别组织，也可采取不同界别联组方式组织。小组会由本组委员推举的委员小组组长主持，在委员小组组长产生之前，由委员小组召集人主持。

**第二十二条**　联组会可由同一界别的委员小组合并组成，也可由不同界别的委员小组联合组成。联组会的主持人由参加联组会的各委员小组推举产生。

**第二十三条**　全体会议邀请中共花溪区委、花溪区人大常委会、花溪区人民政府、经开区领导和区人民法院、区人民检察院领导同志出席。邀请原政协历届老领导、老同志列席。

**第二十四条**　全体会议可邀请有关方面人士旁听。

**第二十五条**　全体会议开幕会、闭幕会以及大会发言，均邀请记者采访；分组会议可视情况邀请记者采访。

**第二十六条**　委员应按照会议日程积极参加全体会议的各次会议和各项活动，因病或其他特殊情况不能出席会议和参加活动时，须请假。

## 第四章　会议的提案和建议案

**第二十七条**　各党派、团体、界别、专门委员会和委员、委员小组或联组均可提出提案。

提案的审查工作由提案委员会或提案审查委员会负责。

**第二十八条**　全体会议期间，提案委员会或提案审查委员会可选择若干提案作为重点提案协商办理。

**第二十九条**　全体会议可就涉及经济和社会发展的重大事项、人民群众普遍关心的热点问题，向中共花溪区委、花溪区人民政府提出建议案。

**第三十条**　全体会议期间，参加政协的党派、团体或占总数四分之一以上的委员联名，可提出建议案草案。建议案草案经主席会议审议通过后，由常务委员会决定是否提请全体会议审议。

## 第五章　选举和表决

**第三十一条**　每届第一次全体会议选举产生本届政协花溪区委员会主席、副主席、秘书长和常务委员，组成常务委员会。常务委员会组成人员从本届委员中选举产生。选举工作由会议主席团领导。

**第三十二条**　主席、副主席、秘书长和常务委员的建议人选由主席团审议后提交各委员小组充分酝酿讨论。主席团根据委员的意见，确定正式候选人名单，提交大会选举。

**第三十三条** 全体会议选举采用无记名投票方式。选举时须有三分之二以上的委员出席。候选人得到的赞成票超过全体委员的半数方可当选。

**第三十四条** 每届第一次全体会议的选举办法，由主席团会议审议决定。其他各次全体会议的选举参照第一次全体会议的选举办法执行。

**第三十五条** 每届任期内，常务委员会组成人员的增加或者变更，由常务委员会提请全体会议决定。

**第三十六条** 全体会议的决议和建议案，应经全体委员过半数通过。

### 第六章 附 则

**第三十七条** 本规则经2014年10月21日政协花溪区常务委员会第十七次会议通过实行。

**第三十八条** 本规则的解释权属于政协花溪区常务委员会。

## 政协花溪区委员会常务委员会工作规则

为进一步推进中国人民政治协商会议贵阳市花溪区委员会常务委员会（以下简称常务委员会）工作的制度化、规范化和程序化建设，根据《中国人民政治协商会议章程》和《中国人民政治协商会议全国委员会常务委员会工作规则》，结合政协花溪区委员会常务委员会工作实际，制定本规则。

### 第一章 总 则

**第一条** 常务委员会以《中华人民共和国宪法》为根本准则，以《中国人民政治协商会议章程》为依据，在马克思列宁主义、毛泽东思想、邓小平理论、“三个代表”重要思想、科学发展观指引下，高举爱国主义和社会主义的旗帜，坚持中国共产党领导的多党合作和政治协商制度，贯彻“长期共存、互相监督、肝胆相照、荣辱与共”的方针，促进全体区政协委员、区各民主党派，有关人民团体和各族各界人士的大团结大联合，围绕团结和民主两大主题，积极履行政治协商、民主监督、参政议政职能，为促进花溪区社会主义物质文明、政治文明、精神文明、生态文明的协调发展，构建和谐社会，实现花溪区社会主义现代化建设的宏伟目标而奋斗。

**第二条** 常务委员会主持中国人民政治协商会议花溪区委员会（以下简称政协花溪区委员会）的会务，在政协花溪区委员会全体会议闭会期间，处理政协花溪区委员会的工作。

**第三条** 常务委员会由政协花溪区委员会主席、副主席、秘书长和常务委员组成。

**第四条** 政协花溪区委员会主席主持常务委员会的工作，副主席、秘书长协助主席工作。

**第五条** 常务委员会的职权：

（一）协商决定下届政协花溪区委员会的参加单位、委员名额和委员人选及界别设置；协商决定本届政协花溪区委员会增加或者变更的参加单位、委员名额和人选；

（二）召集并主持政协花溪区委员会全体会议；每届第一次全体会议前召开全体委员参加的预备会议，选举第一次全体会议主席团，由主席团主持第一次会议；

（三）在特殊情况下决定政协花溪区委员会是否延长任期。由常务委员会以全体组成人员的三分之二以上多数通过，以延长任期；

（四）组织实施《中国人民政治协商会议章程》规定的任务和上级政协作出的决议、决定；

（五）执行政协花溪区委员会全体会议的决议；

（六）政协花溪区委员会全体会议闭会期间，审查通过提交中共花溪区委重要建议案、审查通过提交花溪区人民政府的重要主席会督办提案；

（七）常务委员会组成人员增加或者变更时，常务委员会提出建议名单，由政协花溪区委员会全体会议决定；

（八）根据秘书长的提议，任免政协花溪区委员会副秘书长；

（九）决定政协花溪区委员会工作机构的设置和变动，并任免其领导成员；

（十）根据《中国人民政治协商会议章程》第二十九条规定，对参加政协的单位和区政协委员的纪律处分事项。

**第六条**　常务委员会组成人员要认真执行《中国人民政治协商会议章程》和政协花溪区委员会及常务委员会的规定、决议，积极参加常务委员会的活动，加强同各方面人士的联系，广交朋友，及时反映群众的意见和要求。

## 第二章　常务委员会会议

**第七条**　常务委员会会议一般每季度举行一次，必要时可临时举行。

**第八条**　常务委员会会议的议程草案和日程由主席会议拟定，于会议十天前将会议的有关事项通知常务委员会组成人员；临时举行的会议，可以临时通知。

**第九条**　常务委员会会议由政协花溪区委员会主席主持，也可由主席委托的副主席主持。

**第十条**　常务委员会会议的主要任务：

（一）审议政协花溪区委员会及常务委员会会务和工作中的重大事项；

（二）协商讨论中共花溪区委、区人民政府重大决策部署及社会生活中的重大问题，听取花溪区人民政府以及有关部门的负责人对有关重要问题的报告或说明，提出建议和意见；

（三）审议提交政协花溪区委员会全体会议的文件；

（四）审议重要的建议案、提案、视察报告、调查报告和其他报告。

**第十一条**　常务委员会举行会议时，不是常务委员的政协花溪区委员会副秘书长、各专门委员会主任、副主任、办公室相关负责人列席。

**第十二条**　常务委员会举行会议时，视会议内容和需要，可邀请驻区市政协委员列席；必要时，邀请有关党政部门负责人和其它有代表性的人士参加。

**第十三条**　常务委员会会议必须有全体组成人员的三分之二以上出席方能举行；会议要发扬社会主义民主，对议题进行充分协商讨论，全面反映委员发表的各种意见和建议；会议的议案或其他需要表决的事项，须经常务委员会全体组成人员过半数通过方能生效。

**第十四条**　常务委员会会议采取全体会议方式。

**第十五条**　根据需要可在常务委员会议上安排发言。各党派、团体、专门委员会、委员个人或联名均可提交发言材料，申请发言，由会议统筹安排。

**第十六条**　常务委员会组成人员要严格遵守《政协花溪区委员会关于常委参加常务委员会会议的有关规定》。

**第十七条** 根据需要，常务委员会可举行专题座谈会，就某项专门问题进行协商座谈，提出建议和意见。专题座谈会由有关常务委员和其他有关人员参加。

**第十八条** 常务委员会会议闭会期间，由主席、副主席、秘书长组成的主席会议主持常务委员会的日常工作。

### 第三章 文 件

**第十九条** 常务委员会作出的决定，提出的建议、意见和批评，须经主席或主席委托的副主席、秘书长签发，以政协花溪区委员会文件或办公室文件的形式送达有关方面或部门。

**第二十条** 常务委员会会议、常务委员专题座谈会，一般应作新闻报道，并由办公室编发会议简报或会议纪要。

### 第四章 附 则

**第二十一条** 本规则经2014年10月21日政协花溪区常务委员会第十七次会议通过实行。其解释权和修改权属政协花溪区常务委员会。

## 政协花溪区委员会关于常委会组成人员出席常务委员会会议的规定

政协常务委员会会议是领导和组织委员认真履行政治协商、民主监督、参政议政职能的重要形式。为加强管理，严肃会议纪律，形成良好会风，开好政协花溪区常委会议。根据《中国人民政治协商会议章程》，结合政协花溪区委员会实际，特制定本规定。

**第一条** （一）人民政协是爱国统一战线的组织，是中国共产党领导的多党合作和政治协商的重要机构，是发扬社会主义民主的一种重要形式。政协花溪区常委会组成人员要认真学习习近平关于人民政协的重要讲话和论述，认真学习《中共中央关于加强人民政协工作的意见》，深刻理解人民政协的性质、地位和作用，不断增强荣誉感、责任感、使命感。

（二）政协花溪区常委会组成人员要模范遵守和履行政协章程，模范遵守和履行政协全体会议和常务委员会议的决议，模范遵守和履行《政协花溪区委员会常务委员会工作规则》，通过参加政协全体会议、常务委员会会议，进行协商监督，积极参政议政、建言献策。

（三）花溪区政协办公室和委员联络办公室要加强与常委会组成人员的联系，了解常委会组成人员的专长和想法，为常委会组成人员履行职能提供方便，更好发挥常委会组成人员的作用。

**第二条** 建立政协花溪区常委会组成人员出席会议工作制度。

（一）常委会组成人员接会议通知后，应积极做好参加会议前各项准备工作，围绕会议主题深入基层、深入群众开展调查研究，积极建言献策。

（二）常委会组成人员对常委会议要高度重视，应按会议通知要求准时参加会议。常委会议期间，全体区政协常委会组成人员要遵守会议纪律，集中精力参加会议。

（三）政协花溪区委员会办公室和委员联络办公室要对常委会组成人员出席会议的情况进行统计，会后在会议纪要中向常委会组成人员通报出席会议情况和履职情况，并抄送中共花溪区委组织部、统战部备案。

（四）常委会组成人员缺席常委会议按以下程序办理请假手续：

不能参加常委会议的常委会组成人员，须提前一天以书面形式请假，须经会议主持人批准方能生效。

（五）常委会组成人员在一年内，无故缺席常委会议1次的，由主席或副主席进行约谈；无故缺席常委会议达2次的，由花溪区政协办公室将情况向中共花溪区委组织部、统战部通报；两年累计4次未参加常委会的，由常委会劝其辞去在常委会所任职务。

**第三条** 常委会组成人员所在单位要积极支持其工作，保证时间，使常委会组成人员集中精力参加政协花溪区常委会议。

**第四条** 本规定经2014年10月21日政协花溪区常务委员会第十七次会议通过实行。

## 政协花溪区委员会主席会议工作规则

**第一条** 为进一步推进中国人民政治协商会议贵阳市花溪区委员会（以下简称政协花溪区委员会）主席会议的制度化、规范化和程序化建设，根据《中国人民政治协商会议章程》及《中国人民政治协商会议全国委员会主席会议工作规则》，结合政协花溪区委员会工作实际，制定本规则。

**第二条** 政协花溪区委员会主席、副主席、秘书长组成主席会议，负责处理常务委员会的重要日常工作。主席主持常务委员会的工作，副主席、秘书长协助主席工作。

**第三条** 主席会议以《中华人民共和国宪法》为根本准则，以《中国人民政治协商会议章程》为依据，以马克思列宁主义、毛泽东思想、邓小平理论、“三个代表”重要思想、科学发展观为指导，坚持和完善中国共产党领导的多党合作和政治协商制度，高举爱国主义、社会主义的旗帜，围绕团结和民主两大主题，认真履行政治协商、民主监督、参政议政职能，巩固和发展最广泛的爱国统一战线，调动一切积极因素，为促进花溪区社会主义物质文明、政治文明、精神文明、生态文明与和谐社会建设的协调发展服务。

**第四条** 主席会议组成人员要认真执行《中国人民政治协商会议章程》和政协花溪区委员会、常务委员会、主席会议的规定、决议，切实履行职责，加强同各方面人士的联系，广交朋友，及时反映全区人民群众的意见和愿望，积极参加政协花溪区委员会、常务委员会、主席会议举行的会议和活动。

**第五条** 主席会议的主要任务：

（一）学习《中华人民共和国宪法》，学习《中国人民政治协商会议章程》和有关规定，学习建设中国特色社会主义的基本理论、基本路线、基本纲领和基本经验，学习统一战线和人民政协的理论和政策，学习经济、科技、法律和现代管理知识；研究部署学习工作。

（二）审议本届政协花溪区委员会增加或者变更参加单位、委员名额和人选，提请常务委员会协商决定。审议下届政协花溪区委员会的参加单位、委员名额和人选及界别设置，提请常务委员会协商决定。

（三）根据《中国人民政治协商会议章程》和有关规定，安排协商民主活动，决定协商民主的形式和内容。

（四）对中共花溪区委和花溪区人民政府

的重大决策部署以及社会生活中的重大问题进行协商讨论，提出建议、意见或建议案。

（五）审查以政协花溪区委员会、常务委员会、主席会议名义向中共花溪区委、花溪区人民政府提出的建议案。

（六）召集并主持常务委员会会议，拟定会议的议程草案和日程，审议提交会议审议的文件。

（七）受常务委员会的委托，主持下一届第一次全体会议预备会议。

（八）审议政协花溪区委员会及其常务委员会的工作计划、工作报告和重要活动方案，听取政协花溪区委员会组织委员外出考察的报告、委员视察报告和其他报告，审议专门委员会的年度计划和工作总结；决定专门委员会委员人选。

（九）执行常务委员会会议的决议；根据常务委员会的授权，履行常务委员会的部分职权。

（十）研究涉及全区政协全局性的工作安排，对政协花溪区委员会及全体会议、常务委员会的制度化、规范化、程序化建设提出建议。

（十一）协调政协各参加单位之间的关系，广泛交流思想、增进共识，促进团结合作。

（十二）落实常务委员会的其他日常工作。

**第六条**　主席会议由主席或主席委托的副主席召集并主持。

**第七条**　主席会议的议题由主席或副主席、秘书长提出，由主席或主席委托主持会议的副主席确定。

**第八条**　主席会议一般每月举行一次；必要时可临时召开。

**第九条**　主席会议举行前，办公室应将开会时间、地点、主要议题等通知事项和提交会议审议的重要文件，送达主席会议组成人员；临时召开的会议临时通知。

**第十条**　主席会议举行时，政协花溪区委员会副秘书长、各专门委员会主任列席，必要时也可邀请与会议议题有关的其他人员列席；协商讨论重大问题时，可邀请有关部门负责人到会介绍情况、听取意见。

**第十一条**　主席会议须在全体组成人员过半数出席时方能举行。

**第十二条**　主席会议协商讨论问题，要充分发扬民主。讨论决定问题，必须坚持少数服从多数的原则；对于少数人的不同意见，应当认真考虑。如对重要问题发生争论，双方人数接近，除在紧急情况下必须按多数意见执行外，应当暂缓做出决定，待进一步调查研究、交换意见、统一认识后再做决定。

**第十三条**　主席会议决定问题时，一般以分项审议方式通过，必要时也可以合并审议通过。

**第十四条**　对提请主席会议审议通过的文件，提请人应在主席会议审议时做出说明。

**第十五条**　主席会议审议通过的文件，需继续提请常务委员会会议审议通过的，在常务委员会会议表决通过前，由主席或由主席委托的副主席、秘书长作出说明；主席会议审议通过即发生效力的文件，由主席或主席委托主持会议的副主席签发，以政协花溪区委员会文件或办公室文件的形式送达有关方面或部门。

**第十六条**　主席会议应作会议记录并编发会议纪要。会议纪要由主席或主席委托主持会议的副主席其他成员签发。

**第十七条** 本规则经2014年10月21日政协花溪区常务委员会第十七次会议通过实行。

# 政协花溪区委员会专门委员会工作通则

## 第一章 总 则

**第一条** 根据《中国人民政治协商会议章程》的规定，经区委同意，政协花溪区委员会设置五个专门委员会和一个委员联络办公室。

**第二条** 专门委员会（室）是常务委员会和主席会议领导下的工作机构。专门委员会（室）的设置和变动，由常务委员会决定。

**第三条** 专门委员会（室）以马克思列宁主义、毛泽东思想、邓小平理论、“三个代表”重要思想、科学发展观为指导，贯彻“长期共存、互相监督、肝胆相照、荣辱与共”的方针，紧紧围绕团结和民主两大主题，切实履行政治协商、民主监督、参政议政的职能。

**第四条** 专门委员会（室）工作是政协工作的重要组成部分，是政协履行职能的重要方式。专门委员会（室）根据《中国人民政治协商会议章程》的要求，以及政协花溪区委员会全体会议和常务委员会会议提出的各项任务，从实际出发开展工作。组织委员认真学习、宣传国家的方针政策和法律；就花溪区政治、经济、文化和社会生活中的重要问题，人民群众普遍关心的问题，选择其中具有综合性、全局性、前瞻性的课题，深入开展调查研究和组织视察，提出意见、建议和提案；团结和联系委员及各族各界人士，积极反映社情民意；维护社会稳定和民族团结；组织各种活动，积极为委员知情出力，履行职责创造条件。

## 第二章 组织制度

**第五条** 专门委员会（室）的组成，应按照有利于联系各界、各方面人士，自愿、协商和便于组织经常性活动的原则，统筹安排。

**第六条** 每届专门委员会（室）的设置一般应在当届政协第一次常务委员会会议上确定。各专门委员会的组成人员原则不少于20人，设主任1人，副主任若干人。工作领域较宽和工作任务较重的委员会可适当增加组成人员。

**第七条** 专门委员会（室）的人选从政协花溪区委员会委员中产生，由各专门委员会主任或副主任和秘书长会议提出，征得委员本人同意后，委员由主席会议决定，主任、副主任由常务委员会任命。

专门委员会（室）组成人员需要调整时，应由本人申请或委员推荐，经相关专门委员会主任会议提出建议，专门委员会全体会议协商同意，按专门委员会产生时的程序办理。

**第八条** 专门委员会（室）根据工作需要，可采取适当方式邀请未参加专门委员会的政协委员参加活动。

**第九条** 专门委员会的组成人员，一般应有相关工作经历、专业知识水平，有时间和精力参加调查研究等经常性活动。

**第十条** 每届政协第一次会议成立的提案审查委员会，闭会后即作为提案委员会列入专门委员会序列，负责届内每次会议和日常提案工作。提案委员会主任、副主任和委员的调整，与其他专门委员会办理程序相同。

## 第三章 工作制度

**第十一条** 专门委员会（室）的日常工作

由主任或主任委托的副主任主持，政协花溪区委员会秘书长或秘书长委托的副秘书长负责协调。

**第十二条** 专门委员会的各种活动应广泛联系各界人士，发扬社会主义民主，注重调查研究，进行充分协商。专门委员会需对工作作出决定时，按照民主集中制原则办理。

**第十三条** 主席或主席委托的副主席、秘书长，根据需要召开专门委员会主任联席会议，讨论研究专门委员会年度调研、视察工作。

**第十四条** 以专门委员会名义形成的文件，须经该委员会全体会议或主任会议讨论，由主任或主任委托的副主任审定；重大问题须提请主席会议或常务委员会审议。以政协花溪区委员会和政协花溪区委员会办公室名义发出的专门委员会文件，按规定的程序办理。

**第十五条** 专门委员会根据政协花溪区委员会全体会议和常务委员会的决议精神，制订年度工作计划并提请主席会议审议。年度末向常务委员会提交工作报告。

**第十六条** 专门委员会应主动与中共花溪区委、区人民政府的有关部门以及区级各民主党派、有关人民团体、政协委员沟通情况，建立联系。

**第十七条** 专门委员会开展工作、组织调研和视察，可根据情况，采取与党政有关部门、各民主党派、工商联等多种形式进行，也可邀请有关人士参加。

### 第四章　办事机构

**第十八条** 政协花溪区委员会机关根据精简、统一、效能原则设立专门委员会和委员联络办公室，为全体政协委员服务。

### 第五章　附　则

**第十九条** 本通则经2014年10月21日政协花溪区常务委员会第十七次会议通过实行。解释权和修改权属常务委员会。

## 花溪区政协委员履职管理暂行办法

### 第一章　总　则

**第一条** 根据《中国人民政治协商会议章程》和《中共中央关于加强人民政协工作的意见》、《贵州省政协委员履职管理暂行办法》、《中共贵阳市委关于加强人民政协工作的实施意见》，结合花溪区政协工作实际，制定本办法。

**第二条** 本办法适用于本区行政区域内的区政协委员。

**第三条** 加强委员履行职责管理，旨在充分发挥委员主体作用，增强委员的政治责任感，调动委员参政议政的自觉性和积极性；强化委员履行权利和义务的意识，积极主动地参加政协履行职能的各项活动。

**第四条** 做好委员履职服务工作，更好地保障委员履职权利，是区政协的重要职责和基础性工作。

**第五条** 做好委员履行职责的管理服务工作，有利于促进政协工作的制度化、规范化、程序化建设，有利于提高政协履行职能的质量和水平，有利于推动人民政协事业全面发展。

**第六条** 在区政协健全委员联络机构，完善委员联络制度。

### 第二章　委员履职职责

**第七条**　热爱祖国，拥护中国共产党的领导和社会主义事业，维护民族团结和国家统一，遵守国家的宪法和法律。

**第八条**　遵守和履行《中国人民政治协商会议章程》，遵守和履行政协花溪区全体会议、常委会议、主席会议的决议和有关规定。

**第九条**　按要求参加区政协全体会议、常委会议、专门委员会会议、界别小组会议以及其他形式的会议，并做好参会准备，围绕会议主题，积极建言献策。

**第十条**　参加区政协和各界别小组组织的调研、视察等活动。针对花溪区经济社会发展和民生中的重大问题，通过调研、视察和协商、座谈等形式，提出建议和批评。

**第十一条**　认真撰写提案。围绕花溪区经济、政治、文化、生态和社会生活中的重大问题以及群众普遍关心的问题，按照严肃性、科学性、可行性的要求，积极撰写提案，并跟踪提案的办理。

**第十二条**　反映社情民意。密切联系各自所代表的界别和各阶层群众，倾听他们的愿望和诉求，了解真情实况，通过政协组织，及时反映社情民意，并积极协助有关部门做好协调关系、化解矛盾、理顺情绪、凝聚人心、促进和谐的工作。

**第十三条**　积极参加区政协及其专门委员会的会议，每年参与一次以上调研、视察或界别小组组织的活动，提交一份提案或反映一条以上社情民意。

**第十四条**　委员要主动加强与区政协的联系，对要求反馈的材料及时回复，工作岗位和职务职称发生变动，通讯地址、联系电话变更等，及时告知区政协办公室和委员联络办公室。

## 第三章　委员履职服务

**第十五条**　尊重委员的各项民主权利。鼓励委员讲实话、讲真话、建诤言；保障委员在政协会议上充分发表意见；确保委员开展调研、视察、撰写提案、反映社情民意等活动和参与协商、监督的权利；对委员发言、提案、调研等履职活动，要始终坚持不打棍子、不扣帽子、不抓辫子，确保委员的话语权。

**第十六条**　参加区政协专门委员会的委员，由专门委员会组织开展活动。其他未参加专门委员会的区政协委员，由各界别活动小组组织开展活动。界别小组分别由区政协办公室和委员联络办公室负责联系。

**第十七条**　区政协委托区政协委员界别活动小组召集人，负责加强与区政协委员的联系。组织区政协委员开展界别小组履职活动并协助区政协对委员履职情况进行管理。

**第十八条**　加强委员履职能力建设。针对委员履职的实际情况，采取举办委员培训、辅导报告、专题讲座、宣扬委员履职先进典型和发送学习资料、订阅报刊杂志等多种形式，促进委员提高参政议政综合素质，增强履职能力。

**第十九条**　积极拓展委员知情明政的渠道。区政协全体会议、常委会议、专门委员会会议、委员约谈会议以及其他形式的会议，根据需要，邀请区委、区政府领导及有关部门负责人通报情况；协调并支持委员因履职需要，向有关部门和相关方面了解情况；完善委员通过网络等手段传送、交换和查阅资料的机制，为委员履职创造条件。

**第二十条**　建立区政协与委员所在单位的联系机制。推动委员所在单位切实贯彻中央有关规定及省委、市委、区委有关规定精神，为委员履职在时间、经费、交通、工作量计算等方面创造条件、提供方便，保障委员各项待遇不因履行职责而受到影响。

**第二十一条** 提高委员履职服务质量。区政协办公室、委员联络办公室、各专门委员会、各界别小组应按照政协工作制度化、规范化、程序化建设要求，认真落实年度工作计划，合理安排，丰富形式，注重实效，精心组织委员活动，提供委员每年至少参加一次以上专题活动机会，并做好保障协调工作，为委员履行职责提供优质高效服务。

## 第四章 委员履职管理

**第二十二条** 区政协坚持和完善委员履行职责的日常管理，实行委员履职情况考勤考核制度，建立委员履职情况登记制度。登记内容包括：出席区政协全体会议、常委会议情况；撰写提案、反映社情民意情况；参加区政协及区政协各专门委员会和各界别小组的调研、视察和学习培训情况，以及参加其他重要会议、活动情况等。

**第二十三条** 委员履职管理工作由区政协办公室、委员联络办公室和各专门委员会负责组织落实和检查。

**第二十四条** 区政协办公室、委员联络办公室每年将委员参加区政协会议、活动、提交提案、反映社情民意等有关履职情况登记、汇总、备案。区政协党组、主席会议根据委员履职情况，提出届中调整、换届去留的建议。

**第二十五条** 委员有下列情况之一的，本人应辞去委员职务，并按相关程序办理：

（一）因工作调动离开本行政区域花溪区的。

（二）因工作岗位变化失去代表性的。

（三）因身体原因丧失履行委员职责能力的。

（四）委员因工作单位、联系地址和联系电话发生变动没有及时向区政协反馈，导致与区政协失去联系一年以上的。

（五）其他原因需要辞去委员职务的。

**第二十六条** 委员因特殊原因不能出席全体会议、常委会议的，应履行请假手续。需全程请假的，应提前向区政协办公室提出书面申请，并经分管办公室的区政协领导批准；会议期间请假的，应提前向大会秘书处或区政协办公室书面提出申请，并经分管办公室的区政协领导批准。区政协组织的其他活动，如不能参加，也应及时书面请假。对于请假未予回复的，视为准假。

**第二十七条** 有下列情形之一的，可以请假：

（一）参加省委、省政府，市委、市政府，省政协、市政协，民主党派省委、市委和省、市工商联及省、市国家机关各部委召开的全省性、全市性会议或组织的重要活动。

（二）参加区委、区政府召开的重要会议或组织的活动。

（三）参加省外会议、无法更改行期的重要出国考察活动。

（四）因生病不能出席会议的。

（五）因不可预见的特殊情况不能出席会议的。

**第二十八条** 委员有下列情况之一的，由区政协办公室和委员联络办公室通过书面形式对其进行督促提醒：

（一）未经请假全程缺席区政协全体会议的。

（二）常务委员一年内两次未经请假全程缺席区政协常委会议的。

（三）一年内未提交提案或反映社情民意的。

（四）一年内未参加专门委员会活动的。

（五）一年内未参加界别小组活动的。

**第二十九条**　委员有下列情况之一的，由区政协主席会议提出处理建议，有关方面按相关程序撤销其委员资格，并书面通知本人及本人所在单位：

（一）两年内未提交提案或未反映社情民意的。

（二）一届内两次未经请假全程缺席区政协全体会议的。

（三）常务委员中一届内四次未经请假全程缺席区政协常委会议的。

## 第五章　附　则

**第三十条**　本办法由区政协办公室负责解释。

**第三十一条**　本办法经2014年10月21日政协花溪区常务委员会第十七次会议通过实行。

**第三十二条**　原制定的区政协委员有关管理规定予以废止。

# 政协花溪区委员会委员视察工作条例

**第一条**　为了加强政协花溪区委员会委员视察工作的制度化、规范化、程序化建设，根据《中国人民政治协商会议章程》、《中国人民政治协商会议全国委员会委员视察工作条例》和有关规定，制定本条例。

**第二条**　委员视察作为人民政协的一项基础性工作，是委员了解情况、研究问题、学习提高的重要方式；是委员履行政治协商、民主监督、参政议政职责的重要渠道；是密切同社会各界联系，加强党派、界别之间合作共事的重要途径；是人民政协围绕团结和民主两大主题，在国家政治生活中发扬社会主义民主的重要形式。

**第三条**　视察工作以马克思列宁主义、毛泽东思想、邓小平理论、“三个代表”重要思想、科学发展观为指导，贯彻“长期共存、互相监督、肝胆相照、荣辱与共”的方针，围绕区委和区政府的中心工作，深入实际，深入基层，深入群众，了解区情民情，提出意见建议，为花溪区改革开放和社会主义现代化建设事业服务。

**第四条**　视察的主要内容包括国家宪法、法律和法规的实施以及重大方针政策的贯彻执行情况；花溪区改革开放和社会主义现代化建设的重大成就；花溪区政治、经济、文化、生态和社会生活中的重要问题；花溪区国家机关及其工作人员的工作情况。

**第五条**　视察组织工作坚持“求实、规范、安全、协作”的原则，科学安排，精心组织，周到服务。

**第六条**　根据常委会议、主席会议要求，政协花溪区委员会办公室统筹安排视察工作，制订年度视察工作计划。视察工作分别由办公室和各专门委员会按计划组织实施，并于年度末向常务委员会会议提交视察工作情况报告。

**第七条**　视察的组织形式主要有主席会议视察、常委视察、委员视察、委员界别视察。

**第八条**　主席会议视察、常委视察、受市政协委托组织驻区市政协委员开展的视察，由政协花溪区委员会办公室和委员联络办公室负责组织，相关专门委员会配合。

专委会委员视察，由各专门委员会负责组织；委员界别视察，由各界别小组负责组织，委员联络办负责指导。

**第九条** 视察组采取委员自愿报名和统一协调相结合的办法组成。委员每年至少应参加一次视察。

**第十条** 视察可以视察组或视察组形式组织，视察组设组长一人，副组长若干人，组长由主席或副主席担任，也可由主席或副主席委托的委员担任。

视察组组长、副组长领导视察团活动，决定视察组的重要事项，代表视察组同视察所到地或被视察单位交换意见，负责审核视察报告。

**第十一条** 委员参加视察，要按照日程参加各项活动，遵守有关规定；认真了解情况，研究问题，反映社情民意；切实履行政治协商、民主监督、参政议政职责。

**第十二条** 政协花溪区委员会办公室或各专委会商请区委、区政府相关部门、乡（镇）、社区或被视察单位，围绕视察内容制定活动日程，做好接待和协调服务工作。

**第十三条** 视察过程包括听取情况介绍、实地考察、座谈、与视察所到地乡（镇）、社区或被视察单位负责人交换意见。

**第十四条** 视察组在集思广益的基础上形成视察报告，按程序经主席会审定之后，报送中共花溪区委、区人民政府和有关部门。重要的视察报告提交常务委员会会议审议。

**第十五条** 对视察过程中发现的一些重要情况或建议，可以提案、信息、信访渠道反映给有关部门。

**第十六条** 视察组视情况邀请区新闻信息中心派记者随组采访报道，扩大委员视察的社会影响。

**第十七条** 政协花溪区委员会办公室、专门委员会和委员联络办公室，负责委员视察活动的各项组织服务工作。

**第十八条** 视察经费由政协花溪区委员会办公室和各专门委员会统支使用。严格按照中央“八项规定”和中共贵阳市委《关于进一步加强和改进人民政协工作的意见》执行。

**第十九条** 本条例经2014年10月21日政协花溪区常务委员会第十七次会议通过实行。由政协花溪区委员会办公室负责解释。

## 政协花溪区委员会反映社情民意信息工作条例

**第一条** 为发挥人民政协反映社情民意信息工作在履行政治协商、民主监督、参政议政职能中的重要作用，根据《中国人民政治协商会议章程》、《中国人民政治协商会议全国委员会反映社情民意信息工作条例》和有关规定，结合政协花溪区委员会实际，制定本条例。

**第二条** 反映社情民意信息工作，是人民政协各参加单位、各专门委员会、政协委员、各民主党派和工商联成员及无党派人士，围绕国家大政方针，政治、经济、文化和社会生活中的重要问题，以及人民群众普遍关心的问题，通过政协花溪区委员会办公室工作简报，向中共花溪区委、区人民政府以及有关部门反映重要情况，提出意见和建议。

**第三条** 反映社情民意工作以马克思列宁主义、毛泽东思想、邓小平理论、“三个代表”

重要思想、科学发展观为指导，围绕中心，服务大局，解放思想，实事求是，为促进社会主义物质文明、政治文明、精神文明、生态文明与和谐社会建设协调发展服务。反映社情民意信息工作应抓住重点，体现特色，真实准确，讲求时效。

**第四条** 反映社情民意信息工作是政协委员履行职责的重要方式。政协委员要密切联系群众，重点联系本界别群众，深入了解民情，充分体察民意，广泛集中民智，积极反映社情民意信息。

**第五条** 做好反映社情民意信息工作是政协花溪区委员会办公室和各专门委员会的重要职责。办公室和各专门委员会要在组织会议、委员视察、专题调研、委员提案等项工作中，收集、整理政协委员反映的重要情况和意见、建议。

建立信息特邀委员制度。聘请若干政协花溪区委员会委员为信息特邀委员。

**第六条** 积极为各民主党派和工商联反映社情民意信息提供服务。充分发挥参加政协的各民主党派、工商联和无党派人士在反映社情民意信息工作中的作用。

**第七条** 加强与各部门、各乡（镇）、社区政协委员反映社情民意信息工作的联系，做好协调和服务工作。

**第八条** 维护政协委员、各民主党派和工商联成员及无党派人士依照国家宪法、法律和政协章程反映社情民意信息的民主权利。

**第九条** 政协花溪区委员会办公室设专人负责反映社情民意信息的收集、编辑、报送、反馈，以及有关组织、协调、服务工作。

**第十条** 政协花溪区委员会办公室要重视反映社情民意信息工作队伍建设，加强信息工作人员的政治理论和业务知识培训，为开展信息工作创造条件。

**第十一条** 定期通报反映社情民意信息工作情况，表彰反映社情民意信息工作先进单位和先进个人。

**第十二条** 本条例经2014年10月21日政协花溪区常务委员会第十七次会议通过实行。由政协花溪区委员会办公室负责解释。

# 区政协表彰决定

## 关于表彰2003—2006年度花溪区各界人士为“三个文明”建设服务先进集体和先进个人的决定

2003年以来，全区政协委员、各界人士在中共花溪区委的领导下，立足本职，爱岗敬业，艰苦创业，无私奉献，为我区的经济发展和社会进步做出了积极贡献，涌现出一批先进人物和先进个人。为宣传他们的先进思想和先进事迹，更好地发挥先进典型的示范带头作用，激励各界人士创造新业绩，经中共花溪区委同意，区政协决定对2003—2006年度为我区社会主义物质文明、政治文明和精神文明做出突出成绩的区水利局等11个先进单位和颜敏等66名先进个人予以表彰和奖励。希望受表彰的先进集体和先进个人发扬成绩，再接再厉，继续为“三个文明”建设做好服务，取得更加优异的成绩。全区政协委员和各界人士要学习受表彰的先进组织和先进个人，在中共花溪区委的领导下，与时俱进，开拓创新，同心协力，扎实工作，为抓住新机遇，增创新优势，实现第二产业占经济主体新花溪的新跨越而努力奋斗！

政协花溪区委员会

2006年9月13日

## 2003—2006年度先进集体、先进个人名单

一、先进集体：（11个，排名不分先后）

区水利局　孟关乡卫生院　区教育局　区工商联合会

区建设局　区民革支部　区民建支部

老来福药业公司工会　区政协办公室　区政协提案委员会　区财政局

二、先进个人：（66人，排名不分先后）

颜　敏（女）　付延仙（女）　李家林

冯　玲（女）　谢荣华（女）　陈祖逊

刘东升　杨文珍（女）　高志华（女）

王劲松　罗忠能　晏渝忠　焦光辉

释通修　韦友恒　沈　鹏　郭祥贵

王伦芬（女）　赵福梅（女）　宋明江

周颂华（女）　邹米拉（女）　张永吉

白尔楠　倪建元　贾朝晖　周来水

钟京平　钟远翔　张玉良　申群智

黄艳（女）　黎毓安　陈寿嵩　谢菊蓉（女）

石芸（女）　邓洁（女）　黄　梅（女）

杨玉祥　刘寓虬　孔令珍（女）

李　莎（女）　付玉林　方学先

干亚萍（女）　刘文翠（女）　王国江

李德龙　吉小琴（女）　陈向阳（女）

李洪林　曾文革　朱召留

苏　华　赵黔铭　张正相　王恩成
向恩菊（女）　李秀全　陈　源陈桦贵
卢云辉　杨正德　徐开新　郭　霞（女）
曹如人

## 关于表彰2006-2008年度优秀调研报告、优秀提案、提案承办先进单位、优秀社情与民意、优秀政协委员的决定

一、政协花溪区委员会在中共花溪区委的领导下，围绕中心，服务大局，开拓创新，各项工作取得了长足发展。在开展委员"五个一"活动、视察调研、提案、宣传、智力支边、社情与民意等方面的工作中，广大政协委员认真履行政治协商、民主监督、参政议政职能，积极参加活动，提出意见建议，有关单位认真办理提案，积极支持政协工作，为政协工作做出了积极贡献，对推动全区经济社会发展发挥了重要作用。

为了激励先进，树立榜样，经研究决定，对区政协2006--2008年度1个优秀调研报告、10件优秀提案、5个提案办理先进单位、3篇优秀"社情与民意"、20名优秀政协委员给予表彰。希望受表彰的单位和个人继续发扬成绩，再接再励，在新一年里，围绕区委九届六次全会提出的工作总体思路和经济社会发展目标，认真履行政协各项职能，以更加务实的精神，同心同德，开拓进取，扎实工作，坚定信心、迎难而上、团结奋斗、共克时艰，以科学发展观为指导，把"抓机遇、重民生、优规划、创品牌、保生态、推改革、强领导"各项任务落到实处，为促进我区生杰文明示范区建设做出更大的贡献。

政协花溪区委员会

2009年3月23日

## 2006-2008年度先进集体和先进个人名单

一、优秀提案（10件）

1、八届一次全会第14号提案《关于提高我区城镇化水平、推进市场化管理，逐步取缔星期天"赶场天"的建议》（提案人：田晓筑）。

2、八届一次全会第12号提案《关于整治花溪清溪路（大桥下沿河步行街）树立花溪文明、亮丽的窗口形象，还市民一个优美、整洁、秩序井然休闲的场所》（提案人：谌红英）。

3、八届二次全会第6号提案《关于尽快为花溪第二小学征用活动场的建议》（提案人：张成基、李秀明）。

4、八届二次全会第21号提案《关于在推进城镇化、工业化进程中解决好失地农民出路，实现和谐发展的建议》（提案人：王光华）。

5、八届二次全会第7号提案《关于综合治理花溪母亲河的建议》（提案人：王芝柏）。

6、八届三次全会第52号提案《提升城市品位、高原明珠花溪应有出租车的建议》（提案人：郭祥贵）。

7、八届三次全会第19号提案《将牛角岛打造成富有魅力的休闲胜地》（提案人：佘云云）

8、八届三次全会第7号提案《关于解决孟关乡沙坡村的村民饮用水的建议》（提案人：

龙海环）。

9、八届三次全会第 119 号提案《关于尽快落实花溪悼念馆的建议》（提案人：李莎）。

10、八届三次全会第 14 号提案《关于加大对企业周边治安环境治理的建议》（提案人：苏华）。

二、提案承办先进单位（5 个）

1、政府法制办；2、区城管局；3、交通局；4、公安局；5、财政局。

三、优秀调研报告（1 个）

花溪区政协人口资源与环境委员会《关于花溪区失地农民问题的调研报告》

四、优秀政协委员（20 名）

杨泽珍　喻钟秀　苏　华　钟京平

郭祥贵　李洪林　王芝柏　卢云辉

释通修　佘云云　方学先　李　莎

张成基　徐秀兰　赵福兰　陈辉娅

赵黔铭　干亚萍　朱召留　田晓筑

五、优秀社情民意（3 件）

1、要切实维护交通秩序（区政协办）。

2、关于用心保护好苗族“跳场”这一非物质文化遗产的建议（唐世海）。

3、关于足额解决乡村医生工资的建议（代千里）。

## 关于表彰 2009-2010 年度优秀提案、提案承办先进单位、优秀社情民意、优秀政协委员的决定

政协花溪区委员会在中共花溪区委的领导下，围绕中心，服务大局，开拓创新，各项工作取得了长足发展。各民主党派、工商联、有关人民团体和政协委员，以饱满的政治热情和高度的责任感，认真履行政治协商、民主监督和参政议政职能。积极运用提案、社情民意等形式，紧紧围绕区委区政府中心工作和人民群众普遍关心的热点、难点等问题积极建言献策，为促进我区各项事业的发展，起到了积极的作用，产生了很好的社会效益和经济效益。

为了进一步鼓励政协委员和政协各参加单位，激励先进，树立榜样，经区政协委员、界别团体推荐，区政协提案委员会讨论研究，区政协八届第次主席会议审定，对八届四次会议以来的 8 件优秀提案、5 个提案承办先进单位、3 篇优秀社情民意和 10 名优秀政协委员进行表彰。希望受到表彰的单位和个人与全体委员一起，坚持以邓小平理论和“三个代表”重要思想为指导，认真学习中共十七大和十七届五中全会精神，结合我区实际，在视察、调研的基础上，提出更多高质量的提案，为促进我区生态文明示范区建设做出更大的贡献。

政协花溪区委员会

2011 年 3 月 3 日

## 2009-2010 年度优秀提案、提案承办先进单位、优秀委员、优秀社情民意表彰名单

一、优秀提案（8 件）

1、罗锦国委员提出的《加强花溪网吧管理，促进青少年身心健康》第 63 号提案。

2、罗忠能委员提出的《尽快实施花溪河河道治理项目，恢复花溪秀美面貌》第 77 号提案。

3、罗晓碧委员提出的《尽快解决落实花溪出租车问题建议》，第 8 号提案。

4、刘东升委员提出的《关于整治螃解井烧烤区进行规范管理建议》第25号提案。

5、阮启彬委员提出的《关于进一步健全完善乡镇财政激励机制，促进区、乡财政体制改革建议》第5号提案。

6、陆书琼委员提出的《提升花溪形象，减少环境污染》第40号提案。

7、卢云辉委员提出的《关于尽快整治贵州民族学院家属区至教学主干道交通秩序建议》第1号提案。

8、王芝柏委员提出的《关于整治两条“污龙”保护花溪（母亲）河建议》第98号提案。

二、提案承办先进单位（5个）

区政府办、区交通局、区城管局、区卫生局、区教育局

三、优秀政协委员（10名）

程　韵、李新华、刘红云、李祖辉、胡　斌、谢菊蓉、杨正德、欧阳旭燚、熊　伟、吴利霞

四、优秀社情民意（3篇）

1.《关于提高村务公开透明度减少群体性突发事件的建议》（方学先）。

2、《关于明确我区各条道路交通标志、标线等交通设施的归属管理的建议》（杨启华）。

3、《关于对黄金大道饮水区河面进行清理的建议》（唐家瑜）。

## 关于表彰2011—2015年度优秀提案、提案承办先进单位和优秀政协委员的决定

政协花溪区委员会在中共花溪区委的领导下，围绕中心，服务大局，开拓创新，各项工作取得了长足发展。全体政协委员坚持以邓小平理论、“三个代表”重要思想、科学发展观为指导，认真学习习近平总书记系列讲话精神，紧密围绕区委、区政府中心工作和重点任务，切实发挥政治协商、民主监督、参政议政职能作用，为促进全区经济建设、政治建设、文化建设、社会建设、生态文明建设作出了积极贡献。各位委员和所在单位及相关部门积极为政协组织和政协委员开展活动、建言献策创造有利条件，为政协委员履行职责提供了重要保证。

为鼓励先进，促进政协工作再上新台阶，经研究决定，对区政协2011—2015年度10件优秀提案、5个提案承办先进单位和20名优秀政协委员予以表彰。希望受表彰的单位和个人要继续发扬成绩，再接再厉，在今后的履职活动中，作出新贡献，创造新业绩。全体政协委员要积极向先进学习，围绕区委提出的紧紧抓住坚持“一区四化”的城市发展定位，更加突出“文化之魂”理念和“大花园、大溪流”特色，认真履行政治协商、民主监督、参政议政的职能，为促进我区文化旅游创新区建设做出更大的贡献。

政协花溪区委员会

2016年2月16日

## 2011—2015年度优秀提案、提案承办先进单位和优秀政协委员名单

一、优秀提案（10件）

（一）《关于整治花溪公园路口拥堵的建议》

九届一次会议50号提案，提案人：李莎委员，

工作单位：花溪区政协。

（二）《关于在花溪河道（清华中学大门口路段安装护栏的建议）》

九届一次会议 52 号提案，提案人：刘洪军委员，工作单位：花溪区督办督查局。

（三）《严厉打击“两抢一盗”，努力打造“平安花溪”》

九届一次会议 71 号提案，提案人：罗锦国委员，工作单位：花溪区职业教育培训管理中心。

（四）《关于“桐埜书屋”的保护及挖掘黔陶历史文化的建议》

九届一次会议 23 号提案，提案人：区政协文史宣传学习委员会。

（五）《关于在青岩贵璜中学、青岩镇中心完小新校区设立学生专用通道的建议》

九届二次会议 8 号提案，提案人：谢菊蓉委员，工作单位：花溪区第一中学。

（六）《关于开通花溪至原小河区域城市公交车的建议》

九届三次会议 35 号提案，提案人：田毅委员，工作单位：贵阳市民族中学。

（七）《关于尽快启动“书香花溪”建设的建议》

九届四次会议 30 号提案，提案人：卢云辉委员，工作单位：贵州民族大学图书馆。

（八）《关于大力推进社区养老的建议》

九届五次会议 8 号提案，提案人：伍文英委员，工作单位：小河长江社区家政服务中心。

（九）《规划建设东西向城市快速路，助力文化旅游创新区建设》

九届五次会议 4 号提案，提案人：冉茂志委员，工作单位：贵阳伍洪汽车销售有限公司。

（十）《建设启用花溪悼念馆》

九届五次会议 13 号提案，提案人：民进花溪总支。

二、提案承办先进单位（5 个）

（一）贵阳经济技术开发区党政办公室

（二）花溪区人民政府法制办公室

（三）花溪区交通运输局

（四）花溪区文体广电局

（五）花溪区城市管理局

三、优秀政协委员（20 名）

刘家庆　王　珂　曾佑华　朱恒峰

陈兴兵　佘云云　陈桂兰　葛德龙

杨远君　朱　琼　周朝军　赵玉菊

宫连虎　张文闻　李发文　徐国霞

赵福兰　曾志云　殷丽霞　孔　剑

# 调研报告选录

## 关于花溪区社会福利企业优惠政策落实情况的调研报告

进一步落实国家对社会福利企业的扶持保护政策，建立良好的社会福利企业生产经营环境，促进社会福利企业在我区健康稳定发展，达到为国家地方创造财富，帮助解决残疾人就业，提高社会特殊困难成员生活水平，促进社会主义和谐花溪建设，是社会各界关注的问题。区政协主席会从3月起对花溪社会福利企业优惠政策落实情况开展了调研，在此基础上，于4月17日主席会成员和经济界委员及区国地税、民政、财政、残联等有关部门负责同志，对奔驰、申发、金龙三家社会福利企业进行了视察。现将调研情况报告如下：

### 一、花溪区民政福利企业基本情况

全区现有残疾人14516人，占总人口的4.9%，其中办有《残疾人证》的2435人，具有一定劳动能力的8234人，占残疾人总数的56.72%。民政福利企业1995年1户，2004年新增3户，共计4户4家福利企业集中安置残疾人员224人，其中，花溪残疾职工117人，占有一定劳动能力残疾人数的2.2%。花溪民政福利企业4户，占2003年全省在册民政福利企业总数的139户的0.8%。2005年4月和2006年1月26日，根据区国税局提供占全区已交应退增值税总额的40.8%。我区4家民政社会福利企业中奔驰、元业、申发得到区国税局所退增值税额为1722069.54元，花溪社会福利企业全交应退增值税仅占全省福利企业2003年一年退还增值税总额26968万元的0.6%。

**花溪区社会福利企业登记在册情况表**

| 序 号 | 单位名称 | 登记证号 | 法定代表人姓名 | 成立时间 | 组织机构代码 | 住 所 | 隶 属 |
|---|---|---|---|---|---|---|---|
| 1 | 贵阳金龙水泥有限公司 | 52003141301 | 胡斌 | 2004.5.13 | 71436713-8 | 花溪区养牛村 | 市民政局 |
| 2 | 贵州申发实业有限公司 | 52003141299 | 申群智 | 2004.5.13 | 71436788-3 | 花溪区蔡冲（贵阳市矿灯厂内） | 区民政局 |
| 3 | 贵州奔驰药业有限责任公司 | 52003141019 | 陈清明 | 1995.7.16 | 62243228-9 | 花溪区小碧乡柏腊山 | 区民政局 |
| 4 | 贵州元业铝合金有限责任公司 | 52003141297 | 曹凤德 | 2004.4.28 | 72210288-5 | 花溪区磊庄26厂内 | 市民政局 |

在对花溪社会福利企业有关优惠政策落实情况视察中，参加视察的同志亲眼看到：残疾职工有相应的工作岗位，并热爱自己的岗位和事业，工资平均400元-800元/月，生活有保障，有劳保和生活用品，有余钱寄回家补贴父母家用，有宿舍住，结婚成家的残疾职工还有套房，申发等社会福利企业还为残疾职工构买了有关福利保险，他们脸上都充满喜悦和笑容。

通过深入调研，大家对社会福利企业在地方经济社会发展中的作用有以下共识：

（一）促进社会福利企业稳定发展，有利于推动我区残疾人劳动就业工作的开展，为残疾人平等、参与、共享经济社会发展成果构筑就业平台，具有一定劳动能力已安置的“四残”人员能自食其力摆脱贫困，从而可减轻政府和社会压力，促进社会稳定和谐发展。

（二）落实执行好国税发（1994）155号文件，有利于提高社会福利企业在市场中的综合竞争力，有效加速社会福利企业利用国家优惠政策加快资本原始积累，促进企业稳定发展，为地方培殖税源。

（三）按照国税发（1994）155号文件，社会福利企业享受增值税先征收后返还的优惠政策，正确制定年度税收征管计划，对我区国税目标任务完成和财力基数将不会构成影响。

（四）在国税发（1994）155号文件继续有效的前提下，用足用好这一优惠政策，按照分级按比例返还增值税的原则，社会福利工业企业将返还增值税的75-80%，用于企业扩大再生产，对加快企业和地方经济发展有积极的推动作用。比如：奔驰药业，投入1700多万元建2个车间，并和西南农业产品科技服务有限公司投入2700多万元，建成贵州唯一一家兽药批发大市场，每年将增加几百万元的税收。资金投入主要来源于贷款、借款，还有优惠返还的百万元增值税。申发公司利用返还的增值税购买30多万元的光谱检测仪，部分用于化验设备和进行技改。贵阳金龙水泥有限公司虽尚未享受得到返还的增值税，但已作好新上两条生产线（80万吨水泥旋窑和60万吨超细粉）的前期准备工作，预计招商总投资1.5亿元，力争2006年第三季度启动，2008年前完成两期工程。

（五）执行优惠政策，有国税发（1994）155号文件等现成的政策依据，具有可操作性，对于改善招商发展环境有积极的现实意义。

在调研中还了解到，已经就业的残疾人怕失业，社会福利企业怕“先征税后返还”的优惠政策不落实，税务征管部门怕国家税收流失，残联民政等有关部门怕管理不到位“四条”标准难达到，残疾人的权益得不到保护。各方主要关注的有以下问题：

一是由于体制原因，有关部门对社会福利企业管理存在执法不严、监督不到位的现象。

二是个别社会福利企业对国税发（1994）155号文件规定需要具备的四项条件有的方面尚有差距。

三是在具体落实国税发（1994）155号文件明确对社会福利企业的三项税收优惠政策中，由于对该优惠政策的解释、减免税的定量与定性要件、同一企业生产两种以上应税产品返还税收如何认证、对返还增值税的使用如何加强管控等方面存在认识上的差异、税收优惠政策的落实尚存在差距。

四是由于对残疾人保障法规政策理解不透，加上对社会福利企业税收优惠政策落实有差距，我区社会福利企业少且不稳定，造成残疾人就业安置工作难度更大，甚至会影响到“以商引商”、“以企引资”加快发展的积极性。

五是对个别社会福利工业企业优惠政策落实不到位的问题，有不同看法。对贵阳金龙水泥有限公司返税的问题存在两种观点：一是大多数赞同全额退税的观点认为：（1）贵阳金龙水泥有限公司是独立核算并进行税务登记的法人单位，水泥编织袋是其一个车间，水泥和编织袋没有分家，只要达到社会福利企业的相关要求和条件，理应全部退税。（2）给“金龙”落实税收优惠政策，既有利于160多名残疾人的就业保障，又利于企业的稳定发展，更有利于花溪工业的发展。（3）编织袋车间生产的水泥编织袋是为装水泥而生产的，因此，水泥和水泥袋是不可分的一个整体，应是一个“应税货物”，应该按政策全部返回增值税。（4）《社会福利企业管理暂行办法》对的是一个厂是否达到标准而没有规定这个厂的每个车间都要达到50%以上的残疾职工。因此，只要全厂达到标准，理应全部退税。二是少数不同意的观点认为：水泥厂是重工业企业，不可能有50%以上的残疾人参加重体力的生产，因此，应分开退税，即只退编织车间税款，而不应退水泥生产车间的税款。还认为退税会影响地方经济发展。

六是贵阳金龙水泥有限公司和元业铝合金厂都隶属于贵阳市民政局，而后者是冶金重工业同样退了税。

七在岗的残疾职工热爱自己的岗位和事业，但又存在担心，又怕社会福利企业应享受的优惠政策落实不到位，投资环境改变自己从社会福利企业失业。

八是已按优惠政策减免税或返还已交增值税的社会福利企业尚未按民福发（1990）21号文件有关规定提取一定比例的社会福利发展基金和管理费。

## 二、民政福利企业享受税收优惠政策的政策法规依据

（一）《中华人民共和国残疾人保障法》《贵州省实施〈中华人民共和国残疾人保障法〉办法》《贵阳市残疾人保障规定》和民政部、国家计委、财政部、劳动部、物资部、国家工商行政管理局、中国残疾人联合会等部、委、局联合发布的民福发[1990]21号《民政社会福利企业管理暂行办法》的通知，以及财政部、国家税务总局财税字[2000]35号《关于民政社会福利企业有关税收问题》的通知精神。

（二）《财政部、国家税务总局关于企业所得税若干优惠政策的通知》（1994年3月29日[1994]财税字第001号）第九条明确指出：“民政部门举办的福利生产企业可减征或者免征所得税。是指：1、对民政部门举办的福利工厂和街道办的非中途转办的社会福利生产单位，凡安置‘四残’人员占生产人员总数35%以上，暂免征收所得税。凡安置‘四残’人员在生产人员总数的比例超过10%未达到35%的，减半征收所得税。2、享受税收优惠政策的‘四残’人员的范围包括盲、聋、哑和肢体残疾。3、享受税收优惠政策的福利生产企业必须符合下列条件：（1）具有国家规定的开办企业的条件；（2）安置‘四残’人员达到规定的比例；（3）生产和经营项目符合国家产业政策，并适宜残疾人从事生产劳动或经营；（4）每个残疾职工都具有适当的劳动岗位；（5）有必要适合残疾人出现状况的安全生产条件和劳动保护措施；（6）有严格、完善的各项管理制度，并建立了

'四表一册'（企业基本情况表、残疾职工工种安排表、企业职工工资表、利税分配使用报表、残疾职工名册）。"

（三）《国家税务总局关于民政福利企业征收流转税问题的通知》（1994年7月4日国税发[1994]155号）第二条："具体的优惠政策：（1）安置的'四残'人员占企业生产人员50%以上（含50%）的民政福利工业企业，其生产增值税应税货物，经税务机关审核后，可采取先征后返还的办法，给予返还全部已纳增值税的照顾。返还的办法是：民政福利工业企业在每一纳税期满10日内，如实进行纳税申请，并填开税票缴纳税款，由县级税务机关填开'收入退还书'，将已缴纳税款全部退还给纳税企业。（2）安置的'四残'人员占企业生产人员35%以上未达到50%的民政福利工业企业，其生产销售的增值税应税货物，如发生亏损，可给予部分或全部返还已征增值税照顾，具体比例的掌握以不亏损为限。返还办法是：企业应先按规定纳税，全年发生亏损的，年底向当地主管税务机关提出申请，由县级主管税务机关审批返还。（3）安置的'四残'人员占企业生产人员35%以上（含35%）的民政福利企业，其经营属于营业税'服务业'税目范围内（广告业除外）的业务，免征营业税。"

（四）民政部等关于发布《社会福利企业管理暂行办法》的通知，即民福发（1990）21号，第三十七条、三十八条、三十九条，有"社会福利企业按销售收入额的一定比例提取管理费"等规定。

## 三、促进民政福利企业有序健康发展的意见和建议

1、提高认识。社会福利企业税收优惠政策的落实，是政府对弱势群体的高度重视，对鼓励安置残疾人就业，大力保障残疾职工弱势群体和福利企业的健康稳定发展，对福利企业自身及地方经济的发展和财税的培植将发挥积极作用。不仅不会影响地方经济，反而会促进地方经济的繁荣发展和社会的和谐稳定，具有良好的经济效益和社会效益。要从促进和谐社会建设的政治高度进一步提高认识，落实各项优惠政策。

2、加强对社会福利企业安置"四残"人员的管理。有关管理执法协调部门按照国家民政部及国家税总局和属地管理的原则，对社会福利企业进行清理整顿，使其达到"四条"规定要求。不符合规定标准的一律不得享受税收优惠。今后，应定期不定期进行检查。

3、依照《劳动法》、《残疾人保障法》、《民政社会福利企业管理暂行办法》之规定，用人单位和劳动者必须依法签定劳动合同，依法缴纳社会保险费（养老、失业、医疗、工伤、生育保险），提交一定比例的管理费。

4、社会福利企业有义务向税务部门提供安置"四残"就业人员的名单、残疾证书等有关要件资料，以利税务部门录入计算机监管，实行有效监控。自觉遵守政府对返还税收使用的指导，保证所返还的税金，大部分用于企业自身的新产品自主研发，技改等扩大再生产投入，提高产品科技含量，提高企业档次和竞争力。残疾人保护基金由企业按规定交民政部门。少部分作为福利基金由民政部门按收支两条线原则先交财政，再由财政返还民政、残联用于残疾人事业。

5、税务有关部门应按照有关国税发（1994）155号和相关文件规定，执行"先征税后返还"

等税收的优惠政策，并加强征管工作，支持社会福利企业健康发展。

6、对贵阳金龙水泥有限公司是否应该退税问题，按照《社会福利企业管理暂行办法》和相关优惠政策，只要达到条件和标准，就应按政策退税。

7、对隶属市民政部门管理的社会福利企业应变更隶属于花溪区民政局管理，以利进一步对社会福利企业监督和管理。

8、政府及其有关部门要创造条件，落实有关优惠政策，加强社会福利企业管理，并制定有关措施，规范管理，促进健康发展。

政协花溪区委员会

2006年4月26日

## 关于花溪区绿色健康产业发展现状的调研报告

根据《花溪区绿色健康产业发展纲要》，绿色健康产业进一步明确为花溪区产业发展的重要后续支柱产业。为进一步摸清全区绿色健康产业发展现状和存在问题，由区政协牵头，组织相关委员、专家和有关部门负责人组成花溪区绿色产业调研组，对区内外绿色健康产业进行了视察和考察。

今年4–6月，为全面了解省内外同类绿色健康产业发展情况，受区政府和区政协主席会委托，区政协副主席孙剑同志率区农业局、科技局、乡企局、绿产办、科协、农调队等部门负责人，并邀请贵州大学部分专家，考察了息烽、修文养鸡、养兔发展情况和海南文昌鸡、广州穗香鸡、广州三鸟批发市场、铁岭大成农牧、长春德大养鸡产业化及天津饲料厂和北京畜牧机械厂发展情况，制定了绿色健康产业发展调研方案和计划。7月下旬，区政协副主席李隆辉、孙剑又率调研组对区内部分企业、乡镇和部门进行了实地视察，同时调研组对贵阳沃尔码超市、五里冲批发市场、三桥批发市场等贵阳市内绿色食品市场进行了调研，初步掌握了区内绿色健康产业发展现状和存在问题。根据调研了解的情况，现提出相关意见和建议，供区委、区政府决策和实施参考，以期助推我区绿色健康产业做大做强。

### 一、花溪区绿色健康产业发展现状

#### （一）总体现状

花溪发展绿色健康产业，具有较好的传统基础，仅从农产品加工情况看，其涉及种类广泛、品种繁多，主要有苗药、辣椒、菜油、牛奶、茶叶、饲料等还有精深加工的地方特色农产品，如玫瑰糖、豆腐制品、米酒、牛肉粉、香米醋、腌腊制品、粉条等农产品。同时，按照贵阳市建设生态经济市的发展布局，花溪区以主攻绿色产业为目标，发展区域经济，农产品加工是花溪区绿色健康产业的主要业态。随着传统产业的升级改造和一批品牌企业的进入，花溪区把城市生产要素扩大到农村，把工业发展理念引入农业，培养提高农产品加工企业的组织化程度，运用产权化运作模式，形成具有明显竞争优势的农产品加工产业，通过金融体制创新、开发金融品种，改善金融服务形式多渠道的投融资机制，提高农业产业化运作抗风险能力，逐步形成具有花溪特色的绿色健康产业示范基地。目前，全区制药企业有10家通过了GMP验收，主要是中草药深加工，共生产药品38个，2004年销售收入3.1亿元，利税0.25亿元；畜禽养殖业及畜禽产品加工以牛、猪、鸡、羊为主，2004年销售收入2.41亿元，利税0.35亿元；调味品主要有辣椒、菜油、花椒油、生姜油、蒜油、双花醋、酱油，2004年销售收入0.9亿元，利税0.12亿元；特色食品和旅游小商品主要有青岩古镇的特色农产品、花溪牛肉粉系列产品、羊艾有机茶、赵司茶、花溪米酒系列产品以及具有一定特色的旅游小商品等30多个特色产品，2004年特色食品和旅游小商品销售收入达2.5亿元，利税0.25亿元。

目前，我区绿色健康产业的规模较小，但发展前景广阔。全区包括药品、食品在内的规模以上绿色健康工业企业共13家，其中，制药企业8家，包括贵州老来福药业有限公司、贵州益康制药有限公司、贵州民族药业股份有限公司、贵阳黔峰生物制品有限公司、贵阳奔驰生物药业有限公司、佳程药业（贵州）有限公司、贵阳中医学院药厂、贵州缔谊健康制药公司等；食品企业5家，包括贵阳华港饲料有限公司、贵阳黔鹰联合公司、花溪酒厂、贵阳中意食品有限公司、花溪区粮油工业有限公司等。规模以下绿色健康工业企业有叶大、海龙、思味等食品厂。绿色产业基地和绿色商品生产基地有青岩蔬果基地及旅游小商品市场，董家堰、把伙草莓基地，小碧乡莲藕基地，党武、湖潮辣椒基地，洛平奶牛基地、羊艾奶牛场，羊艾食品药品基地，黔陶乡调味品基地，燕楼乡谷蒙村养猪基地，康宝种猪公司，黔陶乡黔陶村养兔场，贵大种鸡场，小碧乡阳光乐园百香果种植，孟关丰辉养鸡场，沙坡村养鸡场，湖潮纯源蛋鸡场。绿色产品批发超市有花溪宏盛超市、花溪佳宇超市、好乐多超市、大昌隆超市等。近年来我区围绕建设贵州省农产品加工基地和创建全国农产品加工示范基地的目标，以畜禽产品、辣椒调味品、青岩食品为特色，大力发展生态农业，实施农业产业化，绿色健康产业得到较快发展。2004年全区农产品销售收入达8.91亿元，利税8700万元，农产品加工企业为农民提供了4589个就业岗位。预计2005年规模以上绿色健康产业工业企业完成产值4.5亿元，占全区规模以上工业比重的20%，成为全区工业中的第三大支柱产业。

### （二）绿色健康产业行业发展现状

1、辣椒产业。我区辣椒产业的发展，主要借助“花溪辣椒”品牌优势，实施辣椒产业化，加快建设党武、湖潮辣椒基地。目前，辣椒基地建设已具一定规模，党武辣椒批发市场已成为我区实施辣椒产业化的重要平台和载体。我区辣椒加工企业主要有“辣椒王”、“风辣子”、“椒中椒”等企业，但由于经营不善和其他多方面原因，导致企业生产难以为继，有的被迫倒闭或停产。新引进的叶大食品厂“香辣脆”已正式投入正规生产，拟开发鸡辣椒、蓢辣椒、糟辣椒等特色风味食品，尽快上规模、上档次。从总体情况看，我区辣椒深加工、精加工产品的产业链不长，辣椒加工企业的规模和档次不能满足辣椒产业化发展的需要，与“花溪辣椒”品牌不相称。另外，我区辣椒部分品种已退化，需要改良，干辣椒加工工艺落后，影响色泽和品质，优质辣椒原料短缺影响生产。

2、绿色食品加工业。我区绿色食品产业主要包括蔬菜、水果、绿色食品生产基地建设，农副产品、畜产品加工等。加工企业主要有贵阳华港饲料有限公司、贵阳黔鹰联合公司、花溪酒厂、贵阳中意食品有限公司、花溪区粮油工业有限公司以及叶大、海龙、思味等食品厂。

产品包括调味品、旅游风味食品、保健品等，2004年食品加工业销售收入5.81亿元，利税0.72亿元。其中：畜禽产品加工销售收入2.41亿元，利税0.35亿元；调味品加工销售收入0.9亿元，利税0.12亿元；其他特色食品和旅游小商品销售收入2.5亿元，利税0.25亿元。

3、现代中草药产业。主要加工企业有贵州益康制药公司、贵州老来福药业公司、贵州奔驰药业公司、贵州民族制药股份有限公司等一批规模以上重点骨干企业。这些企业GAP基地大多在区外，本区中药基地较少。目前，全区制药企业有10家通过了GMP验收，共生产药品38个，2004年销售收入3.1亿元，利税0.25亿元。

## 二、花溪区绿色健康产业发展存在的困难和问题

### （一）绿色健康产业产品认证问题亟待解决

要做大做强绿色健康产业，须有绿色健康产品支撑。健康产品分为无公害、绿色、有机三个级别。以绿色食品为例，无论是AA级还是A级，首先强调的是生产地环境质量符合《绿色食品产地环境质量标准》，其次是生产过程，安全指标和包装。就无公害产品生产基地，花溪只取得了9个村的认证，落后于乌当（25个）、修文（16个）、开阳（12个），而绿色产品产地环境认证还是零。从上报的数据来看，花溪有3000多亩无公害蔬菜基地，青岩有3000亩豇豆基地，思潜有3000亩早菜基地。但严格地说，花溪还没有真正意义上的无公害农产品。因为无公害农产品一般要求使用规定的标志，注重生产过程的监控，同一批次产品使用统一的包装，这些我们还没有做到。

### （二）产品生产工艺落后、规模偏小、市场占有率较低

从调研情况看，我区绿色种植业不连片，不成规模，养殖业龙头企业和养殖大户太少，形不成规模，难以组织市场销售，市场占有率低。在五里冲批发市场调研时，仅看到一点花溪的莲藕和磊庄的鸡蛋，养殖业除洛平奶牛基地、燕楼谷蒙养猪专业村、康宝种猪产业发展公司、磊庄二家蛋鸡场、沙坡村、谷立丰辉养鸡厂、黔陶王伦芬养肉鸡有一定规模外，其他养殖户多为家庭小养殖，难以发挥规模效应。我们引为自豪的“花溪辣椒”，由于部分品种退化、烘干工艺落后，将部分辣椒产品从无公害加工成了有公害，导致产品市场销售不畅。又如：青岩的水腌菜、猪脚、鸡辣角等同样存在加工工艺落后、产品档次低等问题；董家堰和把伙草莓品种退化、个小、色泽不好，质次价低，难以组织外销；小碧乡莲藕基地出现规模退化问题。从全区绿色健康产业销售情况看，外销产品主要以药品为主，食品商品市场空间较小，外销产品较少。

### （三）企业资金瓶颈突出，难以扩大生产

企业普遍反映资金紧张，尤以制药企业最为突出。在制药业上，由于GMP改造，普遍增加了企业固定资产投入和生产成本，国家政策调整药品降价，无论是食品药业基地新入驻企业还是原有的制药业普遍存在缺少流动资金现象，难以投入维持正常生产或扩大再生产。我区除益康制药、奔驰药业、民族制药、老来福药业等几家药业企业外，几乎所有药业园区新入驻制药企业都没有正常生产。经调研，有国家政策因素，有GMP认证和QS认证等占用了流动资金因素，有土地产权未解决无法贷款等问题。如，羊艾药业基地药业企业由于土地产

权问题未解决，导致无产权作抵押贷款，企业流动资金紧张；贵阳中意食品有限公司进行技术改造扩大生产线和生产规模，再加上企业进行 QS 认证，流动资金相当紧张。

### （四）人才因素制约较大，新产品科技开发力度不够

产业结构的调整和升级，畜牧业和绿色产业的规模化生产，都要有适当的资金投入和相当的技术人员作支撑。由于投入不足，资金不匹套，许多项目难以正常开展，影响了产业化的发展。从调研情况看，乡镇、部门、企业专业技术人员缺乏也是制约我区绿色健康产业加快发展的又一重要因素，阻碍了产业相关技术的推广和企业的规模化进程。

### （五）用地难及软硬环境较差，招商安商环境有待进一步完善

从调研情况，企业普遍反映我区招商环境较好，特别是这几年招商和安商环境有了进一步的改善。但也存在一些亟待解决的矛盾和问题。主要有企业土地产权问题、水电路配套问题、企业周边纠纷问题、企业贷款担保问题等等。如羊艾食品药业基地企业土地产权问题，影响了企业的发展；中意食品周边环境太差，农民因为水、电、路的问题时常堵路及偷盗问题等。

## 三、加快发展我区绿色健康产业的意见和建议

根据市委、市政府的要求，我区的发展定位是生态区、文化区和旅游区。花溪的发展主题是：树立贵州窗口形象、体现贵阳林城特色，增创新优势、实现新跨越，建设以第二产业占经济主体的新花溪。树立贵州窗口形象、体现贵阳林城特色，是省委、省政府和市委、市政府对花溪发展的总要求。这个总要求，决定着花溪区在贵州省、贵阳市的地位、作用、责任和机遇。按照这个总要求，坚持生态区、文化区、旅游区的发展定位，重点实施生态立区、旅游兴区、工业强区三大战略，把花溪建设成为“最适宜休闲度假、最适宜生活居住、最适宜发展绿色健康产业”的高原明珠，是总的目标。我区要实现在二轮建强期末的 2007 年建强综合考核“保八争六七”和到 2010 年基本建成以第二产业占经济主体的新花溪的目标，实现经济结构从“三二一”向“二三一”的战略转型，突破工业是关键。要突破工业主攻绿色健康产业又是关键，因此，全区要统一认识，要放手抓绿色健康产业，切实把资源优势转化为经济优势，转化为现实生产力。

现根据调研情况，结合我区绿色健康产业发展实际，提出如下意见和建议：

### （一）应高度重视和加快解决绿色健康产业市场准入门槛问题

要围绕国家对绿色健康产业的有关认证目标和要求，建议由区绿产办牵头，围绕建设好贵州省农产品加工基地和创建全国农产品加工示范基地的目标，充分利用和整合我区发展绿色健康产业的资源和环境优势，以畜禽产业化、辣椒产业化、苗药产业化为特色，大力发展绿色健康产业。加强与大专院校、科研院所的技术合作，建立绿色健康产业研发体系、质量标准体系、质量监测体系。加快与国家、省、市有关部门对接，积极申报无公害产品基地、绿色食品基地、有机食品基地和配套产品生产；扩大对无公害农产品基地的环境认证，开展绿色产品的环境认证，为发展绿色健康产业打好基础。

### （二）应加快规划出台我区“绿色健康产

业‘十一五’发展专项规划”

当前全区上下要充分认识发展绿色健康产业的重要性和紧迫性，结合我区国民经济和社会发展“十一五”规划，认真制定好切实可行的绿色健康产业发展专项规划。建议专项规划重点抓好两个方面的工作：一是重点规划好畜禽产业化、辣椒产业化和苗药产业化三篇大文章，加快发展绿色食品产业和生物制药业，建设好羊艾现代中药食品工业基地。二是重点规划建设孟关工业集聚区、合朋轻工业基地，与贵州大学合作建设科技园区，对接小河国家经济开发区和国家高新技术产业区，整合区域资源，形成区域性绿色健康产业集群。按照成熟一项发展一项，成熟一行发展一行的原则，逐步推进，把好事办成，把实事办好。加大结构调整力度，促进我区绿色健康产业上规模上档次，搞好产品市场营销，加快产、加、销一体化进程，加快推进绿色健康产品区内外产品市场体系的形成。

（三）应加快制定相关政策措施扶持绿色健康产业加快发展

我区绿色健康产业的规模虽然较小，但发展前景广阔。要积极争取省、市有关部门的支持，采取扶持和优惠政策，结合花溪实际，立足全省资源，面向全国市场，开拓国际市场，充分整合资源、市场、技术、人才、资金等要素，把引进品牌加工企业和提升现有加工企业结合起来，努力形成以辣椒产业化、苗药产业化、生物制药产业化为特色的绿色健康产业竞争优势。建议政府制定相关政策措施，鼓励支持绿色健康产业加快发展，在宣传力度上、在流动资金帮扶上、在政策措施上给予鼓励和倾斜。积极争取上级项目和各种资金支持，围绕服务城市消费和为加工企业提供原材料，高标准建设稳定的原材料基地和产地市场。对发展绿色健康产业的企业和农户给予一定的优惠政策，在基本建设和流动资金上给予协调和扶持，促使其扩大规模，加快发展，做大做强。建议重点抓好以下四个方面的工作：

1、辣椒产业化方面。搞好辣椒基地建设，扩大种植品种，选优扶壮，提高产量，改善品质，防止退化。扶持“辣椒王”、“风辣子”、“椒中椒”等原有企业做大做强，利用好“老干妈”、“好花红”等品牌企业促进发展，协调扶持新引进的叶大食品厂“香辣脆”扩大生产规模，开发市场。规范、开发鸡辣椒、菌辣椒、糟辣椒等特色风味食品，上规模、上档次。开发深加工、精加工产品的产业链，如调味品、化妆品、食用色素、辣椒素（军用）等。

2、绿色食品产业化方面。加快无公害蔬菜、水果、绿色食品生产基地建设和农副产品、畜产品加工等，发展订单农业。一是发展名、特、优、反季节蔬菜，供应宾馆、酒店、超市。二是加工罐装制品、饮料、果脯、干果、草莓酱等。三是加大干菜、腌菜的加工。四是大力发展奶牛业，扩大乳制品加工范围，生产果奶、奶酪等。五是搞好肉牛品种改良，引进优良品种，生产优质高档牛肉，供应高级宾馆、酒店。六是延长鸡、禽类生产链，加工白条鸡、分割鸡，创立“元宝鸡”、风鸡、烤鸡等加工品牌，同时开发鹌鹑、肉鸽的生产和加工。七是依托“康宝”发展瘦肉型仔猪，在杂交组合中引入本地猪种或小香猪品种，生产乳猪或肉制品加工，如香肠、腊肉等。八是发展草食节能型畜牧业，养鸭、鹅、兔、鹿等。兔可用于试验动物，鹿可利用本地的荒山灌木，鹿茸、鹿血、鹿鞭、鹿胎用于制药或保健用品。动物血液可用于生产生物制剂、生物制药、食品和饲料添加剂。九是发展小包装旅游风味食品，如茶蛋、猪脚、炸鹌鹑等。

3、中草药产业化方面。采用订单农业模式，结合退耕还草，鼓励农民加快结构调整种植中草药。政府搭建平台，以“老来福”、“益康”、“民族制药”为依托，整合资源，打响苗药品牌。加快羊艾药业基地，以及生物制药的发展，使之早投产、早见效、扩大生产规模。在高坡、黔陶等乡镇划定保护区，防止野生中草药资源的盲目掠夺式开采，制定种植开发规划，恢复资源。

4、食品加工业方面。加快调味品、旅游风味食品、保健品的加工生产。利用花溪的黄豆、生姜、韭菜、花椒、大蒜、香菜、芝麻、蘑菇等，建立种植基地，开发调味品系列产品，如韭菜花、芝麻糖等。研究开发本地野生菌种，达到人工种植栽培，扩大产量。加快青岩状元蹄膀、青岩猪脚、双花醋、鸡辣椒等产品精深加工和包装；加快干菜的生产加工和包装等。

### （四）应加快规模企业的培植和专业技术人才的培养

市场和加工，是发展绿色健康产业的关键。加快辣椒、大蒜、花椒、生姜、畜禽养殖基地建设，实施建设稳定的原材料基地和产地市场。围绕辣椒产业化，争取建成上海福记联合企业公司花溪调味品基地，开发以辣椒粗加工、辣椒精深加工、生产酱油和酱菜为重点的调味品系列产品，开发以畜禽产品加工和提升青岩特色食品为重点的绿色食品系列产品；围绕苗药产业化，加快建设正大集团花溪产业基地，以贵州老来福药业公司、贵州民族制药有限公司和羊艾现代中药工业基地为重点，开发具有苗药特色的现代中药产品；围绕生物制药产业化，以贵州益康制药公司、贵州黔峰生物制药公司为重点，发展生物制剂和西药制剂系列产品。

高度重视专业技术人才和管理人才的培养，树立“人才资源是第一资源”的意识，努力建设一支具有创新精神和创业能力的产业发展人才队伍，充分开发区内区外两种人才资源，形成经济管理人才队伍梯次结构，建立人才培训机制，有计划分批次地对现有部门、乡镇和企业有关人员进行技能培训，定期举行讲座和专业培训，及时补充，定岗定员，为发展绿色产业做好人财贮备。

### （五）应继续营造良好的招商氛围和安商环境

一是用心做好“一招六引”工作。即招客商、引资金、引项目、引品牌、引企业、引人才、引市场。要通过“一招六引”解决我区发展绿色健康产业面临的重点难题，即资金问题、人才问题、技术开发问题。加快与上海福记联合企业公司合作建设花溪调味品基地，实施“十百千”工程；加快与清华科技园创业投资有限公司合作，建设清华科技园创业投资有限公司（贵州）产业基地，为花溪发展绿色健康产业推波助澜。二是加大对现有企业在政策上给予倾斜，扶持现有企业做大做强。政府有关职能部门应尽快制定相关政策，在用地、规划、审批、贷款贴息担保、环境整治等方面予以倾斜和扶持。区政府中小企业发展担保公司，要重点支持绿色健康产业的深加工。区财政要想办法挤出资金，建立专项扶持基金，对我区区域范围内的规模以上绿色健康产业加工企业在技术改造、新产品开发和流动资金借贷等方面予以扶持。加快解决我区部分企业土地产权权属问题。

（六）应整合资源加快绿色健康产业的快速发展

一是加快实施“校企联动”计划，充分利用我区高校科技人才资源集中的优势，加快科技成果的转化。政府应每年从区科技三项费中安排一定资金，用于企业和高校科技项目的联合申报和科技成果的转化费用（每年开发1–2个项目），可采取共同申报和开发新项目新产品，成型后招商引资上规模的方式进行。学校负责技术、研发、工艺、产品标准制定等，企业负责生产，政府主导协调。根据调研组与贵大生命科学院的对接情况，学校对我区青岩旅游食品、农副产品加工、药材、木本食品、香料、珍稀植物开发、辣椒烘干、制品等课题很感兴趣，愿意参与联合开发研究。二是发挥专业协会、龙头企业和科技示范（户）的带动作用，实行企业化运作，加快绿色健康产业发展。三是整合区内闲置资源，尽量利用现有企业和闲置厂房，以购买、兼并、租赁、协作等方式，重组整合和改造现有项目，力争培育发展一批，巩固提升一批，嫁接拓展一批，增强特色产业竞争优势，做到政府少花钱、多办事、办成事。

政协花溪区委员会

2004年12月16日

## 关于花溪区失地农民问题的调研报告

### 一、调研背景

世界经济发展的历史经验表明，人类社会的进步，是一个不断由传统农业文明转向现代工业文明的全方位的结构转换过程，这一过程的社会标志便是工业化和城镇化。许多工业发达国家走的是集中的城镇工业化道路，即依靠城镇地区现代工业与第三产业的大规模扩张吸纳从农村逐步转移出的大量剩余劳动力。这意味着，工业化必定会带来城镇化，而城镇化又将进一步推动工业向更高层次发展。农业经济的发展离不开农村的工业化、城镇化以及中心城市的发展，城镇集聚产业进而推动社会的进步，是发达国家经济社会发展的普遍规律。在以城镇化和工业化为特征的经济增长的过程中，土地是其中非常敏感而关键以及波及效应十分强烈的一个问题，这不仅仅是单纯的农业用地向非农业用地的转化，同时还涉及到对农业用地进行高效地利用和保护的问题，涉及到农民的生存安全和可持续发展。土地对农民具有生产资料和社会保障的双重功能。故此，失地农民，被主管农业和农村工作的国务院副总理回良玉称为“三无农民”——“种地无田，做工无岗，社保无份”。

从花溪的发展进程来看，花溪面临着新的机遇和挑战。区第九次党代会提出了“全面落实科学发展观，坚持生态区、文化区、旅游区的发展定位，抓住大品牌落户、大项目带动、大企业进入的发展机遇，围绕交相辉映、绿色产业、大地之舞三大计划，重点实施生态立区、旅游兴区、工业强区三大战略，加快推进城镇化、工业化、农业产业化，增创投资增长速度、绿色产业增长速度、旅游文化产业增长速度、信息技术应用程度四个新优势，社会各项事业全面发展，实现第二产业占经济主体的新跨越”的发展目标。

近年来，一批有影响的重点招商引资项目落地花溪，如贵州清华紫光科技园、大地之舞艺术中心、大地之舞传习中心、花溪会展中心、多彩贵州城等，这些重点招商引资项目的实施对花溪的发展将产生巨大的推动作用和深远的影响。同时一批重大基础设施的建设，特别是南环线和花溪二道的建设也将给花溪的发展带来重大而深远的影响。南环线建设涉及7个乡（镇、办事处），26个行政村，道路建设征地直接涉及人口3874人，另外还有9个行政村土地全部下辖于南环线范围内，涉及总用地64平方公里，它将成为花溪城镇化建设、城市中心的依托。花溪二道全长约15.4公里，宽33—40M，总投资23亿元，涉及花溪4个村，桥梁和下穿地道除外，路基约占地约345公顷，它将成为花溪发展的又一个经济大动脉。这些项目的实施必然不可避免地涉及到征用土地的问题 。据区国土部门统计，1999年至2004年征地2374.2亩，年均征地395.7亩；2005年至2006年9月征地2275.5亩，年均征地1300.5亩；2006年10月至2007年7月征地7021.5亩，年均征地8425.5亩；2007年8月以来征地4305亩，年均征地17220亩，合计总征地15976.2亩，其中耕地11134.5亩，占总征地69.69%。据区维稳办统计2004年以来，因征地问题引发的上访、堵路、阻工等群体性事件16起，占群体性事件发生数的24%。从以上征地和群体性事件的发生情况分析，我区征地在逐年高强度加大，失地农民不断增多，各种矛盾和问题也在迅速增加和凸显。这些都是城镇化、工业化进程中出现的突出问题。从今后建成的南环线和花溪二道形成的道路骨架来看，必将拉动花溪城镇化和城市建设的新高潮，而涉及征地和失地农民的问题远远不止如此。为此，区政协本着实事求是的原则，在深入开展调查研究的基础上，撰写了该调研报告，为党委、政府科学决策提供参考。

## 二、调研情况

区政协人口资源环境委员会于年初制定了调研工作方案。今年7月组织了有区政协委员、大学生、研究生、乡（镇、办事处）村干部参加的十个调查小组，对花溪中心区五个村农户进行了抽样调查。10月11日组成赴外地考察组，针对失地农民问题进行考察。

### （一）调研方式

根据花溪目前失地农民的分布情况，我们选择了花溪中心区产生失地农民出路问题较有代表性的村寨和农户进行调查。主要方式：一是针对失地农民分布在花溪中心的花溪村、吉麟村、大寨村、洛平村、云上村的已征地、在征地或即将征地农户进行入户调查，抽样涉及203户675人；二是采取座谈会的形式邀请相关部门和涉及的村支两委主要负责人进行座谈，听取他们的意见和看法；三是调查村级集体经济状况；四是赴成都市青白江区和厦门市同安区进行有针对性考察。五是在调查和赴外地考察的基础上结合花溪目前实际情况进行了综合分析。

### （二）入户调查基本情况

本次调查共发出失地农民基本情况调查表和调查问卷207份，收回207份，有效203份，涉及203户675人。调查内容主要包括失地农民家庭基本情况、人口构成、专业特长、文化程度、经济来源、家庭收支、家庭资产、家庭投资、承包土地与被征用土地的情况以及征地补偿、土地补偿款使用、产业安置、劳动力就业和就业培训，村级集体经济状况等十八个问题。

据调查，203 户中失地 3 年以上的 121 户，占 59.6%；失地 3 年以内的 71 户，占 34.97%；即将失地的 11 户，占 5.41%。被调查对象中，男性 145 人，女性 58 人，其中 18—55 岁的 142 人，涉及 675 人、劳动力 317 人。

据调查，在征地前后生活水平对比方面，25.12％认为提高了，21.18％认为没有变化，31.53％认为现在暂时提高了，但以后难说，22.17％认为下降了。

据调查，在被调查对象中，失地农民经济来源可分为三类：一是来自工资、运输业，维修和自己门面出租收入的人员 93 人，占 29.33%；二是有相对稳定经济来源，主要靠打工、房屋出租的 208 人，占 65.62%，这部分大多是将土地补偿款全部或大部分用于建房的失地农民。三是剩余从事农业的 16 人，占 5.05%，经济来源较为困难。

### （三）外出考察的主要收获

1、考察地区均建立了一整套较为完整的失地农民社会保险制度，确保了失地农民失地后能够获得一份保险。如：成都市人民政府制定的《成都市征地农转非人员社会保险办法》、《成都市已征地农转非人员社会保险办法》，厦门市政府出台的《厦门市被征地人员基本养老保险暂行办法》及实施细则等政策法规。

2、实施“金包银”工程。所谓“金包银”工程，就是指政府在征用农村土地、规划设计工业集中区时，预留合适的空间，在村庄的外围进行统一规划，建设“底层店面上部公寓”的商业用房，提供给村民作为经营性收入的来源，基本实现每户被征地农民有一套居住用房、一套公寓（用作出租）和一个店面（或一份股份），有计划向村寨中心推进，最终实现城中村改造，此为“金包银”。

### （四）失地农民存在的主要问题

1、认为征地价格偏低。被调查的 203 户中，认为征地价格偏低的占 71.92%，无所谓的占 12.32%，4.43% 不愿对此进行评价，仅有 11.33% 表示满意。（如图）

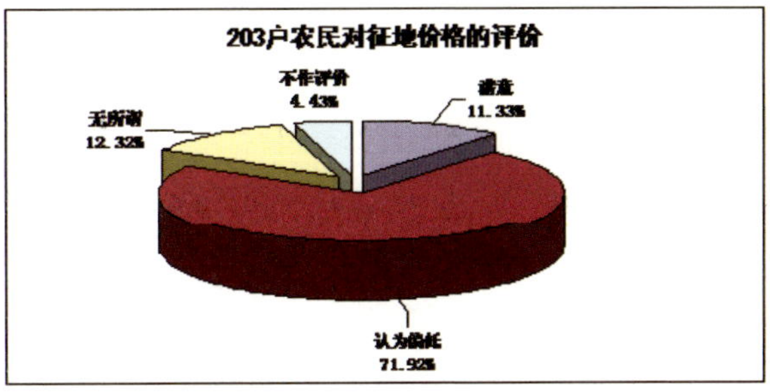


2、征地补偿款使用方式单一。在调查 203 户失地农民时，有 159 户将大部分或全部征地补偿款投入自住房或出租房建设（较多为违法违章建筑）。其他则用于子女、生活等方面储蓄。基本没有投入在可创收的行业上。

3、村级集体经济发展薄弱。据了解，在调查的几个村中只有花溪村、吉麟村、大寨村尚有一少部份经营性房屋出租，但均没有较大规模村集体企业，村级积累大多来源于征地补偿。

4、失地农民面临较大的就业压力。从被调查的 317 名劳动力对失地后的担忧情况来看，有 107 人认为就业难、生活来源不稳定；84 人担心子女将来的出路问题；56 人担心养老保障问题；39 人主要考虑子女教育问题；另有 30 人考虑医疗问题。317 人中有稳定职业的 93 人，相对稳定职业的 208 人，从事农业的 16 人。稳定和相对稳定职业主要是打工、运输、维修、经营门面和出租房屋等。

### 五个村集体经济状况调查表

| 村名 / 内容 | 花溪村 | 吉麟村 | 云上村 | 洛平村 | 大寨村 |
|---|---|---|---|---|---|
| 主要经济来源 | 房屋出租 | 房屋出租吉麟菜场 | 门面出租、牛马市场、纸箱厂 | 水库水面出租、土地款提留 | 门面出租，原房出租积累 |
| 年收入（万元） | 80 | 52 | 45 | 10 | 18.7 |
| 村办企业（个） | 1 | 无 | 1 | 无 | 无 |
| 村级资金积累（万元） | 600 | 160 | 37.8 | 750 | 124 |
| 村级固定资产积累（万元） | 2000 | 1500 | 3500 | 850 | 687.5 |
| 备注 | 村办旅社一个 | | 村级纸箱厂 | | 原溪山酒店未出租后，经济增收困难 |

5、失地农民没有一份养老保障。在对203户失地农民的调查中，没有一户参与养老保险，甚至不知道养老保险的好处及其办理手续等，更谈不上通过技能培训再就业来促进保障问题。

## 三、建议和对策

针对调研中发现的问题，区政协委员们认为如何解决好失地农民的问题是花溪发展过程中面临的重大问题，在今后的发展中必须认真加以解决，现结合外出考察学习的经验和花溪的实际，提出以下建议和对策：

（一）各级党委、政府应高度重视失地农民问题

失地农民问题的出现是经济发展和城市化、工业化必然面对的客观问题，发展不能以牺牲农民利益和农民被边缘化为代价。认真解决好失地农民的问题，是统筹城乡经济社会发展，推进城乡一体化进程的重要内容，也是贯彻和落实科学发展观的必然要求。各级党委、政府应从全局和战略的高度重视失地农民问题，系统研究失地农民问题，出台和制定一系列配套法规和政策措施，切实解决好失地农民的出路，使失地农民在经济发展和城市化、工业化中成为支持者、参与者和受益者，成为社会主义新农村建设的先行者。

（二）在解决失地农民的出路问题上，要有超前意识，在制定城市总体规划和产业发展规划时，把失地农民的安置、就业等同步规划、同步考虑

一是在制定城市发展规划时，要敢于划定较好地段优先安置村民，吸纳村民的资金投入，整合资源；二是在安置和解决农民出路时要坚持“统一规划、统一建设、统一经营、按股分红”的原则；三是在项目实施时要同步考虑农民的就业；四是政府可拿出征地面积的一部分作为被征地村集体的产业基地。产业基地可以按以下方式建设：（1）可在产业用地上建造厂房、仓库、办公楼等，租赁给企事业单位和个人使用；（2）可在校园、厂矿旁边建造学生公寓、打工

楼，租赁给学校、工厂和个人使用；（3）可在社区或购物广场、商业街等合理布局安排店面，由农民经营或出租；（4）可结合城市配套设施，合理布局，建造养老院，幼儿园等自办或租赁给企事业单位和个人；（5）可以自建或与有实力的客商合资建设大型超市、大型集贸市场，获得收益后按“股”给农民分红，从而为其基本生活提供保障。

### （三）建立健全失地农民社会保险机制

农民失去土地后不可避免地使农民产生老有所养、病有所医的后顾之忧情绪，因此，我们要建立健全失地农民社会保险机制。一是建立农民最低生活保障线制度，将征地制度改革与失地农民社会保障政策有机结合起来；二是按照以农民个人出资为主，村集体和区政府出一定比例的原则，建立失地农民养老保险的有效体系，将征地补偿款集中使用在社会保险上。按照花府办[2007]10号文件，对被征绝土地的农户扶助政策中，采取农民个人承担60%，村民委员会补助10%，政府补助30%，建立养老保障制度的办法。建议：①农民个人承担部分从征地安置补助费中抵缴；村民委员会承担部分由集体经济将征地补偿收益、土地使用权流转收益、土地经营和物业收益预留一定比例，作为缴纳的保险费；政府出资部分应从土地出让金中列支。②尽快制定具有可操作性的养老保障实施细则。三是进一步加强和完善农村合作医疗制度。

### （四）要多渠道、多形式地解决失地农民的就业问题

城里人也好，农村人也好，都是国家公民，都是社会劳动者，要让他们用劳动创造财富。解决失地农民生活出路问题，根本的问题是解决失地农民劳动就业问题，因此，我们要多渠道、多形式解决失地农民的就业问题。

1、加强技能培训，提高就业能力。政府要积极创造条件，出资为失地农民提供职业教育和技术培训的机会，根据不同的年龄阶段和文化层次，有针对性地安排不同的培训内容，提高农民自身的素质，建立全新的就业观念，提高劳动技能，适应社会的用工需求，并要求用地单位同等条件下优先吸纳被征地单位的劳动力，对招用失地农民的企业给予鼓励和政策优惠。

2、引导失地农民合理利用现有门面房，培养他们的经商理念和经商能力。

3、有计划的组织好劳务输出，保护好外出务工农民。政府可以和发达地区联系，搞一些大型招聘会，为他们提供一些就业岗位。通过合理引导，鼓励他们大胆流动，有计划地进行劳务输出，青壮年失地农民是完全可以找到工作的。政府相关部门在工商、劳动、法律等环节要服务到位。

4、要高度重视就业信息，积极构建信息交流平台。一是政府相关部门应开展劳动力分布情况调查，建立劳动力资源信息库；二是广泛搜集各种用工信息，采用各种方式及时发布用工信息，畅通就业信息渠道。

### （五）加强基层组织建设，不断发展壮大村级集体经济

1、村级组织的强与弱直接影响到农村城市化进程的快与慢。对目前一些村组基层组织乏力的状况，应采取措施强化组织领导。要继续选准配强村支两委班子，通过民主程序把那些带头致富能力强、想干事、会干事、热心公益，愿为村民服务的人选到班子中来。

2、大力发展被征地村村级集体经济。当前区政府出台的花府办发〔2007〕10号文件规定，根据被征地的面积，预留给被征地村不超过被征地总量8%的村集体经济的预留地，为进一步发展壮大被征地村村级集体经济创造了十分有利的条件，但是在如何使用好预留地上还需要进步规范和加强监督，使其真正发挥作用。一是组织编制发展村级集体经济的产业规划，将预留8%的土地全部作为发展村集体企业的用地，在用地性质上明确不能作为其他用地；二是整体考虑各村预留8%的用地规划，避免由于不同建设项目先后征地而不同地点划定预留8%土地，造成预留用地分散的做法，这样不利于规划产业安置；三是加强对村预留用地的使用和资金使用的监管，对村预留用地的使用必须召开村民大会或村民代表大会来决定，同时必须得到乡（镇、办事处）人民政府的批准。

3、积极探索和建立乡（镇、办事处）对村级集体经济的有效监管机制，促进村级集体经济的不断发展壮大。

总之，失地农民问题是一个较为复杂的问题；是一个在经济发展和城市化、工业化进程中必须面对和加以解决的问题；是一个需要各级党委、政府高度重视和关心的问题；是一个需要在发展中不深化认识的问题。在解决好失地农民出路问题的同时，才能不断拓展城市空间，统筹城乡发展，促进经济、社会的和谐发展和可持续发展。

政协花溪区委员会

2009年5月19日

## 关于对我区古民居保护、开发、利用情况的调研报告

花溪素有“高原明珠”的美誉，在这块富饶美丽的土地上，民族民间文化分布广泛，品种繁多。主要有建筑文化、服饰文化、饮食文化、民间戏曲文化、民间音乐舞蹈、民间歌谣、传说故事及民间传统手工艺等。其中建筑文化（古民居）是花溪区民族文化资源的一个重要组成部分，而保存完好的古民居再现了苗族、布依族、汉族的生活文化习俗，具有较高的开发和利用价值。《中共中央、国务院关于推进社会主义新农村建设的若干意见》强调：“保护和发展有地方和民族特色的优秀传统文化，”“村庄治理要突出乡村特色、地方特色和民族特色，保护有历史价值的古村落和古民宅。”《国务院关于加强文化遗产保护的通知》指出：“把保护优秀的乡土建筑等文化遗产作为城镇化发展战略的重要内容。”充分抓住新农村建设的机遇，积极推进花溪有特色的古民居的保护、开发、利用，对于传承和弘扬优秀传统文化，促进农村经济社会发展具有十分重要的意义。为了解我区古民居的保护开发利用情况，积极建言献策，区政协文史宣传学习委员会组织部分委员，邀请省民族学院建筑系教授、省民族研究会有关专家，区文化、旅游、建设等有关部门参加，由孙剑副主席带队，从8月中旬开始，先后到镇山、李村、摆陇、青岩、沙坪等村镇就古民居保护、开发、利用情况进行调查。通过采取看、访、问、记、摄等方式，听取有关单位介绍情况，座谈讨论，到外地学习考察经验，得到了许多有价值的资料。现对调研情况报告如下：

## 一、基本情况

### （一）古民居大致分为

1、以明清时期为主的青岩古镇的三合院、四合院古民居；

2、以石板为主体建筑的镇山、李村石板房古民居；

3、以木架结构青瓦屋面为主体的高坡民族古民居。

### （二）古民居文化内涵

1、青岩古民居，是青岩古建筑中一个重要的组成部份，其合理的布局，科学的结构，精制的建造，体现多元文化特征的艺术性，充满了无限的魅力。

青岩明代的古民居，建造始于明朝中后期，天启年间以后的建筑渐成风格。这一时期的民居建筑现存主要分布在南、北街，系穿斗式单层檐建筑，低矮、风格粗犷、门窗没有雕花装饰，取粗线条。明代的民居建筑，既省工省料，又遮风避雨，有一定的科学原理。

青岩多为清代民居。清代民居除南、北街保存完好外，西街、东街都有一定数量的遗存。清代民居尤以四合院为主，结构精巧，多系双重檐穿斗式建筑，这种双重檐的结构，既可遮风避雨，又利通风采光。建筑与建筑之间，有用大青砖或石头垒砌的高耸的风火墙，用来防风挡火。双重檐、风火墙的建构，充分体现了青岩古民居建筑的科学性。

青岩古民居除实用性与科学性相结合外，其建构还合乎礼制。青岩四合院大房有长三间、五间或带耳房。中间为中堂，设有神道，是祭祀祖先，商议家中大事，接待贵重宾客的场所。左右依次为老人、或长子的卧室、书房。左、右两厢依次为其余子孙的卧室，对厅两侧边房一般是佣人居住的地方。这种居住分配，体现了封建时代尊卑贵贱的等级礼制。四合院临街多为店铺，院内还设有牛圈。历史上青岩人家集耕、读、商于一体，子孙在读书课考功名的同时，或耕或商，解决温饱，即使不能中举成就功名，也能谋生。所以，青岩文人有农夫的质朴，商人的精明，文人的风雅，这是受特殊的人文居住环境影响所致。

青岩民居的木雕艺术，其民俗文化内涵非常丰富。除具有主题思想的人物故事、戏曲故事外，还有很多的图案与谐音相关。如：檐口下的挑檐枋，有“象鼻”形，“大象”象征智慧和力量。“象鼻”下方的雀替，从正面看，雀替酷似一只蝴蝶，或者一只蝙蝠。蝴蝶与蝙蝠，都寓意“福”，有福相之意。从侧朝门上饰以八卦图案，八卦既能避邪，又因八与“发”谐音，有发财发户之寓，葡萄、松鼠、万字变形、藤蔓等共同组合成的垂花门，因“葡”与“福”谐音，“松鼠”与“松树”谐音，藤蔓代表如意，发达，这组木雕表达的是万福万寿，多子多孙的含义。此外，“扇”与“善”谐音，表示积善人家，“山”的变形图案表示寿，寿比南山，梅花鹿之“鹿”与“禄”谐音，表示禄位高升，“凤穿牡丹”表示富贵，书房冰纹窗格，冰与寒同义，是为寒窗等等不胜枚举。

青岩民居内的石柱础，从立面看，有鼓形、瓜形、宝瓶形、葫芦形、莲花形、古镜形、覆盆形、圆柱形、方柱形、须弥座等多种，不同造型的石柱础，具有不同的含义。青岩柱础有着广博深邃的文化内涵，主要蕴藏在以浅浮雕、高浮雕和圆雕、透雕等雕刻手法雕刻的各种图谱中，涵盖动物、植物、人物、器物、文字、几何形图案及其他自然物等方方面面，这些都是青岩古建筑深厚文化内涵的体现。

2、镇山村驻镇山（旧名半边山），是我省第一个民族生态博物馆，距镇政府 1.5 公里，辖镇山、关口寨，全村 141 户，590 人，为布依族聚居村。1999 我国与挪威王国政府达成共识，建立贵州镇山布依族生态博物馆，它由文化遗产区、资料信息中心、传统农业耕作区、村民新区四大部分组成。文化遗产区由上寨和下寨组成。

上寨古民居为三合院，建于清道光年间（1821---1850），穿斗式悬山顶木结构，石板天井，石板装墙，井字格、乱架柴木窗，朝门坐东向西，房主为班、李第 13 代，以农耕为业。

下寨古民居原为三合院，建于清道光年间（1821—1850），穿斗式悬山顶木结构，1959 年因修水库，整体搬迁至此，现为四榀三间，穿斗式悬山顶木结构，带吞口，石板天井，石板装墙，坐西北向东南，房主为班、李第 15 代，以农耕为主，第三产业为辅。

武庙，原为四合院，木结构歇山顶穿斗式，始建于明末，清道光年间毁于火灾，清光绪十四年重建。现仅存关圣殿，五开间前和前廊。

镇山村是汉族屯军进入布依族地区，布依族与汉族相互交融的一个特殊的文化区域，从古民居的种种信息中可以看出汉族与布依族之间相互融合，相互渗透的文化现象。如：保留很好的古民居内有神龛等，在寨子里可见的有武庙、营盘、还有布依族家里的门窗有着汉族人雕刻的图案。镇山村体现的是一个比较独特的民族传统文化色彩的布依族村落。

3、高坡乡是一个以苗族为主体的少数民族乡，民居有三种类型：

第一是瓦房，青瓦木柱子结构，在装饰上视家庭经济条件而定，有用木板装饰的；有用竹篾打懒爬壁，用石灰浆糊的；有用竹条或木条编织、用牛屎糊的等。

第二是草房，按四面倒水式样修建，窗子矮小，屋面陡水，框架用料为木柱、木条、竹竿，屋顶用野生的茅草。它的特点是冬暖夏凉、防冰雹，不易漏水，修补方便，体现了苗族的居住环境。但是不利防火灾，防鼠和防风灾，不卫生。

第三是内部结构不同、功能不同的人畜共用房。分布在杉坪、批林的房屋要高大些。而分布在云顶、摆拢、平寨的房屋要矮小些，总之，较大差异的环境条件造成人居习俗较大的差异。

### （三）开展工作情况

1、区委、区政府及有关部门高度重视，推动了古民居的保护开发利用。在开展古民居的保护开发利用工作中，为达到既合理保护，又适度开发的目的，区委、区政府及有关部门坚持“科学规划、科学决策、因地制宜、保护和合理开发”的原则，将镇山、青岩及部分民族村寨的古民居列入文物保护单位。镇山作为民族生态博物馆 1995 年 7 月就列为全省重点文物保护单位。区文馆所通过对镇山居民的调查和筛选，对文化遗产保护区内具有重要历史、艺术、科学价值的典型民居挂牌保护，上寨 6 户，下寨 12 户。青岩 2005 年 12 月获“中国历史文化名镇”并列为全国重点文物保护单位。2006 年区文管所对古镇三、四合院进行调查，调查走访了 30 户，对保存比较完好未改变原貌的 20 户古民居要求进行抢救性保护。

2、以保护优秀历史文化，修旧如旧为工作方向，促进民居改造建设。近年来，区委、区政府先后编制了《青岩古镇村镇规划》和《青岩古镇保护规划》,在市有关部门的大力支持下，对古镇民居逐步进行保护整治建设。2000年《青岩古镇恢复建设实施方案》实施以来，省市区共投入资金2069万元,民间投入资金1050万元,对慈云寺、万寿宫、寿佛寺、文昌阁、赵公专祠、迎祥寺，南、北城楼，南、北街道改造等12个项目进行了抢救性恢复建设。2006年，市区投入7000余万元建设古镇，其中对53户民居进行了立面改造。同时，大力加强民居保护、开发、利用的正确引导和宣传，使古镇百姓自觉支持区委、区政府改造古镇的决策。古镇群众的观念逐步改变，对古民居价值的认识逐步提高，他们认为，古民居及古建筑要保持固有的自然和谐，才会有一个拓宽的旅游环境，才会促进经济发展，老百姓才能得到实惠。

3、在新农村建设中，做好古民居特色建筑的保护、开发、利用。新农村建设是一项系统工程，区委、区政府及有关部门在新农村建设工作中，从实际出发，因地制宜地把保护特色建筑和民族文化结合起来，使村寨的民族特色和文化内涵得到较好提升。在摆陇苗寨，以当地石板为特色用材，对道路、民居、寨门、娱乐休闲场所环境进行修饰、包装，民居室内明亮卫生，庭院整洁，草木葱郁，人畜混居的现象得到有效改变，苗族建筑风格与“石板文化”有机地结合起来，成为有特色的新农村建设示范点。

## 二、存在问题

### （一）镇山

1、作为全省第一个民族生态博物馆，没有长效的保护管理机制，造成遗产保护区内乱搭乱建现象严重，屡拆屡建。村民重开发，轻保护，没有按照规划和经过审批就搭建房屋经营“农家乐”，对原有和谐的人文和自然景观造成了一定程度的破坏。

2、由于缺乏资金，对文物的抢修和保护工作及本土文化的挖掘、研究工作难以开展；镇山民族民俗博物馆资料不丰富，利用率不高，没有发挥其特有的作用。

3、居民新村建设在一期工程以后处于停滞状况。

### （二）青岩

1、随着青岩古镇文化旅游业的发展，仍然有部份居民为增加经济收入对古民居的保存没有科学保护意识，有乱搭乱建现象。

2、在古民居拆开重建的过程中，有些居民的维修不合符规范。

3、古民居最严重的是楼层问题，高层建筑现代味太浓，甚至还有一些楼层的外观是用瓷砖贴面，如果城墙将其老城包围住，城墙内的民居夹带现代味，将会对青岩古镇的文化旅游带来负面影响。

### （三）高坡

1、对有保护开发利用价值的古民居没有实行调查，底数不清。

2、有些村寨古民居保存完好，有民族特色，但由于卫生条件较差、居住分散等原因，利用价值不高。

## 三、建议

通过调研，委员们认为我区古民居的保护、开发、利用是一项长期的工作，为了做好这项工作，提出以下建议：

1、花溪作为生态、旅游、文化大区，对古文化的保护和利用要与之相适应。要进一步增强对古民居保护的意识，特别在镇山和青岩，要采取有效措施加强对古文化保护的教育，增强村（居）民的保护意识。要通过村镇建设规划，提出分类指导原则，将古民居规划为保护型、改造型，进行分类指导及管理。同时，制定古民居修缮导则，根据镇山、青岩的情况，对古民居的体貌、特征等具体情况确定一个标准。

2、要重视对镇山民族生态博物馆的保护，特别是遗产保护区，对一些利用乡村旅游经营“农家乐”未按规划兴建的房屋，要按照规划加强整治，加大执法力度，使保护和利用并重，确保遗产保护区的自然和谐。

3、要把握好保护与开发的关系，通过政府扶持和引导，帮助村（居）民成为古民居文化传承户，使其延续过去的文化现象，让不可再生的文化资源在保护的基础上带动经济的发展。在旅游推展营销中，运用建筑文化的特色资源，开展建筑文化旅游推展，加大宣传筹划，增添旅游文化内涵。要增加民居保护经费投入，建立花溪文化遗产（包括物质文化遗产和非物质文化遗产）研究机构，深层次挖掘花溪历史文化，做好历史文化产业，更好地促进花溪旅游文化大区建设。

4、对高坡等乡镇一些有价值的古民居，文管部门要尽快摸清底细，甄别后公布挂牌并开展保护工作。对未列入文物保护单位的古民居，也要形成鉴定意见，明确其价值，并结合实际提出可行的保护和利用建议，提交建设规划部门。

5、花溪民族种类繁多，共有38个民族，其中，汉族、苗族、布依族为主体民族。有7个民族乡，72个民族聚居村。打造新型的民族村寨，集民族资源为民族村经济社会发展所用，意义重大。摆陇苗寨作为新农村建设示范点，其村寨民居建设风格为石板建筑，有其浓郁的民族特色。其民族歌舞表演场地要更加民族化，新建的苗族博物馆要有更多的苗族文化内涵，有关职能部门要帮助调查搜集，包括民歌、民谣等等。同时，要与天河潭合成开发，将天河潭旅游线路延伸到摆陇，让游客既可看到天河潭的自然风光，又可欣赏到摆陇的民族人文景观。同时，花溪布依族自然村寨分布广泛，但在中心地区布依族建筑文化破坏极大，已没有保存完好的布依族建筑。要打造一个布依族村寨示范点，一是可选择青岩龙井，那里自然风光较好，有河流，有田坝、有布依族酿酒业，可与青岩古镇连成一线；二是可选择黔陶河西寨或大摆茶，河西寨靠老榜河，村民有旅游开发意识，大摆茶有古桥，自然风光也好，两地都可与桐野书屋连线开发。建设布依族村寨，要借鉴摆陇的成功经验，做好民族民俗调研工作，使民族村寨建设更加符合当地民族特征，更能与当地民族融合。

政协花溪区委员会

2007年11月6日

## 花溪区全面建成小康社会调研报告

党的十八大明确提出“确保到2020年实现全面建成小康社会宏伟目标”，省第十一次党代会提出“确保与全国同步实现全面建设小康社会”的目标。省委十一届二次全会作出了《关于认真学习贯彻党的十八大精神为与全国同步全面建成小康社会而奋斗的决定》，明确提出以县为单位开展同步小康创建活动。贵阳市委、市政府在关于以县为单位开展同步小康创建活动的实施意见中提出，到2015年贵阳市在全省率先全面建成小康社会，花溪区在2014年建成“贵州省同步小康创建达标县”。根据市委、市政府提出的目标和区委、区政府的工作安排，花溪区政协于2012年12月成立调研工作小组，会同发改、统计等相关部门，就我区在2014年全面建成小康社会相关工作进行全面分析和调查，按照《贵州省全面建设小康社会统计监测指标体系》对新花溪指标进行测算和综合分析，对我区全面建设小康社会实现程度、重点与难点、对策和建议等方面深入仔细地进行了分析，提出调研报告，旨在为新花溪区实现全面建成小康社会目标提出建议，供区委、区政府决策参考。

## 一、花溪区2012年建成小康社会总体指标完成情况

按照《贵州省全面建设小康社会统计监测指标体系》，2012年，花溪区全面建设小康社会实现程度预计为90.73%（含经开区数据）。

### （一）综合实现程度分析

1、经济发展方面综合实现程度90.4%。包括人均地区生产总值、科技进步贡献率、工业和服务业增加值占GDP比重、农业发展指数、城镇化率、就业水平指数、县域经济发展活力指数等七个指标。2012年全区经济发展中：①人均地区生产总值为31600元，实现程度100%，；②科技进步贡献率为20%，实现程度44.4%，这一指标实现程度还达不到一半；③工业和服务业增加值占GDP比重为73.6%，实现程度86.6%，这一指标实现程度尚差13.4个百分点；④农业发展指数为94.63%，实现程度94.6%；⑤城镇化率为67.65%，实现程度100%；⑥就业水平指数为86.8%，实现程度86.8%，这一指标实现程度尚差13.2个百分点；⑦县域经济发展活力指数为99.68%，实现程度99.68%。

2、社会和谐方面综合实现程度93.2%。包括城乡居民收入比、贫困乡镇发生率、基本社会保障覆盖率和民族和睦团结指数等四个指标。2012年全区社会发展方面：①城乡居民收入比为2.19，实现程度100%；②贫困乡镇发生率0，实现程度100%；③2012年，基本社会保障覆盖率为75.5%，实现程度83.9%，这一指标实现程度尚差16.1个百分点；④民族和睦团结指数97%，实现程度100%。

3、生活质量方面综合实现程度98.4%。包括城镇居民人均可支配收入、农村居民人均可支配收入、恩格尔系数、住房指数、居民出行便捷指数、医疗卫生发展指数六个指标。2012年

2015年8月25日，文史委调研青岩文化提升工作

## 2012年花溪区全面建设小康社会指标实现程度一览表（表一）

| 序号 | 指标名称 | 权重 | 实现程度 |
|---|---|---|---|
| | 合 计 | 100 | 90.73 |
| 1 | 经济发展 | 29 | 90.4 |
| 2 | 社会和谐 | 15 | 93.2 |
| 3 | 生活质量 | 21 | 98.4 |
| 4 | 民主法制 | 11 | 96.6 |
| 5 | 文化教育 | 14 | 75.7 |
| 6 | 资源环境 | 10 | 86.3 |

全区生活质量方面：①城镇居民人均可支配收入达21791元，实现程度100%；②农村居民人均可支配收入达10203元，实现程度100%；③恩格尔系数为38.5%，实现程度100%；④住房指数为95.6%，实现程度95.6%；⑤居民出行便捷指数为87.36%，实现程度87.4%；⑥医疗卫生发展指数为100%，实现程度100%。生活质量方面实现程度最高，但居民出行便捷指数需进一步提高。

4、民主法制方面综合实现程度96.6%。包括城乡社区基层民主自治建设完善率、社会安全指数、县级政府行政服务满意度三个指标。2012年民主法制方面：①城乡社区基层民主自治建设完善率为78.75%，实现程度为87.5%；②社会安全指数为123.88%，实现程度100%；③县级政府行政服务满意度81%，实现程度100%。

5、文化教育方面综合实现程度75.7%。包括文化发展指数、高中及以下阶段教育指数、每万人人才资源数三个指标。2012年全区文化教育方面：①文化发展指数为42.36%，实现程度为42.4%；②高中及以下阶段教育指数为89.63%，实现程度89.6%；③每万人人才资源数为1623人，实现程度为100%。

6、资源环境方面综合实现程度86.3%。包括耕地面积指数和环境质量指数两个指标。2012年全区资源环境方面：①耕地面积指数为92.72%，实现程度98.6%；②环境质量指数为74.15%，实现程度74%。

### （二）从分类指标看，有12项实现程度已达100%

从监测的25项指标看，有13项未达标，有12项指标实现程度已达到100%，分别是：

1、人均生产总值完成31600元

2、城镇化率完成67.65%

3、城乡收入比2.19

4、贫困乡镇发生率为0

5、民族和睦团结指数97%

6、城镇居民人均可支配收入21791元

7、农村居民人均可支配收入20203元

8、恩格尔系数38.5%

9、医疗卫生发展指数100%

10、社会安全指数123.88%

11、县级政府行政服务群众满意度81%

12、每万人人才资源数1623人

从总的情况看：2012年花溪区全面建设小

康社会实现程度达到了 90% 以上，3 个核心指标即人均生产总值、城镇居民人均可支配收入和农村居民人均可支配收入实现程度已达 100%，县级政府行政服务群众满意度超过了 80%。达到了申报全面建成小康社会的条件，但距全面建成小康社会仍有一定距离，还需完善相关基础工作。

## 二、花溪区全面建成小康社会存在的问题

建设全面小康社会的发展目标，是一个综合性指标，包括经济、政治、文化、社会、生态等各个方面。《贵州省全面建设小康社会统计监测指标体系》共 25 个分类指标，从我区通过测算的情况看，实现程度为 100% 的指标有 12 个，100% — 95% 的指标有 3 个，95% — 90% 的有 1 个，90% — 80% 的有 6 个，80% 以下的有 3 个。详见下表：

### 花溪区 2012 年实现贵州省全面建设小康社会统计监测指标体系统计表（表二）

| | 监测指标 | 单位 | 目标值 | 2012 年完成值 | 实现程度 (%) |
|---|---|---|---|---|---|
| 一、经济发展 | 1、人均生产总值 | 元 | ≥ 31400 | 31600 | 100.0 |
| | 2、科技进步贡献率 | % | ≥ 45 | 20 | 44.4 |
| | 3、工业和服务业增加值占 GDP 比重 | % | ≥ 85 | 73.6 | 86.6 |
| | 4、农业发展指数 | % | ’ =100 | 94.63 | 94.6 |
| | 5、城镇化率 | % | ≥ 45 | 67.65 | 100.0 |
| | 6、就业水平指数 | % | ’ =100 | 86.8 | 86.8 |
| | 7、县域经济发展活力指数 | % | ’ =100 | 99.68 | 99.68 |
| 二、社会和谐 | 8、城乡居民收入比 | 以农为 1 | ≤ 3 | 2.19 | 100.0 |
| | 9、贫困乡镇发生率 | % | ’ =0 | 0 | 100.0 |
| | 10、基本社会保障覆盖率 | % | ≥ 90 | 75.5 | 83.9 |
| | 11、民族和睦团结指数 | % | ≥ 90 | 97 | 100.0 |
| 三、生活质量 | 12、城镇居民人均可支配收入 | 元 | ≥ 20000 | 21791 | 100.0 |
| | 13、农村居民人均可支配收入 | 元 | ≥ 7000 | 10203 | 100.0 |
| | 14、恩格尔系数 | % | ≤ 40 | 38.5 | 100.0 |
| | 15、住房指数 | % | ’ =100 | 95.6 | 95.6 |
| | 16、居民出行便捷指数 | % | ’ =100 | 87.36 | 87.4 |
| | 17、医疗卫生发展指数 | % | ’ =100 | 100 | 100.0 |
| 四、民主法制 | 18、城乡社区基层民主自治建设完善率 | % | ≥ 90 | 78.75 | 87.5 |
| | 19、社会安全指数 | % | ’ =100 | 123.88 | 100.0 |
| | 20、县级政府行政服务群众满意度 | % | ≥ 80 | 81 | 100.0 |

续 表

| | 监测指标 | 单位 | 目标值 | 2012 年完成值 | 实现程度 (%) |
|---|---|---|---|---|---|
| 五、文化教育 | 21、文化发展指数 | % | ’ =100 | 42.36 | 42.4 |
| | 22、高中及以下阶段教育指数 | % | ’ =100 | 89.63 | 89.6 |
| | 23、每万人人才资源数 | 人 | ≥ 1000 | 1623 | 100.0 |
| 六、资源环境 | 24、耕地面积指数 | % | ≥ 94 | 92.72 | 98.6 |
| | 25、环境质量指数 | % | ’ =100 | 74.15 | 74.0 |
| 合计 | | | | | 90.73 |

上表可以看出，未达到 90% 的指标有以下 9 个：

1、科技进步贡献率，完成值是 20%，实现程度仅为 44.4%；该指标考核的是科技进步对经济增长的贡献份额。我区因科技进步带动的经济增长较小，科技方面的投入不高，高科技企业不多；因此，实现难度非常大，是一项难点指标，采取逐年提高的方式，向目标值靠近。

2、工业和服务业占 GDP 的比重，完成值是 73.6%，实现程度为 86.6%，尚差 13.4 个百分点；在 GDP 构成中，除工业和服务业外，剩下的是第一产业和建筑业，我区经济仍然是投资拉动型经济，要实现这一目标值，存在一定困难，仍需进一步努力。

3、就业水平指数，是一项合成指标，完成值是 86.8%，实现程度为 86.8%；主要反映就业水平和就业调整状况，随着我区经济的发展，城镇化率的提高，农民转移就业人数和农民工返乡创业人数的增加，加大就业政策扶持力度，增加就业岗位，通过努力，到 2014 年可以实现目标。

4、基本社会保障覆盖率，完成值是 75.5%，实现程度为 83.9%；随着我区基本社会保障的完善，通过努力，到 2014 年可以实现目标。

5、居民出行便捷指数，完成值是 87.36%，实现程度为 87.4%；随着我区城镇化建设的步伐，加大城市道路基础设施投入，通过出台相关政策，向上级部门争取资金支持，在农村建制村修通水泥路，在农村建制村通客运车辆数等措施来实现目标。

6、城乡社区基层民主自治建设完善率，完成值 78.75%，实现程度为 87.5%；通过加强村务、居务公开民主管理，农村社区建设全覆盖、和谐社区等方面的工作来实现目标。

7、文化发展指数，由 3 项指标合成，完成值 42.36%，实现程度仅为 42.4%；该项指标由文化产业占 GDP 比重、文化支出占公共财政支出比重、居民文教娱乐服务支出占家庭消费支出比重计算而得，是一项难点指标。通过前 5 年对老花溪区口径计算的文化产业增加值的统计数据监测来看，年均增速超过 25%，大于 GDP 增速，所占比重呈逐年上升趋势。采取提高文化支出占公共财政支出的比重，增加财政投入，依托驻区高校的文化优势，深挖旅游文化产业，通过政府引导，市场运作，发挥民企的活力优势，促进民营经济进入文化产业领域，采取逐年提升的方式，向目标值靠近。

8、高中及以下阶段教育指数，由 2 项指标合成，完成值 89.63%，实现程度为 89.63%；通过努力，逐步提高九年义务教育巩固率和高中阶段毛入学率等工作来实现目标。

9、环境质量指数，由 6 项指标合成，完成值 74.15%，实现程度为 74.15%；重点是进一步做好城镇污水处理工程设施和建成花溪区城乡生活垃圾无害化处理工程，逐步向目标值靠近。

从以上分析可以看出，实现难度较大的指标是科技进步贡献率、文化发展指数和环境质量指数 3 个指标。

## 三、花溪区 2014 年全面建成小康社会的对策和建议

花溪区要不断提高经济增长质量效益和社会民生保障水平，按照“加速发展、加快转型、推动跨越”的要求，实现花溪经济又好又快更好更快发展，为全面建设小康社会打下坚实基础。

### 1、分别抓好四类指标的实现，即“两个全力、两个重点”

一是全力巩固实现程度已经达到 100% 的 12 项指标，并每年有所提高。二是全力冲刺实现程度已达 90% 以上但和目标值存在差距的指标。如农业发展指数、住房指数、耕地面积指数等。三是重点提升实现程度在 90% 以下指标，即工业和服务业占 GDP 的比重、就业水平指数、居民出行便捷指数等。四是重点解决实现程度在 80% 以下指标的问题，即科技进步贡献率、文化发展指数和环境质量指数三项指标。

### 2、创新发展方式，推进工业转型升级，提高新型工业化水平

贯彻落实工业强省战略，加快工业转型发展。一是强力推进园区建设。抓好小孟工业园、金石产业园、泰邦生物科技园、燕楼循环工业园等园区建设，壮大装备制造、生物制药、食品加工等特色产业。着力打造装备制造、烟草医药及绿色食品、电子信息等三条完整的产业链，初步建成特种车辆、工程矿用机械聚集区，航天及电子信息聚集区，航空、汽车整车及零部件聚集区，烟草药品及绿色食品聚集区和配套协作企业集中区等。按照贵安新区的规划布局，谋划构建新兴产业体系。二是推进工业转型升级。按照产业政策、环保要求、布局规划和发展循环经济的要求，加快机械、化工、建材等传统产业的升级改造，支持企业通过技术改造、科技创新、循环发展、市场融资，实现节能降耗、规模扩大和产业升级。重点抓好奇瑞汽车、万达客车、中联重科、格力电器、泰邦生物、华工工具、西部水泥等企业的技术改造和新产品开发项目。三是加强工业运行协调服务。落实县级领导联系企业制度，充分发挥工业企业服务队的职能作用，切实做好工业运行监测调度，保障煤、电、油、运等生产要素，确保工业平稳运行和增产增效。四是完善招商引资管理制度体系，积极参加省市组团招商活动，细化招商项目服务程序，确保项目及时落地、及时建设、及时投资、及时见效。

### 3、进一步抓好旅游带动，提高服务业增加值占经济总量的比重

围绕旅游带动，加快全面推进“国家级旅游度假区”、“国家 AAAAA 级旅游景区”、“贵阳市旅游标准化示范区”三区联创工作，加快发展现代服务业。一是推动花溪旅游业实现新跨越。提升改造花溪公园、湿地公园、青岩古镇、天河潭等景区景点，加强基础设施配套建设，加快明秀宾馆、合作银行等星级酒店建设，不断提高旅游接待能力、服务质量和收入水平。二是加快发展商贸物流业。围绕南环线、市域

快速铁路等交通骨架、重点产业和园区建设，配套物流设施，开工建设“两港一中心”、贵阳国际汽车贸易城二期等重点项目。三是加快发展新兴服务业。在抓好传统服务业发展的同时，依托对接大学城和驻区高校、科研院所，积极配套发展科学技术、房地产和中介服务、文化创意、研发设计、科技成果转化等新兴服务业，不断推进服务业发展的结构优化和效益提升。四要以金融产品创新、制度创新为重点，坚持金融经济与实体经济共同发展，鼓励区内企业上市融资，加强资本运作，合理进行资产重组，同时，积极发展保险、法律、会计、研究开发、工程设计、广告等与工业关联度高的产业，加快咨询信息服务业、各类技术服务业和公用事业服务业发展步伐。

### 4、重点突破，克难攻坚，大力发展文化事业

文化事业包括新闻出版，广播、电影、电视服务，文化艺术、网络文化服务，休闲娱乐，文化用品设备的生产及销售，印刷产业等行业。一是采用现代先进技术，改造和完善电信网，发挥电信业在信息基础设施建设中的主导作用，提高互联网普及率，加强信息服务能力建设，提升网络文化产业的规模化、专业化水平，继续以制造业为重点，加强企业信息化建设，继续推进电子政务工程，加大政务信息资源的开发，实现资源共享。二是按照体现公益性、基本性、均等性、便利性的要求，加强公共文化基础设施建设，完善城市文化功能，建成区科普馆、图书馆、档案馆、多功能体育馆。通过建设公共文化设施，提升城市文化品位，提高文化消费水平，为文化产业的发展奠定良好的基础。三是大力发展文化产业，对文化产品进行深度开发，进行规模化、批量化生产，同时营造一个信息灵敏、管理有序的文化投资环境，让更多的投资者在我区文化产业领域找到适合自己经营的项目和发展空间，进一步做大做强我区文化产业对各种文化服务项目进行细分和充分挖掘，对文化基础设施建设项目进行市场化运作，更好地营造文化氛围。借助“亚洲青年动漫大赛”的影响力，促进动漫产业等文化创意产业的蓬勃发展；以贵州古生物化石博物馆（贵州石文化艺术宫）和“小河兰展”为依托，打造区域特色文化产业。四是积极开展群众性文化体育活动，组织全区性的大型运动会，建设公共健身场所，全民健身设施实现全覆盖，加强基层文体设施建设，在居民小区广泛设立文化站、文化活动室和图书室等文体配套设施，从数量上和质量上更充分地满足人民群众日益增长的文化需求。

### 5、抓好节能减排工作，加强示范带动作用，提升生态环境质量

花溪区是生态示范区和旅游区，环境质量指数不达标，对小康社会建设的影响是显而易见的，与“全国生态文明示范区”的称号也不相适应。一是加强环境保护，强化节能减排，狠抓重点区域、重点行业和重点企业的节能减排管理，支持节能技改，提高资源能源利用效率，减少废弃物和污染排放，实现安全发展、清洁发展、可持续发展，加强城乡环境整治，落实水源保护和治理，进一步完善城镇污水设施工程，重点加强工业污染源治理，保护花溪区真山真水。二是坚持抓好节能减排项目的及时落实和继续争取，加强节能减排，保护生态环境，强化生态功能。重点实施好花溪国家城市湿地公园提升改造项目、南部污水处理厂续建收尾，

对花溪区城乡生活垃圾无害化处理工程，要尽快完成选址，做好宣传工作，采取强有力的措施确保工程顺利实施；继续争取省市支持，立项审批天河潭污水处理厂、孟关污水处理厂、青岩污水处理厂等重点减排项目，尽快开工建设，提升环境质量指数。三是积极争取各个层面的生态补偿资金，以环城林带、两湖一库为重点，着力实施水土保持、河道治理、石漠化治理和水库除险加固，加快启动建设栗木水库、翁岗水库、红岩水库等项目。

6、加快以路网建设为重点的基础设施，推动城填化建设转型升级

坚持推进旧城改造、新区开发和小城镇建设，推动城镇化转型升级。一是围绕新花溪的整个行政区域和贵安新区的规划建设，结合重点产业园区功能布局，加强城市规划研究，构建城市片区规划协调统一、功能互补完善、产城互动发展的城市片区规划管控体系。在重点抓好花溪城市片区和小河城市片区改造提升的同时，以建设青岩、石板、孟关特色小城镇为依托，加快规划建设青岩新城、天河潭新城和孟关新城。二是加快以路网为重点的基础设施建设，循环连接各城市片区、产业组团和小城镇。抓好黔中路、贵安路、金马路、白马路、花石路、田园南路、桐荫路支线、开发大道改造、航空南路线路二期、珠江路延伸、花孟路、陈孟路等重点路网建设项目。三是以棚户区、城中村改造为重点，大力推进万达片区棚户区改造、红阳片区棚户区改造、营上村棚户区改造、高校教师公租房、项目安置房、腾龙湾城中村改造、碧桂园、保利·溪湖、奶牛场地块开发、金城华府、星河国际城、小城故事、国际新城等一批居住项目建设。

7、统筹城乡发展，稳步推进新农村建设

全面建设小康社会的重点工作是“三农”工作，发展农村经济，提高农民收入水平，扩大农民就业，扩大农民社会保障是当前建设全面小康社会首要任务。一是坚持“精品、生态、科技、示范”的发展思路，以发展生态农业为抓手，以农民持续增收为目标，以加快农村基础设施建设为突破口，着力推进农业结构的优化调整，建立健全规范的土地使用权流转机制和土地资源有偿转让机制，加快非农产业的发展，大力发展服务性产业、租赁产业和为工业配套的机械加工类产业，并依托产业发展，积极实施项目开发，壮大村集体经济规模。二是加快农村公共服务设施的建设步伐，重点解决农村环境、公共交通、信息畅通等问题，积极推进城乡环境基础设施共建共享。加强农业农村基础设施建设，启动栗木水库、红岩水库建设，完成南环线通道绿化、石漠化综合治理、农村串户路、小型农田水利灌溉工程等农业基础设施建设项目。三是重点围绕石板农产品物流园和大学城的产业配套和生活服务，调整农业结构，做大基地规模，做优产业结构，就地就近加快农业产业化步伐，全力抓好久安、黔陶的茶叶产业项目。四是抓好城乡统筹发展。全力推进城乡统筹综合配套改革试点，继续抓好农村产权制度改革、土地流转、户籍制度等重点工作，实施好“一事一议”等农村基础设施项目，促进城乡协调发展。五是按照小康社会的标准，加大道路基础设施投入，在农村建制村修通水泥路，在农村建制村通客运车辆，为民办实事，方便居民出行。

8、实施科技强区战略，努力提高科技进步水平

一是坚持人才强区战略，充分发挥高校集聚区人才集聚优势，吸引一批留学归国人员和境外人才到花溪创业。培养和壮大高技能人才和农村实用人才队伍。二是打造高科技花溪，把电子信息、生物技术、新材料、新能源等关键领域的开发利用放在优先位置，如高坡风电场。围绕装备制造、生物技术等产业发展，着力提升核心竞争力，形成一批具有自主知识产权的核心技术和产品，带动高新技术服务业的发展。支持培育中小型科技企业，加快农业科技进步，不断提高科技进步对经济增长的贡献率。三是加快科技普及，加强同高等院校、科研机构的联系与协作，积极引进高新技术，加强农业技术推广普及，抓好农民技术培训和农业科技入户工程。开展创建“全省、全国科普示范区”活动，不断提高科技普及水平，提高劳动者素质，提高全民科学素质。

9、进一步完善小康社会统计监测指标的计算方法。

由于新花溪区在2012年年底成立，建议以2012年的各项指标作为小康统计监测基数，分别计算2013年、2014年的各项数据，达到连续3年的监测要求。各项小康指标包括经开区和划入贵安新区直管区的党武乡、湖潮乡，各有关工作部门作好指标的对接和协调，进一步完善小康社会统计监测指标的计算方法。

（调研组长：谌业华

执　　笔：徐国霞　赵　洪）

2013年3月

## 花溪区、经开区深度融合、服务民生专题调研报告

市委第五督导组安排政协针对两区深度融合问题进行一次专题调研。经请示汰甬书记同意后，区政协成立调研组，用一个月时间，对两区深度融合的问题进行调研。现将调研情况报告如下：

### 一．“两区”深度融合的基本情况

花溪区、经开区在党的群众路线教育实践活动中，把促进两区融合作为重要抓手，努力打造两区发展升级版。一是成立了以经开区党工委书记、花溪区委书记钟汰甬为组长，经开区、花溪区各班子成员为副组长的两区深度融合工作领导小组，为两区深度融合提供组织保障。二是建立了经开区、花溪区联席会议制度，及时研究和解决两区产业发展规划、组织人事、社会事务、信访维稳等两区深度融合工作中存在的困难和问题。三是行政区划调整以来，两区将按照市委提出的以改革开放新举措打造发展升级版的要求，提出花溪区要树立“高原明珠、灵秀花溪”的品牌新形象，建设生态文明示范区，争做全省文化旅游领跑者；经开区要树立“创造之城”新形象，发挥在全省装备制造业中的领军作用，打造全省首家千亿级产业园区，争做贵阳发展升级版“主引擎”。目前，花溪区、经开区正在组织实施双轮驱动、优势互补、深度融合、创新驱动、对外开放、差异化竞争、企业培育、产城互动、绿色发展等十大战略，打造发展升级版。

### 二．“两区”深度融合存在的主要问题及原因分析

新的花溪区成立一年多以来，两区发展成绩显著，但由于没有实现很好的融合，随着发展的不断深入，工作中存在的问题和矛盾也越发凸显。为深入了解两区相关职能部门在服务民生、改善民生方面存在的困难和问题，提升服务群众的能力和水平，区政协成立了专题调研领导小组，对花溪区、经开区深度融合、服务民生开展专题调研。通过深入花溪区、经开区的相关职能部门、社区、村（居委会）走访调研，分别召开花溪区、经开区相关职能部门座谈会、社区座谈会、村（居委会）座谈会、政协委员座谈会等方式，梳理出两区深度融合过程中相关职能部门在服务民生、改善民生方面存在的主要问题以及原因分析：

（一）部分干部职工观念未转变，缺乏大局意识。两区部分干部职工没有正确处理好集体利益和个人利益的关系，对两区融合后体制机制存有疑虑，实际工作中更多只考虑局部利益、个人得失，没有把自己的工作与融合发展紧密联系起来，缺乏花溪区即是经开区、经开区即是花溪区的理念。

（二）部门之间沟通协作不够，缺乏整体观念。行政区划调整后，两区部分职能部门不同程度存在本位思想，缺乏大局意识和整体观念，部门与部门之间职责相互交叉，主动服务群众的意识不强，相互之间的沟通协作不够顺畅，在实际工作中，不同程度存在以邻为壑、推诿扯皮等现象。

（三）部分窗口部门授权不充分，群众办事不便。入驻两区政务中心的部分窗口单位没有认真落实行政审批“两集中、三到位”规定，不同程度的存在“只受不理”、“两头受理”、“多头办理”的情况，未能做到当场受理，当场审核，当场办结，群众办事不便。

另外，经开片区的群众在办理出国（境）证件、司法公证业务时，需要分别到花溪区公安分局、花溪区司法局公证处才能申请办理，群众乘车从小河到花溪来回奔波，意见较大。

（四）社区承担的行政性事务较多，工作疲于应付。部分职能部门将本应由自身承担的工作职责转嫁到社区，而相应的人员、工作经费、服务承诺却没有进社区。这给社区造成了人、财、物的大量负担。实际工作中，社区由于不断接到各种任务、检查、考核、评比，忙于上报各种材料、报表，致使社区不得不将大部分时间用在应付行政事务性上。

（五）经开片区社区管辖权属不清，新增楼盘漏管。经开片区农村社区服务村民及城镇居民，城市社区服务城市居民。而许多新建楼盘是在农村社区土地上建设，导致管理归属不清，户口迁移、子女入学等问题凸显，在综治维稳、安全生产、流动人口等方面也存在管理漏洞。

（六）专项资金审批拨付程序繁琐，影响工作开展。在涉及经开片区民生事务开支中，如未列入年初预算而又急需使用的资金，需要先由资金使用单位上报请示到经开区管委会审签后，资金使用单位再上报请示到花溪区人民政府，导致审批时间较长，不能及时拨付，影响工作正常开展。

### 三．“两区”深度融合的工作建议

（一）统一思想，对花溪区、经开区双轮驱动、优势互补、深度融合进行再动员、再部署。建议花溪区委、经开区党工委联合召开推进“两区”深度融合工作动员大会，引导两区干部职工牢固树立花溪区即是经开区、经开区即是花溪区的大局意识，主动思考、扎实工作。一是拓宽思路，大胆创新。鼓励两区干部职工进一步解放思想、开阔眼界，凡是有利于两区深度融合的事，就要大胆尝试，放手去干。二是善于总结，形成特色。对两区深度融合中好的经验和做法，要及时总结，上升为规律，形成制度，更好地指导工作。三是坚持高标准、严要求。两区各相关职能部门、乡（镇）、社区，都要自我加压，体现出跨越式发展的要求。四是任务要落到实处。要扑下身子，深入下去，用心去琢磨事，把各项任务抓紧、抓实、抓好。五是人大、政协要继续关注、支持两区深度融合工作，各民主党派和群团组织要切实发挥作用，为推进深度融合营造良好的环境。

（二）融合发展，进一步推动花溪区、经开区相关职能部门之间相互沟通、密切协作。一是建议建立两区区委常委（党工委委员）交叉联系部门、乡（镇）、社区制度。统筹考虑两区城市规划、土地规划、林地规划、生态规划以及产业规划，解决两区的功能定位、合理分区等问题，推动产业发展、基础设施、公共服务的合理布局和深度融合，实现城市功能资源最优配置和城乡建设一体化发展。二是建议建立两区科级干部互挂制度。两区科级干部轮流到相对应的职能部门挂职锻炼，进一步提高自身的工作能力和部门的工作效率，为两区深入融合奠定坚实基础。三是深化两区职能部门工作对接。组织开展“四多四少”系列活动，即：多联系，少隔阂；多包容，少计较；多协调，少摩擦；多理解，少埋怨。部门之间、干部之间要在两区深度融合的体制机制下密切联系、互相信任、互相支持，切实增强凝聚力和战斗力，实现两区大融合、大发展、大跨越。比如：针对两区信访维稳和安全生产工作，建议深化联席会议制度，组建花溪区、经开区信访维稳和安全生产委员会，成员单位包括两区各相关职能部门、乡（镇）、社区和重点企业等，负责统筹两区信访维稳和安全生产工作，协调开展两区矛盾纠纷排查化解、重点领域安全专项整治、突发事件应急处理等工作。

（三）积极采取措施，解决群众办事难的问题。目前，将社会服务功能延伸覆盖到经开片区的花溪区相关职能部门共有12家，其中：在经开片区设立业务分厅的有花溪区社保局、区残联；在经开区政务大厅设置常驻窗口的有花溪区民政局、区卫生局；设置综合窗口的有花溪区教育局、统计局、农业局、文广局、旅游局、民宗局、商务局、计生局。除办理出入境证件和司法公证业务需要到花溪片区申请以外，基本能够实现“群众在花溪区政务中心能够办理的事项，在经开区政务中心同样也能办理”的目标。鉴于部分职能部门向服务窗口授权不充分，部分服务窗口不同程度存在“只受不理”、“两头受理”、“多头办理”的情况，建议相关职能部门严格按照“机关为窗口服务，窗口为群众服务”的原则，向服务窗口充分授权，让群众在服务窗口办事可以得到现场受理、现场审批、现场办结，避免群众在窗口、单位两头奔波，充分体现党委、政府为民、便民、利民的执政理念。

另外，一是建议加大与市编委办、市公安局等相关单位和部门的对接力度，争取在经开区公安分局增设出入境管理科（室），就近受理经开片区群众的出入境业务申请；二是建议花溪区司法局将司法公证服务延伸至经开区，增加公证处的人员编制及经费预算，在经开片区设立公证处分支机构，为群众办理司法公证业务提供便利。

**（四）积极为社区松绑减负，增强社区服务功能。**为切实减轻社区工作负担，避免职能部门将职责范围内的工作随意下达到社区，建议研究制定“工作进社区”的准入制度，深入开展各级各部门对“工作进社区”事项的全面清理整顿，缩减各个职能部门进驻社区的“工作事项”、“考核创建”、“盖章事项”等，为社区减负增效提供制度保障。此外，规范性文件规定之外确需社区协助办理的事项，今后由相关职能部门采取购买服务的方式，与社区签订“项目协议书”，并按照“费随事转”的原则落实项目经费。这样做，是要充分为社区松绑，把社区从花费大量时间用在应付行政事务性工作上解放出来，增强社区服务功能，更好地服务群众。

**（五）明晰经开片区城市社区、农村社区对新增楼盘管辖权问题。**建议新建楼盘就近划归相邻的城市社区管辖，回迁的村民仍由原村委会管辖，购房入住的城镇居民归城市社区管辖。同时，加大工作协调力度，逐步化解新增楼盘业主的户口迁移、子女入学等问题凸显，堵住综治维稳、安全生产、流动人口等方面的管理漏洞。

**（六）减少专项资金审批拨付程序，提高工作效率。**一是减少预算外资金的审批程序，在涉及经开片区民生事务开支中，如未列入年初预算需使用资金的，建议由资金使用单位直接向花溪区人民政府请示批准后使用，减少审批程序，提高工作效率，年终两区据实结算。二是减少项目建设资金的审批程序。以花溪区名义申报、经开区组织实施的建设项目，建议减少项目资金审批环节，根据项目实施进度及时将建设资金拨付经开区的相关职能部门或项目业主单位。

花溪区、经开区两区深度融合是一个综合性的重大课题，涉及到两区的顶层设计、产业规划、经济发展、社会事务、组织人事、综治维稳、宣传报道等多个方面。由于时间关系，区政协选择从两区群众反映较为强烈的以上几个问题入手，向经开区党工委，花溪区委、区政府提出一些工作建议，供参考。下一步，区政协将一如既往的关注、支持两区深度融合工作，认真履行工作职责，充分调动政协委员的积极性和主动性，找准切入点，深入一线、深入基层、深入群众开展调查研究，积极为推进两区双轮驱动、优势互补、深度融合，打造经济社会发展升级版建言献策。

（区政协调研组）

二〇一四年九月二十五日

## 关于对花溪区农村耕地撂荒情况的调研报告

党的十八大报告指出“加快建立生态文明制度，健全国土空间开发、资源节约、生态环境保护的体制机制，推动形成人与自然和谐发展现代化建设新格局”。当前，我国正处于城乡统筹发展的新阶段，各种生产要素加快流动，农村劳动力转移到非农产业就业的比重急剧上升。虽然国家出台了粮食直补、良种补贴等一系列的惠农强农政策，调动了农民生产的积极性，但是受农业增收较为困难等诸多问题的困扰，农村耕地仍然出现了较为严重的撂荒现象。

区政协高度重视我区农村耕地撂荒问题，认为土地资源本来就稀缺，随着人口不断增加，耕地不断减少，任其撂荒下去，将不利于我区文化旅游创新区建设、不利于全面建成小康社会、不利于农村发展和社会稳定。经区政协主席会议研究，由智力支边办公室牵头，组织我区农业、财政、水务、生态、国土等单位和部门组成专题调研组，通过深入各乡（镇）、社区、村进行调查摸底，召开专题协商会、征求专家学者意见建议等方式，就当前我区农村耕地撂荒现象开展专题调研，形成如下调研报告：

## 一、我区农村耕地撂荒的基本情况

全区辖4镇、5乡、18个社区服务中心（其中，农村社区8个）、122个行政村，常住人口62.61万人，农业人口25.63万人。耕地面积16.57万亩，常年撂荒耕地面积1.34万亩，约占全区耕地面积的8.08%；季节性撂荒耕地面积1.86万亩，约占全区耕地面积的11.23%。农村耕地撂荒现象较为严重的有石板、高坡等乡镇。其中，石板镇常年撂荒耕地面积8442亩，占该镇耕地面积的64%；高坡乡常年撂荒面积1628亩，占该乡耕地面积的12%。

## 二、我区农村耕地撂荒的原因分析

**（一）农业生产效益较低，农民不愿种粮，是农村耕地撂荒的主要原因。**一是农业生产绝对效益较低。虽然国家对粮食收购有最低保护价，但主要的农业生产资料，如化肥、农药、农膜等价格持续上涨，种粮成本上涨比粮食价格上涨要快很多。粮食直补、良种补贴等支农惠农政策，在很大程度上被农业生产资料价格持续上涨所抵消，农民种粮的利润较低，加上耕种土地较为辛苦，农民投入与产出不成比例，自然就不愿种粮。二是农业生产比较效益偏低。由于经济社会的发展，各地均招商引资引入了大量的企业，农民进企业务工的工资收入远远高于在家种粮的农业收入，农民对耕田种地自然就越来越不感兴趣，因此农村绝大部分劳动力都进城务工去了，从而导致耕地撂荒。

**（二）农业基础设施薄弱，抗灾能力较差，是农村耕地撂荒的重要原因。**一是农田水利设施建设相对滞后形成撂荒。在农村的大多数地方，山塘、水库、灌渠水陂等水利设施年久失修，蓄水引水能力下降，灌溉面积减少，造成耕地撂荒。二是部分农村区域交通不便，农民耕种投入多产出少，农民不愿耕种，土地大面积成片抛荒。三是农业生产防范自然风险的设施较差。近年来旱、涝、霜冻、病虫等自然灾害频繁，而农业生产抗自然灾害方面的基础设施相对薄弱，农业抵御自然灾害能力差，增加了农业生产的自然风险程度，提高了生产成本，影响了农民耕种的积极性。

**（三）随着城镇化发展，农民向城镇转移，是农村耕地撂荒的直接原因。**随着城镇化步伐的加快，非农产业和城市对农村劳动力的吸纳能力大为增强，农民对土地的依赖程度下降。城市在经济收入、生存条件、社会福利、精神文化生活等方面都优于农村，使农民对城市这片热土非常向往，当土地经营达不到自己的利润需求和收益预期时，在生存空间扩大、转移就业机会增多、家庭收入重心转移的情况下，农村大部分青壮年劳动力外出务工、经商或从事非农产业，有的农户甚至举家迁徙，导致农业生产劳动力严重不足，这就直接造成了农村耕地撂荒。我区农村耕地撂荒特点是：季节性撂荒多于长年性撂荒，举家外出撂荒多于留守在家撂荒，长年性撂荒集中在旱地、季节性撂荒集中在水田。

### 三、对有效遏制我区农村耕地撂荒的工作建议

（一）加大法制宣传力度，强化耕地保护意识。加大对《中华人民共和国土地管理法》、《中华人民共和国农村土地承包法》《中华人民共和国基本农田保护条例》等法律法规的宣传力度，在全社会形成“珍惜耕地光荣，撂荒耕地就是浪费”的共识，教育和引导广大农村珍惜耕地，充分认识国家粮食安全与基本农田安全的重要意义，进一步提高广大干部群众对制止耕地撂荒现象的重要性和必要的认识，切实加强各级各有关部门抓好撂荒耕地治理工作的责任感和紧迫感，当好耕地的“保护神”，为制止耕地撂荒营造良好的社会舆论氛围。

（二）建立健全责任体系，加强撂荒耕地治理。建议区委、区政府将耕地撂荒治理纳入全区农业农村工作考核的重要内容，建立撂荒耕地治理目标管理责任制，与各乡（镇）、社区、村层层签订撂荒耕地治理责任状，并加大对耕地撂荒治理的考核力度，严格兑现奖惩。区直相关部门、乡（镇）、社区要组织力量深入村组、农户和田间地头，通过发放宣传资料、入户走访等方式，开展耕地撂荒治理宣传教育，帮助和指导农户落实治理措施，恢复撂荒耕地农业生产。区财政、农业、交通、水务、生态、国土等有关部门要加强配合，各司其职，各负其责，为耕地撂荒治理提供政策、资金、技术、物资等服务，共同抓好撂荒耕地治理工作。

（三）加大科技推广力度，切实提高农业效益。加大农业技术培训力度，采取广播宣传、印发资料、举办培训班等形式加大农业技术的推广，提高农民的科技素质。因地制宜，科学指导，广泛引进和推广优良品种，推广高产高效的秋冬季作物。改进传统的耕作方式，加大适合本地操作的新型农业机械的推广使用力度，减少耕作土地的劳动强度和人工投入，提高土地产出率和农业资源的利用率，切实提高农业产业效益。坚持重规模、重效益的原则，优化结构，合理布局，切实抓好秋冬季农业生产，提高耕地复种指数和种植效益，努力减少季节性撂荒，促进农业增效和农民增收。

（四）改善农业基础设施，提高农业防灾能力。农业、交通、水务、生态、国土等部门的政策性资金要向耕地撂荒现象较为突出的乡（镇）、社区倾斜，实施综合开发，大力改善农业生产条件基础设施，提高农业防灾减灾和农田灌溉能力，实现“旱能灌、涝能排”，促进农作物增产增收。按照“统一规划，综合治理，先易后难，分期实施，以点带面，分类指导”的原则，加强中低产田改造，提高耕地质量和种植效益。通过调整种植业结构，增加养地作物，增施有机肥，并进行生态农业建设，进行水、土、田、林、路综合治理，提高耕地的可持续生产能力和防灾减灾能力。

（五）落实强农惠农政策，激发农民种粮热情。坚决执行《中华人民共和国土地管理法》《中华人民共和国基本农田保护条例》等法律法规规定，严格按照“谁种粮，谁受益”的原则，落实强农惠农政策。同时，按照《贵州省土地管理条例》的相关规定，抓紧制订耕地撂荒处罚办法，对耕地撂荒行为进行严厉查处，预防和制止耕地撂荒现象发生。加大农业补贴的监管力度，规范补贴发放程序，水稻良种补贴、粮食直补、农机补贴及其他综合补贴必须发放

给直接经营者，对耕地撂荒的农户，一律停发，以充分发挥农业补贴资金对农业生产的激励作用，激发农民种粮热情。

（六）推进统筹城乡发展，正确引导劳务输出。大力加强农村卫生体系建设，巩固新型农村合作医疗制度，为广大农村创造良好的就医环境，让群众真切感受到改革发展带来的丰硕成果。巩固提高义务教育质量和水平，合理配置公共教育资源，重点向农村地区倾斜，加快缩小教育差距的步伐。大力实施“回乡创业工程”，整合各方面的帮扶资金，鼓励外出农民工回乡创业。对回乡创业项目要简化办事程序，提高服务效率，在落户登记、开工建设、生产经营过程中，实行“一条龙服务”，为农民工回乡创业建立绿色服务通道，就近吸纳劳动力，实现农民务工与农业生产两不误。

（区智力支边办公室）

2015年11月30日

# 附录

# 小河区政协第四届政协委员及领导人名单

（注：小河区政协第四届委员会第一次会议于2012年1月8日召开，2012年12月，小河区与花溪区撤并，小河区政协委员归花溪区政协管理。）

## 小河区政协第四届政协委员名单

（共136名，按界别为序）

中共党员：王纯军　王尤平　王　军
王治前　王轶楠　叶国强
刘建才　刘景文（苗族）
刘　涛　吕天鹏　宋　鑫
张　恩　张　艳（女）
苏洪飞　杨　婷（女）
陈晓颂（女）　陈海涛
范　强　唐凤春（布依族）
高　伐（回族）　黄　娟（女）
黄元鸿　黄筑东　梁洪峰
梁正高（壮族）　童　燕（女）

无党派人士：马俊良　朱启军　崔进平

共青团：吉晓梅（女）　许　毅　周　安
徐　铭

总工会：邹　静（女）　何　禯（女）
何　江　郑云霞（女）

妇女联合会：申宜春（女）　汪建伟（女）
李梅（女）　杨　露（女、彝族）

工商联：王　明　王晓宇　王庆华
阮文兵　张敦云　何　伟
杨兴贵　孟　军　曾佑华
谢　远　彭立阳　廖兴国
戴吉洪

文体艺术界：王建平　朱曼菁（女）
李晓波　杨永军　徐安龙

科学技术界：付　珩（女）　刘其斌（侗族）
陈继春（女）　邹方伦
袁　洁（女）　潘　军

经济界：万　华（苗族）　王克勇（苗族）
王思舟　王　华　孔恩兴
龙跃山（侗族）　江飞龙
张　鹰　杨远君　陈　强
吴海冬　张静娟（女）
邹山彪　何忠胤　李　婕（女）
李进华（女）　陈兴兵
周红静　（女）　周　海

易　龙　林珏涛（女）
屈俊峰（女）　罗艳军
胡　鹏　胡　涛　郝　慧（女）
徐建良　陶邦筠　崔　瑛
谢湛馨　谢嘉宁
葛德龙（布依族）　满开旭
蒋钟祥　熊　敏（女、侗族）

农业界：王兴松（布依族）
吴　虹（女、土家族）　周朝军

教育界：丁　霞（女）　马晓笛（女、回族）
付殿君（女）　李玉华（穿青）
李家芳（女、布依族）
李　丽（女）　陈桂兰（女）
吴春贤　罗　瑞
郭明永　屠志薇（女）
黄　伟　曾宪渝

医药卫生界：王　凯　邓怀中
闫晋洁（女、布依族）　李惠芳（女）
高丽娜（女）

社会福利和社会保障界：潘　奇

少数民族、宗教界：
马根明　王世元（布依族）
龙秀强（苗族）
伍文英（女、布依族）
李塑培（女、回族）

特别邀请人士：
张伦安　吴永贵（布依族）
李　勇（布依族）　周允谦
欧阳薇（女）　袁　瑾（女）
黄　川　黄　卫（土家族）
崔长胜（满族）

小河区政协第四届委员会主席：刘建才

小河区政协第四届委员会副主席：
陈继春（女）　苏洪飞　王纯军
申宜春（女）　范　强　徐安龙

小河区政协第四届委员会秘书长：杨　婷（女）

## 小河区政协第四届委员会常务委员会委员

（共15名）

崔进平　黄　伟　戴　吉　洪谢远　周红静（女）　孔恩兴　王晓宇　曾佑华　唐凤春（布依族）　周　海　潘　军　袁　洁（女）　邹山彪　谢湛馨　何　禯（女）

# 民主党派简介

花溪区共有民主党派基层组织9个，民主党派人士374人。

2014年8月9日，民主促进会花溪支部视察石板金石产业园

中国国民党革命委员会花溪支部，2015年有党员51人，主要分布在教育、卫生、科研等部门。主委周明；副主委李亦然；委员杨艳、顾文、黄泽森。2016年支部换届后，主委周明；副主委藤晓君；委员姜霖、杨艳、田毅。

中国国民党革命委员会小河支部，2015年有党员46人，主要分布在教育、卫生、科研等部门。主委屠志微；副主委戴吉洪；委员李丽、李坤益、余丽莉。2016年支部换届后，主委屠志微；副主委余丽莉；委员刘杰、高照乾、谢大春。

中国民主同盟花溪总支，2015年有盟员60人，主要分布在教育、卫生、科研等部门。主委吉小琴；副主委喻明。

中国民主建国会花溪总支，2015年有会员67人，主要分布在工商企业和其他经济工作等部门。主委孙剑；副主委曾文革；委员颜敏、李祖辉、练余天。

中国民主建国会小河支部，2015年有会员36人，主要分布在工商企业和其他经济工作等部门。主委赵杰；副主委罗晓燕、李晓波；委员陈江龙。

中国民主促进会花溪总支，2015年有会员62人，主要分布在教育、文化、卫生非公经济等部门。主委项彦丽；副主委黄伟；委员曾志云、谢婧、周维军、刘华。

中国农工民主党花溪支部，2015年有党员33人，主要分布在教育、农业、卫生等部门。主委曹珺；副主委邹霞；委员应丽琴、黄红、赵玉菊。

中国致公党花溪支部，2015年有党员12人，党员主要分布在经济、教育、文化、卫生等部门。副主委邓怀忠；委员陈敏。

九三学社花溪支部，2015年有社员11人，主要分布在科研、教育、卫生等部门。主委何江；副主委付忠；委员刘秀丽。

# 民国时期贵筑县参议会

1940年，民国贵州省政府推行新县制，新县制内容之一是创建民意机关参议会。1941年，贵阳县更名贵筑县，县治迁移花溪，两年后创建县临时参议会。参议会会址原设在花溪镇花阁路北端河边的涵翠楼，与县国民党党部共一楼。1945年搬迁到花溪河北岸的原美军俱乐部住房（今溪北路，上世纪80年代为区政府招待所）。

1943年，贵筑县产生的临时参议员，是由县政府指令各乡镇负责人召集地方上的名流、士绅开会提名推荐，再上报经县政府组织召开的有国民党县党部书记、县府秘书、县民政科长参加的党政联席会审核确定。贵筑县临时参议员有35人，除青岩有3人，花溪、黔陶、孟关、乌当、县党部分别有2人外，其他乡镇和妇女会、教育会、商会、工会、渔会均为1人。

1944年，贵筑县正式成立县参议会。先在区、乡、保和群众团体中进行选民登记，然后从选民中提出议员候选人，再由乡民代表大会和群众团体大会选举产生（各乡镇民代表会由县政府先于县参议会组织成立，各乡镇民代表由村、街民大会直接选举产生）。凡年满20岁，在本县有户籍且定居三年以上，粗识文字者，可以当选为县参议员；被剥夺公权者，曾受过刑事处分者不得当选。贵筑县1944年新选出的参议员，仍是1943年临参会的原参议员，无人员变动。

临时参议会议长、副议长由全体参议员大会选举产生，第一次参议员大会选举刘瑶阶（乌当区洛湾大绅）为参议长，杨安盛（国民党贵筑县党部书记长）为副议长。县参议会机关设正副议长、秘书、事务员、工友各1人，均为在职编制，薪金待遇比照县政府科秘事务员标准，由县政府按月支付。参议会三个月开常务会一次，会议所需经费，由参议会作出预算，县政府核实支付。

贵筑县从1943年的临时参议会到1949年11月县参议会，除1946年副议长改为参议员、县党部秘书罗浮仙（旧式文人、县商会会长）担任外，7年时间没有改组、换届，议长、副议长、秘书、事务员均任职到花溪解放为止。

参议会的最高权力属常务会（每季召开一次的全体议员大会），常务会的主要职权是：听取县长本季度施政经过报告；通过各议员对本县应兴应革事宜的提案；审议通过县政府交议的专案（主要是县财政收支预决算以及其他建设项目）；县政府各科室主管以及县属单位主管到会向各议员解答有关施政经过的咨询。

贵筑县参议会存在7年历史中，能否按有关法规正常行使职权，发挥议政作用，很大程度上要视县长的民主意识高低决定。1943年到1945年贵筑县长是较有民主意识的燕京大学政治学系毕业生吴椿（任县长前曾研究乡政建设有年，著有燕京大学出版的有关县政改革的《江宁自治县实验》一书）。吴椿任内期间，参议会作出较有影响的并被县政府采纳的提案有以下几件：

一是县田粮管理处收到一笔近千元罚款，县参议会建议用于教育事业，县政府完全同意，时任县教育科长兼花小校长汪汝衡，遂将此款向商务印书馆购得《万有文库》两部（4000 册一部），一部留花小，一部给贵筑中学，余款用于新制课桌椅 250 套、书柜 10 个，书柜用于专藏《万有文库》。

二是 1943 年抗战中，兵员补充频繁，抓兵卖丁现象猖獗，县参议会特建议县政府改善征兵措施，将全县壮丁不分贫富按户籍名册编号，征兵时按编号当众公开抽签，弟兄多者先抽，抽中者应征。吴椿照此执行。此举深得民众赞成，也一时遏制住征兵中的时弊。

三是时县政府应征各种税款是采取承包方式，县参议会建议定期公布标额，公开当众投标、开标，当众宣告中标者，当众办理承包手续。此建议得到县政府赞同并执行，有效避免徇私舞弊受贿。

四是原乡镇教师的薪俸食米，是各乡镇人员摊派到农户，再由教师如乞讨般挨家挨户收取，如此有损教师形象。县参议会建议教师食米改为由县政府统一在田赋征收时附加一次收齐，存仓备用，按月发放给教师，此建议得到县政府认定。

五是征调民工筑路、修机场，上级发的民工生活补贴往往被乡镇人员或监工克扣贪污，为此，县参议会建议成立检查组到现场监察。县政府照此执行，从而杜绝乡镇和监工人员从中作弊。

# 政协委员大会发言材料目录

## 一、七届一次会议

1.《关于建设花溪文化大区的构想》(徐爽)

2.《对花溪区可持续发展的思考》(王劲松)

3.《与时俱进.鼓励.支持.引导非公有制经济健康发展》(陈建新)

4.《新形势下如何建立社会治安长效机制》(段国敏)

5.《关于进一步落实工业强区战略的建议》(曾兴宽)

6.《建设优美的生态环境,增强社会经济持续发展能力,为全面建设小康社会奠定坚实的基础》(赵黔铭)

7.《提高全民族健康素质是全面建设小康社会的基础》(干亚萍)

8.《调整产业结构,增加农民收入》(李隆辉)

9.《解决“三农”问题是花溪区全面建设小康社会的关键》(曾文革)

10.《为创建人居环境示范区而努力奋斗》(张建军)

11.《加大结构调整力度,实现农业增效.农民增收》(何勇)

12.《把教育放在优先发展的地位》(方学先)

## 二、七届二次会议

1.《加快公共卫生建设促进经济建设发展》(干亚萍)

2.《关于农村职教工作几点建议》(车荣)

3.《抢抓机遇加强管理创建文明城市》(赵新贵)

4.《创建工作新机制促进我区非公有制经济发展》(黎毓安)

5.《建设文化大区打造特色品牌》(徐爽)

6.《发挥高校优势建好花溪科技园区》(卢云辉)

7.《切实加强乡镇卫生院人才队伍建设》(胡云志)

8.《传播新型生育文化提高农村人口素质》(贺智)

9.《以创新的思维开创我区青少年科普工作新局面》(盛亚平)

10.《重视培养和选拔少数民族干部》(罗慧勇)

11.《食品安全与身体健康》(王春凤)

12.《让佛教与社会主义相适应》(释通修)

13.《努力提升农村劳动力资源的利用率,是增加农民收入现实而有效的途径》(曾文革)

14.《在旅游区·生态区·文化区的战略定位下如何发展花溪工业》(倪建元)

15.《扶贫济困,走共同富裕之路》(孙剑)

16.《优化消费结构推动产业结构调整》(朱俊昌)

## 三、七届三次会议

1.《工业强区，为建设小康和谐社会服务》（李洪林）

2.《加快清华中学示范性高中建设步伐》（卢云辉）

3.《转变政府职能，提高干部服务经济的本领》（杨通强）

4.《优化提升化工产业》（倪建元）

5.《打破传统农业观，推进我区农业产业化》（杨正德）

6.《一个老和尚的建议》（释通修）

7.《加快农村小城镇规划建设》（贺承铁）

8.《少数民族地区如何加快发展》（陈玉和）

9.《遏制出生人口性别比升高势头》（贺智）

10.《确保清华中学申办成省级示范高中》（方学先）

11.《让高原明珠更璀璨》（何中东）

12.《加强社区建设工作》（唐文丽）

13.《开展师资培训要有新意》（车荣）

14.《加快培养优秀文化人才》（程韵）

15.《夯实平安花溪工程》（廖兴科）

## 四、七届四次会议

1.《关于进一步落实工业强区战略的建议》（曾兴宽）

2.《花溪磷化工发展思路及实践》（倪健元）

3.《循环经济与花溪建材工业的发展》（苏华）

4.《加强苗药资源整合促进药业产业发展》（朱召留）

5.《提高研发能力加快企业发展》（李洪林）

6.《整合社会资源共建社会主义新农村》（龙华）

7.《政府两手抓加快实施绿色健康产业计划》（孙剑）

8.《加大政府投入努力发展我区普通高中教育》（车荣）

9.《预防控制重大疫情确保公共卫生安全》（于亚萍）

10.《提高花溪旅游业的接待能力和水平》（赵福兰）

11.《关于加强社区建设的几点建议》（李德琼）

12.《确保一方平安构架和谐社会》（段国敏）

13.《进一步推进机关效能建设促进花溪区经济社会事业发展》（何勇）

## 五、八届一次会议

1.《对实施“工业强区”战略目标的几点建议》（苏华）

2.《毫不动摇鼓励支持引导服务非公有制经济发展》（黄生珍）

3.《以攻坚勇气举全区之力建设贵州清华紫光科技园》（曾兴宽）

4.《抓住新机遇促进花溪旅游业快速发展》（赵福兰）

5.《加快民族教育事业发展是和谐社会的重要内涵》（方学先）

6.《扶贫攻坚建设新农村》（孙剑）

7.《发展工业经济建设经济强区》（李洪林）

8.《充分发挥民主监督职能构建社会主义和谐社会》（田晓筑）

9.《推行新型农村合作医疗制度促进农村社会和谐发展》（于亚萍）

10.《对花溪区高中教育发展的思考》（李莎）

11.《立足传统开拓创新加快教育大区建设》（卢云辉）

## 六、八届二次会议

1.《全方位拓展花溪文化大区建设》（唐世海）

2.《充分发挥环境优势推动经济健康发展》（蒋静）

3.《加快基地建设发展绿色工业》（毕蓉）

4.《做强水果产业促进我区农业产业结构调整》（王晓多）

5.《抢抓机遇大力发展花溪养兔产业》（陈学会）

## 七、八届三次会议

1.《积极发展职业教育推进花溪新农村建设》（卢云辉）

2.《促进教育公平构建和谐社会》（杨斌）

3.《打好整脏治乱的持久战》（陈小进）

4.《加强学前教育培养道德新人》（谌洪英）

5.《病有所医重在落实》（周雾飞）

6.《采取有效措施保障农村饮水安全》（刘诚）

7.《新型农村合作医疗是农民的健康保障》（项彦丽）

## 八、八届四次会议

1.《关注“三农”构建和谐花溪》（张崇玉）

2.《走产业化道路打造品牌农产品服务“三农》（李祖辉）

3.《提升义务教育软实力打造和谐·优质·高效的花溪教育》（谢菊蓉）

4.《实现花溪区民族民间歌舞与旅游产业发展互动》（杨旭）

5.《抓好整脏治乱工作建设生态文明城市》（李德琼）

6.《建立督办机制提高提案办理落实的满意率》（唐勇勤）

7.《我区社会治安现状及应对策略》（安金明）

## 九、八届五次会议

1.《保护生态环境加强生态文明建设》（熊伟）

2.《发展会展经济拓宽发展途径》（邹霞）

3.《壮大生态旅游产业建设旅游经济强区》（刘东升）

4.《紧抓“三创一办”机遇借船造势发展花溪》（田毅）

5.《提高农村医疗服务水平确保农民得到更多实惠》（代千里）

6.《调整产业布局加快城市化发展进程》（李琛）

7.《搞好危房改造工作加快新农村建设》（吴利霞）

## 十、八届六次会议

1.《整合资源发挥优势推进石材产业更好更快发展》（李贵友）

2.《营造人文环境打造花溪高校聚集区》（张崇玉）

3.《发展旅游产业促进税收增长》（田为民）

4.《科学制定教育发展规划促进花溪教育均衡发展》（谢菊蓉）

5.《加强社区生态文明建设夯实社会和谐基础》（郭霞）

6.《加强宗教活动场所管理》（龙玉昆）

7.《搞好集体林权制度改革探索林业发展之路》（李柱军）

## 十一、九届四次会议

1. 《全力构建“平安花溪”》（黄泽森）

2. 《花溪区中等职业教育发展现状．存在的问题与对策》（罗锦国）

3. 《关于建设农产品特色精品园区，实现中小农产品加工企业转型升级的建议》（李祖辉）

4. 《关于加强南明河中上游（中曹司河段）环境综合整治的建议》（王建平）

5. 《久安“古茶树之乡”的发展建议》（崔瑛）

6. 《加强文化遗产保护助推文化大区建设》（项彦丽）

7.《关于加快花溪区服务业发展的建议》（朱琼）

8. 《关于花溪区保障性住房物业管理的几点建议》（何江）

9. 《解决好移民后顾之忧，让水库建设利国利民》（王培华）

10. 《关于在万达片区改造中做好非公有制企业拆迁安置工作的建议》（林敏智）

11. 《践行生态文明理念促风电产业健康发展》（曾志云）

12. 《青岩古镇宗教文化旅游发展的调查与建议》（余云云）

13. 《推进义务教育均衡发展，有效破解择校难题》（谢菊蓉）

14. 《多措并举，全面提升花溪区农村环境质量》（赵玉菊）

15.《繁荣社区文化构建和谐社区》（刘家庆）

## 十二、九届五次会议

1.《花溪未来，“书香花溪”建设刻不容缓》（卢云辉）

2. 《花溪区民办学校办学现状、存在问题与对策》（屠志薇）

3.《防治大气污染开启绿色渣运》（冉茂志）

4. 《关于增设公共停车资源·保障花溪交通畅通·提升花溪综合形象的建议》（杨正德）

5.《大力提升花溪特色生态文化旅游》（葛德龙）

6. 《关于失地农民就业存在的问题及建议》（宫连虎）

7. 《加强基层民主党派建设》（宋荣琼）

8.《关于花溪区学前教育工作的思考》（甘健）

9. 《关于花溪区休闲农业发展的思考和建议》（周朝军）

10. 《关于建设石板特色轻工商贸物流园区的建议》（何文先）

11. 《关于加强民族村寨保护和开发的五点建议》（余云云）

12. 《关于加强我区景区食品安全监督管理的建议》（邓怀中）

13. 《关于对花溪区养老产业发展的思考和建议》（何江）

14.《关于如何建设文化旅游创新区的思考》（徐国霞）

15. 《关于丰富社区居民文化生活的几点思考》（刘家庆）

16. 《关于对经开区黄河路拥堵治理的几点建议》（杨远君）

17. 《加快发展花溪区社区服务中心向社会力量购买服务的步伐》（王军）

18. 《关于久安乡生态茶产业园区发展的建议》（王培华）

19. 《精简社区服务中心职能，更好服务

社区群众》（谢远）

20.《改善环卫及绿化工人待遇，促进城市管理工作》（吴虹）

21.《规范环卫保洁工作，提升城市卫生水平》（蒋钟祥）

22.《关注老年人老有所为·老有所乐·老有所养·老有所依》（伍文英）

23.《关于贵阳卷烟厂在生产经营中需要协调解决的问题》（蒋钟祥）

## 十三、九届六次会议

1.《关于取消环城高速南环线收费的建议》（项彦丽）

2.《关于发展花溪商贸物流业的建议》（冉茂志）

3.《积极推进国际汽贸城商业园区经济建设》（朱恒峰）

4.《关于解决小孟工业园中小企业发展有关民生问题的建议》（曾佑华）

5.《关于对花溪区再生资源行业管理工作的几点建议》（龙聚盛）

6.《关于有效解决农村学校教师乘车难乘车贵相关问题的建议》（曾志云）

7.《对马铃乡留守儿童问题的调查与建议》（潘春琪）

8.《关于我区引进和留住人才的思考与建议》（徐国霞）

9.《关于解决我区城区交通拥堵的建议》（何江）

10.《民族文化进校园关乎的不仅仅是传承》（佘云云）

11.《孟关国际汽贸城应加快发展电子商务》（刘洪军）

12.《让学区化管理成为均衡教育推进的有效途径》（谢菊蓉）

13.《对高坡红色文化资源保护和利用的建议》（刘家庆）

14.《关于对花溪区蔬菜产业化发展的建议》（贾惠珺）

15.《加快我区城市生活垃圾综合处理项目建设美化城市环境》（欧阳桂枝）

16.《对建设花溪区残疾人康复中心的建议》（张文闻）

17.《对加强基层卫生院医疗队伍建设的建议》（邓彩菊）

18.《关于把花石路建设成城市干道的建议》（王培华）

19.《关于我区高中、初中教育人才招才引智的建议》（邓怀中）

20.《对加大我区文化遗产保护工作力度的建议》（谢婧）

21.《政府要切实抓好菜篮子工程》（练余天）

22.《对加强花溪城区校园周边交通安全的建议》（龙怀安）

23.《对加强我区非公企业文化建设的建议》（廖俊文）

24.《关于创新社会治理推进居民自治工作的探索与建议》（冉茂山）

25.《关于高坡乡龙云小学的帮扶建议》（屠志薇）

26.《关于加强“中曹路”的管理，尽快启动二期工程建设的建议》（喻明）

27.《关于整治经开片区大寨村平桥至铁路涵洞路段交通拥堵的建议》（李晓波）

28.《加快发展中药材种苗繁育产业推动农业产业结构优化升级》（何江）

# 外界媒体报道政协工作一览表

| 标 题 | 登载报刊及时间 | 作 者 |
| --- | --- | --- |
| 传输信息 下情上达 | 《贵阳日报》2003.6.2 | 徐开新 |
| 政协委员倾情关注 花溪小学开工建设 | 《贵阳日报》2003.6.2 | 郭霞 |
| 疫情不息 战斗不止 | 《贵州政协报》2003.7.1 | 郭霞、曾丹 |
| 花溪区政协为建设生态示范区出谋划策 | 《贵州政协报》2003.8.19 | 郭霞 |
| 围绕全区发展战略 积极发挥政协作用 | 《贵州政协报》2003.10.24 | 郭霞、潘建 |
| 围绕发展中心 履行政协职能 | 《贵州政协报》2003.11.18 | 郭军 |
| 花溪区疾控中心旧貌将换颜 | 《贵州政协报》2003.11.11 | 潘建 |
| 《花溪区政协志》公开出版发行 | 《贵阳文史》2003 年第 4 期 | 李秀明 |
| 花溪区政协召开主席会议督办提案协调会 | 《贵州政协报》2007.4.18 | 唐勇勤 |
| 不辱使命 不负众望 | 《贵州政协报》2007.3.22 | 顾怡、王呤、罗雪 |
| 花溪区政协积极拓展民主监督新渠道 | 《贵州政协报》2007.5.11 | 郭霞 |
| 把政协工作这盘棋走活出新 | 《贵州政协报》2004.2.27 | 郭霞、郭军 |
| 花溪区委书记与区政协领导座谈 | 《贵州政协报》2004.7.6 | 郭霞 |
| 花溪区政协关注计划生育优质服务工作 | 《贵州政协报》2003.11.28 | 郭霞 |
| 花溪区政府重视提案办理工作 | 《贵州政协报》2003.12.30 | 郭霞 |
| 紧扣发展目标 履行政协职能 | 《贵阳日报》2004.2.26 | 南风、彭婷、郭霞 |
| 关注“三农”问题 促进农民增收 | 《贵阳日报》2004.6.24 | 郭霞 |
| 让农民能真正富裕起来 | 《贵州政协报》2004.6.8 | 郭霞 |
| 加强领导抓重点 发挥优势重实效 | 《贵州政协报》2004.12.17 | 郭霞 |
| 为保提案高质量各项措施落实处 | 《贵阳日报》2005.2.25 | 项彦丽 |
| 发挥优势重实效 支教扶贫办实事 | 《贵阳日报》2005.2.25 | 郭霞 |
| 为教育献出一片真情 | 《贵州政协报》2004.7.13 | 郭霞 |
| 发挥优势 营造环境 | 《贵州政协报》2005.6.21 | 郭霞、黄生珍 |
| 花溪区政协调研成果实现有效转化 | 《贵州政协报》2005.7.8 | 郭霞 |
| 优化提升化工产业发展壮大工业经济 | 《贵州政协报》2005.8.16 | 政协花溪区委员会 |

续 表

| 标 题 | 登载报刊及时间 | 作 者 |
| --- | --- | --- |
| 花溪区政协提案工作成效显著 | 《贵州政协报》2004.11.16 | 郭霞、唐勇勤 |
| 为保提案高质量，各项措施落实处 | 《贵州阳日报》2005.2.25 | 项彦丽 |
| 人才　建诤言　智囊解囊献良策 | 《贵州政协报》2005.8.30 | 郭霞 |
| 花溪区政协常委视察花溪社区建设 | 《贵州政协报》2005.8.2 | 郭霞 |
| 花溪区政协为城市建设“交相辉映”计划建言献策 | 《贵州政协报》2005.5.10 | 郭霞 |
| 打造生态旅游文化大区 | 《贵州政协报》2006.11.9 | 郭霞、郭军、顾怡、田野 |
| 委员提案促成一次民心工程 | 《贵州政协报》2006.6.2 | 唐勇勤、郭霞 |
| 新一届花溪区政协特色纷呈 | 《贵州政协报》2006.12.14 | 郭霞 |
| 花溪区政协民主监督工作措施具体 效果明显 | 《贵州政协报》2008.11.25 | 梁国同、郭霞 |
| 花溪区政协努力提高提案质量和办理质量 | 《贵州政协报》2008.5.8 | 唐勇勤、郭霞 |
| 高原明珠的一张立体名片 | 《贵州政协报》2001.9.23 | 徐成淼 |
| 为了让十里河滩再现明珠风采 | 《贵阳日报》2004.5.20 | 戴佳村 |
| 循序渐进　狠抓落实　推动工作 | 《贵州政协报》2009.5.27 | 郭霞、唐勇勤、曾丹 |
| 戴安澜将军墓建成爱国主义教育基地 | 《贵州政协报》2003.7.11 | 戴佳村 |
| 花溪区政协提案办理力度大 采纳率高 | 《贵州政协报》2005.4.1 | 项彦丽、潘建 |
| 花溪区法院主动邀请政协进行民主监督 | 《贵州政协报》2008.5.29 | 梁国同、张烈 |
| 花溪区政协落实“平安花溪”建设工作 | 《贵州政协报》2002.3.16 | 刘毅 |
| 花溪区政协召开宣传信息工作座谈会 | 《贵州政协报》2009.5.20 | 郭霞 |
| 七个关注：助推花溪经济社会发展 | 《贵州政协报》2005.11.22 | 郭霞 |
| 花溪区政协组织委员到“阳光就业家园”视察 | 《贵州政协报》2013.6.6 | 刘毅 |
| 花溪区政协召开提案交办会 | 《贵州政协报》2013.4.10 | 刘毅、曾少海 |
| 创新协商工作机制　助推产业园区建设 | 《贵州政协报》2013.4.4 | 吴硕、蔡强 |
| 以人为本走科学发展路　万众一心建生态示范区 | 《贵州政协报》2003.3.21 | 蔡强、郭霞、王吟 |
| 保护黔陶的村历史文化资源　弘扬花溪历史文化 | 《贵州政协报》2003.4.17 | 区政协文史宣传学习委员会 |
| 参政谋大事　建言促发展 | 《贵州政协报》2012.6.13 | 尹梅、顾怡 |
| 花溪区政协力助贫困学子园大学梦 | 《贵州政协报》2012.9.5 | 刘毅 |
| 花溪区政协专题调研成果丰硕 | 《贵州政协报》2008.3.29 | 郭霞 |
| 提提案为民代言　办提案为民办事 | 《贵州政协报》2012.2.15 | 顾怡 |
| 花溪区政协党组召开教育实践活动动员大会 | 《贵州政协报》2014.3.4 | 欧阳桂枝、赵洪 |
| 有实现　有作为　有成效 | 《贵州政协报》2014.3.14 | 王吟 |
| 花溪区政协召开 2014 年提案交办会 | 《贵州政协报》2014.4.17 | 曾少海、欧阳桂枝 |

续 表

| 标 题 | 登载报刊及时间 | 作 者 |
| --- | --- | --- |
| 助推科学发展 关注民生民意 促进社会和谐 | 《贵州政协报》2014.2.25 | 曾少海、王吟 |
| 花溪区政协召开主席会督办提案办理协商座谈会 | 《贵州政协报》2014.9.10 | 王茜、王吟 |
| 履职尽责助发展 为民务实促和谐 | 《贵州政协报》2015.2.13 | 王吟 |
| 花溪区政协召开 2015 年提案交办会议 | 《贵州政协报》2015.4.8 | 王茜、王吟 |
| 花溪区政协召开各民主党派专题协商座谈会 | 《贵州政协报》2015.4.21 | 赵欣、王吟 |
| 纵深打造花溪发展升级版 | 《贵州政协报》2015.4.24 | 王吟 |
| 在建设文化旅游创新区中显身手 | 《贵州政协报》2016.3.24 | 王吟 |
| 逞前瞻之言，献睿智之策 | 《贵州政协报》2016.3.30 | 王吟 |

# 政协委员发表部分著作、文章统计表

## 书 籍

| 姓名 | 题目 | 出版社 | 时间 |
|---|---|---|---|
| 王兴珍 | 花溪布依族传统礼俗歌 | 贵州省民族出版社 | 2015.12 |
| 邹方伦 | 《中国·贵州高等真菌原色图鉴》 | 贵州科技出版社 | 2009.11 |
| 邹方伦 | 《贵州特色菌物和珍稀菌类栽培与驯化研究》 | 贵州科技出版社 | 2007.06 |
| 卢云辉 | 贵州世居民族文献与文化研究（2013 卷） | 中国社会科学出版社 | 2014.09 |
| 卢云辉 | 贵州世居民族文献与文化研究（2014 卷） | 上海古籍出版社 | 2015.09 |

## 文 章

| 姓名 | 题目 | 刊登载体 | 时间 |
|---|---|---|---|
| 龙建新 | 贵州星天电线电缆有限公司的科技兴企路径 | 中国优秀干部论坛（书籍收录） | 2016.02 |
| 孙定学 | 社区文化推进旅游文化创新区建设的思考 | 《贵阳宣传》（杂志收录） | 2015.06.11 |
| 宫连虎 | 《发展工业要贯穿“低碳”理念》 | 《贵州日报》（头版） | 2011.01.09 |
| | | 被“求是”杂志社主办期刊《红旗文稿》全文收录 | 2011.01 |
| 宫连虎 | 《加强乡镇干部作风建设之“四要”》 | 《贵阳日报》（理论与实践） | 2011.04.25 |
| 宫连虎 | 《贵阳市花溪区：“流水线”式培养合格农村干部》 | 中国共产党新闻网（党建频道）、中直党建网，多家网络媒体转载 | 2013.04.17 |
| | | 市委组织部《贵阳组工信息》第 82 期 | 2013.04.24 |
| 宫连虎 | 《多向群众汇报工作》 | 《贵阳日报》第 A10 版：理论与实践 | 2014.08.25 |
| 宫连虎 | 《基层政协委员履职的“四个维度”》 | 人民论坛网（第一评论） | 2015.11.24 |

续 表

| 姓名 | 题目 | 刊登载体 | 时间 |
| --- | --- | --- | --- |
| 邹方伦 | 假笼头菌属一新种(英文) | 《菌物学报》 | 2008.01.15 |
| 邹方伦 | 贵州百里杜鹃自然保护区大型真菌资源利用评价 | 《中国食用菌》 | 2009.01.15 |
| 杨正德 | 贵州香猪 7 ~ 25kg 生长阶段的氨基酸沉积规律与需要量的研究 | 《动物营养学报》 | 2011 年 |
| 杨正德 | 提高泌乳盛期奶牛乳脂率与乳蛋白含量的营养调控研究 | 《西南农业学报》 | 2011 年 |
| 杨正德 | 贵州香猪内源钙磷代谢及 7 ~ 25kg 生长阶段的钙磷沉积规律与需要量研究 | 《动物营养学报》 | 2011 年 |
| 杨正德 | 应用营养调控技术降低奶牛磷的排泄 | 《中国奶牛》 | 2008 年 |
| 杨正德 | 赤水黑羽乌骨鸡和矮小型黑羽乌骨鸡营养需要 | 《西南农业学报》 | 2005 年 |
| 彭爱萍 | 家庭教育方式不当致儿童心理疾病 3 例报道 | 《中国学校卫生》 | 2003 年 8 月 V01.24 |
| 张丽君 | 贵州高校图书馆的特色资源建设 | 《贵州社会科学》 | 2012，第 11 期 |
| 张丽君 | 江苏贵州两省高校图书馆员工技能比较 | 《贵州社会科学》 | 2010，第 12 期 |
| 张丽君 | 从 5 种高校医学期刊引文看作者的情报意识 | 《中国科技期刊研究》 | 2008，19（5） |
| 张丽君 | 编辑对医学期刊参考文献的干预 | 《编辑学报》 | 2008，20（5） |
| 张丽君 | 医学期刊索引编印中存在的问题及对策 | 《编辑学报》 | 2008，20（1） |
| 龙礼云 | 读《软实力》的反思 | 《阅读风景线》（书籍收录） | 2015.6 |
| 卢云辉 | 尽快制订全民阅读促进条例和公共图书馆法 | 《光明日报》 | 2015.03.05 |
| 卢云辉 | 三年造就一个绿色贵州 | 《光明日报》 | 2015.03.06 |
| 卢云辉 | 促进全民阅读事关国家未来 | 《中国人大杂志 》 | 2015 第 4 期 |
| 卢云辉 | 掌握一手扶贫信息 | 《光明日报》 | 2014.02.25 |
| 卢云辉 | 把老百姓请进图书馆 | 《光明日报》 | 2014.03.10 |
| 程韵 | 难忘的 2011 年 | 《跨越——贵阳交通发展历程》 | 2012 年 |

续 表

| 姓名 | 题目 | 刊登载体 | 时间 |
|---|---|---|---|
| 徐开新 | 邓小平视察花溪秋耕生产 | 《贵阳日报》 | 2004 年 |
| 徐开新 | 青岩公社的社会主义大集 | 《文史天地》 | 2011 年 |
| 李秀明<br>徐开新 | 政协如何发挥民主监督作用 | 《把人民政协事业不断推向前进》 | 2006 年 |
| 徐开新 | 花溪军粮供应轶事 | 《贵阳文史》 | 2014 年 |
| 徐开新 | 抗战中的花溪美国大兵 | 《人文贵阳》 | 2015 年 |

# 区政协文史资料选辑目录一览表

2011年6月9日，贵州知名作家王蔚华、徐成森、罗大胜等参加《高原明珠花溪》首发式

## 第十辑《高原明珠花溪人》

| 标 题 | 作 者 |
|---|---|
| 花溪唯一的女县委书记 | 王枫自述 |
| 耕耘荒山志不移——记黔陶乡农民王伦芬 | 马顺华 |
| 苗族挑花能手王朝珍 | 李祖运 |
| 贫困山乡布依女——记马铃乡共产党员韦光美 | 赵 洪 孙礼平 |
| 田志英——参加过青岩黑神庙战斗的人 | 李祖运 黄作芳 |
| 一生雅趣翰中寻——记书法家龙渊泉 | 戴佳村 |
| 从青岩公社知青到复旦大学博导——记经济学家朱荫贵 | 徐开新 |
| 图写花溪第一人——记画家华天谷 | 冯举高 |
| 知识改变命运——刘军自述 | 刘 军 |

续 表

| 标 题 | 作 者 |
| --- | --- |
| 刘剑魂与花溪 | 戴壮强 |
| 被人民大会堂收藏作品的青岩人——记画家刘复莘 | 方学先 |
| 第一任中共贵筑县委书记逸事——陈达之三服罗浮仙 | 夏荣富 |
| 治学立言　重德彰法——记法学家吴大华 | 孟航宇 |
| 丹心碧血映花溪——记杜蓉烈士 | 曹如人 |
| 花溪籍第一个学术技术带头人——记教授李竹青 | 徐开新 |
| 志存高远的开拓者——记企业家李洪林 | 魏永江 |
| 一代枪帅出花溪——记奥运冠军指导张恒 | 戴壮强 |
| 谁说女子不如男——记兰泰公司董事长张兰 | 马　坤 |
| 走进世界第一公司的花溪人张蚀 | 马　坤 |
| 峥嵘岁月弄潮儿——记高级经济师张海 | 许　林 |
| 百岁老人张葆琛 | 李祖运 |
| 花溪首位民主人士副县长张德温 | 曹如人 |
| 台湾来的养猪大王——记政协委员陈桦贵 | 曹如人 |
| 汪汝衡与贵筑县教育 | 白尔楠 |
| 黔中汉子甘当“爱心使者”——记无线电爱好者余兆兰 | 马　坤 |
| 花溪布依族作家罗大胜 | 张　敏　方学先 |
| 不读大学的国家一级演员——记表演艺术家罗江禹 | 赵　彤 |
| 为花溪改名的罗浮仙 | 罗江松 |
| 把木叶演奏推向世界——记音乐教师罗道中 | 曹如人 |
| 自强不息，厚德载物——记清华中学董事长周诒春 | 清华中学校友会 |
| 周奎与花溪风景 | 戴壮强 |
| 当上全国人大代表的青岩人——记特级教师周德芬 | 曹如人 |
| 救活一个厂，帮富一个村的钟京平 | 张　艺 |
| 为农村教育献终生的赵玉华 | 李祖运 |
| 担任区委委员的民企老总——记 MBA 硕士赵新环 | 曹如人 |
| 摘掉缺粮帽子的财神——记水稻专家徐世民 | 夏荣富 |
| 花溪有个全省最大的现代立窑私有企业——记金龙水泥厂胡斌 | 马　坤 |
| 悼念贵阳清华中学校长唐宝鑫 | 钱存浩 |
| 呕心沥血五十载——记名誉校长唐树本 | 清华校友会 |
| 乡镇企业家——倪建元 | 黄作芳 |

续 表

| 标 题 | 作 者 |
|---|---|
| 获“海峡两岸德艺双馨艺术家”的花溪人——记书法家黄旭忠 | 曹如人 |
| 作品入选“毛主席纪念堂”的青岩人——记书法家章雏菘 | 曹如人 |
| 上海来的乡村教师曹元龙 | 徐开新 |
| 德高望重的萧醒球 | 罗江松 |
| 梅花香自苦寒来——记演奏家蒋晓音 | 卢云辉 |
| 记贵阳麟山水泥厂厂长曾晓焰 | 曹如人 |
| 慈悲为怀普渡众生——记古镇老和尚释通修 | 徐开新 |
| 狮子山下一耕夫——记画家黎培基 | 曹如人 |

## 第十一辑《名人与花溪》

| 标 题 | 作 者 |
|---|---|
| 毛泽东题字“贵州大学” | 李祖运 |
| 周恩来总理在花溪 | 卢义生　张文俊　杨鹏声 |
| “群众吃得饱吗”——朱德委员长在花溪 | 曹如人 |
| “花溪的米多少钱一斤”——邓小平访问花溪人民公社 | 徐开新 |
| 董必武作诗颂花溪 | 李祖运 |
| 陈毅吟诗赞花溪 | 曹如人 |
| 陈毅元帅参观青岩公社展览 | 饶昌东 |
| 贺龙保护花溪公园 | 曹如人 |
| “你们这里还出个状元”——贺龙对花溪区委书记说 | 周天胜 |
| 邓颖超到青岩“还愿” | 周天胜 |
| “要组织社员兴修水利”——谭震林副总理视察青岩 | 周天胜　罗世红 |
| “要把生产抓好”——罗瑞卿在青岩对公社社员说 | 周天胜 |
| “重点放在乡土人才的培养上”——江泽民总书记两次到花溪 | 胡晓涛 |
| 青岩古镇……非常珍贵——胡锦涛总书记与古镇居民一起过新年 | 刘修华　杨泽珍　周天胜 |
| “赵状元为贵州文化作出了榜样”——胡锦涛任贵卅省委书记时说 | 周天胜　刘敬明 |
| 情留花溪——胡锦涛同志到花溪植树 | 张　敏 |
| “有机会我再来看你们”——李瑞环到花溪 | 胡晓涛　马　坤 |
| “老师，辛苦了”——李岚清在清华中学的四十分钟 | 夏荣富 |
| 宋平给竹林村党员题词 | 文史委 |

续　表

| 标　题 | 作　者 |
|---|---|
| 田纪云花溪视察记实 | 胡晓涛　马　坤 |
| “你们为社会办厂一件好事”——万国权考察花溪老年康复公寓 | 曹如人 |
| 钱正英视察高坡 | 刘开明 |
| 顾秀莲视察花溪“三八”绿色示范基地 | 周家凤 |
| “清华中学堪称模范学校”——蒋介石到花溪二三事 | 徐开新 |
| 冯玉祥将军花溪送盐巴 | 曹如人 |
| “莫不以一游花溪为快”——抗日名将蔡廷锴在花溪说 | 曹如人 |
| 何应钦促成开发花溪公园 | 曹如人 |
| 戴安澜将军葬花溪 | 李祖运 |
| 贵州剪辫第一人——记我的叔祖父平刚 | 平明宁 |
| 吴鼎昌与花溪 | 曹如人 |
| 贵阳清华中学创始人周诒春 | 王晓瑞 |
| 城中颇有瓦楼街市焉——徐霞客游历花溪 | 戴壮强 |
| 云贵状元第一人 | 文史办 |
| 名震京华周渔璜 | 何静梧 |
| 赵国澍与青岩教案 | 黄作芳 |
| 开拓台湾的花溪人周钟瑄 | 戴壮强 |
| 清官刘清 | 戴壮强 |
| 诗人吴中番与天河潭 | 戴壮强 |
| 宋昂与花溪大桥 | 李祖运 |
| 大地主人谢庭熏 | 戴壮强 |
| 巴金在花溪度蜜月 | 戴壮强 |
| “清华中学教师富有青年气”——叶圣陶花溪日记 | 叶圣陶 |
| 金庸说：一定要把花溪写进去 | 梁国同 |
| 誉满京华的姚茫父 | 曹如人 |
| 王蒙眼里的花溪 | 安文新 |
| 陈伯吹的《花溪一日间》 | 戴壮强 |
| 吴朗西游花溪公园 | 夏荣富 |
| 这是最值得留恋的地方——徐铸成的花溪印象 | 夏荣富 |
| “我国文物之大幸”——贺敬之到青岩穆青访问高坡 | 张　敏 |
| 陈恒安花溪词赠张学良 | 曹如人 |

续 表

| 标 题 | 作 者 |
| --- | --- |
| 国画大师刘海粟与花溪 | 欧阳震　刘庚梅 |
| 苏步青教授在青岩 | 安　庆 |
| 陈景润花溪约法三章 | 李长明 |
| 白云鄂博铁矿的发现者丁道衡 | 杜松竹 |
| 农业科学教育家罗登义 | 杜松竹 |
| “花溪是一块宝地”——盛中国在花溪说 | 徐建新 |
| 马思聪游花溪 | 李祖运 |
| 青岩人怀念的街坊——周恩来之父周懋臣 | 李祖运 |
| 鞠萍在花溪拍节目 | 戴壮强 |
| 新西兰总理访花溪 | 戴壮强 |
| 镇山博物馆与约翰·杰斯特龙 | 张永吉 |
| 部分未录入名人到花溪一览表 | 史志办 |

## 第十二辑《高原明珠花溪人（续集）》

| 标 题 | 作 者 |
| --- | --- |
| 马守援在成都和平解放中有重大贡献 | 黄作芳 |
| 追踪艾滋病的巾帼丈夫 | 徐　闻 |
| 从教师到总经理 | 周宏洁 |
| 古镇纸扎传人王正安 | 曹如人 |
| “蹬三轮”的百万富翁 | 戴佳村 |
| 普通一兵王作礼 | 王理星 |
| 王尚贤——花溪第一个农业生产合作社创始人 | 李祖运 |
| 无暇人品清于玉　不俗诗人读似仙——记原贵州省政协副主席王思明 | 夏荣富 |
| 用生命谱写奉献之歌——记共产党员王贵祥 | 孙惠楠　肖　燕 |
| 作家王鸿儒 | 曹如人 |
| 说话不多办事不少的王登云 | 邓湘丰 |
| 花溪有个雷锋式的好战士 | 黄作芳 |
| 花溪第一个农村党支部书记韦素珍 | 李祖运 |
| 布依汉子——一个造林老人的自述 | 韦耀庭 |
| 人命大于天——记“开仓放粮”救大众的卢义生 | 周天胜 |

续 表

| 标 题 | 作 者 |
| --- | --- |
| 大胡子教授卢云辉 | 马 坤 |
| 花溪乡走出的司令员 | 黄作芳 |
| 做事要对得起世人 | 谢正远 |
| 人口学研究的“探路人”——记贵大人口研究中心主任吕左 | 梁国同 |
| 获奖最多的青少年科技辅导员——记优秀教师任升琪 | 杨定乾 |
| 雕刻精品游世界——记农民雕刻艺人刘方中 | 周天胜 |
| 金针茹长得最美——记高坡乡农民技师刘兴常 | 晓 中 |
| 居委会主任刘静贞的一天 | 晓 中 |
| 从燕楼乡到联合国——记联合国女性官员汤毓珍 | 黄作芳 |
| 将法院院长拉下马的检察官<br>——记全国检察机关“十佳渎职侵权检察局（科）长”李静 | 赵开舟 |
| 张汝舟教授在花溪 | 欧阳震 刘庚梅 |
| 苗寨致富领头雁——记贵阳市优秀共产党员张金文 | 邓湘丰 |
| 从北伐战士到宗教组长——记百岁老人陈丰灵 | 徐 闻 |
| 木叶声声震五洲——记花溪苗族木叶演奏家陈忠华 | 邓湘丰 |
| 创办花溪第一家老年公寓的吴玩沧 | 邓湘丰 |
| 路在脚下延伸——记石板镇养殖大户邱明松 | 陈 卓 |
| 在维护稳定的第一道防线——记优秀人民调解员罗华强 | 余岸木 |
| 贵阳十大杰出青年农民罗明寿 | 蒋先美 |
| 画家孟光涛 | 曹如人 |
| 花溪首任团工委书记——岳万学 | 王文浩 |
| 群众要回来的党支书 | 大 龙 |
| 白衣战士周世琼 | 席世曦 |
| 不要 13 万元的“抵门杠”——记久安乡共产党员周兴和 | 周天胜 |
| 福泽省外数县的周际华 | 曹如人 |
| 美丽的幼儿教师 | 徐 闻 |
| 忆花溪民建支部创始人查日曦 | 李隆辉 |
| 中共花溪地下组织负责人姚国安 | 徐 闻 |
| 贵阳首届“十佳法官”秦长国 | 郑惠琴 |
| 老总郭祥贵 | 罗 琳 |
| 刚直不阿章逸山 | 章维屏 |
| 花溪有这样一位校长 | 夏荣富 |

续 表

| 标　题 | 作　者 |
|---|---|
| 古镇黄家玫瑰糖传人黄菊声 | 曹如人 |
| 碧血千秋　浩气长存——纪念我的父亲廖崇美烈士 | 安　俊 |
| 青岩有个“阿庆嫂” | 曹如人 |
| 现代“原始人”——记孟关公社下乡插队的知识青年们 | 李应远 |

## 第十三辑《贵阳清华中学七十年专辑》

| 标　题 | 作　者 |
|---|---|
| 品读清华中学领悟厚重文化 | 周　进 |
| 从北平水木清华到花溪水木清华 | 徐开新 |
| 贵阳清华中学 70 年 | 周　进 |
| 贵阳清华中学与清华大学的渊源关系 | 唐树本 |
| 周诒春简介 | 徐开新 |
| 周诒春与贵阳清华中学 | 王思立、宋士英、唐宝心 |
| 唐宝心年谱简编 | 徐开新 |
| 唐宝心回忆录（清华中学部分） | 唐宝心 |
| 名人在贵阳私立清华中学 | 徐开新 |
| 首任校长王思立 | 宋士英 |
| 把清华精神在贵州延伸的人 | 姚礼乾 |
| 唐宝心校长和我心中的清华中学 | 何植岱 |
| 亲见・亲闻・亲身经历 | 肖醒球 |
| 瞬间六十年 | 陈　琰 |
| 永远的肖哥 | 梁　燕 |
| 忆恩师，念清华 | 陈开基 |
| 永久怀念的残镜头 | 陈庐山 |
| 花溪首个中共地下组织 | 校史室 |
| 清华往事 | 刘梦鲲 |
| 忆母校贵阳清华中学 | 罗嘉欢 |
| 我爱清华中学 | 嵇守勤 |
| 新民主主义青年联盟在清华中学 | 校史室 |
| 清华中学办校初期的体育 | 吴伯钰 |

续 表

| 标　题 | 作　者 |
|---|---|
| 清华中学在“文化大革命”中 | 校史室 |
| 花溪　永恒的思念 | 唐宝心 |
| 贵阳私立清华中学校董会部分董事简介 | 张永吉、曹如人 |
| 贵阳私立清华中学部分教师简介 | 校史室 |
| 我爱周珊凤老师 | 陈扬铨 |
| 清中老师画作拍卖 38 万 | 文史办 |
| 杨振宁话初恋美人清中教师张景昭 | 文史办 |
| 园丁老潘 | 张锡鉴 |
| 清华骄子拾零 | 郭　霞 |
| 校友四院士 | 校史室 |
| 校友年轻博士群 | 校史室 |
| 榜上清华人 | 文史办 |
| 清中学子的“第一” | 徐开新 |
| 省主席之子考清华中学名落孙山 | 张永吉 |
| 图为证——前无古人的事 | 徐开新 |
| 丁廷模谈“自强不息，厚德载物” | 丁廷模 |
| 博士刘军谈“知识改变命运” | 刘　军 |
| 一句话解说“清华精神” | 文史办 |
| 校训“自强不息，厚德载物”的荣辱兴衰 | 徐开新 |
| 清华中学高考 30 年 | 孟昭筑 |
| 解读老照片 | 徐开新 |

## 第十四辑《青岩古镇军事文化集萃》

| 标　题 | 作　者 |
|---|---|
| 青岩古镇军事文化的意义和作用 | 郭　霞 |
| 青岩古镇的军事战略地位 | 王晓红 |
| 独特绚烂的古代军事文化 | 金湛林 |
| 青岩军事战略及建城地理环境选址探索 | 金湛林 |
| 独具特色的聚落空间 | 金湛林 |
| 深受宗教和军事影响的民俗文化 | 金湛林、夏秦豫 |

续　表

| 标　题 | 作　者 |
|---|---|
| 管辖青岩的土司 | 程　韵 |
| “贡马”与马铃 | 夏秦豫 |
| 班氏土司与青岩城 | 王兴武、程　韵 |
| 戍军屯田与青岩建堡 | 程　韵 |
| 明清募兵制及民众武装 | 郭　霞 |
| 明代设置贵州前卫调军驻守青岩 | 程　韵 |
| 青岩军事营盘 | 刘　霞 |
| 青岩古驿道 | 陈会芬 |
| 班氏父子建造青岩城 | 程　韵 |
| 武备郎袁大鹏请修青岩城 | 程　韵 |
| 赵国澍重修青岩城 | 程　韵 |
| 干巴猪率东苗起义军攻打都匀等卫所 | 弋良俊 |
| 明廷调集五省兵力攻打高坡 | 弋良俊 |
| 第一次石门山战事 | 戴壮强 |
| 第二次石门山战事 | 程　韵、罗万府 |
| “安奢之乱”班麟贵解贵阳之危 | 王兴武、程　韵 |
| 班应忠救援血染上马司 | 王兴武、程　韵 |
| 太平军围攻青岩 | 程　韵 |
| 红军在翁西关和倪儿关的战斗 | 程　韵 |
| 狮子山狙击战 | 程　韵 |
| 高寨河刘家水碾红军作战指挥所 | 程　韵 |
| 红军在青岩的传奇故事 | 周天胜 |
| 红军长征过高坡 | 程　韵 |
| 红军小战士赖茂春与黔陶人民的情谊 | 程　韵 |
| 青岩战时儿童保育院 | 文史委 |
| 青岩难胞接待站 | 文史委 |
| 青岩社会教育实验区抗日宣传活动 | 文史委 |
| 浙江大学迁至青岩创办微积分几何研讨班 | 徐开新、郭　霞 |
| 贵阳女师迁青岩 | 黄宝华 |
| 八路军贵阳交通站在青岩 | 文史委 |
| 解放青岩的战斗 | 夏秦豫 |

续 表

| 标 题 | 作 者 |
| --- | --- |
| 青岩土匪合围花溪之战 | 王文浩 |
| 散匪追剿战 | 王文浩 |
| 青岩运粮抢运战 | 贾开文 |
| 青岩军事大事记 | 程 韵 |

## 第十五辑《花溪交通工业商业发展见闻》

| 标 题 | 作 者 |
| --- | --- |
| 贵惠大道——典型的官马人道 | 夏秦豫 |
| 久安运煤古道 | 姚 毅 |
| 花溪大桥 | 姚 毅 |
| 贵筑县及花溪区的交通运输 | 田中平 |
| 磊庄机场 | 姚 毅 |
| 花溪民兵团参加湘黔铁路大会战 | 程 韵、郭 霞 |
| 花溪车站今昔 | 姚 毅、代舰飞 |
| 难忘的 2001 年 | 程 韵 |
| 我高兴，能为修建花溪二道出点力 | 夏秦豫 |
| 南环线上和谐拆迁 | 郑 强、南 风 |
| 从青岩碗厂到黔陶陶瓷厂 | 徐开新 |
| 话说红陶厂 | 周筱茜 |
| 贵州唯一的造枪厂 | 姚 毅 |
| 我与刺梨酒共荣辱 | 徐开新 |
| 久安的煤炭产业史话 | 姚 毅 |
| 与时俱进 追求卓越 | 聂祥进 |
| 薛德兴与贵阳铁合金厂 | 夏秦豫 |
| 我想再听机器的轰鸣 | 王 木 |
| 搬迁不停产 搬迁不减产 | 孙玉环 |
| 贵州“老来福”SOD 口服液的诞生与发展 | 朱召留 |
| 小河乡镇企业 | 唐梅初 |
| “一八三”厂的建厂精神 | 枫 宣 |

续 表

| 标 题 | 作 者 |
| --- | --- |
| 难忘的 20 号工地 | 宋少娥 |
| 青岩场集百年变迁 | 徐开新 |
| 花溪牛马市场的变迁 | 姚 毅 |
| 花溪军粮供应轶事 | 徐开新 |
| 花溪区农村供销合作社的兴衰 | 姚 毅 |
| 我与久安供销社的情结 | 姚 毅 |
| 青岩公社的社会主义大集 | 徐开新 |
| 飘香的花溪牛肉粉 | 徐开新 |
| 曾经的花溪明秀宾馆 | 姚 毅 |
| 花溪宾馆的六十载春秋 | 徐开新 |
| 香甜酥脆青岩玫瑰糖 | 夏秦豫 |

## 第十六辑《周钟瑄文化研究资料专辑》

| 标 题 | 作 者 |
| --- | --- |
| 周钟瑄历史人文价值促黔台筑台文化交流 | 张 波 |
| 周钟瑄：贵州开台第一人 | 肖 燕、刘 辉 |
| 赴台参加嘉义城隍庙周钟瑄诞辰庆典及文化交流活动 | 龙礼云 |
| 周钟瑄：搭建两岸文化交流平台 | 郭 霞 |
| 两岸联手开展周钟瑄纪念活动纪实 | 刘 霞 |
| 筑台两地“周钟瑄文化交流”之花盛开 | 徐家英 |
| 花溪“两周”文化研究会与嘉义市道将圳文化学会共同研讨周钟瑄 | 郭 霞 |
| 筑台两地文化交流活动继续开展 | 吴 硕 |
| 赴高唐收集周钟瑄资料纪实 | 郭 霞 |
| 探访一代清官——周钟瑄墓地 | 徐家英 |
| 历史人物周钟瑄生平探究 | 谌业华 |
| 加强遗产保护研究促进文化继承发展 | 李 梅 |
| 入黔始祖周可敬及其子孙 | 杨 琴 |
| 骑龙周氏族谱系图 | 陈会芬 |
| 周氏家族谱系图解 | 陈会芬 |
| 周钟瑄年谱 | 黄依莉、程 韵 |

续 表

| 标 题 | 作 者 |
|---|---|
| 周钟瑄事略 | 欧阳震 |
| 周钟瑄治诸罗 | 易舜恺 |
| 廉洁爱民宠辱不惊——周钟瑄光辉坎坷的一生 | 张彦夫 |
| 试述黔人周钟瑄对台湾早期经济文化开发的开拓性贡献 | 何先龙 |
| 浅析周钟瑄的人格典范 | 陈会芬 |
| 周钟瑄在清代社会发展中的地位与作用 | 李祖运 |
| 周钟瑄儒家思想的时代传承 | 黄依莉 |
| 周钟瑄知诸罗台湾府得开化 | 陈　艺、何光渝 |
| 广顺名胜白云山和周钟瑄 | 欧阳震 |
| 周钟瑄重修荆州府学文庙 | 郭　霞 |
| 周钟瑄扩建荆州关帝庙 | 郭　霞 |
| 荆州地方志中记载的周钟瑄 | 郭　霞 |
| 荆江大堤上的“周公堤” | 郭　霞 |
| 独行不愧影独寝不愧衾——浅谈周钟瑄仁政贤官之道 | 刘　霞 |
| 纪念周钟瑄公（诗） | 夏秦豫 |
| 早年周钟瑄 | 程　韵、田　花提供 |
| 史书中记载的周钟瑄 | 文史委 |
| 周钟瑄诗文辑录 | 文史委 |

# 后 记

续修《花溪区政协志》是2015年8月21日区政协九届五十七次主席会议确定的。时光如白驹过隙，瞬间已有余年，在大家的共同努力下，终已成稿，付印出版。

2015年8月，按照主席会议要求，区政协文史委牵头拟定编修方案提交主席会审定。编修方案确定指导思想、组织领导、撰稿原则、工作步骤、经费预算等几个方面的内容。区政协成立编纂委员会，由主席谌业华任编委主任兼主编，其他副主席和秘书长任副主任，副主席李瑾兼常务副主编，各专委办相关人员为成员。下设编纂办公室，秘书长吴硕任办公室主任，政协机关从主席、副主席、到各专委（办）及机关工作人员都分配有资料收集和撰稿任务，另专门聘请政协三位退休老同志到编纂办公室工作，做到领导到位、机构到位、人员到位、经费到位、工作条件到位。

2015年9月1日，续修政协志编纂办公室开始挂牌工作。主编谌业华随时掌握工作进展情况，亲自五次主持召开编纂委员会，研究和解决工作中的具体困难和问题。在区政协九届第二十八次常委会上，主编就政协二轮修志工作进行专题汇报。2016年6月，政协志送审稿完成，分送区政协常委、政协离退休老领导、老同志广泛征求意见。

在志书的编辑过程中，区政协各位副主席、秘书长亲自参与审稿和修改稿件，各专委（办）负责人及有关人员，亲自查阅资料，撰写稿件，编辑人员不辞辛劳进行修改，对有重大误差的资料、数据，重新查找资料进行对照修改。区政协文史委主任郭霞为图片编辑。聘请的原政协文史委主任、花溪区志执行主编徐开新完成全书的总纂。区委宣传部副部长戴佳村，原《花溪报》主编夏秦豫、编辑程韵、原党研室主任王文浩、区志编辑周年辉、姚毅、张乡里等为本志审稿。

《花溪区政协志》的完成，是政协历届领导和同志们关心支持的成果，是集体智慧的结晶。在此，谨向所有关心和支持本志编纂工作的有关人员表示衷心的感谢！

《花溪区政协志》的编纂出版，由于有些资料匮乏，加之编写人员水平有限，难免存在疏漏甚至谬误之处，敬请社会各界人士和广大读者批评指正。

编 者

2016年9月

# 《花溪区政协志》撰、编、审人员名单

<table>
<tr><th>篇章</th><th>章节</th><th>内容</th><th>撰稿及资料整理</th><th>编辑<br>审稿</th><th>校对</th><th>照片提供</th></tr>
<tr><td rowspan="4">概述<br>大事记</td><td rowspan="4"></td><td>序</td><td>谌业华</td><td rowspan="11">谌业华<br>孙 剑<br>张朝洲<br>李 莎<br>李 瑾<br>何 勇<br>邹吉鸿<br>吴 硕<br>郭 霞<br>徐开新<br>尹 梅<br>蔡 强<br>戴家村<br>夏秦豫<br>程 韵<br>王文浩<br>张乡里<br>周年辉<br>姚 毅</td><td rowspan="11">邹吉鸿<br>吴 硕<br>郭 霞<br>田为民<br>车 荣<br>杨碧君<br>王 茜<br>黄小静</td><td rowspan="11">郭 霞<br>梁国同<br>曾少海<br>田为民<br>项彦丽<br>欧阳桂枝<br>徐 辉<br>程筑平<br>赵 洪<br>王 茜<br>黄小静</td></tr>
<tr><td>凡例、区情简介</td><td>徐开新</td></tr>
<tr><td>概述</td><td>车 荣</td></tr>
<tr><td>大事记</td><td>赵 洪 王 茜</td></tr>
<tr><td rowspan="3">第一篇<br>组织机构</td><td>第一章</td><td>政协花溪区第七届委员会</td><td rowspan="3">梁国同 程筑平<br>王 茜</td></tr>
<tr><td>第二章</td><td>政协花溪区第八届委员会</td></tr>
<tr><td>第三章</td><td>政协花溪区第九届委员会</td></tr>
<tr><td rowspan="4">第二篇<br>政协会议</td><td>第一章</td><td>全体委员会议</td><td rowspan="3">赵 欣 尹 梅<br>唐勇勤 王 茜<br>黄小静</td></tr>
<tr><td>第二章</td><td>常务委员会会议</td></tr>
<tr><td>第三章</td><td>主席会议</td></tr>
<tr><td>第四章</td><td>政协其他会议</td><td>曾少海 郭 霞<br>梁国同</td></tr>
</table>

续 表

| 篇章 | 章节 | 内容 | 撰稿及资料整理 | 编辑审稿 | 校对 | 照片提供 |
|---|---|---|---|---|---|---|
| 第三篇 政协工作 | 第一章 | 提案工作 | 曾少海 唐勇勤 郭 霞 | | | |
| | 第二章 | 视察与调研 | 曾少海 田为民 郭 霞 项彦丽 欧阳桂枝 车 荣 | | | |
| | 第三章 | 学习与宣传 | 郭 霞 | | | |
| | 第四章 | 经济科技工作 | 田为民 | | | |
| | 第五章 | 教文卫体工作 | 项彦丽 | | | |
| | 第六章 | 人口资源与环境工作 | 欧阳桂枝 | | | |
| | 第七章 | 民主评议工作 | 郭 霞 | | | |
| | 第八章 | 社情与民意 | 唐勇勤 | | | |
| | 第九章 | 文史资料工作 | 郭 霞 | | | |
| | 第十章 | 委员联络与联谊交往 | 梁国同 徐 辉 | | | |
| | 第十一章 | 智力支边工作 | 赵 欣 吴朝霞 | | | |
| | 第十二章 | 政协领导参与经济建设与帮扶工作 | 车 荣 | | | |
| | 第十三章 | 制度建设与机关工作 | 吴 硕 郭 霞 杨碧君 | | | |
| | 第十四章 | 党建工作 | 赵 洪 陈桂英 欧阳桂枝 | | | |
| 第四篇 人物 | 第一章 | 人物传略 | 程筑平 姚 毅 | | | |
| | 第二章 | 人物简介 | 梁国同 程筑平 | | | |

续 表

| 篇章 | 章节 | 内容 | 撰稿及资料整理 | 编辑审稿 | 校对 | 照片提供 |
|---|---|---|---|---|---|---|
| 第五篇<br>文献 | | 常务委员会工作报告节录 | 尹 梅 王 茜 | | | |
| | | 中共花溪区委关于加强人民政协工作的实施意见 | 郭 霞 | | | |
| | | 区委领导有关政协工作讲话 | 吴 硕<br>曾少海<br>郭 霞<br>唐勇勤<br>程筑平<br>王 茜<br>黄小静 | | | |
| | | 提案工作情况报告选录 | | | | |
| | | 常务会议纪要选录 | | | | |
| | | 区政协文件 | | | | |
| | | 调研报告选录 | | | | |
| 附录 | | 小河区政协第四届政协委员及领导人名单 | 吴 硕 | | | |
| | | 民主党派简介 | 程筑平 | | | |
| | | 民国时期贵筑县参议会 | 徐开新 | | | |
| | | 政协委员大会发言材料目录 | 梁国同 | | | |
| | | 外界媒体报道政协工作一览表 | 郭 霞 | | | |
| | | 政协委员发表部分著作、文章统计表 | 王 茜 | | | |
| | | 区政协文史资料选辑目录一览表 | 郭 霞 | | | |
| | | 后记 | 郭 霞 | | | |